Allg 732
ENG

Sylvia Englert
Autoren-Handbuch

Sylvia Englert

Autoren-Handbuch

**So finden Sie einen Verlag für Ihr Manuskript
Schritt für Schritt zur eigenen Veröffentlichung**

7. Auflage

Autorenhaus

Bitte besuchen Sie www.autorenhaus.de

Bibliografische Information der Deutschen Bibliothek
Die Deutsche Bibliothek verzeichnet diese Publikation in
der Deutschen Nationalbibliografie; detaillierte bibliografische
Daten sind im Internet unter http://www.dnb.ddb.de abrufbar.

Dieses Werk wurde vermittelt durch die
Autoren- und Projektagentur Gerd F. Rumler (München)
Buchdesign: Sigrun Bonold
Foto: Fotolia

7. überarbeitete und ergänzte Auflage

© 2012 Autorenhaus Verlag GmbH, Berlin
ISBN 978-3-86671-103-7

Nachdruck, auch auszugsweise, nur mit schriftlicher
Genehmigung des Verlags, die Verwendung in anderen Medien
oder in Seminaren, Vorträgen etc. ist verboten.
Umwelthinweis: Dieses Buch wurde auf chlor- und säurefreiem
Papier gedruckt.
Druck und Bindung: Westermann Druck Zwickau
Printed in Germany

Inhalt

Einleitung 11

Teil I – Der Weg zur Veröffentlichung

1. So vermeiden Sie Fehler bei der Vorarbeit 17
Checkliste der »literarischen Sünden« 19
Nicht gleich die ersten Gehversuche anbieten. 24
Illustrationen 25
Ein guter Anfang ist schon der halbe Vertrag 26

2. So bringen Sie Ihr Manuskript unter. 31
Der erste Schritt: Ihr Buch und den Markt
unter die Lupe nehmen. 31
   Ihr Buch, seine Konkurrenz und die Leser 31
   Wie Sie die richtigen Verlage auswählen 37
Der zweite Schritt: Die richtige Strategie für
die Kontaktaufnahme. 46
   Persönliche Kontakte nutzen und aufbauen 46
   Sich bemerkbar machen 48
   Unverlangte Einsendung 49
   Die telefonische Anfrage 55
   Buchmessen 56
Der dritte Schritt: Das richtige schriftliche Material. 57
   Das Anschreiben und die Vita. 59
   Das Exposé. 62

So sollte Ihr Manuskript beziehungsweise
Probekapitel aussehen. 79
Der vierte Schritt: Ein Verlag signalisiert Interesse. 83
Entscheidungswege im Verlag. 83
Exkurs: Pseudonym oder nicht? 84
Gemeinsam an Text oder Konzept arbeiten 87
Wie schützt man sich vor Ideenklau? 88
Absage – was nun? 92

**3. Was können Agenten für Sie tun,
und wie bekommt man einen?** 95
Know-How und Kontakte: Literaturagenten. 95
Worauf man achten sollte, wenn man sich einen
Agenten beziehungsweise eine Agentin sucht 100
Gute Agenten sind wählerisch. 100
Wie man »schwarze Schafe« erkennt 104
Adressen von Agenten 107

4. Das Geschäft mit den Hoffnungen – Zuschussverlage . . . 117
Zuschussverlage auf dem Prüfstand 120
Was ist von Abnahmen zu halten? 128
Darauf sollten Sie bei Zuschussverlagen immer achten. 129

5. Selbstverlag – Chancen und Risiken 133
Planung und Vorbereitung. 134
Printing on Demand / Books on Demand. 139
Nicht ohne ein hübsches Cover: Herstellung 142
Wie bringe ich mein Buch unter die Leute? Vertrieb. 142
Wie sag ich's der Presse? Medienkontakte 145
Werbung in eigener Sache 146
Vom Selbstverlag zum Kleinverlag 147

6. Eigene Texte im Internet veröffentlichen 151
Welche Texte eignen sich fürs Internet? 155
Bekommt man durch das Netz Kontakt zu Lektoren? 157
Ein eigenes E-Book veröffentlichen 158
Urheberrecht im Internet 161

Teil II – Die Zusage ist da – was nun?

7. Honorare und Verträge 165
Ihre Rechte als Urheber beziehungsweise Urheberin 165
Wie verhandelt man mit einem Verlag? 167
Das erschreckende Kleingedruckte: Verträge 173
Wie muss ich meine Honorare versteuern? 186
Die VG Wort 187
Sozialversicherungen für Künstlerinnen und Künstler 189

8. Zusammenarbeit mit dem Verlag 191
Verlagsstruktur und interne Abläufe 191
   Wann wird Ihr Buch erscheinen? 193
   Der Abgabetermin rückt näher 194
Was nach Abgabe des Manuskripts geschieht 196
   Wie Ihr Text bearbeitet werden wird 197
   Aus dem Manuskript wird eine »Fahne«
   oder ein »Umbruch« 200
   Wer entscheidet über Titel, Cover und Klappentext? 204
   Von der Vertreterkonferenz bis zur Reise 207
Ein Buch entsteht – Beispiel für einen Zeitplan 210

9. Nach der Veröffentlichung 217
Promoten Sie Ihr Buch auch selbst 218
   Werbung im Internet 221
Wie lange »lebt« Ihr Buch? 222
Folgeprojekte absprechen 225

Teil III – Sich selbst fördern

10. Sprungbrett Literaturzeitschriften 231
Die Szene der Literaturzeitschriften 232
Was Sie beachten sollten, wenn Sie Ihre Texte
einschicken wollen 233
    Ihr Text 233
    Die Zeitschrift 234
    Wie gut sind die Veröffentlichungschancen? 235
Adressen von Literaturzeitschriften 237
    Autoren- und Branchenzeitschriften 237
    Literaturzeitschriften 239

11. Öffentlich lesen 269
Der Wunsch nach Feedback 269
    Poetry Slams 271
Wie organisiert man eine eigene Lesung? 273
    Einen Termin bekommen 273
    Was Sie bei der Planung einer Lesung beachten sollten 280
    Wie Sie sich selbst vorbereiten können 283

12. Autorengruppen und Verbände 285
Konstruktive Kritik bringt Sie weiter 285
Was sind eigentlich Testleser? 286
Wie funktioniert eine Autorengruppe? 288
    Wie findet oder gründet man eine Autorengruppe? 291
    Textwerkstätten im Internet 294
    Tipps für den Ablauf der Treffen 296
Was bringt es, einem Autorenverband beizutreten? 299
    Adressen von Verbänden und Institutionen 301

13. Workshops, Schreibkurse und Fernschulen 311
Welche Seminar-Angebote gibt es?........................315
Was Sie beachten sollten, wenn Sie an einem Kurs
teilnehmen möchten.......................................330
    Schreibkurse sind keine Therapie........................330
    Die Tücken von Fernstudiengängen......................330

14. Wettbewerbe und Literaturpreise.....................333
Wo man Texte einreichen kann?............................336
Adressen...338

15. Förderungen und Stipendien 353
Stadtschreiber: »Schriftsteller vom Dienst«................354
Organisationen und Institutionen
der Autoren- und Literaturförderung 362

16. Auf der Datenwelle surfen: Literatur Online 369
Recherche im Internet – Chancen und Fallstricke 371
Mitmischen in der Online-Literaturszene....................373

REGISTER...376

PERSONEN...381

Einleitung

Sie schreiben? Sie haben schon einige Texte in der Schublade und wollen nun wissen, wie man dafür einen Verleger findet? Dann kann Ihnen dieser Ratgeber weiterhelfen. Es wird darin nicht um Schreibtechniken gehen, sondern um die Resultate der langen Stunden vor Computer oder Notizblock und wie Sie damit an die Öffentlichkeit treten können. Öffentlichkeit, das kann der Buchmarkt sein, aber auch das Publikum einer Lesung, das können die Leser einer Literaturzeitschrift, die Nutzer des Internets oder andere Autoren und Autorinnen in einem Workshop oder Literaturkreis sein. Sie haben diesen Schritt vielleicht schon geplant, wissen aber nicht, wie Sie es richtig anfangen sollen. Vielen Schreibenden fehlt in dieser Phase das »Know-how« und das merkt der Empfänger der Texte auf der »anderen Seite« schnell. Wen wundert es da, dass viele Lektoren den Kopf schütteln über die naiven Anfänger, die für die Manuskriptstapel auf ihren Schreibtischen verantwortlich sind? In diesem Buch finden Sie das nötige Orientierungswissen, die Tipps und Adressen, die Sie brauchen werden, damit Sie Ihrem Traum vom eigenen Buch Stück für Stück näher kommen und als Autor ein kompetenter und professioneller Partner für Lektoren, Redakteure und Veranstalter sind.

Dieses Buch wird Sie vom ersten Schritt an bei allen Phasen der Buchentstehung begleiten und Ihnen einen Eindruck davon vermitteln, was hinter den Kulissen der Verlage und der Literaturszene stattfindet. Sie erfahren nicht nur alles über die erste Kontaktaufnahme, sondern auch, wie Sie Honorar und Vertrag richtig verhandeln, was Sie nach Vertragsschluss und bei der Zusammenarbeit mit dem Lektorat beachten sollten und was Sie nach der Veröffentlichung noch für

Ihr Buch tun können. Hilfreich ist dieses Buch, wenn Sie vor allem Belletristik (Romane oder Kurzgeschichten), Lyrik, Sachbücher oder Kinder- und Jugendbücher schreiben. Um diese Bereiche wird es in den folgenden Kapiteln gehen.

Einfach wird der Weg zum eigenen Buch für die meisten nicht werden, da will dieser Ratgeber keine falsche Hoffnungen wecken. Vielleicht haben Sie schon versucht, den Buchmarkt zu erobern, und kennen die Sätze schon auswendig: »Passt leider nicht in unser Programm...«, »Erhalten Sie Ihr Manuskript anbei zurück, da wir im Rahmen unseres Verlagsprogramms keine Möglichkeit zur Veröffentlichung sehen...« – und so weiter, bis es Ihnen zu den Ohren herauszukommen scheint. Nachdem Sie dieses Buch gelesen haben, ist Ihnen vielleicht deutlich geworden, woran es gelegen haben könnte, dass Sie Ihre Arbeiten vergebens angeboten haben. Hier finden Sie die nötigen Tipps für den nächsten Versuch. Allen Unkenrufen zum Trotz sind die Verlage auf der Suche nach guten Texten und neuen Talenten, da der Buchmarkt ständig Nachschub braucht und Lizenzen aus dem Ausland immer teurer werden. Ich will in Ihnen einen realistischen und kritischen Blick auf Ihre eigene Arbeit fördern, aber Ihnen auch Mut machen, nicht aufzugeben.

Damit die Enttäuschung nicht vorprogrammiert ist, sollten Sie die Warnungen in diesem Buch ernst nehmen. Es gibt unseriöse Agenten, schlechte Schreibkurse und Zuschussverlage, die es nur auf Ihr Geld abgesehen haben. In diesem Buch erfahren Sie, wie Sie unseriöse Praktiken erkennen, nach welchen Kriterien Sie einen Agenten auswählen sollten und welchen »Freunden und Helfern« Sie besser die kalte Schulter zeigen.

Als Roman- und Sachbuchautorin (Infos über meine Bücher finden Sie unter *www.sylvia-englert.de*, *www.katja-brandis.de* sowie *www.siri-lindberg.de*) und langjähriges Mitglied verschiedener Autorengruppen kenne ich die Welt der Autoren mit und ohne Veröffentlichung aus »erster Hand«. Vom Poetry Slam über das Kreatives-Schreiben-Seminar bis zur Kontaktaufnahme mit Agenten habe ich alles, worüber ich hier schreibe, selbst ausprobiert. Durch meine bislang 40 veröffentlichten Bücher habe ich mit Verlagen und Lektoren einige Erfahrungen sammeln können. Da ich aber auch im Lektorat des Campus Verlages gearbeitet habe und Praktika in anderen Verlagen und im Buchhandel absolviert habe, kenne ich den Buchmarkt und die Abläufe im Verlag. Dadurch kann die Zusammenarbeit zwischen Autorin und Lektorin aus der Perspektive beider Seiten sehen und erklären. Bei der Recherche zu diesem Ratgeber habe ich in Frankfurt und dem Rhein-Main-Gebiet, München, Berlin und Hamburg über 60 ausführliche Interviews mit bekannten und (noch) unbekannten Autoren und Autorinnen, Lektoren, Verlegern, Agenten, Zeitschriftenredakteuren, Veranstaltern und anderen Insidern der Branche geführt. Dabei kam es mir darauf an, Interviewpartner auszuwählen, die widerspiegeln, wie breit gefächert und bunt die Literaturszene ist – von alternativ bis etabliert. Aus der Fülle von Informationen, die ich so und durch die schriftliche Recherche zusammengetragen habe, haben sich die Tipps in diesem Buch herauskristallisiert. Mancher Auszug aus den Tonbandprotokollen wird sich im Text als wörtliches Zitat wiederfinden. Wenn ein Zitat nicht anders gekennzeichnet ist, stammt es aus einem der Interviews. Da die erste Auflage dieses Buchs im Jahr 1999 erschienen ist, hat sich im Leben und in der Karriere der damaligen Interviewpartner einiges getan. Robert Gernhardt, Heiner Link und Hadayatullah Hübsch sind inzwischen verstorben, andere Interviewpartner haben den Verlag, die Zeitschrift oder den Aufgabenbereich gewechselt. Darauf weise ich im Text wenn nötig hin. Für die 7. Auflage, die Sie gerade in Händen halten, habe ich zusätzliche Interviews geführt. Die neue Auflage ist auch persönlicher als die ersten sechs, denn in den letzten zehn Jahren habe ich als Autorin vieles erlebt – das ist in Form von Anekdoten ins Buch eingeflossen.

Falls Sie Informationen haben, die in diesem Ratgeber noch fehlen, oder Tipps oder Warnungen an andere Autoren und Autorinnen weitergeben möchten, schreiben Sie mir bitte über meine Website *www.sylvia-englert.de*.

Bedanken möchte ich mich bei meinem Agenten Gerd F. Rumler, der bei diesem Projekt mit ganzer Tatkraft hinter mir stand, und bei Sophie Schultheis (Lektorin in der Agentur Rumler), die geduldig die Daten aller Preise und Stipendien überprüft hat. Danke auch an meine Lieblingsbuchhändlerin und Freundin Dani Oswald für ihre Hilfe! Besonders aber danke ich Manfred Plinke, der sofort bereit war, die neue Auflage meines Autorenratgebers herauszugeben, und mich auf seine unnachahmlich nette Art dabei unterstützt hat.

Ich wünsche Ihnen viel Erfolg für Ihre Projekte – vielleicht sehen wir uns eines Tages als Kollegen auf dem Autorenabend eines Verlages wieder. Ich freue mich schon auf Sie!

Ihre Sylvia Englert

Teil I –
Der Weg zur Veröffentlichung

1.
So vermeiden Sie Fehler bei der Vorarbeit

Sie haben Wochen, Monate oder Jahre in Ihr Manuskript investiert. Vielleicht haben Sie es zunächst für sich selbst geschrieben, über etwas, das Sie bewegt oder Sie fasziniert. Vielleicht haben Sie es geschrieben, um den Buchmarkt damit zu erobern. Auf jeden Fall möchten Sie – wie die meisten Autoren, seien es nun Profis oder Neulinge – dass andere Menschen es lesen. Zuvor aber sind einige Hürden zu überwinden: In dem Moment, in dem Sie das Manuskript aus den Händen geben und einem Verlag anbieten, wird es von Lektorinnen und Lektoren daraufhin beurteilt, ob es andere Menschen interessieren wird. Hat das Buch es dann bis in die Regale der Buchhandlungen geschafft, wird es diese erst verlassen, wenn jemand Geld dafür bezahlt hat, es lesen zu dürfen. Sie müssen sich also ehrlich und kritisch die Frage stellen, ob Ihre Texte für jemanden, der Sie nicht kennt, interessant sind. »Selbstkritik ist ganz wichtig«, empfiehlt der Schreibpädagoge Ralf Saborrosch. »Viele denken: Was ich erlebt habe, ist für alle interessant. Genauso verkehrt ist der Anspruch, dass manche Leute erst gar nicht anfangen, weil sie immer auf ihren Goethe schielen und vergleichen. Ein typischer Anfängerfehler ist auch zu denken, die erste Fassung soll die letzte sein. Überarbeiten ist immer notwendig, und dabei braucht man eine professionelle Distanz zu den eigenen Texten.«

Versuchen Sie, sich von Ihren Texten wegzubewegen, sie von außen zu betrachten, nicht als Autor, der jedes Wort, jeden Satz darin kennt, sondern als potenzieller Leser. Sie wissen, was dieses Manuskript Ihnen bedeutet, aber wird es auch einem Fremden etwas bedeuten? Warum sollte er oder sie Ihren Text lesen? Spätestens dann, wenn es darum geht, die Verlage auszuwählen, an die Sie Ihre Texte schicken wollen, werden Sie sich diese Fragen noch genauer beantworten müssen, darum wird es im Kapitel »So bringen Sie Ihr Manuskript unter« gehen.

Besonders problematisch kann diese Frage sein, wenn Ihre Texte sehr persönlich sind. Schreiben kann befreiend sein und Ihnen helfen, sich selbst auszudrücken oder Erlebnisse zu verarbeiten. Aber in diesem Fall ist eigentlich der Weg das Ziel. Anbieten sollen Sie diesen Text nur, wenn Sie sicher sind, dass er – was Qualität und Inhalt angeht – wirklich an die Öffentlichkeit gehört und nicht besser in ein Tagebuch. Falls Ihr Text veröffentlicht wird, müssten Sie ertragen, dass er von den Lesern nicht nach der Absicht und seiner Bedeutung für Sie, sondern nach literarischen und inhaltlichen Kriterien beurteilt wird.

Obwohl in diesem Kapitel häufig vom Buchmarkt die Rede sein wird, sollten Sie sich gerade als Belletristikautor oder -autorin nicht zu stark vom Markt beeinflussen lassen. Versuchen Sie nicht, Trends hinterherzulaufen und das zu schreiben, was gesucht wird, sondern schreiben Sie das, was Sie wirklich schreiben wollen, was sie schreiben *müssen*. Entwickeln Sie sich auf Ihrem eigenen Weg konsequent weiter – wenn die Qualität Ihrer Arbeit stimmt, wird sich (wenn Sie hartnäckig sind und das Glück auf Ihrer Seite haben) irgendwann auch der Erfolg einstellen. »Die Verlage sind durchaus neugierig auf neue Autoren und freuen sich, wenn sie jemanden entdecken können«, hat mir eine Literaturagentin gesagt. »Was kann man sich besseres vorstellen, als einen jungen Autor zu bekommen, der vielversprechend und unverbraucht ist und mit dem man sich vorstellen kann, in den nächsten Jahren viele Bücher zu machen?«

Selbst wenn Sie es schaffen, veröffentlicht zu werden, heißt das noch lange nicht, dass Sie vom Schreiben auch leben können. Verglichen mit dem enormen Arbeitsaufwand, der in einem Roman oder Sachbuch steckt, ist das Honorar meist gering: Eine Putzfrau verdient in der gleichen Zeit mehr. Rechnen Sie also erst einmal nicht damit, dass Ihnen Ihre Texte Geld einbringen werden, speziell nicht in den ersten Jahren Ihrer »Lehrzeit« als Autor beziehungsweise Autorin.

Checkliste der »literarischen Sünden«

Bevor Sie Ihr Manuskript anbieten, sollten Sie es einem gründlichen inhaltlichen und stilistischen Check unterziehen. Verlage sind nur bereit, Werke zur Veröffentlichung anzunehmen, die bereits weitgehend ausgereift sind und nur noch den letzten Schliff brauchen. Wenn die Lektorin einem eigentlich interessanten Projekt ansieht, dass noch viel Grundsätzliches daran »nicht stimmt«, dann wird sie die Finger davon lassen – was verständlich ist, denn solche Dinge gemeinsam mit dem Autor oder der Autorin auszubügeln kostet viel Zeit.

Leider wird man seinen eigenen Texten gegenüber schnell »betriebsblind«, es fällt schwer, sie objektiv zu beurteilen. Deshalb sollten Sie, damit Sie auf grundlegende Probleme Ihrer Texte aufmerksam werden, Ihre Projekte Testlesern (manchmal auch Gegenleser genannt) vorlegen, denen Sie zutrauen, dass sie Ihnen ehrliche und fundierte Rückmeldungen geben.

Einfach ist es nicht, solche Leser zu finden. Diese Erfahrung hat auch Herbert Jost-Hof gemacht, der Gedichte und Kurzgeschichten schreibt: »Ich konnte meine Geschichten zwar bei Verwandten und Bekannten anbringen, aber da habe ich festgestellt, dass das Interesse weniger darin besteht, die Texte auf die literarische Qualität abzuklopfen. Da wurde vielmehr geguckt, wo ich in diesem Text stecke. Meine Person und wie sie in den Text eingeflossen ist war interessanter als die Frage, ob das gut formuliert ist, es eine gescheite Gliederung hat oder die Idee etwas taugt. Insofern hat mir das nicht so viel gebracht.«

Auch werden sich Ihre Familie, Freunde und Bekannte meist für eine diplomatische Antwort entscheiden, auch wenn Ihr Text noch deutliche Schwächen hatte. Daher sollten Sie enthusiastisches Lob von dieser Seite nicht allzu ernst nehmen. Wenn Sie Glück haben, können Sie an den Reaktionen jedoch merken, ob Ihr Werk »funktioniert« oder nicht. Horchen Sie auf, wenn die Resonanz lauwarm ist. Bohren Sie nach – fragen Sie Ihre Testleser, ob es Stellen gab, die ihnen weniger gefallen haben, welche Abschnitte gut ankamen und warum, wie sie den Schluss fanden und so weiter. Je detaillierter das Feedback, desto besser. Echte Kritik bringt Sie weiter, seien Sie also froh, wenn Sie welche bekommen. Später wird Ihre Lektorin oder Ihr Lektor einen Teil dieser Testleser-Funktionen übernehmen. Mehr über Testleser und Autorengruppen finden Sie im Kapitel »Autorengruppen und Verbände«.

Tipp: »Was ich jedem jungen Autor empfehle ist, dass er liest, und zwar möglichst viel, vor allem Weltliteratur. Er sollte sich nach oben orientieren, nicht damit er nachmacht, sondern damit er ein Gefühl für Sprache bekommt«, sagt die Autorin Eva Demski. »Das Merkwürdige ist, es wird ja viel mehr geschrieben als gelesen. Lest, lest, lest, sonst kriegt ihr gesagt: ›Herzchen, das gibt's schon, aber besser.‹« Diesen Rat gaben auch alle anderen interviewten Autoren, und mit Recht: In guten Büchern finden Sie nicht zuletzt meisterhaft eingesetzt literarische Techniken, die Sie sich abschauen und selbst ausprobieren können.

Es gibt einige Dinge, die einer Veröffentlichung im Wege stehen und die Sie durch eine Überarbeitung korrigieren sollten, bevor Sie Porto investieren. Was folgt, ist eine ganz grobe Checkliste »literarischer Sünden«. Wenn Sie während des Lesens bei dem einen oder anderen Punkt ein mulmiges Gefühl beschleicht, dann sollten Sie dieses Gefühl ernst nehmen, denn meist ahnen Sie instinktiv, was mit Ihrem Manuskript noch nicht stimmt. Falls Sie die Schwächen Ihres Textes schon kennen, aber nicht sicher sind, wie Sie Abhilfe schaffen können, eignen sich Bücher über Kreatives Schreiben, um Grundlagen nachzulesen, beispielsweise wie man glaubwürdige Figuren schafft, was eigentlich guter Stil ist, wie man knackige Dialoge schreibt oder wie man eine spannende Geschichte erzählt. Alles Weitere ist nicht zuletzt eine Frage der Übung und Ihrer Schreibdisziplin. Schreiben zu lernen ist nicht viel anders als eine neue Sportart oder ein Musikinstrument zu lernen, auch das Schreiben muss man trainieren und üben.

Folgende Fragen können hilfreich sein, um Ihren Text selbst zu prüfen:

Checkliste Prosa
Kurzgeschichten und Romane, Erzählungen und Novellen – jede dieser literarischen Gattungen hat ihre eigenen Traditionen. Doch unabhängig davon gibt es für Prosatexte einige allgemeine handwerkliche Grundregeln, die Sie beachten sollten:

- Gibt es einen (inneren oder äußeren) Konflikt, der den Leser dazu bringt, weiterzulesen? Hat die Handlung Höhepunkte?
- Sind die Dialoge interessant und lebendig? Sprechen Menschen wirklich so wie in Ihren Dialogen?
- Vermeiden Sie abgedroschene Ausdrücke und Metaphern (»ihm gefror das Blut in den Adern«) sowie schlecht konstruierte Schachtelsätze? Verzichten Sie auf Substantivierungen (Wörter, die auf -ung enden)? Setzen Sie stattdessen Sinneseindrücke und Atmosphäre ein?
- Haben Sie bei der Handlung und den Personen Klischees und Stereotype vermieden? Haben Ihre Figuren Tiefe, entwickeln sie sich im Verlauf des Textes, sind sie durch ihre Taten und das, was sie sagen, ausreichend charakterisiert?
- Haben Sie alle wichtigen Fakten recherchiert? Besonders wichtig ist das natürlich bei historischen Romanen oder Milieuschilderungen, aber auch bei ganz gewöhnlichen Alltagsgeschichten.
- Beachten Sie die Regeln des Genres? Wenn Sie sie davon abweichen, sollten Sie das nur tun, um einen bestimmten Effekt zu erzielen. Beispielsweise für das Schreiben von Krimis gelten relativ viele »ungeschriebene Gesetze«, die Sie kennen sollten, da Sie die Erwartungen Ihrer Leser sonst wahrscheinlich enttäuschen. Der beste Weg, diese Konventionen kennenzulernen, ist, selbst möglichst viele Bücher dieses Genres zu lesen.

Checkliste Lyrik

Lyrik wird oft spontan geschrieben, aus einem Gefühl heraus. Das ist vollkommen in Ordnung, aber bedenken Sie: Lyrik, die Sie veröffentlichen möchten, sollte nicht nur Ihre Gefühle darstellen, sondern versuchen, im *Leser* Gefühle hervorzurufen oder Bilder in seinem Kopf entstehen zu lassen.

- Behandeln Sie in Ihren Gedichten traditionelle Themen so, wie sie schon tausendfach behandelt worden sind, oder wagen Sie spannende Bilder, neue Perspektiven? Halten Sie sich vor Augen, dass sicher schon Millionen Herz-Schmerz-Gedichte geschrieben worden sind, aber nur ein Bruchteil davon literarisch interessant ist.
- Ist Ihre Sprache frei von Klischees und abgenutzten Begriffen?
- Funktionieren Ihre Vergleiche und Metaphern, sind Ihre Bilder stimmig?
- Falls Sie Versformen einsetzen: Haben Sie sie korrekt angewandt beziehungsweise haben Sie die Regeln mit Absicht und in Hinblick auf eine bestimmte Wirkung übertreten?

Checkliste Sachbuch

Ein Sachbuch sollten Sie planen, aber noch nicht fertig schreiben. Besser, Sie warten damit, bis Sie einen Verlag für das Thema gefunden haben. Für das spätere Buch sind wichtig:

- Ist Ihr Thema oder Ihre These spannend, neu oder aktuell?
- Haben Sie das nötige Fachwissen, um als Autor eines Buches über dieses Thema ernst genommen zu werden? Es reicht nicht, davon überzeugt zu sein und eine Botschaft zu haben. »Wichtig für mich ist die Person des Autors. Wenn jemand über ein Businessthema schreibt, sollte er mit Business in Berührung sein und nicht einfach ein Jahr lang unter der Bettdecke spekuliert haben«, meint Stephanie Ehrenschwendner, ehemalige Sachbuchlektorin bei Heyne und mittlerweile leitende Mitarbeiterin des Hugendubel Verlages. »Im Sachbuchbereich erwartet man die nötige Kompetenz und Fachbildung von den Autoren.«

- Ist Ihre Sprache dem Zielpublikum angemessen – bei einem populären Sachbuch also klar, für den Laien verständlich und angenehm zu lesen?
- Sind Ihre Argumentation und die Gliederung des Buches klar, schlüssig und nachvollziehbar?
- Haben Sie gründlich recherchiert und alle Fakten, auf die Sie Ihre These beziehen oder die Sie erwähnen, nachgeprüft? Beruht Ihre These auf den neusten Erkenntnissen?
- Haben Sie sämtliche Zitate nachgewiesen und Quellen genannt?

Checkliste Kinder- und Jugendbuch
Für Erstlesebücher und andere Texte für Kinder bis 10 Jahren sind pädagogische Vorgaben relativ wichtig, bei Büchern für Jugendliche werden ähnliche Kriterien und Maßstäbe angelegt wie bei Büchern für Erwachsene. Dennoch kann man ein paar Dinge verallgemeinern:
- Möchte man nach jedem Kapitel des Buches wissen, wie es weitergeht?
- Ist die Sprache der Altersgruppe angemessen, für die Sie schreiben wollen? Geht es um Themen und Probleme, die Ihre Leser interessieren?
- Verzichten Sie auf überholte Rollenklischees und stereotype Figuren? Hausmütterchen und brave nette Mädchen sind out. Gibt es Figuren, mit denen sich die Leser und Leserinnen identifizieren können?
- Verzichten Sie auf den pädagogischen Zeigefinger? Kinder hassen es, wenn sie merken, dass ihnen beim Lesen irgendeine Lehre erteilt werden soll. Erzählen Sie einfach Ihre Geschichte.
- Lässt sich das Buch gut illustrieren? Das ist natürlich besonders bei Texten für kleine Kinder wichtig. Sie brauchen sich um die Illustrationen *nicht* selbst zu kümmern, auch beim Bilderbuch nicht; den Verlagen ist es sehr wichtig, den Illustrator selbst bestimmen zu können.

Nicht gleich die ersten Gehversuche anbieten

Sie wissen vielleicht schon aus eigener Erfahrung, dass man Schwächen eines Werks besser bemerkt, wenn man es in der ersten Version eine Weile liegen lässt und es sich nach einigen Wochen, eventuell sogar Monaten noch einmal vornimmt. Es gibt nur wenige Autoren, die wirklich auf Anhieb druckreif schreiben – eine Überarbeitung lohnt sich also auf jeden Fall. Wenn Sie einen Text lesen und spontan sagen: »Das ist aber gut geschrieben!«, dann ist es sehr wahrscheinlich, dass Sie die zehnte Version vor sich haben, nicht die erste.

In der Überarbeitungsphase kann es hilfreich sein, sich den Text einmal laut vorzulesen oder ihn in einer Autorengruppe oder einer Schreibwerkstatt vorzutragen. Wahrscheinlich werden Sie feststellen, dass die Bewertung der eigenen Texte stark schwanken kann. An manchen Tagen findet man die eigene Schreibe großartig, an anderen miserabel. Lassen Sie sich dadurch nicht unterkriegen. Meist dauert es Jahre, bis ein Autor oder eine Autorin die ersten »Gehversuche« hinter sich hat und auf Anhieb Texte schreibt, die zur Veröffentlichung geeignet sind. Versuchen Sie nur nicht, schon die ersten Gehversuche anzubieten, und geben Sie Ihr Manuskript nicht zu früh aus der Hand. »Man produziert viel interessanten Rohstoff«, sagt Jürgen vom Scheidt, Autor von zahlreichen Büchern und einer der erfahrensten Schreibpädagogen Deutschlands. »Das ist wie beim Klavierspielen. Ein Pianist macht seine Übungen, spielt seine Stücke und improvisiert, und dann gibt er ab und zu ein Konzert und spielt eine CD ein. Aber Etüden sind nur Schritte auf dem Weg.«

Tipp: Das Manuskriptgutachten eines erfahrenen Autors oder Lektors kann Ihnen helfen, Ihre Stärken und Schwächen einzuschätzen. Auch ein Coaching könnte hilfreich sein; meist reichen schon wenige Stunden aus, um klarer zu sehen und Orientierung zu bekommen. Adressen solcher Coaches finden Sie zum Beispiel im Internet. Achten Sie beim Vergleich der Angebote darauf, dass der Coach einen guten Draht zu dem Genre hat, in dem Sie schreiben.

Illustrationen

Illustrationen sind aufwändig und teuer, daher werden sie nur aufgenommen, wenn Buchtyp oder Thema es verlangen. Oft besorgt der Verlag die Bildbeschaffung und -auswahl selbst, zum Teil wird sogar ein Fotograf oder Illustrator beauftragt. Doch Sie können den Verlag unterstützen: Bei Sachbüchern sollten Sie im Vorfeld und während der Recherche passende Illustrationen suchen, beispielsweise in anderen Büchern über das Thema, und davon Fotokopien machen, damit der Lektor leichter unter Ihren Bildvorschlägen auswählen kann. Vergessen Sie nicht, im Quellenverzeichnis nachzuschlagen, woher das Bild stammt, damit der Verlag dort die Abdruckrechte anfordern kann. Die Gebühren für Lizenzen und Bildrechte zahlt gewöhnlich der Verlag, Sie sollten diese Vereinbarung zur Sicherheit aber in den Vertrag aufnehmen lassen.

Für die erste Kontaktaufnahme genügt es, wenn Sie sagen, dass Sie sich vorstellen können, dass das Buch illustriert wird.

Ganz anders läuft es im Bereich Kinder- und Jugendbuch. Hier sind Illustrationen immer sehr wichtig, aber – wie bereits erwähnt – Sache des Verlages. Selten wird man gefragt, ob man mit dem Illustrator oder der Illustratorin einverstanden ist. Und nur sehr bekannte Autorinnen und Autoren dürfen Wünsche äußern, welchen Illustrator sie gerne hätten. Unerfahrene Autoren denken oft, sie müssten sich mit einem befreundeten Hobbyzeichner zusammenschließen, um zum Beispiel ein Bilderbuch machen und es einem Verlag anbieten zu können. »Davon rate ich jedem ab«, sagt Angelika Kutsch, lange Jahre Lektorin des Kinderbuchverlages Oetinger und heute freie Übersetzerin. »Es könnte ja der Glücksfall eintreten, dass der Verlag sagt, ja, den Text finde ich toll, den wollen wir einkaufen, aber die Bilder finden wir nicht toll – das gibt nur Ärger unter Freunden und weckt falsche Hoffnungen.«

Manche Kinderbuchautoren und -autorinnen möchten ihr Buch selbst illustrieren. Verlage sind bei solchen Angeboten skeptisch, da sie schon oft die Erfahrung machen mussten, dass ihre Autoren meist besser schreiben als zeichnen können. Bei Autoren, die auch professionelle Grafik-Designer sind, wie beispielsweise die erfolgreiche Kinderbuchautorin Cornelia Funke (die alle ihre Bücher komplett selbst gestaltet), ist das natürlich unproblematisch. Wenn Sie jedoch keine entsprechende Ausbildung vorweisen können, warten Sie mit Ihrem Illustrationsvorschlag, bis Sie für Ihren Text die Zusage von einem Verlag haben. Dann schadet es nichts, wenn Sie Ihrem Lektor ganz beiläufig zwei oder drei Probezeichnungen zu Ihrem Buch zeigen. Reagiert er nicht mit Enthusiasmus, dann ist er nur zu höflich, um zu sagen, dass Sie die heutigen hohen Standards in der Kinderbuchillustration einfach nicht erfüllen.

Ein guter Anfang ist schon der halbe Vertrag

Meist bleibt im Alltag der Lektorinnen und Lektoren nur wenig Zeit, um unverlangt eingesandte Manuskripte und Buchangebote zu prüfen. Die meisten Lektoren in großen Verlagen haben es mit Manuskriptstapeln zu tun, die vom Boden bis zur oberen Schreibtischkante reichen. Deshalb gewöhnen sie sich bei der Prüfung eines Textes schnell eine rationelle Methode an. Mehr als zwanzig Minuten pro Manuskript wird ein Lektor kaum investieren. Er wird sehr wahrscheinlich Ihr Anschreiben überfliegen, das Exposé durchlesen und das vorläufige Inhaltsverzeichnis anschauen (welches Material Sie schicken sollten, wird im Kapitel »So bringen Sie Ihr Manuskript unter« erklärt). Wenn Sie ein Sachbuchprojekt vorgeschlagen haben, wird der Lektor nun bereits entschieden haben, ob die Idee interessant ist, Sie also mit Ihrem Angebot eine Chance haben. Haben Sie einen Roman, eine Lyriksammlung oder ein Kinderbuch eingeschickt, dann werden neben dem Exposé noch die ersten Seiten gelesen, eventuell während des Durchblätterns hier und da ein paar Sätze und meist noch ein paar Seiten aus der Mitte und vom Schluss. Nach dieser »Kostprobe« haben erfahrene Gutachter einen ersten Eindruck davon, ob Sie schreiben können und ob Sie es schaffen, den Leser in Ihre Geschichte hineinzuziehen oder mit Ihrer Sprache zu faszinieren. »Das ist wie bei einem Teller Suppe, Sie müssen die Suppe nicht auslöffeln, um zu erkennen, dass sie versalzen ist. Und wenn Sie ein Buch anlesen, haben Sie drei Seiten gelesen und wissen, ob das was ist oder nicht. Wir können nicht jedes Manuskript zu Ende lesen«, meint Klaus Schöffling, Verleger des Literaturverlages Schöffling.

Wenn Ihr Manuskript in diesem ersten Durchgang den Lektor interessiert hat, dann wird der Text möglicherweise ganz gelesen. Wenn nicht – ein Absagebrief ist schnell geschrieben. In den meisten Verlagen werden durchschnittlich nur 0,1 Prozent aller unverlangt eingesandten Manuskripte angenommen.

Wenn Ihr Manuskript nicht auf Anhieb überzeugt, hat es kaum noch eine Chance. Deshalb gilt unabhängig von der Gattung Ihres Buchprojekts: Arbeiten Sie so lange am Anfang, bis er wirklich perfekt ist. »Meine Lektorin sagt mir immer, ich hätte ihr nur die erste Seite des Manuskripts schicken müssen und sie hätte es gekauft«, erzählt die Krimi-Autorin Thea Dorn (*Berliner Aufklärung*, *Ringkampf*, beide Rotbuch), die es schon beim ersten Versuch schaffte, ihren Text unterzubringen. »Ein gemeinsamer Freund erzählte mir, dass er damals im Verlag saß und Gaby Dietze, die Krimi-Lektorin, kam ins Zimmer und wedelte aufgeregt mit der Seite 1: Hier, neue Autorin, neues Buch! Da hatte sie tatsächlich nur die ersten fünf Seiten gelesen, und ihr war bereits klar, dass sie das Buch machen will.« Nicht nur der Lektor, auch der spätere Leser wird nach diesen ersten zwei bis fünf Seiten entscheiden, ob er sich für Ihr Buch die Nacht um die Ohren schlägt oder es sofort zur Seite legt und zustauben lässt.

Ganz besonders wichtig ist auch der Arbeitstitel Ihres Werkes. Der Titel gehört zu den ersten Dingen, die ein Lektor von Ihrem Manuskript zu sehen bekommt. Macht er neugierig, ist er witzig oder besonders treffend, verblüfft er vielleicht sogar, dann wird Ihr Manuskript viel wohlwollender geprüft werden. »Ein guter Titel ist die halbe Miete«, meint die Campus-Lektorin Antje Herrmann. »Wir haben mal was geschickt bekommen, das hieß »So managen Sie Ihren Chef«. Der Titel gefiel allen so gut, dass wir uns lange mit dem Manuskript beschäftigt haben, obwohl es letztendlich nichts taugte.«

Buchtipps

In den Buchtipps dieses Kapitels stelle ich Ihnen Bücher zum Kreativen Schreiben vor, die handwerkliche Kenntnisse vermitteln. Bücher mit konkreten Übungen und Schreibspielen finden Sie im Kapitel »Workshops und Schreibkurse«.

James N. Frey, *Wie man einen verdammt guten Roman schreibt*, (Band 1 und 2), Emons Verlag 1997, jeder Band 200 Seiten, 16,80 Euro.
James Frey ist in den USA Dozent für Kreatives Schreiben. In diesem Buch erfahren Sie etwas darüber, wie man eine gute und unterhaltsame Geschichte erzählt: Figurenbildung, Spannung, Prämisse, Erzählperspektiven und originelle Dialoge. Frey hat auch Ratgeber zum Thema Krimi und Thriller geschrieben.

Louise Doughty, *Ein Roman in einem Jahr – eine Anleitung in 52 Kapiteln*. Autorenhaus Verlag, 279 Seiten, 16,80 Euro.
Sympathisch und witzig geschriebene, einfühlsame Heranführung an die Entwicklung eines Romans. Doughty motiviert durch viele Übungen und vermittelt fast nebenbei handwerkliche Grundlagen. Ihre Romane sind auch auf Deutsch erschienen.

Alexander Steele, *Creative Writing – Romane und Kurzgeschichten schreiben*, Autorenhaus Verlag 2004, 326 Seiten, 19,80 Euro.
Sehr gute und ausführliche Zusammenfassung der Grundlagen: Handlung, Charaktere, Erzählperspektiven, Beschreibungen, Dialoge, Spannung und Überarbeitung. Als Beispiele dienen vor allem britische und amerikanische Romane sowie Kurzgeschichten, zum Beispiel wird in vielen Kapiteln Raymond Carvers Kurzgeschichte »Kathedrale« Punkt für Punkt analysiert. Die Autoren sind Schriftsteller und Dozenten der größten Creative Writing-Schule der Welt.

Elizabeth George, *Wort für Wort oder die Kunst, ein gutes Buch zu schreiben*, Goldmann 2004, 350 Seiten, 12 Euro.
Die Bestsellerautorin erzählt aus ihrer Werkstatt und gibt dabei unzählige wichtige Tipps zu Figuren, Plot, Dialog, Schauplatz und Recherche. Der spannende Einblick in ihre Arbeitsprozesse wird ergänzt durch viele Beispiele. Im Gegensatz zu anderen Autoren spricht Elizabeth George auch offen über ihre Selbstzweifel, die so viele Autoren plagen – auch Profis.

Hans Peter Roentgen, *Vier Seiten für ein Halleluja. Schreibratgeber*. Sieben Verlag 2009, 148 Seiten, 12,90 Euro
Mehr als die ersten vier Seiten lesen Verlagslektoren meist nicht, deshalb analysiert Hans Peter Roentgen treffend und witzig zahlreiche unveröffent-

lichte Romananfänge. Er weist auf häufige Fehler hin (zum Beispiel den »Infodump«) und erklärt anhand der Beispiele, wie man Figuren entwickelt, Spannung erzeugt, Rückblenden richtig einsetzt etc. Nach jedem Beispiel folgt eine Übung »für die Schreibmuskeln«.

Sylvia Englert, *Die neue Wörterwerkstatt. Tipps für Jugendliche, die gern schreiben*, überarbeitete Neuauflage, Autorenhaus Verlag 2007, 300 Seiten, 14,90 Euro.
Nicht nur für Jugendliche geeignet, sondern auch als leicht verständliche Einführung für Erwachsene. Die Themen u. a.: Wie man eine Geschichte glaubwürdig aufbaut, Spannung erzeugt, gute Dialoge schreibt, Sprache und Stil verbessert und bei Gedichten in Bildern spricht. Außerdem geht es um Fragen wie »Habe ich Talent oder nicht?«, »Ich schaffe es einfach nicht, meine Texte fertig zu schreiben!« oder »Ich habe so wenig Zeit zum Schreiben«.

Wolf Schneider, *Deutsch für Kenner. Die neue Stilkunde*, München 2005, 402 Seiten, 9,95 Euro.
Gutes Deutsch ist keine Hexerei – bei Wolf Schneider erfährt man, wie man interessant und verständlich schreibt. Seine Themen unter anderem: »Treffend schreiben«, »Kampf den Satzpolypen«, »Die Kunst, den Leser einzufangen«, »Weg mit den Adjektiven, her mit den Verben« etc. Wer auch journalistisch schreiben möchte, sollte sich unbedingt auch Schneiders Buch *Deutsch für Profis* anschaffen.

Martina Weber (Hrsg.), *Zwischen Handwerk und Inspiration. Lyrik schreiben und veröffentlichen*. Uschtrin Verlag, 3. Auflage 2011, 236 Seiten, 18,90 Euro
Eine Fundgrube für jeden, der sich für Lyrik interessiert – es geht einerseits um handwerkliche Themen wie Zeilenbruch, Metaphern und Rhythmus, andererseits bietet das Buch Arbeitsanregungen, Interviews und Gastbeiträge von erfahrenen Lyrikern. Enthält auch eine Liste von Verlags- und Zeitschriftenadressen.

Thomas Wieke, *Gedichte schreiben. Gebundene und freie Lyrik schreiben lernen & veröffentlichen*, Autorenhaus Verlag 2004, 254 Seiten, 14,90 Euro.
Gut verständliche Anleitung für Einsteiger, die sich über Metaphern und Bilder, Vers und Rhythmus, Reime und Kadenzen sowie verschiedene Formen wie Haiku oder Limerick schlaumachen wollen. Gute Mischung aus Theorie, Beispielen und Übungen. Ergänzt wird das Buch durch eine Liste von Verlagen und Zeitschriften, die Gedichte veröffentlichen, sowie Tipps für Lesungen und Poetry Slams.

Sonja Klug, *Ein Buch ist ein Buch ist ein Buch...* Orell Füssli 2002, 214 Seiten, 17,90 Euro. Gebraucht erhältlich zum Beispiel bei Amazon.
Hinter dem etwas seltsamen Titel versteckt sich ein solider Ratgeber zum Thema Sachbuch. Im ersten Drittel wird erklärt, wie man ein Sachbuch konzipiert und gliedert, sein Material strukturiert, richtig zitiert und die passende Sprache findet. Im Rest des Buches geht es hauptsächlich um die Verlagssuche und das Marketing fürs eigene Buch.

Aus Platzgründen empfehle ich hier keine Bücher, die sich mit speziellen Genres wie zum Beispiel Kinder- und Jugendbuch, Krimi, Liebesroman oder Sachbuch beschäftigen, von Drehbuch und Theater ganz zu schweigen. Aber es gibt sie natürlich, und sie zu lesen ist die Mühe wert, wenn Sie sich als Autor beziehungsweise Autorin weiterentwickeln wollen. Solche Fachbücher finden Sie hier:
- Autorenhaus Verlag, Berlin *(www.autorenhaus.de)*
- Uschtrin Verlag *(www.uschtrin.de)*
- Sieben Verlag *(www.sieben-verlag.de)*
- Emons Verlag *(www.emons-verlag.de)*
- Zweitausendeins *(www.zweitausendeins.de)*

Tipp: Achtung, Schreibratgeber haben auch Risiken und Nebenwirkungen. Wenn Sie mehr als drei davon gelesen haben und trotzdem nicht weiterkommen, dann sind Sie dabei, sich den Kopf mit zu viel Theorie zu verstopfen. Dann muss das Motto lauten: Bücher weglegen und losschreiben! Ganz spontan, damit Sie überhaupt wieder in Gang kommen. Überarbeiten können Sie ihren Text (mit all dem, was sie gelernt haben) später, wenn Sie fertig sind. Während des Schreibens sollten Sie die Selbstkritik so gut es geht ausblenden.

2.
So bringen Sie Ihr Manuskript unter

Sie haben sich Ihren Text noch einmal gründlich angeschaut und sind weiterhin entschlossen, sich damit der Öffentlichkeit zu stellen? Gut! Mit der gleichen Gründlichkeit, mit der Sie an Ihrem Manuskript gefeilt haben, sollten Sie nun herausfinden, in welche Nische des Buchmarkts Ihr Text passt. Diese Detektivarbeit sollte Ihr erster Schritt sein.

Der erste Schritt: Ihr Buch und den Markt unter die Lupe nehmen

Ihr Buch, seine Konkurrenz und die Leser

Stellen Sie sich Ihr fertiges Buch vor. Es steht im Regal einer Buchhandlung, der Umschlag glänzt frisch, Ihr Name ist oben rechts aufgedruckt. So, und jetzt wird's noch konkreter – in welchem Regal stellen Sie es sich vor? Steht es bei den Sachbüchern und dort in welcher Rubrik? Steht es bei den Krimis, bei den Büchern für Frauen, bei den Taschenbüchern für die Ferienlektüre, den anspruchsvollen Romanen, bei den Reisebüchern, den Liebesromanen, bei den religiösen Titeln, den Fachbüchern, den Geschenkbüchern oder den Kinderbüchern (in welcher Altersgruppe)?

Wenn Sie auf Anhieb wissen, in welchem Regal Ihr Buch sehr wahrscheinlich stehen wird, dann werden Sie es leichter haben, Ihr

Manuskript unterzubringen. Wenn Ihr Text dagegen zwischen alle Stühle fällt und sich eigentlich nicht richtig einordnen lässt, dann wird es schwieriger werden, einen Verlag zu finden, der Ihr Buch veröffentlichen will. Denn die Verlage wissen, dass der Buchhandel Bücher nicht gerne einkauft, die vom Thema her in keines der üblichen Regale passen. Das kennt Britta Kroker, früher Programmleiterin beim Campus Verlag, aus eigener Erfahrung: »Wenn das Manuskript nicht in eine etablierte Kategorie passt, ist man erstmal vorsichtiger. Aus leidvoller Erfahrung wissen wir, dass Lektorat und Vertrieb sich bei diesem Projekt ständig mit der Frage herumschlagen werden: Was für ein Buch ist das eigentlich? Wenn es ein Text ist, von dem alle begeistert sind, oder der von einem bekannten Autor ist, wagen wir's unter Umständen trotzdem.«

Der Verlag hat die Aufgabe, Buchhändlern und Lesern Hilfestellung zu geben, indem er seine Bücher »positioniert«, das heißt, er bestimmt, in welche »Kategorie« sie es einsortieren sollen. Titel, Umschlaggestaltung, Vermarktungstrategien – alles hängt davon ab, wo das Buch hinverkauft werden soll. Es wäre schade, wenn Ihr Buch in der falschen »Schublade« landen würde. Deshalb sollten Sie sich möglichst schon beim Schreiben, und spätestens bei der Überarbeitung und vor dem Anbieten, selbst darüber klar werden, was für ein Buch Sie eigentlich schreiben. Die Frage lautet jetzt nicht mehr wie im ersten Kapitel, ob sich überhaupt jemand für Ihr Buch interessieren wird, sondern wer genau dies sein könnte.

Auch Sie müssen Ihr Buch »positionieren«, wenn Sie es an einen Verlag verkaufen wollen. Nehmen wir mal an, Sie schreiben darüber, wie Sie drei Jahre lang durch Australien getrampt sind. Auf diesem Erlebnis wollen Sie einen abenteuerlichen autobiografischen Roman aufbauen. Eigentlich verändern Sie die Geschichte aber gar nicht so sehr, und im Grunde wollen Sie erzählen, was Sie erlebt und gesehen haben. Natürlich könnte ein guter Roman daraus werden, es könnte aber auch passieren, dass das Buch eine Mischung aus Roman und Reisebericht wird, die weder als das eine noch als das andere »funktioniert«. Warum nicht gleich einen waschechten Reisebericht daraus machen? Die Wirklichkeit ist vielleicht am interessantesten, und Elemente aus Ihren Erfahrungen können Sie später immer noch in Romanen verarbeiten. Es gibt Menschen, die genau solche Reiseberichte kaufen, einige Verlage haben spezielle Reihen solcher »Abenteuer«-Berichte.

Sie könnten natürlich auch einen Reiseführer daraus machen, einen Reiseführer Australien speziell für Rucksacktouristen, und darin vielleicht persönliche Anekdoten mit Tipps für andere Tramper mischen. Das mag nicht so viele Leser finden, aber dafür gibt es ein solches Buch vielleicht noch nicht auf dem Markt.

Wie auch immer Sie entscheiden, auf jeden Fall sollten Sie nicht erst dann, wenn Ihr Buch fertig ist, in die Buchhandlung gehen. Wenn Ihre Buchhandlung im Ort so klein ist, dass sie nur eine geringe Auswahl in jeder Abteilung bietet, könnten Sie Ihre Recherche mit einem Ausflug in die nächst größere Stadt verbinden. Machen Sie sich nun mit dem Regal vertraut, in dem die Bücher stehen, die Ihrem am ähnlichsten sind. Schauen Sie sich die Bücher der anderen Autoren an, die dort vertreten sind, und lesen Sie so viele wie möglich davon quer.

Bei denen, die Ihrem Projekt am ähnlichsten sind, lohnt sich ein Gang in die Bibliothek oder der Kauf, um sie ganz zu lesen. So werden Sie schnell einschätzen lernen, welche Themen, welchen Stil, welche Struktur, welchen Umfang und so weiter die Konkurrenzliteratur hat. Sie können erkennen, was die Verlage bislang bevorzugt haben. Diese Informationen sind nicht nur wichtig für die Vorarbeiten an Ihrem Projekt, damit Sie die Konventionen des Genres kennen, sondern auch später für Anschreiben und Exposé – im Sachbuch-Bereich könnte der Verlag von Ihnen eine sogenannte »Konkurrenzanalyse« verlangen.

Wenn Sie ein Sachbuch, einen Ratgeber oder ein Fachbuch veröffentlichen wollen, müssen Sie am gründlichsten recherchieren – am besten gleich nachdem Sie die Idee konkretisiert haben. Bei solchen Büchern ist es ein ganz entscheidendes Argument für Ihr Buch (vielleicht sogar das wichtigste Kriterium), wenn es etwas in der Art, wie

Sie es schreiben wollen, noch nicht oder nicht in dieser Form gibt. Zwar sind schon zu sehr vielen Themen Bücher auf dem Markt, das lässt sich bei fast 100 000 Neuerscheinungen im Jahr (und zwar Erstauflagen!) gar nicht vermeiden. Aber manchmal findet man eben doch eine Nische, oder Sie bearbeiten das Thema unter einem neuen oder ungewöhnlichen Aspekt.

Dafür müssen Sie aber erst einmal herausfinden, was es schon gibt. Neben den Büchern, die in der Buchhandlung stehen, existieren noch eine ganze Menge, die auf Abruf beim Großhändler und beim Verlag erhältlich sind. Sie finden solche Verzeichnisse zusammen mit anderen wichtigen Brancheninformationen in der VlB-Datenbank (Verzeichnis lieferbarer Bücher) unter *www.buchhandel.de*. Sehr bequem recherchiert es sich auch bei den Online-Buchhändlern wie Amazon *www.amazon.de*, Bücher.de *www.buecher.de* oder in den Katalogen von Großhändlern *www.buchkatalog.de*, *www.libri.de*. Wenn Sie keinen Internet-Zugang haben, können Sie einen Verwandten oder Bekannten bitten, für Sie nachzuforschen.

Tipp: Eine Buchhändlerin, der Sie als Stammkunde bekannt sind und mit der Sie sich ein wenig angefreundet haben, unterstützt Sie vielleicht, wenn es darum geht, Konkurrenzliteratur zu suchen, ein paar Titel zur Ansicht zu bestellen, Sie mit Verlagsadressen zu versorgen oder Ihnen Tipps zu der Sparte des Buchmarkts zu geben, die Sie interessiert.

Ein Beispiel dafür, wie man als angehender Sachbuchautor vorgehen könnte: Vielleicht sind Sie Heilpraktiker, haben ein paar Jahre lang gute Erfahrungen mit Akupressur gesammelt und wollen jetzt einen illustrierten Ratgeber darüber schreiben. Erst möchten Sie ein Buch sowohl für Fachleute als auch für Laien schreiben, aber dann überlegen Sie sich, dass es dadurch sehr schwierig wird, das Buch in ein bestimmtes Regal zu stellen – es wird weder ein richtiger Ratgeber für Fachleute noch für das allgemeine Publikum sein. Für die einen Leser ist es zu leicht, für die anderen zu schwer. Also entscheiden Sie sich dafür, dass es ein Ratgeber für das allgemeine Publikum werden soll, und Sie wollen ihn wie eine Schritt-für-Schritt-Anleitung aufbauen. Das Interesse an einem solchen Buch schätzen Sie hoch ein. Also gehen Sie in die Buchhandlung, schauen nach, was es im Regal Gesundheit zum Thema Akupressur gibt und was darüber hinaus beim Internet-Buchhandel dazu erhältlich ist. Zunächst sind Sie entsetzt darüber, dass schon mehr als 20 Bücher über Akupressur auf dem Markt sind – macht es dann überhaupt Sinn, noch ein weiteres zu schreiben? Doch sobald Sie die Bücher genauer prüfen, stellen Sie fest, dass einige davon Fachbücher für Kollegen sind, andere sind schon über fünf Jahre alt (das bedeutet, dass Sie nicht mehr aktuell sein könnten und für den Buchhändler praktisch »out« sind), und wiederum andere sind völlig anders aufgebaut als Ihr geplantes Buch. Manche sind außerdem oberflächlich geschrieben und spärlich illustriert. Als Sie mit der Buchhändlerin aus der Abteilung Gesundheit plaudern, erzählt sie Ihnen, dass alternative Medizin immer noch gut »läuft«. Sie notieren sich, was die anderen Bücher von Ihrem Projekt unterscheidet, und erstellen eine »Konkurrenzanalyse«, die den Lektor überzeugen könnte, dass es für Ihr Projekt einen Platz auf dem Buchmarkt gibt. So sorgfältig, wie Sie Ihr Projekt geplant haben, wird es bei einem dafür geeigneten Verlag eine reelle Chance haben.

Checkliste Vorarbeit
- Welche Leser könnten sich (außerhalb meiner Familie und meines Freundeskreises) für mein Buch interessieren?
- Ist die Zielgruppe groß genug, um eine Veröffentlichung zu rechtfertigen?
- Ist der Text sprachlich, inhaltlich und in der Gestaltung »genau richtig« für die Zielgruppe?
- In welche Kategorie passt mein Buch?
- In welchem Regal in der Buchhandlung wird es voraussichtlich stehen?
- Kann es neben der Konkurrenz bestehen beziehungsweise hebt es sich positiv von dieser ab?

Seien Sie auf jeden Fall vorsichtig mit Ihren Einschätzungen. Selbst wenn Ihr Roman über eine packende Handlung mit reichlich Sex & Crime verfügt und den Titeln ähnlich ist, die in hunderttausend deutschen Haushalten auf dem Nachttisch liegen, so bedeutet das keine Erfolgsgarantie für Ihr Buch. Viele Autoren unterschätzen es, wie schwierig es für einen neuen Namen auf dem Buchmarkt ist, sich durchzusetzen. Besonders Romane verkaufen sich weniger über das Thema als über einen bekannten oder bewährten Autorennamen. Zum Glück gibt es jedoch auch noch die Leser, die bereit sind, Neues zu entdecken und sich an Unbekanntes und Ungewohntes heranzuwagen.

Wenn Ihr Buch das »gewisse Etwas« besitzt, kann es natürlich auch auf Anhieb einschlagen. So lief es zum Beispiel beim ersten Roman des Realschullehrers Michael Kobr und des Journalisten Volker Klüpfel; als ein kleiner Allgäuer Verlag einen Regio-Krimi suchte, dachten sie sich 2002 den schrulligen Kommissar Kluftinger aus. Der erste Kluftinger-Band *Milchgeld* fand so viele begeisterte Leser, dass Piper sich die weiteren Bände sicherte. Heute haben die Kluftinger-Romane eine Millionenauflage. Doch vorhersehen lässt sich ein solcher Erfolg nicht.

Indem Sie die Fragen der Checkliste beantwortet haben, haben Sie sich mit dem Gedanken vertraut gemacht, dass Ihr Buch auf dem Buchmarkt bestehen muss. Es ist ein Produkt, das sich gegenüber anderen Produkten behaupten muss oder untergehen wird. Falls Sie sich den Gesetzen des Marktes jedoch nicht unterwerfen möchten, bleibt Ihnen noch der eine oder andere Ausweg, darauf wird in den nächsten Kapiteln noch näher eingegangen. Wenn Sie nicht das Gefühl haben, die Fragen beantworten zu können, dann sollten Sie, besonders wenn Sie ein Sach- oder Fachbuch schreiben, Idee und Konzept noch einmal mit Freunden, Fachkollegen oder Ihrem Buchhändler diskutieren.

Auf die Frage danach, wie groß die Zielgruppe für Ihr geplantes Buch ist, lässt sich manchmal nicht leicht eine Antwort finden. Haben Sie eine Autobiografie oder einen Lyrikband geschrieben, dann müssen Sie erst einmal davon ausgehen, dass Ihre Zielgruppe vergleichsweise klein ist. Solche Texte können natürlich, wenn die »Chemie« zwischen Ihnen und den Lesern stimmt oder Sie etwas besonderes erlebt haben, groß rauskommen, wie zum Beispiel die Lebensgeschichte von Sabine Kuegler (*Dschungelkind*) oder die Gedichte von Robert Gernhardt beweisen, aber die Wahrscheinlichkeit ist geringer als in den anderen Literaturgattungen. Es gibt sehr viele Menschen, die Gedichte schreiben, aber nur wenige, die Lyrikbände kaufen – wer wundert sich da noch, dass nur wenige große Verlage überhaupt Lyrik veröffentlichen? Ähnliches gilt für die Autobiografie. Wenn Sie nicht gerade einen Namen im öffentlichen Leben, in der Kunst oder sonst einem Bereich haben, sollten Sie sich überlegen, ob es Ihnen nicht am meisten bringt, dieses Manuskript nur für Ihre Familie zu schreiben und im Selbstverlag zu veröffentlichen.

Oder gibt es einen anderen Grund, warum ein Ihnen unbekannter Leser Ihr Buch verschlingen würde? Vielleicht haben Sie ein interessantes Leben gelebt, wie zum Beispiel Claire Hake, die schon in Sumatra und Shanghai gelebt hat und davon in ihrer Autobiografie *Mein zweigeteiltes Herz* berichtet. Oder Sie haben einen interessanten Beruf, wie zum Beispiel Susa Bobke, die in ihrem Buch *Männer sind anders. Autos auch.* von ihren Erlebnissen als »Gelber Engel« des ADAC erzählt. Oder Sie erzählen so witzig aus Ihrem Alltag wie Mike Schier in *Der Wickelvolontär – wie man als Vater überlebt* aus seiner Elternzeit.

Lassen Sie sich nicht entmutigen. Falls Sie von Ihren Texten überzeugt sind, versuchen Sie trotzdem, damit bei einem Verlag zu landen, auch wenn die Gattung ein Stiefkind des Buchmarkts ist! Wer's nicht versucht, der gewinnt bekanntlich auch nicht. Wenn Sie wirklich ernsthaft literarisch arbeiten wollen, werden Sie Geduld und Ausdauer brauchen, nicht nur Talent.

Wie Sie die richtigen Verlage auswählen

Auch wenn Sie potenzielle Verlage für Ihr Buch auswählen, sollten Sie zunächst in Ihre Buchhandlung gehen. Schreiben Sie sich die Namen der Verlage auf, die Ihnen in »Ihrem Regal« begegnen, und machen Sie sich Notizen darüber, in welche Richtung das Verlagsprogramm geht. Ist es eher intellektuell-künstlerisch oder unterhaltend? Hat der

Verlag überhaupt deutsche Autoren oder kauft er überwiegend Lizenzen aus dem Ausland? Druckt dieser Verlag nur realistische Kinderbücher mit Problemthemen oder auch märchenhafte, und gibt es dort eine Reihe mit Büchern für die Altersgruppe, für die Sie schreiben? Wie ausführlich behandeln die Sachbücher dieses Verlages ihre jeweiligen Themen? Druckt dieser Verlag vor allem besinnliche oder heitere Gedichte, Geschenktexte oder experimentelle Lyrik? Je gründlicher Ihre Vorarbeit hier ist, desto unwahrscheinlicher ist es, dass Sie einen Absagebrief mit den dürren Worten »Leider passt Ihr Manuskript nicht in das Programm unseres Verlages« bekommen – was manchmal nur ein vorgeschobener Grund ist, leider aber auch oft genug zutrifft, da sich viele Autoren nicht ausreichend vorher über das Programm informieren. Es kommt nicht selten vor, dass Belletristikverlage Ratgebermanuskripte erhalten, Kinderbuchverlagen Autobiografien zugeschickt werden oder Romane bei reinen Sachbuchverlagen landen. »Es kann überhaupt nicht schaden, wenn der Autor sich ein wenig vertraut macht mit der Programmstruktur eines Hauses und gezielt anbietet«, empfiehlt Martin Rethmeier, lange Jahre Leiter des Sachbuchlektorats Taschenbuch im S. Fischer Verlag. »Das allermeiste, was ich auf den Tisch bekam, passte überhaupt nicht in das Programm des Fischer Taschenbuch Verlages. Diese Manuskripte stammen von Autoren, die sich nicht dafür interessiert haben, was für Bücher Fischer überhaupt veröffentlicht.«

Es ist wie bei einer Bewerbung um einen Arbeitsplatz – je mehr Sie über das Unternehmen wissen, bei dem Sie sich bewerben, desto besser sind Ihre Chancen. Schließlich ist jede Manuskripteinsendung eine Art Blindbewerbung, denn es gibt keine seriösen Verlage, die mit Annoncen wie »Manuskripte erwünscht« auf sich aufmerksam machen. Deshalb ist es ratsam, sich von dem Verlag, den Sie ins Visier genommen haben, eine Vorschau zu beschaffen. Eine Vorschau, in der alle aktuellen Bücher eines Verlags beschrieben sind, gibt Ihnen einen guten Überblick darüber, was in dieses Verlagsprogramm passt und was nicht. Man bekommt sie entweder auf Anfrage vom Verlag zugeschickt oder Sie können sie sich auf der Website direkt herunterladen.

Tipp: Einen guten Überblick bietet die Website www.boersenblatt.net, dort präsentieren sich über 70 Verlage mit ihrer aktuellen Vorschau.

Wenn Sie diese Vorschauen sammeln, Literaturbeilagen und die kostenlosen Zeitschriften des Buchhandels lesen, können Sie sich über den Buchmarkt auf dem Laufenden halten. Was Ihnen das bringt? Es ist selten, dass ein Verlag über Jahre seine Programmpolitik unverändert beibehält. Vielleicht würden Sie Ihr Fantasy-Manuskript gerne bei »Pan«, einem Verlag unter dem Dach von Droemer Knaur*, einreichen, haben aber nicht mitbekommen, dass Droemer Knaur Pan 2012 eingestellt hat. Umgekehrt kann es vorkommen, dass ein anderer Verlag gerade begonnen hat, ein neues Programm aufzubauen – was bedeutet, dass er wahrscheinlich auf der Suche nach guten Autoren ist. Zum Beispiel haben der Piper Verlag mit »ivi« und Loewe mit »script5« Programme für die Zielgruppe junge Erwachsene gestartet.

Eine solche Neugründungs-Chance nutzte der Autor Reinhard Wissdorf, der in der Hoffnung, endlich einmal einen Roman veröffentlichen zu können, seinen Krimi *Shabu* an mehrere große Verlage geschickt hatte. Als diese ihm abgesagt hatten, landete das Manuskript in der Schublade. Zufällig hörte er Jahre später von einer Bekannten aus seiner Schreibwerkstatt, dass ein Verlag, der ursprünglich nur Kinderbücher verlegte, gerade eine Krimireihe startete. Er beschaffte sich den Namen der Ansprechpartnerin im Lektorat, schickte seinen Text ein und konnte wenige Monate später den Vertrag für seinen Erstling unterschreiben. Es lohnt sich, die Ohren offen zu halten!

Oft werden Ihnen auf Anhieb Verlage einfallen, die für Ihr Buch in Frage kommen. Leider müssen Sie damit rechnen, dass diese bekannten Verlage auch allen anderen Autoren als erstes einfallen. Dementsprechend groß sind Konkurrenz und die Manuskriptberge im Lektorat. Kleinere Verlage wie Schöffling, bohem press oder Feder & Schwert erhalten etwa 200 bis 400 Einsendungen im Jahr, bei mittel-

---

* Solche Sub-Verlage nennt man »Imprints«. Sie sind sozusagen eine eigene Marke unter dem Dach eines Verlagshauses.

großen wie Campus oder Oetinger sind es zwischen 600 und 1 000, und bei den großen Häusern wie Heyne, Piper und S. Fischer landen sogar um die 1 500 Manuskripte jährlich auf den Schreibtischen der Lektoren. Rein finanziell können es sich die großen Belletristikverlage leisten, einen interessanten Nachwuchsautor zu fördern, doch leider ist das viel zu selten der Fall. Es ist leichter, ein Buch zu übersetzen, das sich im Ausland schon bewährt hat. Doch Lizenzen werden immer teurer und es kann sich für die Verlage durchaus lohnen, einheimische Autoren aufzubauen. »Wenn ein Autor kommt, der keinen Namen hat, dann ist das ein gewisses Risiko. Das sind einige der großen Verlage häufig nicht bereit einzugehen«, sagt Claus Coelius, Ratgeberautor und Verleger des Hamburger CC-Verlages. »Darum sind die kleinen Verlage so wichtig. Weil die bereit sind, neue Wege zu gehen, und die großen sind dann die Trittbrettfahrer.« Nicht selten werden neue deutschsprachige Autoren und Autorinnen von den kleinen Verlagen entdeckt und anschließend mit Anreizen wie beispielsweise einem höheren Honorar oder besseren Vertriebsmöglichkeiten von größeren Konkurrenten abgeworben. Auch ganz neue Trends zeigen sich häufig zuerst bei den Kleinverlagen, bevor sie quasi salonfähig werden und die Großen sie aufgreifen.

Natürlich wäre es schön, sagen zu können, dass man in einem Verlag wie Rowohlt oder Suhrkamp ein Buch veröffentlicht hat, und wenn Sie die Chance dazu bekommen, dann ist das eine feine Sache. Doch versteifen Sie sich nicht auf diese großen Verlage – an sie kommt man heute fast nur noch mit Agent heran. Bieten Sie Ihren Text unbedingt auch den kleineren, weniger bekannten Häusern an (das geht auch ohne Agent). In einem Verlag, der mehrere hundert Titel im Jahr herausbringt, ist ein neuer Autor meist nur ein sehr kleines Licht, einer in einem Heer von anderen Hausautoren und ganz unten in deren Hierarchie. Das bedeutet in der Praxis, dass für die Stars, die Bestsellerautoren, eine gewaltige Werbemaschinerie in Gang gesetzt wird, damit die mit hohen Vorschüssen eingekauften Spitzentitel auch die Erwartungen erfüllen. Für Sie als Nachwuchsautor wird vergleichsweise weniger getan werden, außer der Verlag verspricht sich sehr viel von Ihrem Buch. Das wäre bei der großen Anzahl der Titel anders auch kaum möglich.

In einem der vielen kleinen Verlage, die nur fünf, zehn oder zwanzig Titel pro Jahr herausbringen, sieht das schon anders aus. Dort ist *Ihr* Buch vielleicht der Spitzentitel, Sie werden als Autor oder Autorin wesentlich stärker gepflegt und persönlicher betreut, die Werbemaßnahmen und Pressearbeit konzentrieren sich auf Ihr Buch. Die Atmosphäre ist persönlicher, weniger anonym. Bei Schöffling in Frankfurt am Main (15 bis 20 Titel im Halbjahr) verhandelt beispielsweise der Verleger selbst mit Autoren und Lizenzgebern und akquiriert und lektoriert die meisten Bücher selbst. »Ich habe noch kein Manuskript verlegt von einem Autor, den ich vorher nicht persönlich kennengelernt habe. Meistens fahre ich hin«, meint Klaus Schöffling, der Verleger. Seine Frau hat die Aufgaben Lektorat und Presse übernommen, eine Kollegin kümmert sich um Herstellung und Werbung. Mindestens ebenso engagiert arbeiten andere kleine Verlage wie zum Beispiel kookbooks mit Sitz in Berlin und Idstein. Kookbooks-Gründerin Daniela Seel bringt zwar jedes Jahr nur eine Handvoll Bücher heraus, diese jedoch sind grafisch so liebevoll und originell gestaltet, dass Kritiker und Leser begeistert sind. Der Verlag ist mittlerweile aus den roten Zahlen heraus und trägt sich selbst – und das unter anderem mit Lyrik!

Oft werden sehr kleine Verlage von engagierten Kleinverlegern oder Kleinverlegerinnen im Ein-Mann/Frau-Betrieb geführt, sie stehen häufig – trotz völliger Selbstausbeutung – am Rande des finanziellen Ruins. Als Autor oder Autorin eines solchen Verlages muss man in Kauf nehmen, dass man (wenn überhaupt) nur einen geringen Vorschuss erhält, dass die eigenen Bücher relativ selten im Buchhandel liegen und dass der Verlag womöglich schon nach wenigen Jahren eingegangen ist. Auf jeden Fall sollten Sie darauf achten, dass der Verlag professionell arbeitet, beispielsweise indem Sie sich die bisher veröffentlichten Titel genau ansehen. Ein Buch, das amateurhaft oder schlampig hergestellt daherkommt, wird Ihnen keine Freude bereiten.

Es ist nicht so leicht, sich Informationen über die kleineren Verlage zu beschaffen, da diese in den Buchhandlungen weniger präsent sind. Aber im Internet sind sie natürlich zu finden, wenn Sie gezielt zu Ihrem Genre suchen, zum Beispiel »Kinderbuch« + »Verlag«, oder »Thriller« und »Verlag«. Surfen Sie zu Nominierungslisten, Autorenlisten von Agenten, Buchbesprechungen. Je länger Sie stöbern, desto mehr mittlere und kleine Verlage werden Sie entdecken – es lohnt sich!

Oder Sie haben Lust, die Verleger persönlich kennenzulernen: Auf der Mainzer Minipressen-Messe stellen Kleinstverleger, die ihre Bücher zum Teil auf Handpressen als bibliophile Ausgaben drucken, ihr Programm vor. Zum Teil haben auch Literaturzeitschriften dort ihren Stand. Diese Messe findet alle zwei Jahre statt. Sie können nähere Informationen anfordern bei:

Jürgen Kipp
Mainzer Minipressen-Archiv
Liebfrauenplatz 5
55116 Mainz
Tel. 061 31 / 12 26 76
E-Mail: juergen.kipp@stadt.mainz.de
www.minipresse.de
Termine der Minipressen-Messe: 2013, 2015 usw.

Buchmessen sind sicher die aufwändigste Art, die es für Sie gibt, sich über Verlage zu informieren, aber es kann nichts schaden, sich den großen Buchzirkus in Frankfurt oder Leipzig zumindest einmal anzuschauen. Erwarten Sie jedoch nicht zu viel. Die Frankfurter Buchmesse ist so groß, dass sich ein Besucher von der Fülle der Verlage, der Bücher und der Informationen leicht erschlagen fühlt. Wenn Sie sich keine konkreten Ziele setzen, laufen Sie Gefahr, nach ein paar Stunden mit akuter Reizüberflutung und schmerzenden Füßen wieder am Ausgang zu stehen und sich zu fragen, ob es das wert war. Um Nerven zu sparen, sollten Sie schon vorher eine Liste von Verlagen aufgestellt haben, die Sie interessieren, und diese dann gezielt besuchen, um sich dort Informationsmaterial zu beschaffen und die Namen von für Sie zuständigen Ansprechpartnern im Lektorat zu erfragen. Die Standnummern können Sie im Ausstellerkatalog im Internet recherchieren oder sich an der Information heraussuchen lassen. Darüber hinaus können Sie natürlich auch herumschlendern und nach Verlagen Ausschau halten, auf die Sie bisher nicht aufmerksam geworden sind und die ähnliche Bücher wie Ihres im Programm haben. Was Sie beachten müssen, wenn Sie auf der Messe Ihr Manuskript anbieten wollen, erfahren Sie im nächsten Kapitel unter »Die richtige Kontaktaufnahme«.

Ob Sie sich in Frankfurt, Leipzig, Mainz oder Basel umsehen, wird einerseits natürlich von Ihrem Wohnort und andererseits von ihrer Zeitplanung abhängen. Die Buchmesse in Leipzig findet im März statt, die in Frankfurt im Oktober. Frankfurt ist sehr groß und international, Leipzig ist kleiner. Doch die meisten deutschsprachigen Verlage, die in Frankfurt vertreten sind, kommen auch dorthin und es sind zunehmend auch Lektoren am Stand. Außerdem werden Sie dort vermutlich mehr Spaß haben, da es ein umfangreicheres Lesungsprogramm gibt und seit 2012 unter dem Motto autoren@leipzig auch ein Fortbildungsprogramm für Autoren (das Fachprogramm finden Sie unter *www.leipzig-liest.de*). Auf der BuchBasel, die jedes Jahr im November in Kombination mit einem Literaturfestival durchgeführt wird, stellen hauptsächlich schweizerische Verlage aus, aber auch ein paar deutsche und österreichische.

Nach den genauen Veranstaltungsdaten können Sie sich aus der Presse oder direkt bei den Messegesellschaften informieren:

Ausstellungs- und Messe GmbH
Frankfurter Buchmesse
Braubachstraße 16
60311 Frankfurt am Main
Tel. 069 / 2102-0
E-Mail: info@book-fair.com
www.buchmesse.de
Nächste Termine der Frankfurter Buchmesse:
10. – 14. Oktober 2012, 09. – 13. Oktober 2013, 8. bis 12. Oktober 2014

Leipziger Messe GmbH
Projektteam Buchmesse
Postfach 100 720,
04007 Leipzig
Tel. 03 41 / 67 8-82 40
E-Mail: buchmesse@leipziger-messe.de
www.leipziger-buchmesse.de
Nächste Termine der Leipziger Buchmesse:
14. – 17. März 2013 und 13. – 16. März 2014

BuchBasel
Theaterstrasse 22
Postfach 260
CH-4001 Basel
Tel. 00 41 / 61 261 29 50
E-Mail: info@buchbasel.ch
www.buchbasel.ch
Nächste Termine der BuchBasel: 9. – 12. November 2012 (weitere Termine sind noch nicht bekannt und stehen immer ab Frühjahr auf der Homepage)

Eine weitere Möglichkeit, sich über Verlage zu informieren und an ihre Adressen heranzukommen, sind Verzeichnisse. Auf der Website der Frankfurter Buchmesse (*www.buchmesse.de*) finden Sie einen Online-Katalog aller Aussteller – der sich wunderbar als Verlagsverzeichnis nutzen lässt, wenn Sie Adressen heraussuchen möchten. Dort gibt es Kurzprofile der Verlage und einen Link zur jeweiligen Homepage, so dass Sie sich gleich ein Bild über Schwerpunkte und Programm machen können. Sie können den Katalog bei der Ausstellungs- und Messe-GmbH auch als Print-Ausgabe bestellen.

Sehr nützlich ist auch das *Jahrbuch für Autoren*, das ein ausführliches Verlagsverzeichnis mit einem Kurzprofil zu Verlagen sowie die von den Lektoraten gewünschte Angebotsweise (Telefon, E-Mail, Post, und ob Exposé, Leseprobe, Manuskript gewünscht wird) enthält. Mithilfe des Registers können Sie darin gezielt nach Verlagsprogrammen stöbern, in die das passen könnte, was Sie schreiben. Die Ausgabe 2010/2011 hatte 800 Seiten und kostete 29,90 Euro. Bestellen können Sie es beim Verlag oder im Buchhandel.

Aber Achtung, es ist möglich, dass Sie in solchen Verzeichnissen auf Verlage stoßen, die Zuschüsse kassieren. Mein Tipp: Wenn aus dem Kurzprofil des Verlages hervorgeht, dass er keinen speziellen Schwerpunkt hat, sondern alles macht (Krimi, Fantasy, Autobiografien, Lyrik...), dann ist Vorsicht geboten. Normalerweise haben nur sehr große Verlage, deren Namen Sie sicher kennen werden, ein so breites Programm. Haben Sie den Verlagsnamen aber nie gehört und ist er auch dem Buchhändler Ihres Vertrauens nicht bekannt, ist das ein Anhaltspunkt, dass Sie Ihr Manuskript hier besser nicht hinschicken sollten.

Wenn Sie Kinder- und Jugendbücher schreiben, werden Sie fast alle Informationen, die Sie brauchen, in der Broschüre *Kinder- und Jugendbuchverlage von A-Z* finden, die von der Arbeitsgemeinschaft von Jugendbuchverlegern in der Bundesrepublik Deutschland e.V. herausgegeben wird und die Sie gegen eine geringe Schutzgebühr anfordern können bei der

avj-Geschäftsstelle
Großer Hirschgraben 17-21
60311 Frankfurt/M.
Tel. 069 / 1306-248
Fax. 069 / 1306-403
E-Mail: info.avj@boev.de
www.avj-online.de

Viele wichtige Verlage werden auf einer Doppelseite vorgestellt, mit Adresse, Ansprechpartnern, Geschichte, Programmschwerpunkten und ausgewählten Titeln. Auf den Homepages der jeweiligen Verlage können Sie sich dann die aktuellen Informationen beschaffen.

Der zweite Schritt:
Die richtige Strategie für die Kontaktaufnahme

Jetzt haben Sie die Qual der Wahl: »Soll ich erstmal da anrufen? Oder einfach einen Text losschicken? Soll ich eine Lektorin auf der Messe ansprechen…?« Damit Ihnen die Entscheidung leichter fällt, erfahren Sie in diesem Kapitel, was Sie bei den gängigen Möglichkeiten, mit einem Verlag direkt Kontakt aufzunehmen, beachten sollten. So viel schon mal vorweg: Viel besser, als einfach etwas einzuschicken, ist, sich sozusagen indirekt an die Verlage Ihrer Wahl heranzupirschen.

Tipp: Welche Methode der Kontaktaufnahme Sie auch wählen, Ihr Ziel sollte immer sein, statt unverlangter verlangte Manuskripte einzureichen. Das heißt, Sie müssen durch kleinere Veröffentlichungen, durch das Auswerfen von schriftlichen oder telefonischen Ködern, durch persönliche Kontakte, durch Lesungen und durch Engagement in der Literaturszene Leute in den Verlagen neugierig machen, damit diese Sie von sich aus ansprechen oder mehr Material von Ihnen anfordern.

Die folgenden Ratschläge gelten ebenso, wenn Sie einen Agenten suchen, von dem Sie sich vertreten lassen wollen (mehr über Agenten im Kapitel »Was können Agenten für Sie tun?«).

Persönliche Kontakte nutzen und aufbauen

Bevor Sie sich überlegen, wie Sie sich bei einem Verlag am besten bemerkbar machen, sollten Sie erst einmal in Ruhe Ihr Adressverzeichnis durchblättern oder überlegen: Haben Sie auf einer Party jemals jemanden kennengelernt, der als Freier Mitarbeiter für einen Verlag arbeitet? Haben Sie in Ihrem Bekanntenkreis eine Autorin, die sich ihre Texte anschauen und dann eventuell einen Kontakt zu ihrem Lektor herstellen könnte? Kennt der Mann Ihrer Tante zufällig eine Agentin? Sitzt im Bridgeclub Ihrer Mutter der Literaturkritiker der Lokalzeitung, der wiederum gute Kontakte zu Verlagen hat? Schaden kann es nicht, wenn der Verwandten- und Bekanntenkreis weiß, dass man demnächst sein Manuskript anbieten möchte. Es kann durchaus sein, dass dann plötzlich jemand zu Ihnen sagt: »Ach, ich kenne da jemanden, der...« Unterschätzen Sie die Wirkung des berüchtigten Vitamin B nicht.

Natürlich wird Ihr Buchprojekt trotz dieser Hilfe nur dann eine Chance haben, wenn es Substanz und Qualität hat. Aber der persönliche Kontakt bewirkt, dass Ihr Manuskript nicht als unverlangte Einsendung eintrifft, und das ist erst einmal Ihr Ziel. So funktionierte es auch bei der jungen Berliner Autorin Katrin Dorn (*Tangogeschichten, Milonga*) und ihrem ersten Buch *Der Hunger der Kellnerin*: »Ich habe das Manuskript an zwölf Verlage geschickt, zwei haben sich dann die Mühe gemacht, zurückzuschreiben, es sei ganz interessant, aber sie könnten es nicht machen. Durch meine Arbeit bei einer Literaturzeitschrift habe ich dann jemanden persönlich kennengelernt, einen Lektor aus einem größeren Verlag – mit dem habe ich ein Interview gemacht und dabei erwähnt, dass bei ihm ein Manuskript von mir auf dem Tisch liege. Er hat sich das dann natürlich etwas genauer angeschaut, und von ihm kam eine ziemlich positive Reaktion. Nehmen konnte er es zwar nicht, aber er hat mir so eine kleine Referenz geschrieben. Das hat dann gewirkt, und so bin ich bei Aufbau untergekommen.«

Wenn Lektoren ein Manuskript ablehnen, das ihnen empfohlen wurde, dann stehen sie automatisch unter einem höheren Rechtfertigungsdruck, daher werden sie es sorgfältig prüfen. Am wirksamsten ist natürlich die Empfehlung erfolgreicher Hausautoren oder -autorinnen des jeweiligen Verlages. Nicht wenige Buchprojekte kommen dadurch zustande, dass Autoren ihre Lektoren auf Nachwuchstalente aufmerksam machen. Wenn Sie einen Lieblingsautor oder eine Lieblingsautorin haben, dann kann es nichts schaden, wenn Sie ihm oder ihr einen Ihrer Texte schicken. Einen Versuch ist das wert. »Ich weiß das aus Erfahrung, wenn Mäxchen X was schickt, dann wird das nicht so beachtet. Es ist besser, man wendet sich an jemanden, den man kennt und wo man das Gefühl hat, der ist freundlich und uneitel genug, dass er einem hilft«, empfiehlt die Autorin Eva Demski (*Das Narrenhaus, Karneval, Scheintod*). »Es gibt ja immer wieder Autoren, die sich solche Manuskripte angucken, die denken, es könnte was werden, und die dann Empfehlungen geben. Ich selbst bekomme reichlich Manuskripte zugeschickt von Leuten aus meinen Workshops, aber auch von völlig Fremden. Hundert im Jahr sind es bestimmt. Es ist aber erst ein Mal passiert, dass ich gesehen habe, dass das was wird, und diese Frau hat ihr Buch auch mittlerweile veröffentlicht.«

Erhoffen Sie sich aber nicht zuviel von solchen Zusendungen, denn die meisten berühmten Autoren und Autorinnen sind davon eher genervt. »Das finde ich ein Kreuz. Das mache ich nicht mehr«, meint der Autor Uwe Timm (*Morenga, Die Entdeckung der Currywurst, Rennschwein Rudi Rüssel*). »Ich kriege im Monat drei bis vier, manchmal aber auch mehr. Ich stecke sie gleich wieder in die Tüte und schreibe auch, dass ich sie nicht gelesen habe.«

Wenn Sie sichergehen wollen, dass Ihre Texte von den arrivierten Kollegen wirklich gelesen werden, dann können Sie Ihr Manuskript zum Beispiel bei einem Literaturbüro einreichen, das diesen Service anbietet, und ein Gutachten erstellen lassen. Ihr Text wird dann an externe Gutachter – meist an erfahrene Autoren – weitergeleitet. Ist der Gutachter angetan von Ihrer Arbeit, kann es sein, dass das der Beginn eines fruchtbaren Dialogs mit einer Art von Mentorenfigur ist und dass er oder sie sich bei einem Verlag für Sie einsetzt.

Eine sehr gute Möglichkeit, Autorenkollegen persönlich kennenzulernen, ist, an einem Seminar, einem Workshop oder einer Schreibwerkstatt teilzunehmen (siehe auch Kapitel »Workshops«). Häufig werden diese von bekannten Schriftstellern geleitet, manchmal auch von Lektoren. Wenn die Qualität Ihrer Texte, die Sie dort vorstellen, stimmt, wird man sich Ihren Namen merken.

Sich bemerkbar machen

Lektorinnen und Lektoren warten nicht einfach nur darauf, dass Ihnen ein vielversprechendes neues Talent über den Weg läuft, sie *suchen* nach guten Nachwuchsautoren. Es ist ein Teil ihres Jobs, sich über die Literaturszene auf dem Laufenden zu halten. Deshalb müssen Sie sich dort sichtbar und bemerkbar machen. »Wenn du einen Verlag finden willst, musst du dich in den Literaturbetrieb hineinbegeben«, rät Paulus Böhmer, Lyriker und viele Jahre lang Leiter des Hessischen Literaturbüros. »Es wird nicht klappen, dass ein völlig Unbekannter von einem Verlag angenommen wird, es sei denn, es ist wirklich ein großartiger Text, das passiert ganz selten. Man kann reinkommen durch die Beteiligung in Zeitschriften und durch das Reinschnuppern in den Betrieb, und wo findet man diesen eher als bei Literaturveranstaltungen?«

Durch kleine Veröffentlichungen, indem Sie an Workshops oder Seminaren teilnehmen, Texte zu Wettbewerben einreichen und Lesungen halten, gewinnen Sie Erfahrungen, lernen Leute kennen und machen Ihren Namen allmählich bekannter. Um diese ersten Schritte wird es im dritten Teil dieses Buches gehen.

Wenn Sie Sachbücher schreiben wollen, sollten Sie die gleiche Strategie verfolgen. Speziell in diesem Bereich suchen die Verlage aktiv nach Autoren und Autorinnen für ganz bestimmte Sujets oder für im Haus entwickelte Buchideen. Bei Campus gehört es zum Alltag, dass die Lektorinnen und Lektoren einen interessanten Artikel in der Zeitung oder in einer Zeitschrift lesen und dann bei demjenigen, der ihn geschrieben hat, anfragen, ob er dazu noch mehr Material hat und ob er Lust hätte, über das Thema ein Buch zu schreiben. Die Wahrscheinlichkeit, dass Sie in ähnlicher Weise angesprochen werden, verbessert sich, wenn Sie sich als Experte auf einem bestimmten Gebiet etablieren. Mit jedem populären Artikel, den Sie schreiben, mit jedem Seminar, das Sie leiten, mit jedem Interview, das Sie geben, erhöht sich die Wahrscheinlichkeit, dass Lektoren auf Sie aufmerksam werden. Da Themen auch zunehmend über Internet recherchiert werden, lohnt sich die Internet-Präsenz für Sachbuchautoren besonders (siehe Kapitel »Auf der Datenwelle surfen«).

Unverlangte Einsendung

»Ich habe meinen ersten Verlag habe ich noch auf die ›klassische Methode‹ gefunden«, berichtet der Bestsellerautor Andreas Eschbach (*Eine Billion Dollar, Ausgebrannt, Das Jesus Video*). »Die ging folgendermaßen: Man vervielfältigte sein Manuskript, versah es mit einem Anschreiben, tütete es ein und schickte es an X Verlage, wartete auf Reaktionen, fischte reihenweise Absagen aus dem Briefkasten, gebrauchte schlimme Wörter, fühlte sich wie ein Versager, schmiss Sachen durch die Gegend, trank zu viel ... und versuchte es wieder, und dann noch mal, und dann noch mal.«

Da die meisten noch unbekannten Autoren und Autorinnen diese Methode wählen, sind die Chancen, auf diesem Weg erfolgreich zu sein, nicht sonderlich gut – außer, Ihr Text ist von so hoher Qualität, dass es einfach unübersehbar ist. Und selbst dann bleibt Ihrem Manuskript die aufwändige Odyssee durch die Lektorate oft nicht erspart. In den letzten Jahren hat sich die Chance, durch eine unverlangte Einsendung bei einem großen Publikumsverlag unterzukommen, eher verschlechtert – solche Verlagshäuser verlassen sich mittlerweile stark auf Material, das sie von Agenten bekommen. Wenn Sie also ein Projekt haben, das gut verkäuflich sein könnte, versuchen Sie zuerst, einen Agenten bekommen (siehe Kapitel »Agenten«). Doch bei mittleren und kleinen Verlagen ist es noch immer möglich, mit einer unverlangten Einsendung zu punkten. »Literaturagenturen geben sich ungern mit Kleinverlagen ab«, erklärt sich das Andreas Eschbach. »Da eine Agentur von 15 bis 20 % der Tantiemen leben muss, rentiert sich der Aufwand nicht.« Denn Kleinverlage können keine sonderlich hohen Honorare zahlen. Aber wenn Sie dort eine Chance bekommen, dann ist das Honorar für Sie ja sicher erstmal zweitrangig. Hauptsache, das Manuskript ist untergebracht. Andreas Eschbach: »Ich hatte immer das Gefühl, da müssen Zufall, Schicksal und Glück Hand in Hand arbeiten und richtig ins Schwitzen kommen, damit das klappt. Irgendwie.«*

Auch manche bekannten Autoren mussten zu Anfang viele Absagen einstecken, bis sie es dann schließlich doch schafften. Hier eine kleine Hitliste:

---

* Das Zitat stammt von seiner Homepage *www.andreaseschbach.de*, auf der sich übrigens viele Tipps für Autoren finden – hinsurfen lohnt sich!

- William Golding erhielt beim Anbieten von »Herr der Fliegen« 20 Absagen. Heute ist der Roman ein Klassiker.
- Robert Schneider musste das Manuskript von *Schlafes Bruder* 23 Mal einschicken, bis ein Verlag (Reclam Leipzig) schließlich zusagte.
- Umberto Eco brachte es, als er *Der Name der Rose* anbot, auf 36 Absagen. Muss man erwähnen, dass diese Verleger sich später totgeärgert haben?
- Die Krimi/Thriller-Autorin Petra Hammesfahr brachte es sogar auf 159 Absagen – heute ist sie sehr erfolgreich.
- Stephen King war von den vielen Absagen für *Carrie* so entmutigt, dass er das Manuskript in den Papierkorb warf (zum Glück fischte seine Frau es wieder heraus).

Selbst wenn die unverlangte Einsendung nicht sofort zu einer Zusage führt, kann es doch vorkommen, dass sich hieraus Kontakte ergeben, die Sie für andere Projekte nutzen können. Der Münchner Autor Heiner Link, dessen Erstling beim Druckhaus Galrev veröffentlicht wurde, hat das erlebt: »Mein erster Roman *Hungerleider* war bei Reclam Leipzig im Gespräch, der damalige Cheflektor hat sich ganz stark für das Buch interessiert und wollte es auch machen. In letzter Sekunde ist das dann doch noch schiefgegangen, weil er die Aufgabe bekommen hatte, das Programm kommerzieller zu machen, und da kam mein Text natürlich zur falschen Zeit. Er hat aber gesagt, er würde gerne mit mir in Verbindung bleiben. Als ich dann die Idee für die Anthologie *Trash-Piloten* hatte, habe ich einfach ein Exposé geschrieben und es hingeschickt. Ich hatte nicht damit gerechnet, dass sie mir die Herausgeberschaft anbieten, zu dem Zeitpunkt hatte ich noch nicht mal meinen Roman untergebracht, außer ein paar Veröffentlichungen in Zeitschriften konnte ich nichts vorweisen. Der Lektor mochte wohl meine Arbeit sehr gerne und hat mir das zugetraut und hat mir ganz unkompliziert den Vertrag geschickt.«

Wenn Sie genügend Adressen von Verlagen beisammen haben, in deren Programm Ihr Buch passen würde, können Sie sich nun darüber Gedanken machen, wie Sie vorgehen wollen. Am besten legen Sie eine Liste an, mit deren Hilfe Sie immer einen aktuellen Überblick haben, an welche Verlage Sie wann etwas geschickt und zurückbekommen haben. Lassen Sie genug Platz für Bemerkungen, zum Beispiel über den Ansprechpartner, Zwischenbescheide, gebotene Konditionen, Ablehnungsgründe oder den Namen und die Funktion des ablehnenden Lektors. Wenn Sie sehen, dass zwei große Verlage die gleiche Adresse haben, also zu einer Gruppe gehören – wie zum Beispiel Suhrkamp und Insel oder Krüger und S. Fischer –, dann lassen Sie sich davon nicht irritieren. Meist hat jeder Tochterverlag ein eigenes Lektorat. Es werden zwar auch Manuskripte zwischen den Lektoraten weitergeleitet, falls jemand der Meinung ist, das würde besser in das Programm des anderen Verlages passen, aber wenn Sie ganz sicher gehen wollen, dass beide Verlage Ihr Werk prüfen, sollten Sie zwei Manuskripte schicken, an jeden eins.

»Ich bin in die Bücherei gegangen und habe mir Verlage herausgesucht, die Abenteuergeschichten machen, so ähnlich wie die, die ich habe. Und hab dann eine Rangfolge gebildet mit den Verlagen, die mich mehr interessieren oder weniger«, erzählt Mario Giordano, der neben Kinder- und Jugendbüchern auch Erwachsenenromane und Drehbücher schreibt. »Die, die mich eher interessiert haben, wollte ich natürlich zuerst anschreiben, die sollten die erste Chance bekommen. Weil ich damit gerechnet habe, dass jeder Verlag sofort zusagt. Viele Monate später, nach 14 Ablehnungen, klappte es dann. *Die wilde Charlotte* wurde gedruckt, weil sie einen Programmplatz frei hatten für den Herbst, weil sie eine Piratengeschichte gesucht haben, weil mein Manuskript irgendwo obenauf auf dem Stapel lag. Ohne Glück geht's nicht. Aber man kann natürlich die Wahrscheinlichkeit für das Glück erhöhen, indem man sein Manuskript öfter rumschickt.«

Sie können natürlich ebenso vorgehen und den Verlagen, bei denen Sie Ihr Buch am liebsten veröffentlicht sehen möchten, das Manuskript zuerst zusenden. Doch auch ein paar »Testläufe« mit Kandidaten aus dem Mittelfeld Ihrer Wunschliste haben einiges für sich. Nachdem Sie ein paar Manuskripte verschickt und Antwort erhalten haben, werden Sie vielleicht an Ihrem Anschreiben noch etwas ändern wollen, da Sie gemerkt haben, dass die eine oder andere Formulierung nicht gut angekommen ist. Oder Sie bekommen inhaltliche Rückmeldungen und basteln doch noch einmal am Manuskript, am Exposé oder an der Gliederung herum. Nach einer Weile merken Sie, dass sich Ihr Auftritt nach außen immer weiter »optimiert«. Und wenn Sie feststellen, dass schon die ersten »Test«-Verlage begeistert auf Ihre Idee oder Ihr Manuskript reagieren, dann ist immer noch genug Zeit, mit diesen Verlagen in einen Dialog zu treten (der sich ohnehin eine Weile hinzieht) und währenddessen auch noch Ihre Favoriten anzuschreiben.

Sie fragen sich vielleicht, ob Sie Ihre Unterlagen mehreren Verlagen gleichzeitig schicken sollten oder aus Gründen der Fairness immer nur einem. Haben Sie da keine Hemmungen. Es dauert üblicherweise mehrere Monate, bis Sie Ihr Manuskript vom Verlag zurückbekommen. Wenn Sie immer nur einen Verlag anschreiben, wird Ihre Suche sehr lange dauern, und die Verlage rechnen auch gar nicht damit, ein solches Exklusivrecht zu bekommen. Wenn tatsächlich mehrere Verlage Interesse zeigen, dann sollten Sie das im Gespräch mit dem jeweiligen Lektor erwähnen (aber nur, wenn es auch stimmt!). Sie haben dann auf jeden Fall eine gute Verhandlungsposition. Wer schließlich die günstigeren Konditionen bietet, bekommt den Zuschlag.

Nicht sehr praktisch ist es, allen Verlagen auf Ihrer Liste gleichzeitig Ihren Text zu schicken. Sie werden zahlreiche Absagen einstecken müssen, darauf muss jeder Nachwuchsautor vorbereitet sein, aber wenn diese Briefe lawinenartig über Sie hereinbrechen, kann dies sehr demoralisierend wirken. Ganz zu schweigen davon, dass Sie eine große Anzahl von Kopien der Unterlagen herstellen und auf einen Schlag einen riesigen Posten für Porto in Ihrem Budget unterbringen müssten. Deshalb sollten Sie sich dafür entscheiden, aus Ihrer Verlagssuche einen kontinuierlichen Prozess zu machen – zu Anfang schicken Sie vielleicht drei Manuskripte los, warten, bis wieder ein paar zurückgekommen sind, lassen ein paar neue Kopien herstellen, schicken wieder ein paar los, und so weiter, bis Sie Ihre Liste abgearbeitet haben. So verteilen sich Kosten, Aufwand und Nervenkraft. Genießen

Sie ruhig die Spannung, auf Nachricht von den Verlagen zu warten, und lassen Sie sich die Hoffnung nicht nehmen.

Es wird in den meisten Fällen mehrere Wochen oder Monate dauern, bis jemand aus dem Lektorat Ihre Einsendung geprüft hat. Manche Verlage werden Ihnen eine Empfangsbestätigung schicken und dafür verantwortlich sein, dass Ihr Herz eine Zeitlang höher schlägt, während Sie diesen Brief ohne zurückgesandtes Manuskript öffnen. Doch bei den meisten ist das nicht üblich, und es ist auch besser, erst einmal nicht nachzuhaken, ob die Unterlagen angekommen sind und wann Sie denn Nachricht erhalten. Die Wahrscheinlichkeit, dass Sie dem Lektor damit auf die Nerven gehen, ist groß. »Wir bemühen uns, schnell zu prüfen. Es kann aber einige Wochen, mitunter auch bis zu vier Monaten dauern«, erklärt Carsten Polzin, Programmleiter von Piper Fantasy. »Eine Nachfrage nach drei bis vier Monaten ist also völlig in Ordnung. Vorher können wir meist nur darauf verweisen, dass wir noch nicht geprüft haben, so dass das kaum etwas bringt.« Am besten, Sie bitten nach dieser Frist per Mail oder Brief höflich um einen Zwischenbescheid.

Manche Manuskripte werden schnell zurückkommen, andere werden ganz verschollen bleiben – eine gewisse Verlustquote müssen Sie einkalkulieren. Senken können Sie diese Quote, indem Sie Rückporto beilegen. Rückporto gehört zum guten Ton und wird nicht etwa als Aufforderung aufgefasst, das Manuskript so schnell wie möglich zurückzuschicken. Es zeigt einfach, dass Sie realistisch sind, nicht, dass Sie denken, Ihr Manuskript hätte keine Chance und würde ohnehin zu Ihnen zurückkommen. Besonders für kleinere Verlage sind die Portokosten eine beträchtliche finanzielle Belastung, sie werden Ihnen für Rückporto dankbar sein und Einsendungen, bei denen es fehlt, als rücksichtslos empfinden. Doch selbst bei großen Verlagen schadet eine solche Geste nicht. Die, bei denen es nicht nötig war, werden das Manuskript selbst frankieren, wenn sie es ablehnen, und Ihnen Ihr Rückporto zur Wiederverwertung beilegen.

Autoren, die bereits Kontakte zu einem Verlag haben, verschicken Ihre Manuskripte nur noch per Mail. Sie als Einsteiger sollten jedoch erst einmal auf einen Ausdruck per Post setzen (nicht jeder Lektor hat die Zeit, sich Ihr Material auszudrucken, was ja auch Papier und Toner kostet). Außer natürlich, Ihre Ansprechpartnerin im Verlag hat ausdrücklich gesagt, Sie können Ihr Angebot mailen, oder es steht auf der Website des Verlages, dass man Textproben etc. per E-Mail senden kann und soll.

Die telefonische Anfrage

Wenn Sie wortgewandt sind und eine angenehme Telefonstimme haben, können Sie Ihre Einsendung mit einer telefonischen Anfrage kombinieren. Sinnvoll ist es, bei einem Verlag anzurufen, wenn Sie nach einem Blick auf die Homepage noch nicht herausfinden konnten, wer im Lektorat für Ihre Art von Text zuständig ist. Im Bereich Sachbuch (und zum Teil auch im Kinderbuchbereich, bei dem die Verlage teilweise nach Themen auswählen) können Sie Porto sparen, indem Sie bei einem Verlag im Lektorat anrufen und fragen, ob an einem bestimmten Thema grundsätzliches Interesse besteht. Sie sollten vorbereitet sein, eine *maximal* drei Minuten dauernde Kurzzusammenfassung dessen, worum es in Ihrem Buch geht oder gehen soll, zu geben. Dann bekommen Sie meist ein klares »Nein« zur Antwort, in diesem Fall sollten Sie sich nicht irritiert zeigen, sondern sich für die Auskunft bedanken und auflegen. Oder aber die Antwort lautet: »Schicken Sie's mir zu«. Für diesen Fall müssen Sie schriftliches Material vorbereitet haben, damit Sie es sofort versenden können. Doch nun haben Sie den Vorteil, dass Ihre Einsendung nicht mehr unverlangt ist; Sie können sich im Anschreiben auf das Telefongespräch beziehen.

Für Prosa und Lyrik ist die telefonische Anfrage meist nicht geeignet, da man im Gespräch schlichtweg nicht erkennen kann, ob ein Manuskript gut geschrieben ist oder nicht.

Die telefonische Anfrage ist insofern problematisch, als es viele Lektoren und Lektorinnen stört, durch Anrufe fremder Autoren aus ihrer Arbeit herausgerissen zu werden. Schriftlichem Material dagegen können sie sich immer dann widmen, wenn sie Zeit dazu haben. Versuchen Sie also auf keinen Fall, zu einem Lektor oder Verleger durchzudringen, der sich gegen Anrufe abgeschirmt hat.

Buchmessen

Auf einer der großen Buchmessen ein Manuskript anzubieten ist zwar grundsätzlich möglich, aber nicht zu empfehlen. Selbst wenn Sie am Stand mit für Ihren Text zuständigen Lektoren sprechen können, bevor diese zur nächsten Verabredung eilen, ist die Wahrscheinlichkeit, dass sich jemand nach diesen hektischen Tagen noch an Ihren Besuch erinnern wird, gering. Einen Gesprächstermin werden Verlagsmitarbeiter nur mit Ihnen vereinbaren, wenn sie bereits konkret an Ihrem Projekt interessiert sind. »Es ist noch nicht vorgekommen, dass wir mit einem verlagssuchenden Erst-Autor einen Messetermin gemacht haben, und auf den Messen ist ohnehin keine Zeit dafür«, meint beispielsweise Piper-Programmleiter Carsten Polzin.

Sie können sich jedoch immerhin am Stand mit dem Programm bekannt machen, Verlagsprospekte ansehen und erfragen, wer die geeignete Ansprechperson im Lektorat für Sie wäre, um dann in den nächsten Tagen direkten Kontakt aufzunehmen.

Der Sachbuchautor Gerhard Rauchwetter, der den Freien Deutschen Autorenverband in Bayern leitete, veranstaltete jedes Jahr ein Seminar für Autoren, ›Gebrauchsanleitung für die Frankfurter Buchmesse‹. »Da sage ich den Leuten: ›Manuskripte braucht ihr gar nicht einzupacken, das ist der falsche Weg. Sucht euch Gesprächspartner und tastet euch dann vor.‹ Was passieren kann, ist vielleicht: ›Es ist schön, dass wir uns mal kennengelernt haben, wir müssen uns treffen, und wir müssen in Kontakt bleiben und uns konkret unterhalten.‹ Aber mehr kommt auf der Buchmesse nicht raus.«

Schreiben Sie Sachbücher, dann mag es sinnvoll sein, am Messestand vorbeizugehen, um dort vielleicht direkt abklären zu können, ob Ihre Idee oder Ihr Thema für den Verlag interessant ist oder nicht. Bei Prosa oder Lyrik wird es jedoch wenig bringen, von Ihrer Idee zu erzählen, denn in diesen Bereichen ist gewöhnlich nicht das Thema entscheidend, sondern die Art, *wie* man dieses Thema behandelt. Eine

Ausnahme können Texte eines Genres bilden, das gerade populär ist, wie beispielsweise der Historische Roman. In diesem Fall ist die Wahrscheinlichkeit, dass Sie im Lektorat auf offene Ohren stoßen, noch am größten. Vielleicht haben Sie Glück und machen jemandem im Lektorat neugierig auf Ihr Buch. Versuchen Sie es jedoch nur auf der Messe, wenn Ihr persönliches Auftreten professionell und sicher ist. Sich schick anzuziehen gehört dazu!

Auch ein ungebetener Besuch im Verlag ist nicht zu empfehlen. Wenn Sie nach dem Motto »Frechheit siegt« ins Lektorat vorgedrungen sind, um Ihr Manuskript persönlich abzugeben, dann kostet das den Lektor oder die Lektorin noch mehr Zeit als ein unerwünschter Anruf. Sie bleiben den Verlagsmitarbeitern dann zwar in Erinnerung, aber nicht unbedingt positiv.

Der dritte Schritt: Das richtige schriftliche Material

Wenn Sie schriftliche Unterlagen einsenden, dann sollten Sie unbedingt darauf achten, dass das Material professionell wirkt. Nicht anders als bei einer Bewerbung sind diese Unterlagen Ihre Visitenkarte – durch sie entsteht der erste Eindruck, den der Verlag von Ihnen hat. Bei einem *Roman, Lyrik* oder einem *Kinder/Jugendbuch* gehören zu den Unterlagen

- ein Anschreiben
- Informationen über Sie
- entweder das vollständige Manuskript oder eine zusammenhängende Textprobe von 20 – 40 Normseiten, am besten vom Anfang
- ein Exposé (ca. drei Seiten)
- Rückporto.

Gefallen Probekapitel und Exposé, wird der Lektor oder die Lektorin das komplette Manuskript anfordern, Sie haben also Ihr erstes Ziel erreicht: ein *verlangtes* Manuskript einschicken zu können. Im Bereich

Belletristik ist es, anders als beim Sachbuch, nicht üblich, unbekannten Autoren bereits eine Zusage zu erteilen, bevor das Manuskript vollständig vorliegt. Dafür gibt es zu viele Nachwuchsautoren, die ihre Texte nie fertig schreiben. Sie können sich aber, wenn Ihr Projekt schon recht weit gediehen ist, mit Hilfe von Probekapiteln umhören, ob an Ihrem Text überhaupt Interesse besteht. Gleichzeitig sollten Sie darauf vorbereitet sein, zumindest einen Großteil des Manuskripts nachsenden zu können.

Möchten Sie einem Verlag ein *Sachbuch* anbieten, schreiben Sie (wie schon erwähnt) das Buch *nicht* schon vorher fertig. Was Sie anbieten, ist vor allem die Idee. Hier sollten Sie einsenden:

- ein Anschreiben
- ein Exposé mit vorläufiger Gliederung
- Informationen über Sie (evtl. Kurzvita)
- ein aussagekräftiges Probekapitel
- Rückporto

Das Exposé sollte Informationen darüber enthalten, wie Sie Ihr Sujet behandeln wollen. »Manchmal kriegt man zum Beispiel zum Thema Arbeitslosigkeit zwei Seiten, wo die Brisanz des Themas dargestellt wird, aber nichts darüber steht, wie der Autor es angehen möchte. Ob er alle Arbeitslosen einfach fertigmachen will oder ob er einfach einen Ratgeber schreiben will oder ein Sachbuch – da ist oft nicht ganz klar, was will er damit machen und in welchen unserer Programmbereiche gehört das, wenn es mir gefällt«, berichtet Lektorin Stephanie Ehrenschwendtner. Beim Probekapitel (am besten eins aus dem Anfang oder der Mitte, nur die Einleitung ist zu wenig) bedeutet »aussagekräftig«, dass darauf hervorgeht, wie Sie Ihr Thema behandeln, welche Ratschläge Sie geben werden oder wie Sie argumentieren.

Sollte es Ihr erstes Sachbuch sein, seien Sie auch in diesem Fall vorbereitet, dass die Lektorin mehr sehen möchte. Bei einem Erstling möchte sie sicher die Gewissheit haben, dass Ihre Idee und das, was Sie zu sagen haben, über ein Kapitel hinaus trägt. Außerdem möchte sie sehen, ob Sie in der Lage sind, einen längeren Text zu schreiben.

Schicken Sie Ihre Texte am besten mit normaler Post. Es ist nicht üblich, die gewöhnliche Kopie eines Werkes per Einschreiben zu schicken. Sie würden sich damit als Anfänger outen, der die Bedeutung seines Werkes völlig überschätzt. Geben Sie niemals Originale aus der Hand, Kopien reichen völlig. Lesen Sie Ihr Manuskript vor dem Einsenden noch einmal sehr sorgfältig Korrektur – dabei ist die Rechtschreibprüfung Ihres Computers sehr hilfreich. Vielleicht kann es jemand aus Ihrem Bekanntenkreis, der sich gut mit Rechtschreibung und Grammatik auskennt, ein weiteres Mal lesen.

Das Anschreiben und die Vita

Zu jeder Einsendung gehört ein Anschreiben. Ob Sie wollen oder nicht, dieses Anschreiben wird viel über Sie verraten. Es sollte keinesfalls handgeschrieben sein, und der Ausdruck sollte nicht blass oder verschmiert sein. Verwenden Sie weißes Papier und keine ausgefallene Schriftart. Achten Sie auch darauf, dass Ihr Name, Ihre Anschrift, Ihre Telefonnummer und die Mailadresse im Briefkopf stehen. Adressieren Sie Ihre Unterlagen nicht einfach an den Verlag beziehungsweise das Lektorat, sondern versuchen Sie, die richtigen Ansprechpartner herauszufinden. Die Telefonzentrale des jeweiligen Verlags kann Ihnen dabei meist weiterhelfen.

Schreiben Sie auf gar keinen Fall mehr als eine Seite, alles andere kommt in den Lektoraten nicht gut an. »Manche schreiben entsetzlich lange Briefe für ganz dünne Bücher«, meint Michael Krüger, Lyriker und Verleger des Hanser Verlages. »Da wundere ich mich immer. Schließlich muss ich ja sowieso das Manuskript lesen, um zu sehen, was es taugt, und wenn mir jemand schon die Deutung seines Buches erklärt, dann habe ich fast keine Lust mehr, mich weiter mit der Sache zu beschäftigen.«

Der Tonfall Ihres Anschreibens sollte nüchtern und neutral sein. Schreiben Sie kurz,

- dass Sie dem Verlag Ihr Manuskript (Arbeitstitel des Werkes) anbieten möchten beziehungsweise dem Ansprechpartner Ihr Romanprojekt (Arbeitstitel) vorstellen möchten. Wenn Sie schon vorher

einen Kontakt hergestellt haben, können Sie sich auf ein Telefonat, ein Gespräch auf der Messe oder der Lesung etc. beziehen.
- Sie könnten, wenn Sie möchten, noch erwähnen, warum Sie gerade diesen Verlag anschreiben – zum Beispiel weil Sie finden, dass Ihr Buch gut in eine bestimmte Reihe des Verlages passen würde. Keine Lektorin möchte das Gefühl haben, dass zur gleichen Zeit zwanzig andere Verlage dieses Manuskript auf den Tisch bekommen haben. Zeigen Sie also ruhig, dass Sie mit dem Verlagsprogramm vertraut sind.
- Ein paar Worte über Ihre Person genügen. Sie können diese Daten aber auch in Form einer Kurzvita auf einem separaten Blatt beilegen.
- Sagen Sie, dass sich über einen baldigen Bescheid freuen würden.

Das genügt! Ausführlicher sollte Ihr Anschreiben nicht werden. »Beim Anschreiben braucht man gar nicht besonders kreativ zu sein – die Kreativität sollte man sich für den Roman aufsparen«, empfiehlt Carsten Polzin.

Schreiben Sie auf keinen Fall, dass Sie das Buch noch an diesen oder jenen Verlag geschickt haben. Falls Sie schon zehn Absagen bekommen haben, dann schweigen Sie darüber. Jede Spur von Verzweiflung (»… Sie sind meine letzte Chance, ich habe kaum noch Hoffnung….«) oder Zynismus wird das Lektorat abschrecken. Auch für Selbstkritik, Hinweise auf noch vorhandene Schwachstellen Ihres Manuskripts oder – noch schlimmer – ein Loblied auf Ihren Text ist das Anschreiben der falsche Ort. Auch, wie toll Ihre Freunde und Bekannten das Manuskript fanden, interessiert jetzt niemanden. Die Lektoren bilden sich Ihr Urteil über die Stärken und Schwächen Ihres Texts lieber selbst.

In der Kurzvita könnten Sie folgende Angaben machen: Name, Jahrgang, Ausbildung, jetziger Beruf, evtl. mit Spezialgebieten, bisherige Veröffentlichungen, Lesungen und Preise. Ein derartiger Lebenslauf wird auch »Biobibliographie« genannt, weil es dabei um Ihr Leben und um ihre literarische Karriere geht. Nicht in die Vita gehören hin-

Als Beispiel für ein Anschreiben hier in leicht abgewandelter Form mein eigenes, mit dem damals meine allererste Romanveröffentlichung zustande kam:

Katja Brandis
Straße Nr. Postleitzahl, Stadt
E-Mail: KatjaBrandis@web.de
www.katja-brandis.de

Verlag Carl Ueberreuter
Lektorat Jugendbuch, Frau XY
Adresse
Stadt

Ort, Datum

Manuskriptangebot

Sehr geehrte Frau XY,
da Ueberreuter einer der führenden Verlage für Fantasy deutscher Autoren ist und mir die Romane aus Ihrem Jugendprogramm bisher sehr gut gefallen haben, würde ich mich freuen, wenn Sie Interesse an meinem Romanmanuskript »Der Verrat der Feuer-Gilde« hätten. Eine Textprobe vom Anfang habe ich beigelegt.
Ich schreibe schon seit meiner Kindheit, meist Geschichten, die in fernen Welten spielen. Seit einigen Jahren bin ich Mitglied in einer Autorengruppe, um nicht nur alleine an meinen Texten zu werkeln, sondern Feedback zu bekommen und mich dadurch handwerklich weiterzuentwickeln. Ich hoffe, das merkt man dem Manuskript an...

Mit freundlichen Grüßen,

((Unterschrift))
Katja Brandis

Anlage: Manuskript »Der Verrat der Feuer-Gilde«
Exposé
Rückporto

gegen allzu private Informationen. Es interessiert beispielsweise nicht, dass Sie arbeitslos oder verheiratet sind, drei Kinder haben oder dass Ihr Hobby das Wandern ist. Diese Informationen sind nur dann erwähnenswert, wenn sie direkt etwas mit dem Buchprojekt zu tun haben, Sie etwa einen Ratgeber über Kindererziehung oder einen Wanderführer schreiben. Bei den Veröffentlichungen sollten Sie nicht jeden Zweizeiler in einer obskuren Zeitschrift aufführen. Auch ein Buch bei einem Druckkostenzuschuss-Verlag ist nach Meinung der meisten Lektoren keine gute Referenz, da es eigentlich nur beweist, dass Sie liquide genug sind, sich so etwas leisten zu können. Veröffentlichungen im Selbstverlag als Book on Demand oder E-Book sind nur dann interessant, wenn Sie viel verkauft haben.

Haben Sie bei Veröffentlichungen, Preisen, Stipendien noch nichts vorzuweisen, dann lassen Sie die separate Vita einfach weg und packen Sie die Grundinformationen ins Anschreiben.

Das Exposé

Ein Exposé brauchen Sie für Ihr Angebot auf jeden Fall, auf welchem Weg auch immer Sie versuchen, einen Verlag für Ihr Projekt zu gewinnen. Ein Exposé im klassischen Sinne ist eine etwa drei- bis fünfseitige Inhaltsangabe ohne Dialoge, damit sich der Verlag über die Handlung des geplanten Textes informieren kann. Und zwar vom Anfang bis zum Ende, das heißt, Sie sollten die Inhaltsangabe nicht mit einem Cliffhanger enden lassen. Sonst kann die Lektorin nicht beurteilen, ob der Schluss des Buches in dieser Form plausibel ist. Auch die wichtigsten Figuren sollte man im Exposé kennenlernen, nicht in Form einer Liste, sondern indem Sie sie beim Erzählen der Handlung kurz vorstellen.

Los geht's. Schreiben Sie auf die erste Seite Ihren Namen, den Arbeitstitel des Projekts, die geplante Seitenzahl des Buches sowie (falls es ein Kinder- und Jugendbuch werden soll) das Alter der Zielgruppe. Denken Sie daran, dass Ihr Exposé jemanden neugierig machen und dazu veranlassen soll, Ihr Buch zu verwirklichen. Deshalb sollte es so gut wie möglich geschrieben sein. Am besten, Sie geben die Handlung

Ihres Buches so wieder, als würden sie sie einer neugierigen Freundin erzählen. Einer Freundin, die Sie dazu bringen wollen, direkt in die Buchhandlung zu laufen und Ihr Buch zu kaufen.

Als Beispiel hier eines meiner eigenen Exposés. Der Jugendroman *Ruf der Tiefe*, bei dem ich mit dem Biologen Hans-Peter Ziemek zusammengearbeitet habe, ist Anfang 2011 erschienen. Das Exposé ist mit rund fünf Seiten etwas lang, aber das akzeptieren Verlage bei einer erfahrenen Autorin problemlos, und bei umfangreichen Romanen von Profis ist das Exposé oft sogar noch länger. Als Erstautor sollte man sich mit etwa drei Seiten (mit einzeiligem Zeilenabstand) begnügen. Agenten verlangen manchmal auch ein Kurz-Exposé von nur einer Seite, eine solche Fassung sollten Sie auch parat haben. Aber man kann als Planungshilfe für sich selbst auch fünf oder mehr Seiten schreiben – ich habe die Erfahrung gemacht, dass es unglaublich nützlich ist, vor Schreibbeginn ein Exposé zu verfassen. Dadurch ist der Plot schon so durchdacht, der rote Faden so deutlich herausgearbeitet, dass man sich so manche Schreibblockade erspart.

Sylvia Englert (Katja Brandis)
(Adresse, Tel-Nr, Mailadresse)

Agent: Gerd Rumler
(Adresse, Tel-Nr., Mailadresse)

Dr. Hans-Peter Ziemek (Biologe)
(Adresse, Tel-Nr. Mailadresse)

Ruf der Tiefe
Katja Brandis / Hans-Peter Ziemek

- Abenteuer/Science Fiction-Roman, ab 12
- Ca. 400 Buchseiten

Kurzbeschreibung:
Leon ist auf einer Unterwasserstation in der Tiefsee aufgewachsen. Seine Aufgabe ist, zusammen mit dem intelligenten Krakenweibchen Lucy nach Rohstoffen am Meeresgrund zu suchen. Doch plötzlich scheint das Meer verrückt zu spielen: »Todeszonen« breiten sich aus, massenhaft ergreifen

die Wesen der Tiefe die Flucht nach oben und an versetzen die Menschen in Panik. Bei einem verbotenen Tauchgang machen Leon und Lucy eine gefährliche Entdeckung – und geraten in große Schwierigkeiten. Ausgerechnet Carima, eine junge Touristin von »oben«, erweist sich als ihre einzige Verbündete…

Die Handlung im Detail:
Hawaii im Jahr 2018: Im Flachwasser einer Hawaii-Insel wird ein sehr eigenartiges Wesen gesichtet – es versetzt Badende in Aufruhr und bringt Wissenschaftler zum Staunen. Denn es handelt sich um einen Hai aus der Tiefsee, der aus irgendeinem Grund an die Oberfläche gekommen ist. Und in den nächsten Tagen tauchen immer mehr eigenartige Wesen aus den Tiefen des Meeres an den Stränden auf…
Der 16-jährige Leon bekommt von diesen Vorgängen erst einmal nichts mit. Er arbeitet am Grund des Ozeans, bei der Ernte von Manganknollen – einem immer wichtigeren Rohstoff der Zukunft, um den sich die großen Konzerne einen harten Wettbewerb liefern. Mit anderen jungen Tauchern wohnt Leon in der Benthos II, einer Unterwasserstation des Konzerns ARAC. Bei seinen Einsätzen taucht er bis zu tausend Meter tief. Nur Flüssigkeitstaucher wie Leon und seine drei jungen Kollegen, die ihren Sauerstoff direkt aus dem Meer beziehen, können in solchen Tiefen arbeiten. Am besten lernen es Kinder, Flüssigkeit zu atmen, denn jedes Baby macht das im Mutterleib. Jugendliche können es noch lernen, Erwachsene dagegen nicht mehr.
Leon, ein hoch gewachsener, linkischer Junge mit kurz geschorenen schwarzen Haaren und grünen Augen, fühlt sich im Meer weitaus wohler als an Land. Unter Wasser ist er in seinem Element und durch nichts aus der Ruhe zu bringen. Er taucht schon, so lange er sich erinnern kann, und seit seinem zwölften Lebensjahr wird er zum Flüssigkeitstaucher ausgebildet. Verschafft hat ihm die Arbeit bei der ARAC sein väterlicher Freund und Adoptivvater, der Meeresbiologe Tim Reuter. Er war ein Freund von Leons Eltern, die vor vielen Jahren bei einem Unfall umgekommen sind. Leon bewundert Tim und mag ihn sehr, obwohl sie sich nicht oft sehen können.
Theoretisch kann Leon tagelang unter Wasser bleiben, und manchmal schläft er sogar verbotenerweise außerhalb der Station im offenen Wasser. Einsam ist Leon nur in Gesellschaft anderer Menschen. Im Meer dagegen ist er nie allein, denn dort wartet seine Gefährtin und Kollegin auf ihn, die intelligente, genetisch manipulierte Krake Lucy.
Dass im extrem tiefen Meer um Hawaii herum irgendetwas Seltsames passiert, spürt Leon schon bald am eigenen Leib. Bei einem Tauchgang mit Lucy gerät er in einen Schwarm flüchtender Tiefsee-Kalmare. Lucy ist nervös und überredet Leon, zur Station zurückzukehren. Doch zu spät – Leon

keucht, würgt, kann nicht mehr atmen. Das Wasser um ihn herum enthält keinen Sauerstoff mehr. Nur mit viel Glück können sich die beiden retten. Die Wissenschaftler auf der Tiefseestation versuchen, die Ursache des beinahe tödlichen Zwischenfalls bei Leons Tauchgang aufzuklären. Einer der Mitarbeiter meint, dass ein paar Stunden vor dem Unfall ein seltsamer, sich schnell bewegender Punkt auf dem Sonar gesehen wurde. Könnte das etwas mit den Vorfällen zu tun haben?
Ausgerechnet jetzt sind VIP-Gäste zwei Tage lang auf der Station: Die 15-jährige Carima und ihre Mutter, mit der sie im Clinch liegt, da sie nach der Scheidung freiwillig das Sorgerecht für Carima abgegeben hat. Die Station – Leons Heimat – ist für Carima eine völlig fremde Welt, und Leon ist für sie ein Freak. Was ist das für ein komischer Junge, und was hat es mit diesem eigentlich ziemlich widerlichen Flüssigkeitstauchen auf sich? Auch für Leon, der so gut wie keine Erfahrung mit Mädchen hat, ist die hübsche, selbstsichere Carima ein fremdartiges Wesen; und er weiß nicht, was er von ihr halten soll. Erst nach und nach merkt er, dass er dabei ist, sich in sie zu verlieben. Und auch sie kann ihn nicht vergessen, als sie mit ihrer Mutter zur Oberfläche zurückkehrt.
Die Wissenschaftler finden heraus, dass sich in der Tiefsee gerade immer mehr sauerstofffreie Todeszonen bilden, in denen kein Leben mehr existieren kann. Der Grund ist noch völlig unbekannt. Leon vermutet, dass womöglich das seltsame Objekt auf dem Sonar etwas damit zu tun hat, doch das tun seine Kollegen mit einem milden Lächeln als »sehr fantasievoll« ab, sie haben eher den Klimawandel im Visier. Wegen der Zwischenfälle muss das Manganknollen-Projekt, bei dem Leon mitarbeitet, für unbestimmte Zeit unterbrochen werden, die Station soll evakuiert werden. Leon ist geschockt. Die Station ist die einzige Heimat, die er hat! Nur dort können er und Lucy zusammen sein, dort leben seine Kumpel Julian, Billie und Tom.
Fast schon verzweifelt macht Leon einen Vorschlag. Er ist einer der wenigen Menschen, die längere Zeit in der Tiefsee überleben können. Vielleicht könnte er herausfinden, was dort unten vorgeht. Als das als »zu riskant« abgelehnt wird und Leon außerdem seltsame Konzern-Daten über seine Krake findet, beschließt Leon, mit Lucy zu fliehen und auf eigene Faust Nachforschungen anzustellen. Die Mitarbeiter der ARAC wollen ihn überreden, zurückkehren, und drohen ihm schließlich, die Polizei einzuschalten, wenn er Lucy nicht zurückgebe. Ab jetzt sind Leon und Lucy auf der Flucht. Grimmig entschlossen arbeiten sie sich in die Tiefe voran.
Sie kommen am Leib eines toten Wals vorbei, der hier herunter gesunken ist, jahrelang können die Wesen der Tiefsee von einem solchen Kadaver zehren. Leon ist fasziniert von der Lebensgemeinschaft, die sich hier gebildet hat. Zum Glück merken er und Lucy trotzdem rechtzeitig, dass sich ein U-Boot

der ARAC nähert. Doch Leon ist in seiner Heimat, der Tiefsee, nicht zu fassen und Lucy ist wie alle Kraken eine Meisterin der Tarnung. Eingehüllt von der ewigen Dunkelheit entkommen sie ihren Verfolgern.

Immer tiefer tauchen sie… und bemerken, dass das sonst so glasklare Wasser um sie herum trüber wird. Dichte dunkle Wolken quellen aus der Tiefe herauf. Leon kann kaum noch atmen, und das Wasser um ihn herum wird immer heißer. Hier in der Gegend müsste ein Schwarzer Raucher sein, einer dieser Heißwasser-Kamine aus dem Erdinneren. Aber der kann für diese riesigen Wolken wohl kaum verantwortlich sein. Was ist hier passiert? Leon und Lucy können nicht weiter vordringen, doch bevor sie umkehren, sehen sie auf dem Meeresboden Spuren von technischen Geräten, Schleifspuren. Hier haben Menschen ihre Hände im Spiel! Kann das etwas mit dem Punkt auf dem Sonar zu tun haben?

Bevor sie weiter nachforschen können, taucht ein Pottwal auf und greift Lucy an. Leon kann sie verteidigen, aber seine Ausrüstung wird beschädigt und seine Lampe fällt aus. Er weiß, dass er auftauchen muss, wenn er überleben will.

An der Oberfläche werden sie von einem Boot aus dem Meer gefischt, das einem halbverrückten alten Sonderling gehört. Er bringt Leon und Lucy zur hawaiianischen Küste. Allerdings nicht zur Polizei, sondern zu einer Siedlung von Öko-Fundamentalisten, die sich NoComs nennen – abgekürzt von No Compromise, Kein Kompromiss. Vor allem junge Leute haben sich dort zusammengefunden, um so schlicht und ökologisch korrekt zu leben, wie der Rest der Menschheit es eigentlich auch tun müsste, damit sie den Planeten nicht völlig zugrunde zu richten. Manche der NoComs nehmen Leon sehr freundlich auf, für andere dagegen ist er »der Feind«, weil er für ein Rohstoffunternehmen arbeitet. In der Siedlung beginnt eine hitzige Debatte, was nun mit Leon geschehen soll, ob sie ihm helfen sollen oder nicht.

Überraschend stellt sich heraus, dass unter den Menschen, die in der Kolonie leben, eine frühere Kollegin von Leons Eltern ist, die das Flüssigkeitstauchen mit entwickelt hat. Sie berichtet, dass es kurz vor ihrem Tod heftige Meinungsverschiedenheiten wegen eines Projekts gab, Leons Eltern redeten sogar davon, ihre Jobs hinzuwerfen. Es ging um eine Bohrung in der Tiefsee. Genaueres weiß sie aber auch nicht. Leon kommt ein schlimmer Verdacht: könnte die ARAC versuchen, einen Schwarzen Raucher anzubohren? Ist dieser Versuch womöglich noch immer im Gange? Dann kann es sein, dass die schlimmsten Ereignisse erst noch bevorstehen!

Leon weiß, dass er jetzt dringend Verbündete braucht. Zum Beispiel Carima, die er seit ihrer Begegnung nicht vergessen konnte. Carima ist selbst überrascht darüber, dass sie bereit ist, für Leon so viel zu riskieren. Sie entkommt ihrer Mutter, kapert den Mietwagen und macht sich daran, Leon zu Hilfe

zu kommen. Sie schafft es, einen Biologen aufzutreiben, der Leon die heimlich beschafften Konzern-Daten über Lucy interpretiert. Geschockt stellt Leon fest, dass sie etwas mit Stammzellen zu tun haben, die in Lucys Gehirn gefunden wurden. Wegen dieser Zellen ist Lucy so wertvoll – seit sie entdeckt wurden, ist Lucy für die ARAC vor allem ein Labortier!
Leon und Carima versuchen, einen Journalisten einzuweihen. Doch als sie endlich in eine Redaktion vordringen können, klingt ihre Geschichte so fantastisch, dass niemand ihnen glaubt. Zusätzlich kontaktiert Leon die ARAC und verlangt eine Erklärung für die seltsamen Vorgänge. Seine ehemaligen Kollegen wollen sich unbedingt mit ihm treffen und mit ihm reden. Leon lässt sich nur auf ein Treffen mit Tim Reuter ein, weil er seinem Adoptivvater erzählen will, was er herausgefunden hat. Doch das Gespräch mit ihm wird sehr seltsam, Tim blockt ab, als Leon über die Projekte der ARAC und über seine Eltern reden will. Leon lässt sich nicht locker, und schließlich ahnt er die Wahrheit: Es kam der ARAC gar nicht ungelegen, dass seine Eltern bei einem Einsatz in der Tiefsee umgekommen sind. Dadurch konnten sie keinen Wirbel machen und das umstrittene Projekt anprangern. Tim wurde vom Konzern gebeten, Leon zu adoptieren, es war gar nicht seine eigene Idee. Leon fragt seinen Adoptivvater ganz direkt, ob Tim den Tod seiner Eltern hätte verhindern können, und Tim schweigt. Schweigt viel zu lange.
Leon ist geschockt. Und außerdem merkt er bald, dass das Treffen eine Falle war. Er wird von Leuten der Konzernsicherheit gefangengenommen. Carima dagegen kann sich mit Lucy in Sicherheit bringen und versteckt sich wieder bei den NoComs.
Leon wird per Hubschrauber zu einer geheimen Station der ARAC gebracht. Tim Reuter und die Konzernchefin Dr. Rogers weihen ihn in die Pläne ein, geben zu, dass eins von vielen ARAC-Projekten mit den Black Smokers zu tun hatte. Der Fleck auf dem Sonar war ein U-Boot, das den Fortgang der Bohrung überprüfte. Das Projekt sei trotz der unerwarteten Nebenwirkungen keineswegs ein völliger Fehlschlag, sondern habe schon viele wertvolle Erkenntnisse auf dem Weg zu einer Energiequelle der Zukunft gebracht. Ob ihm die Zukunft der Menschheit egal sei?
Leon ist nicht überzeugt. Aber er hat nicht mehr die Kraft, sich zu wehren. Er will nur noch seine Ruhe, um über alles nachdenken zu können, was in den letzten Tagen passiert ist. Aber er wird von den Konzernmitarbeitern unablässig weiter bearbeitet, damit er verrät, wo Lucy versteckt ist. Wenn er sie zurückbringt, darf er weiter tauchen und mit ihr arbeiten, doch wenn nicht, ist er bald ein ganz normaler Junge, in einer High School an Land. Leon steht kurz davor, einzuknicken.
Carima ruft noch einmal den Journalisten an, dann lässt sie sich und Lucy von den NoComs aufs Meer hinausbringen, sie versuchen verzweifelt, Leon

zu folgen und zu befreien. Zunächst ohne Erfolg – bis sie auf Leons junge Kollegin Billie und ihren Pottwal treffen, die gerade an der Meeresoberfläche trainieren. Als die beiden hören, was geschehen ist, entscheidet sich Billie spontan, ihr zu helfen. Carima und Lucy schaffen es mit ihrer Hilfe und der der NoComs, bis zu der geheimnisvollen Station vorzudringen, die zwanzig Meter tief unter Wasser im Meer driftet. Mit einer Bombenattrappe versucht Carima die Besatzung einzuschüchtern, damit sie Leon freilässt. Vergeblich – kurz zuvor hat Tim Reuter Leon in einem Mini-U-Boot mitgenommen, um ihm die Bohrung an den Schwarzen Rauchern zu zeigen. Carima muss warten, bis sie zurück sind.
Doch Tim und Leon kommen nicht zurück, denn unter Wasser bahnt sich eine Katastrophe an. Die Bohrung wird endgültig zum Fiasko, es kommt zu mehreren Seebeben, eine unterseeische Eruption kippt die Bohrausrüstung, tötet die Arbeiter und beschädigt das U-Boot, in dem Tim und Leon sitzen. Sie sind in tausend Meter Tiefe gefangen, in völliger Dunkelheit. Durch ein kleines Leck dringt Wasser ein, in spätestens einer Stunde ist das Boot komplett geflutet. Und das würde selbst Leon nicht überleben, er hat seine Ausrüstung nicht dabei. Tim und Leon beginnen zu reden wie nie zuvor.
Lucy findet einen Weg, ihrem Partner seine Tauchausrüstung zu bringen. Doch Tim ist zu alt, um noch Flüssigkeit zu atmen. Er und Leon müssen sich verabschieden, für immer. Tim ertrinkt, als das Cockpit des U-Boots sich endgültig mit Wasser füllt, Leon und Lucy dagegen erreichen sicher die Oberfläche.
Es gibt einen öffentlichen Aufschrei über die Experimente und ungenehmigten Aktivitäten der ARAC. Der mit Schadenersatzklagen bombardierte Konzern geht in Deckung und versucht nicht mehr, Lucy zurückzuholen. Sie bleibt in Leons Obhut.
Wieder bekommt Leon das Angebot, ganz normal zu leben, als ein gewöhnlicher Jugendlicher an Land. Doch Leon lehnt ab; er weiß, dass er Taucher bleiben will, immer wieder dem Ruf der Tiefe folgen muss. Und die wachsende Liebe zwischen ihm und Carima gibt ihm selbst nach all dem, was geschehen ist, Halt und Hoffnung.

Die Kurzbeschreibung am Anfang muss natürlich nicht sein, ist aber sinnvoll. Denn erstens zwingt Sie das, den Kern Ihrer Handlung herauszuarbeiten und zweitens kann die Lektorin diese Kurz-Zusammenfassung später noch als Vorschau- und Klappentext verwenden.

Tipp: Stellen Sie sich vor, jemand will von Ihnen wissen: »Ich habe gehört, Sie schreiben ein Buch, worum geht es dabei?« Üben Sie – am besten gemeinsam mit einem Freund oder einer Freundin – , den Inhalt in fünf Sätzen zu erzählen. Sie werden Ihr Buch noch zahllose Male auf diese Art vorstellen müssen. Außerdem wird Ihnen durch diese »Elevator Pitch« genannte Übung klar, was das Wesentliche von Ihrem Buch ist.

Hier noch ein zweites, kürzeres Exposé als Beispiel, diesmal für einen Historischen Roman beziehungsweise für eine ganze Trilogie. Die bekannte Autorin Heidi Rehn hat es netterweise zur Verfügung gestellt; die Bücher sind im Knaur Verlag erschienen. Hier ist nur die Einführung und das Exposé des ersten Bandes abgedruckt.

Heidi Rehn
((Adresse, Tel. Nr.
und Mail-Adresse)))

EXPOSÉ
Magdalena-Trilogie

Der Dreißigjährige Krieg und seine Folgen haben die Lebenswelt der Menschen des 17. Jahrhunderts grundsätzlich verändert. Magdalena ist ein typisches Kind dieser Zeit und muss sich immer wieder mit neuen Lebensbedingungen auseinandersetzen. Der erste Roman der Trilogie, *Die Wundärztin*, zeigt sie als junge, lebenshungrige Frau. Hineingeboren in den Heerestross der Kaiserlichen Armee erkennt sie durch die Begegnung mit Eric, dass sie in ihrem bisherigen Leben die falschen Wertmaßstäbe befolgt hat. Der zweite Roman, *Die Kaufmannsfrau*, stellt sie vor die Herausforderung, sich mit der unbekannten Herkunft ihres Mannes Eric auseinanderzusetzen, um nicht noch einmal einem folgenschweren Trugschluss aufzusitzen. Der dritte Roman, *Die Bernsteinhändlerin*, führt schließlich vor, wie es ihr gelingt, nach Erics Tod in der Fremde noch einmal ganz von vorn anzufangen und getreu den inzwischen gefestigten Lebensidealen als eigenständige Frau ihren Platz in der Gesellschaft zu behaupten.
Die Romane sind jeweils in sich abgeschlossen, knüpfen aber etwa im Zehn-Jahres-Rhythmus locker aneinander an.

Voraussichtlicher Manuskriptumfang: jeweils 600 Seiten

Heidi Rehn
((Adresse, Tel. Nr.
und Mail-Adresse)))

EXPOSÉ
Die Wundärztin (AT)*

Deutschland in den letzten Jahren des Dreißigjährigen Krieges. Die junge Wundärztin Magdalena muss sich entscheiden, ob sie ihren einstigen Lebensretter Eric als vermeintlichen Mörder an den Galgen liefert oder ihm zur Flucht verhilft und damit sich selbst in höchste Gefahr bringt.

Hineingeboren in das Kaiserliche Regiment von Graf Pappenheim hat die Söldnertochter Magdalena den Moralkodex des Heeres tief verinnerlicht. Als Gehilfin des Feldschers Meister Johann hat sie sich dank ihrer Geschicklichkeit so viel Respekt verschafft, dass sie selbst nach dem Tod des Vaters (er fällt in der Schlacht um Freiburg im August 1644) allein im Tross leben kann und dem Schicksal als Söldnerhure entgeht.
Im Sommer 1646 soll sie einen schwer verwundeten Gefangenen operieren und für die Hinrichtung gesund pflegen. Der Mann soll zu einer Gruppe Mördern gehören, die drei kaiserliche Soldaten heimtückisch gemeuchelt haben. Entsetzt stellt Magdalena fest, dass es sich bei dem Verletzten um Eric handelt, mit dem sie vor zwei Jahren eine intensive Liebesbeziehung hatte, aus dem ihr Sohn Kaspar hervorging. Außerdem hat Eric ihr bereits als Kind einmal das Leben gerettet, sowie sie 1644 in Freiburg vor Vergewaltigung und Tod bewahrt. Magdalena gerät in ärgste Gewissenskonflikte: Rettet sie ihm das Leben und ermöglicht ihm die Flucht, geraten sie selbst sowie ihr Sohn in größte Gefahr. Tut sie es nicht, liefert sie den geliebten Mann dem Galgen aus. Schließlich siegt die Liebe und sie ermöglicht Eric das Entkommen. Elsbeth, Magdalenas Kusine und die Amme ihres Sohnes Kaspar, nutzt das als Rache für vermeintliches Unrecht aus: Sie entführt den kleinen Kaspar und sucht Eric. Als sie ihn findet, überzeugt sie ihn, Magdalena habe ihn aus schlechtem Gewissen zwar retten, aber dennoch aus dem Weg haben wollen, um ohne ihn und das Kind mit Rupprecht leben zu können. Verbittert bricht Eric mit ihr und Kaspar auf, um Verwandte in Köln aufzusuchen, bei denen er fortan leben will.
Währenddessen entdeckt Magdalena sein und Kaspars Verschwinden. Sie verlässt das Lager, um die beiden zu suchen. Rupprecht begleitet sie und

---

* »AT« steht für Arbeitstitel. Man kann seinen Titel so kennzeichnen, muss aber nicht.

redet ihr ein, Eric liebe in Wahrheit Elsbeth und habe sich mit ihr und dem Kind davongemacht. In Köln treffen sie alle zufällig wieder aufeinander. Es kommt zu einer Auseinandersetzung zwischen Rupprecht und Eric. Dabei bricht Feuer aus. Noch einmal rettet Eric Magdalena aus dem Inferno (wie damals in Magdeburg) und dadurch erkennen sie beide ihre Gefühle füreinander wieder. Rupprecht stirbt in den Flammen. Elsbeth muss Kaspar wieder hergeben. Glücklich über den Frieden und ihre wiederentdeckte Liebe bauen sich Magdalena und Eric eine gemeinsame Zukunft als Kaufleute auf.

Diese beiden Beispiele geben Ihnen einen Eindruck davon, wie Ihr Exposé aussehen könnte. Zerbrechen Sie sich nicht zu sehr den Kopf über die Gestaltung, sorgen Sie lieber dafür, dass Ihre Handlung gut durchdacht und ausgereift ist. Es lohnt sich, das frische Exposé nicht sofort zu verschicken, sondern ein paar Tage oder Wochen »reifen« zu lassen, denn erfahrungsgemäß arbeitet Ihr Unterbewusstsein weiter an der Handlung und sicher werden Sie noch neue Ideen und Änderungen einbauen wollen. Auch ein zweiter Korrekturdurchlauf schadet nicht. »Manche Exposés, die bei uns ankommen, sind voller Rechtschreibfehler, das macht auf uns natürlich keinen guten Eindruck«, berichtet Carsten Polzin, Programmleiter Piper Fantasy. »Ein häufiger Fehler ist auch, dass das Exposé zu lang ist. Oder der Inhalt wird sehr umständlich erzählt und nicht auf den Punkt gebracht.«

Tipp: Erstautoren sollten besser noch keine Trilogie anbieten, sondern zunächst einen Einzelroman. Planen können Sie die Trilogie natürlich schon. Wenn der erste Roman Erfolg hat und der Verlag Fortsetzungen will, sind Sie bestens vorbereitet.

Wenn Sie ein Romanprojekt haben, bei dem der komplette Text noch nicht ganz fertig ist, dann kann sich die Handlung im Verlauf des Schreibens noch anders entwickeln als zunächst im Exposé beschrieben. Es kann ja sein, dass Sie noch neue Ideen einbauen möchten oder dass Sie merken, dass Ihre Handlung so noch nicht funktioniert. Alles kein Problem, ändern Sie Ihre Pläne einfach.

Im Kinderbuchbereich sind die Texte oft so kurz, dass ein Exposé von einer halben oder einer Seite reicht. Oft ist es am besten, Sie schicken gleich mehrere Ideen (jede in fünf bis zehn Sätzen kurz beschrieben) und einen ausgearbeiteten Text als Leseprobe ein. Denn eine einzige Idee kann aus vielen Gründen für den Verlag nicht in Frage kommen, bei fünf Ideen ist jedoch vielleicht etwas dabei. Hier als Beispiel mehrere Ideen, mit denen ich im Jahr 2006 zum ersten Mal versuchte, im Bilderbuchbereich Fuß zu fassen:

Ideen für Bilderbücher
Sylvia Englert

Kontakt: Sylvia Englert@web.de, ((Adresse, Tel-Nr.))

Pinkie und der Allesfresser
An ihrem vierten Geburtstag findet Anna, genannt Pinkie, ein fettes, orangefarbenes, krötenartiges Wesen in ihrem Schrank. Es hat leuchtende Augen. Aber nur, weil es gerade eine Packung Batterien vertilgt hat. Das Wesen ist ein Allesfresser!
Ihr neues Haustier macht Annas Leben nicht gerade einfacher. Keiner glaubt ihr, dass sie die Sachen, die verschwinden, nicht verschlampt hat. Dann die Katastrophe – der Allesfresser verschluckt die teure Uhr ihres Vaters! Anna versucht mit vielen Tricks, sie wiederzubekommen. Zum Glück spuckt der Allesfresser die Uhr aus, als Anna ihn ohne Gnade durchkitzelt. Hoch und heilig verspricht er, nie wieder etwas Wichtiges zu fressen. Fortan sind seine Lieblingsspeisen gebrauchtes Geschenkpapier (an Weihnachten verdirbt er sich den Magen), Kartoffelschalen und Ohrenschmalz, und nur ganz selten gönnt er sich zum Nachtisch einen Radiergummi.

Der kleinste Tiger der Welt
Nick schmuggelt seinen gestreiften Kater Jacky mit in den Zoo. Dort geht er verloren – und landet bei den Tigern. Ganz schön gefährlich! Doch der schlaue Jacky gibt sich als Tigerjunges aus und schindet sogar Eindruck mit seinem Wissen über Menschen. Er lernt kräftig brüllen, an gigantischen Knochen nagen und andere Dinge, die ein kleiner Tiger können muss. Schließlich kommt er etwas zerzaust, aber ansonsten wohlbehalten zu Nick zurück.

Sockes Reise
Eine von Lucas' bunt geringelten Lieblingssocken hat Pech – beim Leeren der Waschmaschine fällt sie in einen Spalt und wird dort übersehen. Lucas Mutter schimpft darüber, dass die blöde Maschine mal wieder Socken frisst. Lucas ist entsetzt: Seine Socke – gefressen?! Doch in Wirklichkeit ist Socke inzwischen im Garten, der Hund der Vermieterin hat sie gepackt und unter einer Hecke liegenlassen. Dort findet ein Vogel sie und polstert mit ihr sein Nest aus. Als die Vogeljungen ausgeflogen sind, weht der Wind Socke auf die Straße. Dort findet jemand sie und steckt sie auf einen Zaunpfosten, wo Socke eine Menge dumme Bemerkungen aushalten muss. Schließlich nimmt eine alte Frau sie mit, um sie daheim wegzuwerfen. Nur: kurz darauf greift der Frau ein Dieb in die Tasche. Er ist verdutzt, dass er keine Geldbörse erbeutet hat, macht aber aus der Not aber eine Tugend und benutzt die Ringelsocke als Handytasche. Als er kurz darauf verhaftet wird, beschlagnahmt die Polizei das (geklaute) Handy – und Sockes Odyssee ist zu Ende. Denn Lucas Vater, ein Polizist, hat die Lieblingssocke seines Sohnes erkannt und bringt sie ihm wieder mit. Endlich ist Socke wieder mit ihrer Zwillingsschwester vereint und kann wieder mit Lucas spazieren gehen!

Pit und der störrische Wecker
Die Maus Pit lebt in der Garage der Familie Jung. Pit hat die Familienmitglieder schon oft dabei beobachtet, wie sie an ihren Autos, Motorrädern etc. herumschrauben und kennt sich dadurch etwas mit Technik aus. Eines Tages bringt Lukas, der Sohn des Hauses, einen Wecker in die Garage, er ist kaputt und soll weggeworfen werden. Pit packt der Ehrgeiz. Er will versuchen, den Wecker zu reparieren! Doch leider ist der Werkzeugkasten gigantisch. Pit improvisiert sich eigenes Werkzeug, Ersatzteile und Arbeitskleidung (darunter einen Ohrenschützer aus gepolsterten Haselnuss-Schalen, für den Fall, dass der Wecker zwischendurch losgeht). Er schleppt aber auch einen Schraubenzieher heran, der dreimal so groß ist wie er. Pits Vorteil gegenüber den Menschen ist, dass er mit seinen vier Pfoten und dem Schwanz fünf Dinge gleichzeitig festhalten kann.
Tapfer zerlegt er den Wecker und versucht herauszufinden, was damit nicht stimmt. Das schafft er auch (nach allerlei Abenteuern, darunter, von einem viel zu großen Akkuschrauber im Kreis geschleudert zu werden). Aber nach dem Zusammenbauen sind Teile übrig. O je! Außerdem sieht der Wecker jetzt etwas seltsam aus. Aber das macht eigentlich nichts. Denn Lukas ist begeistert, als er den Wecker in seiner neuen Form vorfindet und feststellt, dass er nicht mehr klingelt, sondern quiekt und kleine Rauchwölkchen ausstößt.

Das kleine Flugzeug
Tom ist ein rot-weiß gestreifter Doppeldecker, nur fingerlang. Als Lukas ihn geschenkt bekommt, findet er ihn ziemlich langweilig, weil er eigentlich lieber einen coolen Roboter gehabt hätte. Tom – der froh ist, endlich aus seiner Packung zu entkommen – ist schwer gekränkt. Heimlich startet er in Lukas Zimmer erste ungeschickte Flugversuche. Er will seinem neuen Besitzer beweisen, dass er sehr wohl interessant ist. Doch erstmal knallt er gegen die Fensterscheibe, verbiegt sich den Propeller und legt eine Bruchlandung hin. Die Maus Pit, die normalerweise in der Garage lebt und sich dadurch etwas mit Technik auskennt, repariert ihn und die beiden werde Freunde. Tom lernt, durch Ratschläge der Maus unterstützt, immer besser fliegen. Sein Gesellenstück ist, dass er, als Lukas mal weg ist, ein paar Fliegen rund um die Deckenlampe jagt. Lukas Eltern erwischen ihn dabei und wundern sich, was das für eine komische gestreifte Fliege ist. Und die Fliegen machen sich Sorgen, dass Tom ein Kampfflugzeug sein und sie abschießen könnte.
Toms Kunstflugübungen lohnen sich – zum Schluss bietet er Lukas eine tolle Show und wird endlich anerkannt!

Kurz und knapp gab mir die Lektorin von ArsEdition Feedback zu den einzelnen Ideen: »Zoo-Geschichten verkaufen sich nicht, belebte Gegenstände sind nicht so mein Fall, das mit der Socke gibt's so ähnlich schon und der Name Pinkie geht sowieso nicht, der kommt schon in einem anderen Bilderbuch unseres Verlages vor... aber das mit der reparierenden Maus Pit gefällt mir!« Und so wurde daraus ein Buch, das mit Illustrationen von Thorsten Saleina 2009 erschien. Auch heute noch biete ich meine Bilderbuch-Ideen immer im Fünferpack an und mit etwas Glück wird eine davon genommen. Es lohnt sich, eine Auswahl zu bieten.

Im Sachbuchbereich ist das Exposé Ihr Angebot, das heißt, es muss mehr enthalten als eine reine Inhaltsangabe. Es sollte in nüchternem und professionellen Ton geschrieben sein und könnte beispielsweise bestehen aus
- ein paar einführenden Worten über das Buch-Konzept, warum gerade dieses Werk eine Bereicherung für den Buchmarkt wäre und wodurch es sich von der Konkurrenz abhebt (ca. ½ Seite);
- Argumenten, warum gerade Sie dafür geeignet sind, dieses Buch zu schreiben (ca. ½ Seite);

- wie viel Zeit Sie benötigen werden, um das Manuskript fertig zu stellen (meist 6 bis 8 Monate ab Vertragsschluss) und wie viele Seiten das Buch voraussichtlich haben wird;
- einer Inhaltsangabe und vorläufigen Gliederung, das heißt einer Auflistung der geplanten Kapitel mit den verschiedenen Unterpunkten (ca. 3 bis 4 Seiten).

Nicht in ein Exposé gehören hingegen Ihre Honorarforderungen.

Als Beispiel hier eins meiner eigenen Sachbuch-Exposés. Helga Gruschkas und mein Buch ist 2008 unter dem Titel »Geschichtenerzählerwerkstatt« erschienen.

Helga Gruschka   **Sylvia Englert**
(Adresse, Tel.-Nr. und Mailadresse)   (Adresse, Tel.-Nr. und Mailadresse)

Exposé

Geschichtenwerkstatt

Mit Kindern erzählen und erfinden
Elternratgeber

Inhalt/Konzept

Vorlesen ist wichtig, Vorlesen ist schön – aber der Faszination einer frei erzählten Geschichte kann sich kaum ein Kind entziehen. Mündliches Erzählen ist die älteste Kunst- und Kulturform der Menschen, Gedichte, Mythen und Epen zeugen davon. Unser Buch soll Lust aufs freie Erzählen machen und es einüben helfen. Doch Märchen und Geschichten zu erzählen, die es schon gibt, ist nur der halbe Spaß. Im zweiten Schritt geht es darum, die Kinder einzubinden und mit ihnen zusammen eigene Geschichten zu erfinden (die weitererzählt, nachgespielt, als Theaterstück aufgeführt, gemalt werden können…). Das vertreibt Langeweile garantiert und fördert Sprachvermögen und Fantasie!

Anlässe für das Erzählen und gemeinsame Erfinden gibt es reichlich: Ein Kind, das krank im Bett liegt, eine Geburtstagsparty, ein Regentag, als gemeinsamer Spaß im Urlaub oder gezielte Sprachförderung daheim. Gutscheine für Geschichten lassen sich prima verschenken. Und eine selbstgemachte Geschichte kann man als Anlass verwenden, die Großeltern, die allein stehende Tante usw. zum »Erzählcafé« einzuladen. Eltern/Großeltern, die schon etwas Übung haben, können anbieten, im Kindergarten, im Hort oder in der Schulklasse mit den Kindern zu erzählen und Geschichten zu entwickeln.

Herzstück des Buches ist der einfach anzuwendende »Geschichtenbaukasten«, ein von Helga Gruschka aus der Erzählpraxis entwickeltes Werkzeug. Die Leserinnen finden ihn als Vorlage zum Heraustrennen + Bastelanleitung im Buch. Viele Fallbeispiele aus Helga Gruschkas Erzählpraxis lassen die Spiel- und Veranstaltungsideen rund um den Geschichtenbaukasten lebendig werden.

Eckdaten:
Ca. 160 Seiten. Abgabe möglich ab Vertragsschluss + 6 Monate.

Zielgruppe
Hauptzielgruppe sind Eltern und Großeltern mit Kindern im Alter von 5-10 Jahren.
In zweiter Linie ist das Buch für Erziehern, Lehrer, Krankenschwestern und Kinderärzte interessant.

Die Autorinnen
Helga Gruschka, Jahrgang 1934, Apothekerin im Ruhestand, Mutter von zwei erwachsenen Kindern, ließ sich beim Verein Goldmund e.V. (*www.goldmund-verein.de*) zur Märchen- und Geschichten-Erzählerin ausbilden. Seither führt sie zahlreiche Veranstaltungen durch, erzählte in Schulen, Bibliotheken, Krankenhäusern und Kindertagesstätten und entwickelte zusammen mit Kindern Geschichten. Dafür hat sie den Geschichtenbaukasten konzipiert.
www.gruschka-muenchen.de

Sylvia Englert, Jahrgang 1970, erfahrene Autorin von Kinder- und Jugendsachbüchern sowie Jugendromanen. Ihr Buch *Wörterwerkstatt. Tipps für Jugendliche, die gerne schreiben*, war 2002 für den Deutschen Jugendliteraturpreis nominiert. Sie führt neben Lesungen regelmäßig Schreibworkshops mit Jugendlichen und Erwachsenen durch.
www.sylvia-englert.de

Konkurrenz

Es gibt bereits einige Ratgeber zum Thema Erzählen, doch sie sind ausnahmslos an Pädagoginnen, vor allem LehrerInnen, gerichtet und bestehen aus einer Sammlung von Übungen. Außerdem legt keiner der Autoren den Schwerpunkt auf das systematische Entwickeln einer Geschichte mit einem interessanten, von einem Bedürfnis getriebenen Helden, der dem Kind die Identifizierung mit seiner Geschichte ermöglicht.

Beispiele für aktuelle Titel:

- Martin Ellrodt/Birgit Rechtenbacher, *Von der Sprechübung zum freien Erzählen*, Verlag an der Ruhr, 2006, 85 Seiten, 9,80 Euro.

Lernmaterialien für Lehrer. Sammlung von Übungen, übersichtlich aufbereitet und nach Alter der Kinder/Klassenstufe aufgeschlüsselt.

- Kurt Wasserfall, *Erzählen lernen. Ein Workshop zur Entwicklung der Sprachkompetenz*, Verlag an der Ruhr, 2004, 136 Seiten, 13 Euro.

Enthält sehr viel über Grundlagen, zum Beispiel Atemtechnik, Sprechen üben, Körperhaltung und die Theorie der Kommunikation. Anschließend ein paar Ideen zu Erzählübungen.

- Claus Claussen, *Mit Kindern Geschichten erzählen. Konzept – Tipps – Beispiele*, Cornelsen Scriptor 2006, 176 Seiten, 14,95 Euro.

Steif und pädagogisch geschriebene Abhandlung für Lehrkräfte, am Schluss werden ein paar Erzählprojekte beschrieben.

Vorläufige Gliederung

Vorwort

Einleitung: Meine Arbeit als moderne Märchenerzählerin. Was spricht fürs Vorlesen, was fürs freie Erzählen? Welche Gelegenheiten gibt es für das Geschichtenerzählen und -erfinden? Denken und Fantasie gezielt entwickeln.

Kapitel 1 – *Frei Erzählen lernen*

Fallbeispiel, eigene Erfahrungen
Den Einstieg finden

- Welche Textvorlagen eignen sich? Beispiele: (Selbst) erfundene Geschichte, autobiografische Geschichte, Märchen *((Beispiele zum Üben abdrucken))*
- Hilfsmittel und Möglichkeiten: Bildgestütztes Erzählen, Kamishibai, Fingerpuppen, Musik *((Abbildungen einfügen))*
- Vom Text zum freien Erzählen: Sich vom Text lösen, Stichwortkärtchen anfertigen, auf Band sprechen, Übungen allein vor dem Spiegel

- Wie erzählt man packend und anschaulich? Seine Sprache finden. Sich die Geschichte zu eigen machen.

Kapitel 2 – *Vor Zuhörern*
- Fallbeispiel, eigene Erfahrungen
- Die richtige Atmosphäre schaffen, Zubehör *((Fallbeispiel))*
- Lockerungs- und Atemübungen für die Kinder *((Fallbeispiel))*
- Mit dem Lampenfieber umgehen
- Ins kalte Wasser: Erzählen vor Publikum *((Fallbeispiel))*
- Vorbereiten der Zuhörer, sie hereinholen in die Erzählwelt
- Tipps und Tricks, um die Aufmerksamkeit der Kinder zu halten und mit Zwischenfragen umzugehen *((Fallbeispiele))*
- Am Ende Gegenwartsbezug herstellen
- Zu Fragen, zu selbst gegebenen Antworten, zum Denken anregen

Kapitel 3 – *Gemeinsam Geschichten erfinden*
- Fallbeispiel, eigene Erfahrungen
- Struktur von Geschichten/Märchen *((Schema und Analyse eines Beispiels))*
- Der Geschichtenbaukasten wird vorgestellt *((Abbildung + Erläuterung, wie er funktioniert))*
- Einstieg: das Kind zum Mitmachen motivieren *((Fallbeispiel))*
- Geschichte entwickeln *((Mehrere Fallbeispiele))*
- »Hilfe, mir fällt nichts ein!« – Fantasie anregen *((Fallbeispiel))*
- Lernen, über Gefühle zu sprechen *((Fallbeispiel))*
- Nachbereitung, die Geschichte für das Kind abtippen

Kapitel 4 – *Mach mehr draus!*
- Frisch entwickelte Geschichte ins Repertoire aufnehmen
- Bilder zur Geschichte malen, mit dem Kamishibai bildgestützt erzählen
- Bilderbuch basteln *((Fallbeispiel))*
- Aus der Geschichte ein Theaterstück machen und spielen *((Fallbeispiel))*
- Mit Mind Maps kurze Geschichten zu langen ausbauen *((Abbildung/Beispiel))*
- Auf Tonträger, Kassette, MP3, Diktiergerät aufsprechen
- Hörproben basteln, als Audiodatei, auf CD, als Podcast.

Kapitel 5 – *Vorschläge und Tipps für verschiedene Anlässe*
- Gutenachtgeschichte
- An einem Regentag
- Wenn das Kind krank ist
- Auf dem Kindergeburtstag

- Als Erzählcafé mit Freunden und Verwandten
- Vor einer Kindergartengruppe oder Schulklasse
- Am Wochenende/im Urlaub
- Geschichtengutscheine
- Speziell zur Sprachförderung

Anleitung zum Selbstbasteln des Geschichtenbaukastens + Liste möglichen Zubehörs

Material: Literaturtipps, Links, Adressen

Evtl. weitere Geschichten und Märchen zum Üben

Danksagung

So sollte Ihr Manuskript beziehungsweise Probekapitel aussehen

Natürlich ist die Versuchung groß, das Manuskript so schön zu gestalten wie nur möglich – mit modernen Textverarbeitungs-Programmen ist sehr vieles machbar. Wenn man seine Texte liebevoll gestaltet, sie vielleicht anschließend noch binden lässt, sehen sie am Schluss aus wie ein richtiges Buch. Auf den Einsatz all dieser Möglichkeiten sollten Sie beim Einreichen des Manuskripts jedoch verzichten, so schwer es auch fällt. »Die Verlage reagieren allergisch darauf, wenn man so tut, als sei man schon ein fertiger Autor. Das kann man sich später leisten, aber wenn man als Anfänger ein Manuskript abgibt, sollte man das ganz neutral tun. Und wenn es ein bisschen aufgemotzt daherkommt, dann lachen die Lektoren doch gleich. Da entwickelt sich ein gewisser Zynismus, wenn man vierhundert Manuskripte im Jahr absagt«, sagt die Kinderbuchautorin und Illustratorin Cornelia Funke. »Die Verlage wollen ein Provisorium, eine Mappe mit einem losen Manuskript, nichts gebundenes oder geheftetes. Meine Lektorin will heute noch, dass ich so abgebe. Sie sagt, sie kann so besser arbeiten, weil sie die Seiten zur Seite legen kann, nicht blättern muss und das Manuskript nicht dauernd wieder zufällt.«

Profis wissen, dass jeder Text eine Rohfassung ist, die in Zusammenarbeit zwischen Autor und Lektor noch einmal geschliffen wird. Daher reichen erfahrene Autoren ihre Texte in ganz einfacher Form auf sogenannten Normseiten ein, die vom Verlag optimal weiterverarbeitet werden können. Für den Verlag sind Layout-Spielereien lästig, da der Text dadurch nur schwer redigiert werden kann und sich auch der endgültige Umfang nicht so einfach berechnen lässt. Auch müssen all diese schönen Formatierungen wieder rückgängig gemacht werden, bevor das Manuskript an die Hersteller gegeben werden kann. Für Sachbuchautoren, die Grafiken und Tabellen in den Text einbinden müssen, ist es besonders wichtig, dass sie die Gestaltung des Manuskripts vorher mit dem Lektor und der Herstellungsabteilung absprechen. Meist wird Ihnen der Verlag ein Blatt mit Hinweisen zuschicken.

Die Normseite
Eine Normseite hat 1800 Anschläge, das sind 30 Zeilen à 60 Zeichen. Es darf aber auch weniger auf der Seite sein, wichtig sind vor allem Übersichtlichkeit und Lesbarkeit. Verwenden Sie eine nüchterne Schrift (Times Roman, Arial/Helvetica, Courier oder ähnliches) normaler Größe (12 Punkt). Um eine Normseite zu bekommen, muss man in Word folgende Seitenränder einstellen: Oben: 3,5 cm, Unten: 4 cm, Rechts: 4,8 cm, Links: 4 cm.

Dass Sie keine handschriftlichen Manuskripte einreichen sollten, haben Sie sicher schon gehört. Wichtig ist auch, dass das Schriftbild kontrastreich ist, also schwarz auf weiß und nicht hellgrau auf Umweltpapier. Benutzen Sie keinen Blocksatz und fügen Sie keine Trennungen ein, sondern lassen Sie die Zeilen fallen, wie sie fallen (sonst wird der Setzer Sie später verfluchen). Beschriften Sie jedes Blatt nur auf einer Seite. Wenn Sie die Seitenzahlen vergessen, outen Sie sich sofort als Anfänger. Außerdem ist das für die Lektorin sehr nervig – fällt ihr das Manuskript herunter oder geraten die Seiten aus einem anderen Grund durcheinander, bekommt sie es nie wieder zusammen. Also: jetzt gleich Seitenzahlen einfügen, am besten am unteren Rand!

So sieht eine **Normseite** aus (hier als Beispiel der Anfang meines Jugendromans *Ruf der Tiefe*):

Wenn die anderen Taucher außerhalb der Station waren, schalteten sie sofort die Lampen an und verließen sich auf ihren starken Schein, der die kahle Landschaft des Meeresbodens erhellte. Leon hatte immer das Gefühl, dass sie verzweifelt die Finsternis zurückzudrängen versuchten. Doch die Dunkelheit umgab sie, sie konnten ihr sowieso nicht entgehen, und die dünnen Lichtfinger der Kopf- und Handlampen fand Leon eher jämmerlich. Dadurch entging den anderen mehr, als sie sahen.

Leon mochte die Dunkelheit der Tiefsee. Wenn er allein tauchte oder mit Lucy, dann schaltete er oft die Lampe ab. Die völlige Schwärze machte ihm nichts aus, irritierte ihn nicht – die Dunkelheit umhüllte ihn wie ein Mantel, und er fühlte sich geborgen in ihr. Nach einer Weile hatten sich seine Augen an die Umgebung gewöhnt, und er sah das, was die anderen verpassten. Das schwache Leuchten der Tiefseegarnelen. Den glimmenden Punkt, der einen Anglerfisch verriet – über seinem unförmigen Körper hing eine verlängerte Flosse, die einer Angel glich. Mit der wie eine Laterne leuchtenden Spitze lockte er Beute vor sein zähnegespicktes Maul. Das schnelle Blink-Blink eines Blitzlichtfisches, der die leuchtenden Flecken unter seinen Augen buchstäblich an und aus knipsen konnte, indem er ein Lid darüber schob.

Seine Nachbarn. Sie störten sich nicht an ihm, wenn er sich unter ihnen bewegte. Er war ein Teil dieser Welt.

Tief sog Leon mit Sauerstoff angereicherte Flüssigkeit, von seinem Anzug bereits auf Körpertemperatur angewärmt, in seine Lungen. Schon längst fühlte es sich nicht mehr fremd an, etwas Ähnliches wie Wasser zu atmen – schließlich machten das Fische und Kraken die ganze Zeit, mit ihren Kiemen nutzten sie den Sauerstoff im Meer. Ihm kam es viel seltsamer vor, Luft zu atmen, ein so dünnes Zeug, dass man richtig japsen musste.

Ihr Manuskript sollte ein Deckblatt mit dem Titel Ihres Werkes, Ihrem Namen, Ihrer Adresse und Telefonnummer haben, da der Briefumschlag mit Ihrer Adresse vom Sekretariat des Verlages weggeworfen werden könnte und ein Anschreiben leicht verlorengeht. Wenn Sie ein Textverarbeitungsprogramm verwenden, können Sie auf jeder Seite eine kleine Kopfzeile mit Ihrem Namen und Ihrer Adresse anbringen. Besonders bei Lyrik sollten diese Informationen auf jeder Seite zu finden sein. Auch ein Copyright-Vermerk kann nicht schaden (siehe Abschnitt »Wie schützt man sich vor Ideenklau?«).

Haben Sie keine Hemmungen, Ihr Manuskript einfach als einen Stapel loser Seiten, von einem Gummiband zusammengehalten, einzureichen – das ist für Lektoren die gewohnte Form von Manuskripten. Heften Sie den Text auf keinen Fall in einen stabilen Ordner, die sind umständlich zu handhaben und schwer zu verschicken. Doch welche Form Sie auch bevorzugen, wichtig ist, dass das Manuskript bei jeder Einsendung frisch und ordentlich aussieht, nicht so, als habe es schon einen langen und vergeblichen Weg durch zahlreiche Lektorate hinter sich. Scheuen Sie die Ausgabe nicht, gelesene, womöglich fleckige und verknickte Kopien durch neue zu ersetzen.

Wenn Sie ein Sachbuchprojekt vorschlagen wollen, sollten Sie das Thema gut genug im Griff haben, um ein oder mehrere Probekapitel schreiben zu können. Versuchen Sie nicht, Ihr ganzes Wissen über das Thema in ein Kapitel zu stopfen, um so die Lektoren von Ihrem Projekt zu überzeugen. Die Textprobe dient vor allem dazu, zu sehen, ob und wie gut Sie schreiben können. Viele Autoren schreiben bereits vorab ein Probekapitel und schicken es mit dem Exposé an Verlage. Sie können aber auch warten, bis ein bestimmter Verlag Interesse anmeldet, und dann nach den Wünschen des Lektors oder der Lektorin ein sozusagen »maßgeschneidertes« Probekapitel liefern – dafür gibt man Ihnen dann etwa zwei bis vier Wochen Zeit.

> **Tipp:** Sagen Sie nie aus reiner Höflichkeit zu einem Lektor, Agenten oder Kollegen, der Ihr Material prüft, er solle sich ruhig Zeit lassen. Damit landet Ihr Text auf einem Stapel, der möglicherweise nur einmal im Jahr angerührt wird.

Der vierte Schritt: Ein Verlag signalisiert Interesse

Entscheidungswege im Verlag

Gerade haben Sie einen Brief oder einen Anruf erhalten, in dem eine Lektorin Interesse an Ihrem Projekt bekundet hat. Herzlichen Glückwunsch, Sie haben eine wichtige Hürde genommen! Sollte nun Material nachgefordert werden, ist es gut, wenn Sie darauf vorbereitet sind. Aber Vorsicht! Vergewissern Sie sich als erstes, dass Sie es nicht mit einem Verlag zu tun haben, der sich durch Autorenzahlungen finanziert. Meist finden Sie entsprechende Andeutungen oder sogar schon ein konkretes Angebot im Antwortbrief (siehe auch das Kapitel über Zuschussverlage).

Bevor Sie Nachricht erhalten, dass der Verlag an Ihrem Werk Interesse hat, ist über Ihr Manuskript hinter den Kulissen des Verlages schon ausführlich diskutiert worden. In der ersten Phase muss Ihr Werk nur die Lektorin überzeugen, die Ihr Vorhaben zum Prüfen auf den Tisch bekommen hat. Beim Sach- oder Fachbuch wird zum Teil auch ein Fachgutachter herangezogen, da Lektoren natürlich nicht Experten in allen Bereichen sein können. Fällt der erste Eindruck positiv aus, wird die zuständige Lektorin meist von einem Kollegen oder einer Kollegin im Lektorat eine zweite Meinung einholen. Fällt diese ebenfalls positiv aus, zirkuliert das Manuskript oder Exposé – versehen mit einem Begleitzettel, der alle wichtigen Daten des Projekts enthält, und eventuell mit einem Gutachten, das Sie nie zu sehen bekommen werden – bei weiteren Personen, die am Entscheidungsprozess beteiligt sind. Das können Mitarbeiter aus Vertrieb, Presse, Herstellung und natürlich der Verleger oder die Verlegerin selbst sein. Außerdem werden in den meisten Lektoraten regelmäßig Lektoratskonferenzen abgehalten, auf denen Manuskriptangebote vorgestellt und diskutiert werden. Hier muss Ihr zukünftiger Lektor für das Projekt kämpfen und versuchen, mit seiner Begeisterung die anderen anzustecken. Wichtige strategische Entscheidungen, so zum Beispiel ob Ihr Buch als Hardcover oder als Taschenbuch geplant wird und in welcher Reihe des Verlages es erscheinen könnte, sind nun bereits gefallen. Hat Ihr Text erst einmal diese Ebene erreicht, dann spricht das für die Qualität Ihres Werkes, selbst wenn es doch noch abgelehnt werden sollte. Bei der Entscheidung für oder gegen ein Manuskript spielen viele Faktoren eine Rolle, die über rein literarische oder inhaltliche Kriterien hinausgehen, zum Beispiel wie hoch die Auflage sein und wie gut sich das Buch verkaufen könnte, wie es in die gegenwärtige Programmpolitik des Verlags passt, ob der Autor Potenzial hat, ob er in Zukunft noch weitere Werke schreiben wird, ob er zu Lesungen bereit ist und so weiter.

Diese zweite Phase des Entscheidungsprozesses kann relativ lange dauern, oft sogar mehrere Wochen oder Monate, da in mittelgroßen und großen Verlagen mehrere Leute über neue Projekte entscheiden. In dieser Phase können Zweifel wichtiger Verlagsmitarbeiter das Projekt immer noch kippen, selbst wenn Ihre Lektorin von Ihrem Text begeistert ist. Also warten Sie noch mit dem Champagner. Bei einem kleinen Verlag, wird Ihre Geduld unter Umständen nicht so strapaziert, da dort die Entscheidungswege kürzer sind und Sie schneller eine verbindliche Antwort erhalten.

Ist das Projekt »durch«, also im Verlag intern genehmigt, dann hat der Lektor oder die Lektorin die Vollmacht, mit Ihnen die Vertragskonditionen auszuhandeln (dazu mehr im Kapitel »Honorare und Verträge«). Manchmal, besonders auch in den kleineren Verlagen, führt der Verleger die Verhandlungen auch selbst.

Exkurs: Pseudonym oder nicht?

In diesem Stadium der Vorbereitungen sollten Sie sich überlegen, ob Sie ein Pseudonym – also einen Künstlernamen – wählen wollen. Ein Pseudonym macht Ihr Leben zwar komplizierter, weil Sie plötzlich zwei Identitäten »managen« müssen, aber es kann angenehm sein, seine Identität als Autor oder Autorin von seinem Alltags-Ich zu trennen. Möglicherweise gefällt Ihnen Ihr eigener Name nicht besonders – genießen Sie die Freiheit, sich einen neuen zuzulegen. Am besten ist natürlich ein Name, der zum Genre Ihrer Texte passt. Wenn Sie beispielsweise Liebesromane schreiben, kommt ›Kurt Topfnagel‹ sicher nicht so gut an wie ›Jacqueline de Florenti‹. Besonders dann, wenn Sie viel schreiben und sich in verschiedenen Bereichen des Buchmarkts tummeln wollen, kann es besser für Sie sein, sich ein oder mehrere Pseudonyme zuzulegen und diese quasi zu »Markennamen« mit jeweils verschiedenen Schwerpunkten heranzubilden. »Ich habe ein Sachbuchautorin, die sehr produktiv ist, diese Produktivität auch nicht über Bord werfen will, nein, sie will an vier, fünf Büchern im Jahr festhalten«, meint der Literaturagent Thomas Montasser, der sowohl Sachbuch als auch Belletristik vertritt. »Zu unterschiedlichsten Themen, das ist das Brisante daran. Es kann nicht gut gehen, dass alle Bücher dauerhaft erfolgreich sind, wenn sie unter demselben Namen erscheinen. Das ist genau wie mit Akif Pirinçci, dem Autor von *Felidae*. Der hat inzwischen auch andere Sachen geschrieben, aber man wird ihn immer mit Kriminalgeschichten und Katzen identifizieren. Wenn er jetzt ankommt und ein Sachbuch über Paragliding schreibt, interessiert das keinen.«

Aber denken Sie bei der Wahl Ihres Künstlernamens daran, nachzuprüfen (zum Beispiel bei *www.amazon.de* und Suchmaschinen), ob schon ein anderer Autor oder eine andere Autorin so heißt, sonst wird's peinlich!

Sinnvoll ist ein Künstlername auch dann, wenn nicht jeder wissen soll, dass Sie die Autorin oder der Autor dieses oder jenes Werkes sind, beispielsweise bei brisanten und stark kontroversen Themen oder bei Texten aus dem Bereich Trivialliteratur, bietet sich ein Pseudonym an. Auf die Diskretion des Verlages (der natürlich wissen will, wie Sie richtig heißen) können Sie sich verlassen. Aber denken Sie daran, dass es unmöglich ist, ein komplettes Inkognito zu wahren – bisher ist noch jedes Pseudonym »geknackt« worden, auch wenn es manchmal eine ganze Weile gedauert hat. Außerdem wird der Verlag nur ungern auf den Werbeeffekt von Autorenfotos, Presseinterviews und Lesungen verzichten wollen.

Nicht selten geht die Initiative für ein Pseudonym auch vom Verlag aus. So war es zum Beispiel bei meinem Roman *Nachtlilien*, den ich für Piper schrieb. Der Verlag befürchtete, dass jedes Buch von »Katja Brandis« sofort im Jugendbuchregal landen würde, da die Buchhändler mich unter diesem Namen als Jugendbuchautorin kannten. Also suchte ich mir einen neuen Namen aus. Schon nach einer Woche war aufgeflogen, wer dahintersteckte, da der Piper Verlag in der Vorschau mein Foto gezeigt hatte und die Fans sich im Internet gegenseitig darauf aufmerksam machten, dass das doch Katja Brandis sei. Zum Glück fanden sie sich schnell mit meiner neuen Identität ab. In mehreren mir bekannten Fällen sind Autorinnen dazu überredet worden, ein Pseudonym anzunehmen, weil sich ihre früheren Bücher nicht so blendend verkauft hatten und der Verlag sich durch den neuen Namen eine neue Chance erhoffte. Und das funktionierte sogar. In anderen Fällen schreibt man vielleicht an Bänden mit, die unter einem Sammel-Pseudonym erscheinen sollen (wie zum Beispiel die Jugendbücher von »Erin Hunter«), in diesem Fall würden verschiedene Autorennamen nur die Marke schwächen und die Leser verwirren.

Wenn Sie Ihren Künstlernamen schon seit drei Jahren oder länger verwenden, können Sie ihn mit einer Bestätigung des Verlages oder einem anderen Nachweis in Ihren Pass eintragen lassen. Normalerweise ist das nicht nötig, weitaus wichtiger ist es, sich unter dem neuen Namen eine E-Mail-Adresse und eventuell eine eigene Internetseite zuzulegen. Aber der Pass-Eintrag könnte nützlich sein, wenn später jemand anders mit dem gleichen Namen irgendwo auftritt, ohne selbst so zu heißen. Praktisch wäre für mich so ein Pass-Eintrag gewesen, als ich einmal versuchte, eine Postsendung abzuholen, die auf meinen Künstlernamen lautete. Zum Glück konnte ich die Postbeamtin mit Hilfe einer Katja-Brandis-Autogrammkarte mit meinem Foto darauf überzeugen!

Tipp: Sie sollten nicht versuchen, auch gegenüber Ihrem Verlag mit einem Pseudonym aufzutreten. Verlage wissen gerne, mit wem sie es zu tun haben, und die nötige enge Zusammenarbeit bei der Buchentstehung würde es Ihnen ohnehin schwer machen, Ihre Anonymität zu wahren. Auch die Veranstalter von Lesungen sollten wissen, wer Sie wirklich sind, sonst können sie Ihnen ja nur schwer das Honorar überweisen.

Gemeinsam an Text oder Konzept arbeiten

Bevor der Vertrag endgültig unter Dach und Fach ist, wird der Lektor oder die Lektorin ein ausführliches Gespräch mit Ihnen über Ihren Text führen. Selten wird ein Text vom Verlag genau so akzeptiert, wie er ist. Handelt es sich lediglich um Kleinigkeiten, dann wird Ihr Lektor Sie später, während der eigentlichen Arbeit am Text, darauf hinweisen und Sie bitten, bestimmte Passagen zu überarbeiten (mehr dazu im Teil 3, »Zusammenarbeit mit dem Verlag«). In der Phase vor Vertragsschluss wird geklärt, ob grundsätzliche, größere Teile des Buchprojekts noch überarbeitet oder verändert werden müssen, damit es überhaupt zu einer Einigung kommen kann. Vielleicht möchte der Verlag Ihren Roman gerne bringen, Sie haben aber einen 1000-Seiten-Wälzer geschrieben, den der Markt in dieser Form wahrscheinlich nicht akzeptieren und dem eine Kürzung um ein Viertel ohnehin gut tun würde. Oder Ihre Lektorin hält den Schluss für ziemlich unlogisch und möchte eine andere Entwicklung am Ende. Erschrecken Sie jetzt nicht. Natürlich ist es Ihr Text, und niemand kann Sie zu bestimmten Änderungen zwingen. Falls Sie mit den Vorschlägen von Verlagsseite gar nicht einverstanden sind und es wirklich zu keinem Kompromiss kommt, dann steht es Ihnen jederzeit frei, dem Verlag abzusagen. Selbst wenn Sie schon unterschrieben haben, könnten Sie vom Vertrag zurücktreten. Doch dazu wird es sehr selten kommen. Meist findet sich ein Mittelweg, mit dem beide zufrieden sind, und das Ergebnis der Verhandlungen wird in den Vertrag aufgenommen.

Katrin Dorn musste noch eine Menge Arbeit in ihr Buch stecken, bis es soweit war: »Die Lektorin hat mich eingeladen zu einem Gespräch. Es gab das Problem, dass das Buch ihrer Ansicht nach zu kurz war und der Aufbau noch nicht so richtig funktionierte. Sie hat mich also aufgefordert, das noch mal zu überarbeiten, was auch eine starke Veränderung für das Buch bedeutete. Ich fand das irgendwie eine tolle Herausforderung, ein Buch, das schon fertig war, noch mal aufzuklappen und was Neues draus zu machen. Vorher war der Maler nur eine Randfigur, die nur kurz vorkam, die Geschichte mit der Mutter war nur erwähnt, und die Story mit dem Vater gab es gar nicht. Ich glaube, das Buch hat davon profitiert.«

Bei einem Sachbuch ist es sinnvoll, dem Verlag zunächst nur ein Exposé anzubieten. Falls Ihr Sachbuch schon fix und fertig ist, kann es trotz einer guten Idee noch abgelehnt werden, weil den Lektoratsmitarbeitern zum Beispiel die Umsetzung nicht gefällt. An einem fertigen Buch noch etwas zu ändern ist sehr arbeitsaufwändig. Wenn Sie jedoch nur die Idee und eine vorläufige Gliederung anbieten, kann die Lektorin mit Ihnen zusammen das Konzept weiterentwickeln, so dass es ihren Erwartungen beziehungsweise den Wünschen des Verlages entspricht. Auch was Stil und Tonfall (populär und unterhaltsam oder fachlich-seriös, polemisch oder ausgewogen?) angeht, kann man sich jetzt noch absprechen. Wenn Sie sich nicht auf Ihre Idee versteifen, sondern flexibel bleiben, dann kann es sein, dass das Lektorat Sie dazu anregt, das Thema auf eine ganz andere Weise zu behandeln, oder Sie entwickeln zusammen eine neue Idee. Das kommt sogar recht häufig vor. Vielleicht hören auch Sie schon bald etwas in der Art von: »Ja, an einem Buch über die Geschichte des Alkohols haben wir kein Interesse, aber eine kleine Geschichte des Bieres und des Biertrinkens können wir uns gut bei unserem Verlag vorstellen, dafür gibt es sicher Käufer…«

Wie schützt man sich vor Ideenklau?

Viele Nachwuchsautoren befürchten, Opfer von Ideenklau zu werden. Wer hinderte den Verlag daran, Ihren Geistesblitz einfach aufzugreifen und Sie in die Röhre schauen zu lassen? Eine Agentin meinte dazu: »Ich habe den Fall noch nie erlebt und bin immer wieder erstaunt, wie viele Autoren mich auf dieses Thema ansprechen. Ich denke, das schlimmste, was ihnen wahrscheinlich passieren wird, ist, dass der Verlag ihr Manuskript ablehnt – damit müssen sie mit 95prozentiger Wahrscheinlichkeit rechnen. Dass ein Verlag etwas so gut findet, dass er es heimlich klaut, das ist wirklich der unwahrscheinlichste Fall. Wenn es dem Verlag gefällt, kann er das Manuskript doch kaufen.«

Eine gewisse Absicherung gegen Klau gibt es ohnehin: Nicht nur veröffentlichte Werke, sondern auch Manuskripte unterliegen dem Urheberrecht, das heißt, Ihr Werk ist vom Moment der Entstehung an geschützt, auch wenn es noch nicht gedruckt ist.

Wittern Sie nicht bei jeder Ähnlichkeit gleich den Ideenklau. Manchmal kann es in belletristischen Texten inhaltlich zu Überschneidungen kommen, weil es einfach nicht viele Geschichten gibt, die noch nie erzählt worden sind. Auch scheinen manche Themen zu bestimmten Zeiten »in der Luft zu liegen«. Dieses Phänomen kennt man aus anderen Bereichen, zum Beispiel werden nicht selten Entdeckungen und Erfindungen innerhalb von kurzen Zeitabständen von völlig unabhängig arbeitenden Menschen gemacht. Es kann Ihnen passieren, dass Sie eines Tages von einem veröffentlichten Buch hören, dessen Handlung frappierende Ähnlichkeiten mit Ihrem Roman aufweist, an dem Sie seit ein paar Monaten arbeiten und von dem noch niemand weiß. Wenn Ihr Text fertig und schon über viele Verlags-Schreibtische gewandert ist, bleibt natürlich ein ungutes Gefühl zurück und die offene Frage, ob hier jemand tatsächlich Ihren Text als Inspirationsquelle benutzt hat. Meist wird das aber dadurch verhindert, dass nur Lektoren Ihr Manuskript zu sehen bekommen, keine anderen Autoren. Wenn Sie wissen, dass es anders gelaufen ist (in einem Fall gab der Verlag das sogar zu und bedankte sich bei der Ideengeberin), sollten Sie sich beschweren, auch wenn Ihre Chancen, rechtlich dagegen vorgehen zu können, nicht allzu gut sind.

Im Sachbuch kommt es primär auf Themen an. Als Sachbuchautor beziehungsweise -autorin haben Sie also ein höheres »Geschäftsrisiko«, denn nur das ausgearbeitete Werk unterliegt dem Urheberrecht, nicht aber die Idee. Bei seriösen Verlagen können Sie normalerweise sicher sein, keine bösen Überraschungen erleben zu müssen. Wenn ein Vorschlag den Lektoren gefällt, dann werden sie im Regelfall denjenigen unter Vertrag nehmen, der das Konzept angeboten hat – außer, man hat im Lektorat den Eindruck, dass derjenige, der das Angebot macht, nicht imstande ist, es sprachlich oder konzeptuell angemessen umzusetzen. In diesem Fall wird man, wenn das Thema wirklich erstklassig ist, eher noch versuchen, einen erfahrenen Redakteur, Co-Autor oder Ghostwriter für dieses Projekt zu engagieren. Falls Ihre Projektidee wirklich originell war, würde es auffallen und Grund zur Beschwerde bieten, wenn kurze Zeit, nachdem Ihre Verhandlungen mit einem Verlag gescheitert sind – aus welchen Gründen auch immer – ein sehr ähnliches Werk erschiene.

Bedenken Sie, dass ein Verlag vielleicht gezielt Autoren und Autorinnen zu einem relativ allgemeinen Thema (zum Beispiel »Ratgeber für berufstätige Mütter« oder »Die Verschwendung öffentlicher Gelder«) gesucht hat und dazu eventuell mehrere Angebote auf dem Tisch hatte, darunter zufällig auch Ihres. Ihr Angebot ist abgelehnt worden, und dennoch kommt von diesem Verlag im nächsten Jahr ein Buch über das gleiche Thema auf den Markt. Sogar der Aufbau des Buches mag Ihrem Angebot ähneln, da eine Gliederung sich oft aus der Logik der Sache ergibt. In diesem Fall nehmen Sie am besten ein paar alte Teller und Tassen und werfen sie irgendwo an die Wand.

Kommt es doch einmal zum »echten« Ideenklau – was in der Verlagsbranche noch relativ selten ist, im Fernseh-Business dagegen häufiger vorkommt –, dann haben Sie leider nur sehr wenige Chancen, sich dagegen zu wehren. Es wird Ihnen nicht viel bringen, gegen einen großen Verlag einen Prozess wegen Verletzung des Urheberrechts anzustrengen. Gute Karten haben Sie eigentlich nur, wenn der fremde Autor wortwörtlich und ohne Quellenangabe aus Ihrem Manuskript zitiert hat – dann greift der Vorwurf des Plagiats, und der Plagiator bekommt Ärger. Wenn Sie ganz sicher gehen wollen, dann können Sie eine Kopie des Manuskripts und der CD mit automatisch registriertem Speicherungsdatum bei einem Notar in Verwahrung geben (»Prioritätsverhandlung«) oder per Post an sich selbst oder an einen Zeugen schicken, der das Eingangsdatum auf dem Umschlag vermerkt und ihn ungeöffnet aufbewahrt. So können Sie mit Hilfe des Poststempels (der muss natürlich lesbar sein) vor Gericht im Zweifelsfall beweisen, dass Sie zuerst da waren. Ein weiterer Tipp: Auf dem Deckblatt des Texts, den man einschicken will, können Sie einen Copyright-Vermerk anbringen. Er sollte etwa so aussehen:

©2012 Sylvia Englert, Soundsostr. x, Postleitzahl Stadt

Das ist zwar rechtlich gesehen völlig unwirksam, aber es hat einen gewissen symbolischen Wert und erinnert noch einmal dezent an das Urheberrecht.

Bloß kein Plagiat!
Leider ist in den letzten Jahren die Hemmschwelle – bei den Autoren, nicht den Verlagen – gesunken, von anderen »abzukupfern«. Doch wenn das entdeckt wird, ist es unglaublich peinlich, und besonders wütend werden natürlich Branche und Öffentlichkeit, wenn – wie im Fall Hegemann und *Axolotl Roadkill* – die Autorin es auch noch achselzuckend abtut. Dabei kann man sich beim Vorwurf des geistigen Diebstahls sogar vor Gericht wiederfinden. Stellen Sie beim Entstehungsprozess Ihres Buches sicher, dass Sie Ihre Quellen so sammeln, dass Sie jederzeit wissen und dokumentiert haben, welches Zitat Sie woher haben. Wenn Sie Material aus Büchern archivieren, schreiben Sie Autor, Buchtitel und Erscheinungsdatum dazu. Wenn Sie Informationen aus dem Internet speichern, dann tippen Sie den Namen des Urhebers, Website-Adresse und das Datum Ihrer »Daten-Entnahme« gleich dazu (denn bekanntlich verändert sich auf Websites hin und wieder etwas) oder kopieren die Seite mit eingeblendetem Datum. Gehen Sie auf Nummer Sicher! Denn Lektoren und Lektorinnen sind inzwischen geübt darin, Plagiate aufzuspüren und achten sehr darauf. Und wenn der Lektor die umstrittenen Passagen nicht findet, ist das Pech, denn dann tun es die Leser. Es zählt auch nicht, wenn Sie die fremde Passage leicht umformulieren. Auch wenn der andere Autor schon tot ist, das Buch im Ausland erschienen ist etc. – nennen Sie die Quelle und sparen Sie sich den Ärger!

Absage – was nun?

Wie wenig Zeit Lektoren für die erste Prüfung eines Manuskript haben, habe ich im ersten Kapitel schon beschrieben. Daher haben auch praktisch alle Lektoren schon einmal ein Buch abgelehnt, das später erfolgreich geworden ist. Das liegt nicht zuletzt daran, dass die undankbare Aufgabe des Sichtens von unverlangt eingesandten Manuskripten häufig delegiert wird. Ein Lektor erzählte mir davon, wie er einmal auf einer Preisverleihung mit einem Autor plauderte und erwähnte, dessen preisgekröntes Werk hätte er natürlich gerne gemacht. Der Autor zog die Augenbrauen hoch: »Aber Sie haben meinen Text doch abgelehnt!« Woraufhin der Lektor aus allen Wolken fiel. Es stellte sich heraus, dass eine noch recht unerfahrene Mitarbeiterin in seinem Namen eine Absage geschrieben hatte.

Hinweise darauf, ob und wie Ihr Werk im Verlag diskutiert wurde beziehungsweise in welcher Entscheidungsphase es gescheitert ist, können Sie manchmal aus der Formulierung des Ablehnungsschreibens erkennen. »Zuerst habe ich das Manuskript an fünf Verlage geschickt – mehr konnte ich mir auch finanziell nicht leisten – und habe nur Absagen bekommen. Da war der Roman aber auch wirklich in einem Stadium, in dem die Ablehnungen kurz und bündig waren. Zwei Sätze«, berichtet der Autor Reinhard Wissdorf über den Werdegang seines Krimis *Shabu*. »Nach ein paar gründlichen Überarbeitungen bekam ich ganze Briefe, in denen genau begründet wurde, warum jetzt gerade nicht, und jeder Verlag hat einen anderen Grund. Alle waren sich durch die Bank einig, dass es gut ist, aber irgendeinen Grund gibt es immer. Der eine meinte, das Verfallsdatum der Geschichte sei abgelaufen, die andere fand es zu actionreich, sie wollte es sozialkritischer, und so weiter. Sie wissen, dass sie es eigentlich nicht richtig begründen können, aber es gefällt ihnen einfach nicht, es trifft nicht ihren Geschmack. Die witzigste Ablehnung war von Bastei, der Lektor hat richtig seine Wut abreagiert und das Manuskript verrissen, dann die Unterschrift Willi irgendwas, und darunter: ›Nach Diktat in Pension!‹«

Nur zu leicht erliegt man der Versuchung, auf solche Schreiben eine saftige Antwort folgen zu lassen. Das ist der Grund, warum Sie meist keine ausführliche Rückmeldung zu Ihrem Text bekommen werden. Zu Anfang schreiben die meisten jungen Lektoren noch Ablehnungen, in denen sie begründen, warum sie das Manuskript nicht wollen, doch das lässt kaum ein Autor auf sich sitzen. Er antwortet und versucht, die Argumente zu widerlegen. Bevor der Lektor sich versieht, hat er einen unerwünschten und zeitraubenden Briefwechsel am Hals und hält, aus Erfahrung klug geworden, in Zukunft seine Absagen kurz und nichtssagend. Es ist immer besser, wenn Sie bei einer Ablehnung nicht nachhaken – außer in den Fällen, in denen die Grundstimmung des Schreibens so positiv ist, dass es sich lohnt, den Kontakt zu halten und dem gleichen Verlag später noch einen anderen Ihrer Texte anzubieten. Damit sollten Sie natürlich nicht zu lange warten, damit Sie nicht in Vergessenheit geraten.

Manchmal werden wohlmeinende Lektorinnen Ihnen Tipps geben, an wen Sie sich noch wenden könnten. Doch Vorsicht! Wenn Sie den Hinweis befolgen, sollten Sie sich bei der Kontaktaufnahme nur dann auf den Tipp beziehen, wenn Ihnen ein konkreter Ansprechpartner genannt wurde. Eine Empfehlung von einem Lektor, der gerade Ihr Manuskript abgelehnt hat, ist naturgemäß eine zwiespältige Sache. Aus dem gleichen Grund sollten Sie (tröstendes) Lob aus einer Absage nicht gegenüber anderen Verlagen zitieren.

Denken Sie daran: Lektoren urteilen genau wie Rezensenten und Wettbewerbs-Jurys immer subjektiv. Ob Sie also eine Zusage erhalten, hat auch etwas mit Glück zu tun beziehungsweise mit dem Zufall, zur rechten Zeit am rechten Ort zu sein. Die Lektorin, die Ihr Science-Fiction-Manuskript mit spitzen Fingern in die Poststelle getragen hat, wird vielleicht schon ein paar Monate später von einem Kollegen abgelöst, dem phantastische Literatur gefällt und der sich im Verlag für Ihr Werk eingesetzt hätte. Daher sollten Sie sich nicht daran hindern lassen, Ihr Manuskript (am besten mit geändertem Arbeitstitel) nach ein paar Jahren noch einmal einigen Verlagen anzubieten, die im ersten Durchgang abgesagt haben. Wenn Sie die Entwicklung dieser Verlage verfolgen, haben Sie vielleicht gemerkt, dass sich die Programmpolitik geändert hat, neue Reihe könnten entstanden sein, vielleicht hat die Programmleitung gewechselt. Vergewissern, ob diesmal wirklich jemand anders Ihren Text auf den Tisch bekommt, können Sie sich durch eine kurze Nachfrage bei der Telefonzentrale des Verlages. Außerdem haben Sie in der Zwischenzeit Gelegenheit gehabt, Ihrem Manuskript noch etwas Schliff zu geben, was dem Text bestimmt auch nicht geschadet hat. Und vielleicht sind Sie mittlerweile selbst der Ansicht, dass dem Manuskript noch etwas Entscheidendes fehlte oder das Thema einfach nicht zeitgemäß war. Vielleicht betrachten Sie es als Vorläufer oder als gute Übung für das nächste Manuskript, das – wenn es wirklich gut ist – eine neue Chance bietet, veröffentlicht zu werden.

Buchtipps

Hans Peter Roentgen, *Drei Seiten für ein Exposé*. Sieben Verlag 2010, 200 Seiten, 12,90 Euro.
Keine Frage, ein gutes Exposé zu schreiben ist eine Herausforderung – in seinem Schreibratgeber liefert Roentgen Tipps dazu. Als Beispiele analysiert er 15 Exposés unveröffentlichter Autoren, anschließend folgen sechs Exposés von bereits veröffentlichten Büchern. Zum Schluss beantworten sieben Agenten Fragen zum Exposé.

Manfred Plinke und Gerhild Tieger (Hg.), *Deutsches Jahrbuch für Autoren*
Erscheint alle zwei Jahre neu (die Ausgabe 2010/2011 hat 800 Seiten und kostet 29,90 Euro), enthält Beiträge zum Thema Schreiben und Veröffentlichen, jede Menge Branchenadressen und ein ausführliches Verlagsverzeichnis. Erscheint im Autorenhaus-Verlag *(www.autorenhaus.de)* und ist auch im Buchhandel erhältlich.

Sandra Uschtrin und Heribert Hinrichs (Hg.), *Handbuch für Autorinnen und Autoren*. Uschtrin Verlag 7. Auflage 2010, 49,90 Euro.
Enthält viele Beiträge und Adressen speziell für Leute, die auch im Bereich Theater, Hörspiel, Fernsehen, Heftroman arbeiten wollen. Wird regelmäßig neu herausgegeben. Bezug über den Buchhandel oder direkt über den Verlag *(www.uschtrin.de)*.

3.
Was können Agenten für Sie tun, und wie bekommt man einen?

Know-How und Kontakte: Literaturagenten

In Amerika muss jeder Autor, der von den Verlagen ernst genommen werden möchte, einen Agenten beziehungsweise eine Agentin haben. Hierzulande waren Agenturen lange Zeit nur Vermittler für ausländische Verlage. In deren Auftrag bieten manche Agenturen auch heute noch den deutschen Verlagshäusern Bücher zur Übersetzung an, helfen also beim Verkauf von Lizenzen. Inzwischen gibt es jedoch auch zahlreiche Agenten, die hauptsächlich Autoren aus dem deutschsprachigen Raum betreuen und in ihrem Auftrag mit Verlagen verhandeln. Die meisten Autoren, die vom Schreiben leben, haben mittlerweile einen Agenten oder eine Agentin. Zu Anfang war das für viele Verlage ungewohnt oder wurde sogar mit Misstrauen aufgenommen, doch mittlerweile arbeiten sie völlig selbstverständlich mit Agenturen zusammen.

Ein guter Agent kann für einen Nachwuchsautor viel bewirken und sehr nützlich sein. Doch leider ist die Suche nach einem guten Agenten ähnlich aufwändig wie die Verlagssuche. Und natürlich sollte man genau prüfen, wem man sich anvertraut. In den letzten Jahren sind Literarische Agenturen in Deutschland buchstäblich aus dem Boden geschossen – inzwischen gibt es über hundert – , und da sie nicht wie im anglo-amerikanischen Raum Regeln und Bestimmungen unterworfen sind, tummeln sich mittlerweile viele Abzocker neben den seriösen Literaturagenten auf dem Markt. In diesem Kapitel erfahren Sie, wie Sie bei der Suche nach einem Agenten vorgehen können, und wie Sie erkennen, ob ein Agent seriös arbeitet.

Wenn man sich von einem Agenten betreuen lassen möchte, dann schließt man mit ihm einen Vertrag, der besagt, dass er sich bemühen wird, Ihr Manuskript an einen Verlag zu vermitteln. Ihnen wird dadurch die lästige und meist langwierige Arbeit des Anbietens Ihrer Texte erspart. Außerdem wird der Agent bei erfolgreicher Vermittlung Ihren Verlagsvertrag verhandeln und so die bestmöglichen Konditionen für Sie erreichen. Wenn es dem Literaturagenten gelingt, Ihr Manuskript unterzubringen, bekommt er dafür üblicherweise zwischen 10 und 20 % Ihres Honorars als Provision. Gelingt es ihm nicht, dann zahlen Sie nichts. Die Rechte an dem Manuskript bleiben auf jeden Fall bei Ihnen und gehen nicht auf den Agenten über. Klingt doch nicht schlecht, oder?

Sie haben sicher auch vom Lizenzpoker gehört und von Agenten, die die Honorare so weit nach oben treiben, dass die Verlage für potenzielle Bestseller immense Summen auf den Tisch legen müssen. Solche Fälle faszinieren die Presse natürlich, doch der Alltag in einer Literarischen Agentur sieht anders aus. Es ist selten wirklich lukrativ, Autoren aus dem deutschsprachigen Raum zu vertreten. Sie dürfen sich die Mehrzahl dieser Agenturen deshalb auch nicht so schick und stromlinienförmig wie Werbeagenturen vorstellen. Autorenagenturen sind oft Ein- oder Zwei-Mann/Frau-Betriebe, die von Privatwohnungen aus operieren und zum Teil nicht einmal ein Firmenschild an der Tür haben (was jedoch noch nichts darüber aussagt, ob dieser Agent gut und seriös ist oder nicht). Viele dieser Agenturen vertreten nebenbei noch ausländische Verlage oder betätigen sich in Marketing, Pressearbeit oder Lesungsorganisation. Manche erliegen leider auch der Versuchung, sich über Redaktionsgebühren ihr Geld vom Autor zu holen. Von solchen Praktiken wird in diesem Kapitel noch die Rede sein.

Oft sind Agenten erfahrene ehemalige Lektorinnen und Lektoren oder Mitarbeiterinnen aus Lizenzabteilungen von Verlagen, die den Weg in die Selbständigkeit gewagt haben. Eine geregelte Ausbildung oder einen Berufsverband gibt es für Literaturagenten nicht. Kompetente Agenten und Agentinnen kennen sich in der Verlagslandschaft sehr gut aus, können meist sofort sagen, welches Buch zu welchem Verlag passt und kennen in der Regel die zuständigen Ansprechpartner persönlich. Da Agenten ständig mit den Lektoraten in Kontakt stehen und diese Verbindungen pflegen, wissen sie, welche Art von Texten dieser und jener Verlag gerade sucht. Sie verfolgen die Entwicklungen in der Literaturszene und kennen sehr viele Leute in der Branche. Ihr Know-how und ihre Kontakte sind es, die Agenten für Nachwuchsautoren so wertvoll machen, da es für unerfahrene Autoren meist schwer ist, einen guten Überblick über den Buchmarkt zu gewinnen und zu erfahren, was hinter den Verlags-Kulissen wirklich vorgeht. Eine Agentin wird in Absprache mit Ihnen die in Frage kommenden Verlage anrufen oder anschreiben und Ihr Manuskript anbieten. Sie wird sich auf den Buchmessen mit Lektoren treffen und regelmäßig Listen der von ihr betreuten Projekte an Verlage schicken, damit diese sehen können, ob sie etwas davon interessiert.

Auch was die Vertragsverhandlungen angeht, ist die Unterstützung der Agenturen wertvoll. Unerfahrene Autorinnen und Autoren sind oft unsicher, wissen nicht, was für ein Honorar sie verlangen können und kennen sich mit Vertragsangelegenheiten nicht aus. Agenten dagegen kennen die Honorare und Konditionen, die bei einem bestimmten Verlag und für einen bestimmten Buchtyp üblich sind, und können beurteilen, ob sich noch mehr herausholen lässt oder ob das Angebot gut ist. Außerdem checken sie die einzelnen Formulierungen des Vertrags, damit dieser für Sie möglichst günstig ist. Meist handeln Literaturagenten bessere Vertragsbedingungen aus, als Sie selbst es hätten tun können. Insofern lohnt sich meistens auch das Vermittlungshonorar. »Eine Agentin ist für einen dann sinnvoll, wenn man das Gefühl hat, sich schlecht verkaufen zu können – das kann eine neutrale Person vielleicht besser«, meint die Agentin Petra Hermanns von der Agentur

Scripts for sale.« Außerdem hat eine Agentur eine stärkere Verhandlungsposition als eine junge Autorin. Die ist vielleicht so glücklich über die Zusage, dass sie alles akzeptiert.«

Im Idealfall finden Autoren bei ihrem Agenten auch eine intensive Betreuung, die sie bei den Verlagen zum Teil nicht mehr finden. Und einen starken Partner, um sich von Verlagen nicht alles bieten lassen zu müssen. Nicht umsonst betitelte das *Börsenblatt,* die Fachzeitschrift der Buchbranche, einen Beitrag über Agentinnen »Zwischen Zockerei und Seelsorge«. Oft werden die Autoren von Agenten ermutigt, auch mal dieses oder jenes Thema oder ein anderes Genre auszuprobieren – das führt dann manchmal zum Durchbruch. Auch ich selbst habe gute Erfahrungen mit Agenturen gesammelt. Mein Agent Gerd F. Rumler hat mich in den vergangenen Jahren durch Höhen und Tiefen begleitet und weit mehr getan als einfach nur meine Buchverträge zu verhandeln. Als es nach der Geburt meines Kindes beruflich nicht so gut lief, verschaffte er mir Aufträge für Kindersachbücher, die für mich zu einem ganz neuen Standbein wurden. Später beriet er mich klug, was einen Verlagswechsel anging, begleitete mich zu schwierigen Messeterminen, vermittelte bei einem Konflikt zwischen mir und einem Co-Autor und stärkte mir tatkräftig den Rücken, als ein Verlag von mir verlangte, für meine Jugendromane noch ein neues Pseudonym anzunehmen, was ich nicht wollte.

Die Arbeit mit deutschsprachigen Autoren ist für Agenten sehr zeitaufwändig – ich beispielsweise telefoniere oder maile mindestens einmal die Woche mit meinem Agenten, und wenn es Krisen gab, haben wir uns auch schon mehrmals täglich besprochen. Daher vertreten manche Agenturen nur 20 bis 30 Autorinnen und Autoren. Andere Agenten trauen sich jedoch mehr Kunden zu, zum Teil betreuen sie (mit der Hilfe von Mitarbeitern) bis zu 100 Schriftsteller. Wenn Sie Kontakt zu einem Agenten oder einer Agentin bekommen, fragen Sie ruhig nach, wie viele Kunden er oder sie hat.

Bei den Verlagen haben die Agenturen ein etwas zwiespältiges Image. Einerseits schätzen die Lektorate Agenten, weil sie meist qualitativ gute Manuskripte in professioneller Weise anbieten. Gerade große Verlage verlassen sich inzwischen stark auf diesen »Service«. Manche Agenten arbeiten auch konzeptionell mit ihren Autoren oder betreuen sie im Laufe des Schreibens, sind also fast schon selbst Lektoren und nehmen dem Verlag dadurch Arbeit ab.

Andererseits wissen die Verlagsmitarbeiter natürlich auch, dass Literaturagenturen die Preise für gute Manuskripte hochtreiben. Eigentlich sollte die Agentin oder der Agent eine Mittlerfunktion einnehmen, falls im Verlauf der Buchentstehung Probleme zwischen Autor und Verlag auftreten, doch das klappt nicht immer. Manchen Lektoren ist es auch lästig, dass der Kontakt zum Autor sozusagen über »drei Ecken« geht. Andere sind froh, dass ihnen dadurch erspart bleibt, mit dem Autor oder der Autorin über Geld reden zu müssen. Verleger Klaus Schöffling: »Ich arbeite fast gar nicht mit deutschen Agenten zusammen, weil mir die Verbindung des Autors zum Verlag, vom Autor zum Verleger wichtig ist. Sobald da ein Agent dazwischengeschaltet ist, bekomme ich diese Verbindung so nicht hin. Genauso wenig habe ich dann die Garantie, dass diese Autoren an den Verlag gebunden bleiben. Ich habe es schon erlebt, dass dann gesagt wird: Ja, mit dem nächsten Buch gehen wir dann woanders hin, weil da ein besseres Angebot vorliegt oder so was.« Unbeliebt machen sich Agenten bei den Verlagen vor allem dann, wenn sie erfolgreiche Autoren und Autorinnen ansprechen und versuchen, sie als Kunden zu gewinnen, quasi »abzuwerben«. Doch da Agenten mit den Verlagen ja zusammenarbeiten müssen und es für sie nicht ratsam wäre, überall verbrannte Erde zu hinterlassen, sind solche Taktiken noch nicht an der Tagesordnung.

Worauf man achten sollte, wenn man sich einen Agenten beziehungsweise eine Agentin sucht

Gute Agenten sind wählerisch

Jemanden zu finden, der einen professionell vertritt, ist leider nicht leicht. Auch Agenten haben mit Manuskriptstapeln zu kämpfen und bekommen meist mehr Texte angeboten, als sie möchten. Aus diesem Grund machen die guten Agenturen selten Werbung. »Die meisten Autoren kommen über persönliche Empfehlungen«, beschreibt der Münchner Agent Thomas Montasser die Situation. »Das geht ziemlich schnell, dass man empfohlen wird, wenn man etwas in irgendeiner Weise gut macht. Es lief auch so, dass ich mir Themen ausgesucht habe und mir den Verlag dazu ausgeguckt habe, weil die eine Riesenlücke im Programm hatten. Dann habe ich, vom Thema ausgehend, Autoren angesprochen. Was ich bewusst nicht mache, nie gemacht habe und nie machen werde, ist, eine Anzeige zu schalten, wie das einige Kollegen tun – und meistens die Kollegen, zu denen man besser nicht geht.«

Agenten vertreten natürlich nur die Autoren und Autorinnen, deren Texte ihnen verkäuflich erscheinen oder so gut gefallen, dass sie sich dafür einsetzen möchten. Schreibt man Lyrik oder seine Autobiografie, kann man sich die Zeit für die Agentursuche gewöhnlich sparen. Auch Romane weit abseits des Mainstreams bietet man besser selbst an. Doch mit einem Roman- oder Sachbuchprojekt, das viele Menschen interessieren könnte, hat man durchaus Chancen bei einer Agentur und bekommt dort vielleicht wertvolle »Entwicklungshilfe«. Eine Agentin sagte dazu: »Wenn ich Mängel sehe, die mit einem guten Lektorat zu beheben sind oder durch eine Überarbeitung des Autors selbst, dann gebe ich dem Autor schon noch mal eine zweite oder dritte Chance, eher als ein Lektor das machen würde, der zwar genau weiß, man könnte es retten, aber die Zeit dazu nicht hat.«

Erstautoren können sich an einen Agenten wenden, wenn sie ein fertiges Romanmanuskript zu bieten haben. Nur eine Idee oder ein Exposé mitzubringen ist, wenn man noch nie ein Buch veröffentlicht hat, ist zu wenig, darauf lassen sich die Agenturen nur bei Profis ein. Außer natürlich beim Sachbuch, dort kann auch bei Einsteigern eine Gliederung und ein Probekapitel genügen.

Meist bewirbt man sich bei der Agentur mit Anschreiben, Exposé und Leseprobe. Wenn Sie eine Ablehnung kassieren, machen Sie sich nichts draus, es muss nicht heißen, dass Ihr Manuskript schlecht ist. Agenturen beurteilen Ihr Projekt hauptsächlich danach, ob es sich gut verkaufen lässt. Da es sich oft um Einmann- und Einfrau-Unternehmen handelt, ist es auch Geschmackssache, ob sich jemand für ein bestimmtes Projekt engagieren mag oder nicht. Die »Chemie« muss passen.

Manche Agenten nehmen bis zu fünf Prozent der ihnen angebotenen Manuskripte zur Vermittlung an, andere weniger als ein Prozent. Diese Vorauswahl ist wichtig, da sie die Lektorate der Verlage entlastet. Wenn ein Lektor einen bestimmten Agenten länger kennt und aus Erfahrung weiß, dass dieser ihm gute und brauchbare Manuskripte schickt, dann wird er diesen Texten deutlich mehr Aufmerksamkeit schenken als den unverlangt eingesandten. Verständlich wird diese strenge Auswahl auch, wenn man bedenkt, dass Agenten eine Menge Zeit, Porto-, Telefon- und Fahrtkosten in Autoren investieren, bevor sie für ihre Bemühungen auch nur einen Cent sehen. Es ist nicht gesagt, dass sich ihre Investition überhaupt lohnt, denn keine Agentur schafft es, jedes Manuskript zu vermitteln. Die Erfolgsquote liegt zwischen 20 und 80 Prozent. Einen Agenten zu haben ist also noch keine Garantie dafür, auch einen Verlag zu finden. Meist dauert es mehrere Monate, bis ein Text vermittelt ist, bei schwierigeren Fällen kann es ein oder zwei Jahre dauern, bevor eine Zusage da ist oder der Agent aufgibt.

Eine Chance, etwas für Sie zu erreichen, hat ein Agent oder eine Agentin nur, wenn Ihr Manuskript noch nicht weit gereist ist. Haben Sie es schon zwanzig Verlagen angeboten, dann kann eine Agentur nicht mehr viel ausrichten. Lag es dagegen erst bei zwei bis drei Verlagen vor, ist das meist in Ordnung. Daher sollten Sie Ihrer zukünftigen Agentin oder Ihrem Agenten gegenüber ganz offen sein und genaue Informationen darüber geben, wo Sie Ihren Text bereits eingereicht haben. Auch wenn Sie den Text völlig überarbeitet haben, er einen neuen Titel trägt und seit Ihren eigenen Bemühungen mehr als drei Jahre vergangen sind, lohnt sich ein neuer Versuch. Denn in der Zwischenzeit haben oft die Mitarbeiter der Lektorate oder die Schwerpunkte des Verlagsprogramms gewechselt.

Die meisten Agenturen bevorzugen eine telefonische Anfrage und bei positivem Ergebnis des Gesprächs ein Exposé und eine Textprobe per Mail. Schicken Sie nie blindlings etwas los, sondern vergewissern Sie sich vorher, dass Sie an der richtigen Adresse sind, da sich die meisten Agenten und Agentinnen auf bestimmte Bereiche spezialisiert haben. Inzwischen haben fast alle Agenturen eine Homepage, auf der Sie sehr viele Informationen finden, unter anderem, welche Arten von Texten derjenige vermittelt, mit welchen Autoren und Verlagen er zusammenarbeitet und in welcher Form er Manuskriptangebote bekommen möchte. Dort bekommen Sie auch Hinweise darauf, ob die Agentur gerade neue Autoren aufnimmt oder nicht. Klicken Sie unbedingt rein, bevor Sie anrufen oder mailen!

Zum guten Ton gehört übrigens, sein Manuskript nicht mehreren Agenturen gleichzeitig anzubieten, sondern erst einmal einer, und wenn man dort eine Absage bekommen hat, der nächsten und so weiter. Wenn ein Agent Ihr Angebot prüft – was ihn ja auch Zeit kostet – und dann herausfindet, dass Sie das Projekt gleichzeitig zwei anderen Agenten offeriert haben, seine Mühe also vermutlich umsonst war, dann wird er nicht gerade begeistert sein. Man sollte sich zu Anfang fünf Agenturen aussuchen, sich gründlich über sie informieren und sie dann nacheinander ansprechen.

Reagieren Sie nicht auf »Wir suchen Autoren«-Anzeigen. Seriöse Agenten suchen zwar aktiv nach Autoren, doch meist sehr dezent – zum Beispiel indem sie auf Literaturwettbewerben, bei Lesungen und Literaturstammtischen Kontakt zu ihnen aufnehmen. Bei den schwarzen Schafen der Branche gilt dagegen die Devise: »Je lauter, desto besser«. Eine berüchtigte Agentur warb sogar auf Taxis. Wollen Sie ganz sichergehen, dass es sich um eine seriöse Agentur handelt, dann sollten Sie, bevor Sie einen Text schicken, zunächst dort anrufen, sich nach den Konditionen erkundigen und Referenzen nennen lassen oder sich die Agentur-Homepage anschauen. Diese Referenzen können Sie, wenn Ihnen Ihr Bauchgefühl »Achtung!« signalisiert, stichprobenartig überprüfen – das kann man zum Beispiel, indem man in den betreffenden Büchern nachschaut. Oft können Sie im Impressum den Zusatz »Vermittelt von der Agentur XY« lesen. Sandra Haußer, die Erzählungen für Kinder schreibt, ließ sich von der erwähnten unseriösen Agentur unter Vertrag nehmen, nicht zuletzt, weil das Unternehmen eine beeindruckende Referenzliste mit Vermittlungen an große Verlage aufweisen konnte. »Gleich mit seinem ersten Brief kam ein dicker Packen Werbematerial. Und der Agent schrieb: ›Schicken Sie mir den Text doch mal.‹ Dann habe ich was ganz Witziges probiert. Überall da, wo er für sich in Anspruch nahm, das erste Buch des Autors Soundso vermittelt zu haben, habe ich versucht, die Adressen rauszukriegen, um sie zu fragen, ob sie der Meinung sind, dass das der richtige Agent sei. Der eine hat zurückgeschrieben, dass er sein erstes Buch gar nicht durch diesen Agenten veröffentlicht habe, und er wundere sich, wie er in diese Werbeunterlagen kam. Er sei zwar mal bei dem Agenten gewesen, aber diese Veröffentlichung habe er mehr oder weniger selbst organisiert.«

Wenn Sie eigene Kontakte in der Buchbranche nutzen wollen, um in einem Verlag Interesse an Ihrem Manuskript zu wecken, können Sie das in Absprache mit Ihrer Agentin natürlich tun. Zeigt ein von Ihnen angesprochener Verlag Interesse, übernimmt die Agentur dann die konkreten Verhandlungen. In diesem Fall müssen Sie Ihrem Agenten zwar wie üblich ein Erfolgshonorar zahlen, aber Sie könnten absprechen, dass die Agentur in diesem Fall etwas weniger bekommt, beispielsweise nur 10 statt 15 %.

Tipp: Ganz besonders wichtig sind im Bereich der Agenturen Empfehlungen anderer Autorinnen und Autoren. Wenn Sie Menschen kennen, die schreiben, fragen Sie doch einfach mal herum, ob jemand eine Agentur empfehlen kann. Die guten Agenturen verlassen sich auf diese Mund-zu-Mund-Propaganda.

Zum Glück werden auch die Warnungen weitergegeben. Sie können sich zum Beispiel beim Verband deutscher Schriftsteller (VS) oder anderen Autorenverbänden erkundigen, ob Beschwerden über die Agentur vorliegen, die Sie in Betracht ziehen. Die Adresse finden Sie im Kapitel »Autorengruppen und Verbände« im zweiten Teil.

Wie man »schwarze Schafe« erkennt

Jeder muss für sich selbst entscheiden, ob er sich mit einer Agentur zusammentun möchte oder nicht. Man begibt sich dadurch in eine gewisse Abhängigkeit. Wenn ein Agent ein später sehr erfolgreiches Buch vermittelt hat, verdient er an den Honoraren mit, solange es auf dem Markt ist – und das, obwohl er vielleicht kaum Arbeit mit dem Projekt hatte. In diesem Fall sollte man sich einfach über den Erfolg freuen und froh sein, dass einem nicht das viel häufigere Gegenteil passiert ist: Der Agent engagiert sich nicht richtig für die Texte, ist schlecht erreichbar ist und meldet sich nie. Man weiß nicht, woran man ist, hat keine Ahnung, wem der Agent das Manuskript schon angeboten hat, und erhält nach langer Zeit die lapidare Mitteilung, dass es mit der Vermittlung nicht geklappt hat.

Achten Sie deshalb auf die Kündigungsfrist. Einige Agenturen vertrauen so stark auf die Zufriedenheit ihrer Autoren, dass sie eine Frist von nur vier Wochen vereinbaren, bei anderen sind es drei Monaten oder ein Jahr. Auch das ist noch akzeptabel, länger sollte es jedoch nicht sein. Denn wenn das Vertrauensverhältnis gestört ist, möchte man möglichst bald aus der Zusammenarbeit aussteigen. Bevor Sie den Vertrag schließen, könnten Sie außerdem fragen, welche Strategie die Agentur plant und welchen Verlagen die Agentur Ihr Manuskript anbieten wird. Es gibt auch einige wenige Agenten und Agentinnen, die überhaupt keinen schriftlichen Vertrag schließen – erkundigen Sie sich besser vorher danach, wie die Vereinbarungen festgelegt werden. Im Nachhinein zu kündigen geht übrigens nicht, das heißt, wenn die Agentur ein Manuskript für Sie vermittelt hat, bekommt sie dafür Geld, solange das Buch lieferbar ist und Gewinn einfährt, selbst wenn Sie selbst mittlerweile gar nicht mehr bei der Agentur sind.

Tipp: Besondere Vorsicht ist bei der Honorarfrage angebracht. Seriöse Agenturen arbeiten auf der Basis von Erfolgshonoraren. Lassen Sie sich nicht auf Pauschalhonorare und (meist überhöhte) Redaktionskosten ein!

Vor der Praxis, von Autoren eine Gebühr für ein Gutachten oder für Redaktionskosten zu verlangen, kann man nur warnen. Auch Vermittlungspauschalen sind bedenklich. Agenturen, die im Fall einer erfolgreichen Vermittlung einen Anteil am Honorar bekommen, haben ein starkes Interesse daran, dass sie möglichst viele Manuskripte vermitteln. Was für eine Motivation soll dagegen eine Agentur haben, die schon an Ihnen verdient hat? Meist finanzieren sich solche »Agenturen« fast ausschließlich aus solchen Gebühren. Falls sie überhaupt Anstrengungen machen, mit Lektoraten Kontakt aufzunehmen, sind diese eher lustlos und selten von Erfolg gekrönt.

Auch bei den Lektoren genießen solche Firmen keinen guten Ruf oder sie sind ihnen unbekannt. Sandra Haußer, die für die Bearbeitung ihres 37seitigen Manuskripts – für die der Agent fast ein Jahr brauchte – 385 Euro Redaktionskosten bezahlen musste, meint: »Ich habe ein paar Mal versucht, von ihm Auskünfte darüber zu bekommen, welchen Verlagen er mein Manuskript angeboten hat, aber ohne Erfolg. Es stand ja sogar im Vertrag, dass er nicht verpflichtet ist, mir gegenüber Angaben zu machen.« Andere Autoren berichteten über ähnliche Schwierigkeiten.

Die rein sprachliche Überarbeitung, das Durchgehen des Manuskripts Satz für Satz, ist Aufgabe des Lektorats, nicht der Agentur. Agenten sollten höchstens Hinweise auf größere Schwachstellen geben, damit die Autorin ihr Buch selbst noch einmal überarbeiten, bevor es angeboten werden kann. Zudem sind die Redaktionsgebühren, die von dubiosen Agenturen verlangt werden, zum Teil stark überhöht. Es sind Fälle bekannt, in denen Beträge von über 5000 Euro für die Bearbeitung eines 150-Seiten-Textes verlangt und auch bezahlt wurden. Wenn Sie sich wirklich auf eine Redaktionsgebühr einlassen möchten, sollte diese nicht höher sein als das branchenübliche Honorar, das Verlage ihren meist sehr kompetenten und erfahrenen Redakteuren zahlen:

3 bis 5 Euro pro Normseite à 1800 Anschläge. Lassen Sie sich bei einem Agenten auch nicht auf eine Abrechnung nach Arbeitsstunden ein, das geht schnell ins Geld.

Leider kommt es auch immer wieder vor, dass Agenturen mit dubiosen Verlagen zusammenarbeiten, um unerfahrene Autoren auszunehmen. Sie machen dem Autor oder der Autorin die freudige Mitteilung, dass sie einen Verlag gefunden haben, der das Buch machen will – und kassieren kräftig mit ab. Denn dieser Verlag ist einer der Sorte, die nur gegen sogenannte Druckkostenzuschüsse veröffentlicht, so dass die Autoren hier schon wieder zur Kasse gebeten werden. Am besten lassen Sie eine Klausel in Ihren Vertrag mit der Agentur aufnehmen, dass nur Vermittlungen an Verlage ohne Zuschussforderungen als Erfolge gelten und honoriert werden.

Checkliste Agentur
- Informieren Sie sich darüber, auf welche Bereiche sich der Agent oder die Agentin spezialisiert hat.
- Fragen Sie nach den Konditionen: Im Idealfall sollte der Vertrag sollte für jeweils nur ein Werk gelten, und es sollte ein Erfolgshonorar von 10 bis 20 Prozent fällig werden. Seien Sie misstrauisch, wenn unabhängig vom Vermittlungserfolg Geld von Ihnen verlangt wird!
- Erkundigen Sie sich nach der Strategie und danach, an welche Verlage der Agent oder die Agentin heranzutreten plant.
- Informieren Sie sich auf der Website darüber (oder fragen Sie danach), welche Autorinnen und Autoren die Agentur sonst noch vertritt. Es sollten auch einige erfahrene Autoren dabei sein, nicht nur Nobodys. Wenn Sie Zweifel haben, überprüfen Sie die Referenzen stichprobenartig.
- Lassen Sie in den Vertrag aufnehmen, dass eine Vermittlung an einen Zuschussverlag nicht als Erfolg gilt und dafür kein Honorar fällig wird.

Nicht unseriös, sondern ganz normale Geschäftspraxis ist es, dass das Honorar für Veröffentlichungen vom Verlag nicht direkt an Sie gezahlt wird, sondern an Ihren Agenten. Der Agent prüft die Abrechung, zieht seinen Anteil ab und leitet den Rest an Sie weiter. Lassen Sie sich davon nicht irritieren. Das hat ganz praktische Gründe, und bisher sind in diesem Zusammenhang auch nur selten Klagen über Agenten oder Agentinnen laut geworden.

Ihr Agent sollte ein Profi sein und entsprechende Erfahrungen vorweisen können. Wenn ein wohlmeinender Freund oder Bekannter anbietet, Ihr Agent sein zu wollen, dann sollten Sie sich gut überlegen, ob Sie dieses Angebot annehmen, außer natürlich, Ihr Bekannter arbeitet in der Buchbranche. »Was ganz schlimm ist, wenn der Schwiegersohn ein Rechtsanwalt ist, der nimmt das dann in die Hand und sagt: ›Mutti, ich mach das schon‹«, berichtet der Agent Gerd Rumler, lange Jahre Programmleiter bei verschiedenen Kinder- und Jugendbuchverlagen. »Die schreiben uns dann zackige Briefe: Sie stellen uns das Manuskript für vier Wochen zur Verfügung, weisen uns aber darauf hin, dass das Urheberrecht ausschließlich bei der Frau Soundso liegt, vertreten durch Soundso, laut anwaltlichem Begleitschreiben. Denen schreibe ich immer ziemlich grob zurück. Uns muss wirklich keiner darauf hinweisen, dass wir ohne gültigen Autorenvertrag nichts drucken, das ist so albern. Diese Leute haben mit allem möglichen zu tun gehabt, aber doch nie mit Verlags- und Presserecht. Und diese armen älteren Damen und Herren haben dann das Gefühl, optimal vertreten zu werden.«

Adressen von Agenten

In die folgende Liste wurden keine reinen Lizenzagenturen aufgenommen, sondern nur Agenturen, die auch oder ausschließlich deutschsprachige Autoren und Autorinnen betreuen. Sie werden hier nur Agenten finden, die in der Branche positiv bekannt sind und nach eigener Auskunft vor der Vermittlung keine Gebühren erheben, sondern auf Basis eines Erfolgshonorars arbeiten.

Dennoch ist es sinnvoll, sich auch bei diesen Agenturen mit den Verantwortlichen über die Punkte in der obenstehenden Checkliste zu unterhalten, bevor man einen Vertrag unterschreibt. Wenn Sie mit einer dieser Agenturen schlechte Erfahrungen machen, dann benachrichtigen Sie mich bitte.

ABC MEDIENAGENTUR
(Sylvia & Niklas Schaab GbR)
Bäckergasse 10a
86150 Augsburg
Tel. 08 21 / 26 93 97 96
E-Mail: info@abc-medienagentur.de
www.abc-medienagentur.de
Spezialgebiet: Ratgeber und Sachbücher für ein breites Publikum (Lebenshilfe, Gesundheit & Fitness, Essen & Trinken, Bildung & Beruf, Rat & Wissen, Erziehung & Pädagogik, Spiel & Spaß)
Kontaktaufnahme: E-Mail mit Exposé. Bitte unbedingt **vorher** die Infos für Autoren auf der Webseite lesen!

Ariadne-Buch
(Christine Proske)
Asamstr. 4
81541 München
Tel. 089 / 44 44 90-0
E-Mail: info@ariadne-buch.de
www.ariadne-buch.de
Spezialgebiet: Biografien, Sachbuch, Ratgeber
Kontaktaufnahme: mit Exposé und Textprobe, per Mail oder Post (Rückporto)

Arrowsmith Agency
(Nina Arrowsmith)
Poststr. 14-16
20354 Hamburg
Tel. 040 / 85 10 02 95
E-Mail: welcome@arrowsmith-agency.com
www.arrowsmith-agency.com
Spezialgebiet: Unterhaltungsliteratur, Genreliteratur, anspruchsvolle Literatur, Sachbücher mit starken Thesen, Geschenkbücher, (Auto)biografien, Humor, anspruchsvolle Bildbände.
Kontaktaufnahme: Per Mail (Exposé, Vita) oder Telefon.

Literaturagentur Arteaga
(Dipl. jur. Birgit Arteaga)
Eisvogelweg 3a
81827 München
Tel. 089 / 45 45 65 77
E-Mail: info@literaturagentur-arteaga.de
www.literaturagentur-arteaga.de
Spezialgebiet: »Spannende, gute Geschichten«. Belletristik, Drehbuch, Kinder- und Jugendbuch.
Kontaktaufnahme: Per Mail oder telefonisch.

AVA international GmbH Autoren- und Verlagsagentur
(Roman Hocke)
Hohenzollernstr. 38 Rgb.
80801 München
Tel. 089 / 45 209 220-0
E-Mail: info@ava-international.de
(Manuskripteinsendungen nur an

redaktion@ava-international.de)
Spezialgebiet: »Wir vermitteln ›gute Geschichten‹ – egal, welchem Genre oder welcher Ebene sie angehören«. Viele Bestseller-Autoren.
Kontaktaufnahme: ausschließlich per Mail mit Exposé, Lebenslauf und 30-seitiger Textprobe

The Berlin Agency
(Dr. Frauke Jung-Lindemann)
Niebuhrstr. 74
10629 Berlin
Tel. 030 / 88 70 28 88
E-Mail: jung-lindemann@berlinagency.de
www.berlinagency.de
Spezialgebiet: Belletristik und Sachbuch (keine Lyrik, Kurzprosa, Science Fiction, Fantasy und Kinderbücher)
Kontaktaufnahme: Telefonisch oder per Mail, dann bei Interesse per Post kurzes Exposé und Leseprobe (ca. 20 Seiten). Rückporto.

copywrite Literaturagentur
(Georg Simader)
Woogstr. 43
60329 Frankfurt am Main
Tel. 069 / 94 41 01 53
E-Mail: post@copywrite.de
www.copywrite.de
Spezialgebiet: Neue deutsche Literatur, Unterhaltungsliteratur (speziell Krimi), populäres Sachbuch. Keine Lyrik oder Kurzgeschichten.
Kontaktaufnahme: erst telefonisch, anschließend E-Mail mit Exposé und Textprobe.

Medienagentur Gerald Drews
Neuschwansteinstr. 25
86163 Augsburg
Tel. 0821 / 660 969 24
E-Mail: info@gerald-drews.de
www.gerald-drews.de
Spezialgebiet: Sachbuch, Ratgeber, Geschenkbücher, Ghostwriting
Kontaktaufnahme: Ausschließlich per Mail. Konzept, Textprobe, Kurzvita einsenden.

Agentur Petra Eggers
Friedrichstr. 133
10117 Berlin
030 / 275 950 70
E-Mail: info@agentur-eggers.de
www.agentur-eggers.de
Spezialgebiet: Belletristik, Sachbuch
Kontaktaufnahme: Zunächst per E-Mail Kontakt aufnehmen.

erzähl:perspektive
(Michaela Gröner & Klaus Gröner GbR)
Karl-Theodor-Str. 82
80803 München
Tel. 089 / 20 33 99 26
E-Mail: info@erzaehlperspektive.de
www.erzaehlperspektive.de
Spezialgebiet: Belletristik, Sachbuch, Kinder- und Jugendbuch
Kontaktaufnahme: Per Mail. Folgendes einsenden: Leseprobe (erste 15–20 Seiten), Kurzvita, Exposé beziehungsweise Gliederung, Informationen zu Umfang, Thema, Zielgruppe, Genre, Intention/Nutzen, Konkurrenz, Expertenschaft etc.. Außerdem Informationen darüber, welchen Verlagen und Agenturen das Projekt

schon vorgelegen hat beziehungsweise vorliegt.

Paul & Peter Fritz AG
Jupiterstr. 1
Postfach 17 73
CH-8032 Zürich
Tel. 0041 / 44 / 3 88 41 40
E-Mail: info@fritzagency.com
www.fritzagency.com
Spezialgebiet: Belletristik und Sachbuch (auch international). Keine Lyrik, Fantasy, Science Fiction, Kochbücher.
Kontaktaufnahme: Kurzes Exposé (1 Seite), Textprobe (ca. 30 S.) und Kurzvita. Bei Kontaktaufnahme per Mail die Unterlagen bitte an documents@fritzagency.com schicken.

Literarische Agentur Michael Gaeb
Chodowieckistr. 26
10405 Berlin
Tel. 030 / 54 71 40 02
E-Mail: info@litagentur.com
www.litagentur.com
Spezialgebiet: Belletristik (vor allem Historische Romane, Krimi, Frauenunterhaltung) aus Deutschland und Lateinamerika, populäres Sachbuch (Psychologie, Philosophie, Politik, Lifestyle, Zeitgeschehen), Kinder- und Jugendbuch.
Kontaktaufnahme: Telefonisch oder schriftlich mit Exposé, Textprobe, Kurzvita und Rückporto.

Literaturagentur Kai Gathemann
Lorenzonistr. 74
81545 München
Tel. 089 / 76 77 37 52
E-Mail: info@literaturagentur-gathemann.de
www.literaturagentur-gathemann.de
Spezialgebiet: Belletristik, Sachbuch, Jugendbuch (keine Science Fiction, Horror, Fantasy, Lyrik, Theaterstücke, Fachbücher, Kinderbücher)
Kontaktaufnahme: Nur per Post. Kurzvita, Exposé, Textprobe (30 Seiten am Anfang), Liste, welchen Verlagen und Agenturen der Text schon vorgelegen hat. Rückporto.

Aenne Glienke – Agentur für Autoren und Verlage
Freyensteiner Str. 1
17209 Massow
Tel. 03 99 25 / 77 538
E-Mail: mail@aenneglienkeagentur.de
www.aenneglienkeagentur.de
Spezialgebiet: Sachbücher und Biografien (auch für Jugendliche)
Kontaktaufnahme: Telefonisch oder per Mail

Armin Gontermann
Kemeterstr. 21
50935 Köln
Tel. 02 21 / 78 96 46 43
E-Mail: a.gontermann@arcor.de
Spezialgebiet: Anspruchsvolle Literatur, Unterhaltung, populäres Sachbuch, Jugendbuch
Kontaktaufnahme: Mail mit Exposé, Kurzvita und Textprobe (30-50 Seiten)

Agentur Gorus
Mühlestr. 2
78345 Moos am Bodensee
Tel. 073 32 / 94 075-0
E-Mail: info@gorus.de
www.gorus.de
Spezialgebiet: Sachbuch, Fachbuch, Ratgeber.
Kontaktaufnahme: Ausschließlich per E-Mail oder Telefon. Bitte keine Manuskripte unverlangt zusenden.

Graf & Graf Literatur- und Medienagentur GmbH
(Karin Graf)
Mommsenstr. 11
10629 Berlin
Tel. 030 / 31 51 91-0
E-Mail: graf@agenturgraf.de
Spezialgebiet: Belletristik, Sachbuch, Filmstoffe/Filmrechte
Kontaktaufnahme: Über persönlichen Kontakt, zum Beispiel bei Veranstaltungen.

Literatur-Agentur Herbach & Haase
(Axel Haase)
Xantener Str. 2
10707 Berlin
Tel. 030 / 88 001 607
E-Mail: info@herbach-haase.de
www.herbach-haase.de
Spezialgebiet: Belletristik, Sachbuch, Kinder- und Jugendbuch. Fantasy und Science Fiction grundsätzlich nicht. Nebenrechtsvertretung für Verlage, die nicht über eine entsprechende eigene Abteilung verfügen.
Kontaktaufnahme: Per Post. Exposé, Textprobe (30 Seiten) und Kurzvita einsenden, außerdem die Information, bei welchen Verlagen und Agenturen das Manuskript schon vorgelegen hat. Rückporto.

Agentur Literatur Hebel & Bindermann gbR
(Gudrun Hebel, Susan Bindermann)
Mariannenstraße 9-10
10999 Berlin
E-Mail: info@agentur-literatur.de
www.agentur-literatur.de
Spezialgebiet: Deutsche Belletristik, Sachbuch. Vermittlung von und nach Skandinavien. Keine Lyrik, Science Fiction, Kinderbuch.
Kontaktaufnahme: Telefonisch. Danach bei Interesse Exposé, Kurzvita und eine Textprobe (mindestens 20 Seiten).

Thomas Karlauf
Bogotastr. 25
14163 Berlin
Tel. 030 / 32 70 38 68
E-Mail: thomas.karlauf@t-online.de
Spezialgebiet: Politisches Buch, Sachbuch/Zeitgeschichte
Kontaktaufnahme: Telefonisch oder per Mail.

Keil & Keil Literatur-Agentur
(Bettina und Anja Keil)
Schulterblatt 58
22357 Hamburg
Tel. 040 / 27 16 68 92
E-Mail: anfragen@keil-keil.com
www.keil-keil.com
Spezialgebiet: Belletristik, Sachbuch (kein Kinder- und Jugendbuch, kein

Fantasy, SF, Krimi und Lyrik)
Kontaktaufnahme: Anfrage per Mail mit einem Exposé, eine Textprobe von maximal 10 Seiten sowie einer Kurzvita. Anfragen per Post werden nicht geprüft.

Verlags- und Autorenagentur Kleihues
(Ingrid Anne Kleihues)
Weinbergweg 62a
70569 Stuttgart
Tel. 07 11 / 67 88 800
E-Mail: info@agentur-kleihues.de
www.agentur-kleihues.de
Spezialgebiet: Sachbuch (Gesundheit, Familie, Psychologie, Spiritualität)
Kontaktaufnahme: Erst telefonisch oder per Mail, anschließend Exposé, Textprobe und Kurzvita per Post. Rückporto.

Verlagsagentur Lianne Kolf
Tengstr. 8
80798 München
Tel. 089 / 39 90 59
E-Mail: mail@agentur-kolf.de
www.agentur-kolf.de
Spezialgebiet: Belletristik (z. B. Historischer Roman, Spannung, Fantasy), Sachbuch, Vermittlung von Drehbüchern und Filmstoffen (Isabel Schickinger).
Kontaktaufnahme: Exposé, Textprobe (30 Seiten) und Kurzvita. Rückporto.

Susanne Koppe – Agentur für Literatur und Illustration
Lindenstr. 23
20099 Hamburg
Tel. 040 / 37 17 29
E-Mail: agentur@susanne-koppe.de
www.auserlesen-ausgezeichnet.de
Spezialgebiet: Kinder- und Jugendbuch, Belletristik. Illustration. Keine Sachbücher und Krimis.
Kontaktaufnahme: Per Post. Exposé, Textprobe (maximal 20 Seiten), Kurzvita

Literarische Agentur Kossack
(Lars Schutze-Kossack)
Cäcilienstr. 14
22301 Hamburg
Tel. 040 / 27 16 38 28
E-Mail: lars.schutze@mp-litagency.com
www.mp-litagency.com
Spezialgebiet: Belletristik, Sachbuch, erzählendes Kinderbuch
Kontaktaufnahme: Vorab telefonisch. Anschließend Exposé, Textprobe (30-50 Seiten), Kurzvita. Rückporto.

Barbara Küper Literarische Agentur + Medienservice
Alter Wartweg 3
60388 Frankfurt
Tel. 061 09 / 24 87 30
E-Mail: litag@barbara-kueper.de
www.barbara-kueper.de
Spezialgebiet: Qualitativ anspruchsvolles Kinder- und Jugendbuch (Autoren und Illustratoren)
Kontaktaufnahme: Keine Anrufe! Per Mail oder Post Exposé (1-2 Seiten), Textprobe (15-20 Seiten), Kurzvita. Rückporto.

Werner Löcher-Lawrence
Literarische Agentur / Übersetzungen
Bothmerstraße 3
80634 München
Tel: 089 / 13 95 80 30
E-Mail: w.lawrence@web.de
www.loecher-lawrence.de
Spezialgebiet: Belletristik und Sachbuch
Kontaktaufnahme: Per E-Mail. Exposé, Textprobe, Kurzvita. Bei Postsendung Rückumschlag.

Michael Meller Literary Agency GmbH
Landwehrstr. 17
80336 München
Tel. 089 / 36 63 71
E-Mail: info@melleragency.com
www.melleragency.com
Spezialgebiet: Romane aller Genres, populäres Sachbuch, Ratgeber, Kinder- und Jugendbuch. Viele bekannte Autoren.
Kontaktaufnahme: Nur per Post, nicht per Mail oder Telefon. Exposé, die ersten 30 Seiten als Textprobe, Kurzvita sowie einen ausgefüllten Fragebogen (Vorlage auf der Homepage abrufbar).

Mohrbooks AG Literaturagentur Uwe Heldt
(Dr. Uwe Heldt)
Hähnelstr. 19
12159 Berlin
Tel. 030 / 28 87 94 74
E-Mail: mohrberlin@mohrbooks.com
www.mohrbooks.com
Spezialgebiet: Deutschsprachige Belletristik und allgemeines Sachbuch.
(Keine SF und Fantasy.)
Kontaktaufnahme: Mail mit Exposé, Leseprobe (30 Seiten) und Kurzvita. Wenn per Post, bitte Rückporto.

Montasser Media
(Mariam Montasser)
Montenstr. 9
80639 München
Tel. 089 / 89 12 98 00
E-Mail: agentur@montassermedia.de
www.montassermedia.de
Spezialgebiet: Belletristik, Sachbuch, Kinder- und Jugendbuch
Kontaktaufnahme: Exposé, Leseprobe und Kurzvita per Mail oder Post.

Dr. Harry Olechnowitz Autoren- & Verlagsagentur
Niebuhrstrasse 74
10629 Berlin
Tel. 030 / 39 90 64 18
E-Mail: olechnowitz@agentur-olechnowitz.de
www.agentur-olechnowitz.de
Spezialgebiet: Belletristik und Sachbuch.
Kontaktaufnahme: Zunächst Kontakt per Telefon oder Mail. Anschließend Textprobe und Exposé per Post.

Partner + Propaganda
(Christine Koschmieder)
Käthe-Kollwitz-Straße 46
04109 Leipzig
Tel. 0341 / 99 39 177
E-Mail: ck@partner-propaganda.de
Website:
www.partner-propaganda.de

Blog: http://autorenschrittmacher.blog.de
Spezialgebiet: Belletristik aus Deutschland und Südosteuropa
Kontaktaufnahme: Zunächst eine Mail mit Kurzbeschreibung des Projekts oder Exposé, Kurzvita und Leseprobe an autoren@partner-propaganda.de schicken. Außerdem Informationen beifügen, welchen Agenturen und Verlagen das Manuskript schon vorlag. Bei Interesse fordert die Agentur das Manuskript zur Prüfung an.

Literatur – und Medienagentur Ulrich Pöppl
Schellingstr. 133
80798 München
Tel. 089 / 54 21 76 34
E-Mail: ulrich.poeppl@t-online.de
Spezialgebiet: Belletristik, u. a. Krimi, Thriller, Historische Romane, Drehbuch, Kinder- und Jugendbuch, Sachbuch. Keine SF, Fantasy, Horror, Lyrik.
Kontaktaufnahme: Nur schriftlich! Exposé, Leseprobe, Kurzvita und Angaben, ob das Manuskript bereits Verlagen oder Agenturen angeboten wurde. Rücksendung erfolgt nur, wenn frankierter Rückumschlag beigelegt ist.

Gudrun Rohe PR-Consulting
Humesstr. 43
66793 Saarwellingen
Tel. 068 38 / 86 07 78
E-Mail: info@gudrunrohe.de
Spezialgebiet: Belletristik und Sachbuch

Kontaktaufnahme: Exposé, Textprobe (ca. 40 Seiten), Kurzvita, Foto und Rückporto.

Autoren- und Projektagentur Gerd F. Rumler
Jutastr. 13
80636 München
Tel. 089 / 13 92 89 55
E-Mail: rumler@agentur-rumler.de
www.agentur-rumler.de
Spezialgebiet: Kinder- und Jugendbuch (Autoren und Illustratoren), Erwachsenenbelletristik, Historischer Roman, Humor, Krimi, Fantasy, Ratgeber und Sachbuch.
Kontaktaufnahme: Per Mail oder Post (Rückporto), Kurzvita, Exposé und Textprobe.

Thomas Schlück GmbH
Hinter der Worth 12
30827 Garbsen
Tel. 051 31 / 49 75 60
E-Mail: mail@schlueckagent.com
www.facebook.com/ThomasSchlueckGmbH
www.schlueckagent.com
Spezialgebiet: Populäre Belletristik (auch Phantastik), Sachbuch, Kinder- und Jugendbuch. Keine Lyrik, keine Kurzgeschichten. Viele Bestsellerautoren.
Kontaktaufnahme: Über das Formular auf der Website oder per Post (bitte die Fragen beantworten, die auf der Website angegeben sind).

Schmidt & Abrahams GbR
(Natalja Schmidt, Julia Abrahams)
Kämmererstraße 25a
67346 Speyer
Tel. 062 32 / 314 58 32
E-Mail: lektorat@schrift-art.net
www.schrift-art.net
Spezialgebiet: Fantasy, Krimi/Thriller, Historischer Roman, Jugendbuch
Kontaktaufnahme: Exposé (3 Seiten), Textprobe (ca. 20 Seiten) sowie Kurzvita.

Scripts for sale Medienagentur GmbH
(Petra Hermanns und Elke Brand)
Löwengasse 27B
60385 Frankfurt am Main
Tel. 069 / 24 27 78 60
E-Mail: Petra.Hermanns@ScriptsForSale.de
www.scriptsforsale.de
Spezialgebiet: Unterhaltungsromane, Drehbuch, Kinder- und Jugendbuch (kein Sachbuch, keine Lyrik und Kurzprosa, keine Science Fiction und Fantasy).
Kontaktaufnahme: Nur per Mail an bewerbung@scriptsforsale.de. Kurzexposé (1 Seite), Leseprobe (20-50 Seiten) und Angaben, bei welchen Agenturen und Verlage Sie das Projekt bereits angeboten haben.

Agentur Scriptzz
(Anja Koeseling)
Waldesruher Str. 37
12623 Berlin
Tel. 030 / 68 83 57 06
E-Mail: anja.koeseling@scriptzz.de
www.scriptzz.de

Spezialgebiet: Kinder- und Jugendbuch, Historischer Roman, Krimi und Thriller, Frauenliteratur.
Kontaktaufnahme: Erst telefonisch anfragen, dann Exposé und Leseprobe (30 Seiten) schicken.

Literarische Agentur Simon
Eisenacher Str. 76
10823 Berlin
Tel. 030 / 31 51 88 44
E-Mail: info@agentursimon.com
www.agentursimon.com
Spezialgebiet: Belletristik (auch Fantasy), Sachbuch (vorrangig zeitgeschichtliche Themen und Memoiren aus dem Bereich Politik, Wirtschaft, Gesellschaft und Kultur), Jugendbuch, Filmrechte. Keine Science Fiction und Kinderbücher.
Kontaktaufnahme: Ausschließlich per Post. Kurz-Exposé (1 Seite), Kurzvita und Textprobe von 30 zusammenhängenden Seiten einsenden.

Erika Stegmann AutorInnen Agentur
Kyllburger Str. 16, links
50937 Köln
Tel. 02 21 / 17 07 978
E-Mail: EStegmann@gmx.net
Spezialgebiet: Sachbuch/Wissenschaft
Kontaktaufnahme: Telefonisch.

Gabi Strobel
Literatur- und Medienagentur
Nohlstraße 40
50733 Köln
Tel. 02 21 / 80 14 76 74

E-Mail: info@gabistrobel.de
www.gabistrobel.de
Spezialgebiet: Frauenroman, Kinder- und Jugendbuch, All-Age-Romane, Geschenkbuch, Roman/Krimi
Kontaktaufnahme: Per Mail, gern auch per Post

Literarische Agentur Silke Weniger
Würmstraße 11a
82166 Gräfelfing
Tel. 089 / 89 89 949-0
E-Mail: weniger@litag.de
www.litag.de
Spezialgebiet: Kinder- und Jugendbuch ab 10 Jahre, gehobene Unterhaltung (speziell Historische Romane, Krimis, Liebesgeschichten). Keine Lyrik, Kurzgeschichten, Bilderbuch und Science Fiction.
Kontaktaufnahme: Per Mail mit Exposé und Leseprobe.

Medienagentur Wilhelmi
(Heike Wilhelmi)
Grindelallee 43
20146 Hamburg
Tel. 040 / 41 02 56 0
E-Mail: mail@agenturwilhelmi.de
www.agenturwilhelmi.de
Spezialgebiet: populäre Sachbücher zu Themen wie Gesellschaft, Soziales, Politik, Wirtschaft, Biografien, Erzählendes Sachbuch.
Kontaktaufnahme: Per Mail mit Exposé, Gliederung und Leseprobe (20-30 Seiten).

4.
DAS GESCHÄFT MIT DEN HOFFNUNGEN – ZUSCHUSSVERLAGE

Vielleicht sind Ihnen auch schon einmal irgendwo Anzeigen aufgefallen, in denen die den meisten Autorinnen und Autoren hochwillkommenen Worte *Verlag sucht Autoren* stehen. Manchmal heißt es auch: *Sie schreiben? International tätiger Verlag veröffentlicht Romane, Lyrik, Anthologien* oder *Bekannter Verlag prüft gerne auch Ihr Manuskript – kostenlos und unverbindlich*. Wenn Sie sich dabei gedacht haben, dass das alles irgendwie zu gut klingt, um wahr zu sein, dann haben Sie recht. Kein seriöser Verlag hat es nötig, mit Hilfe von Anzeigen Autoren zu suchen. Hinter solchen Werbemaßnahmen verbergen sich Verlage, die sich von ihren Autoren bezahlen lassen. Ihre Gegner nennen sie Druckkostenzuschussverlage, Pseudoverlage, Selbstzahlerverlage oder Vanity Press, sie selbst nennen sich meist verharmlosend Privatverlage, Dienstleisterverlage oder Sponsoring-Verlage.

Es gibt eine Vielzahl dieser »Verlage«, da das Geschäft mit den Hoffnungen und der Eitelkeit Schreibender äußerst lukrativ ist. Für unerfahrene Autoren und Autorinnen ist es schwer, die glatten Argumente und die gezielten Verzerrungen der Pseudoverlage als Desinformation zu erkennen, die, so der Jurist Peter Schweickhardt, einen Verstoß gegen das »Gesetz gegen den unlauteren Wettbewerb« darstellt.[*] Sie träumen vom eigenen Buch und sehen nach vielen frustrierenden Ablehnungsschreiben vielleicht keine andere Möglichkeit mehr, als sich an solche Verlage zu wenden, die sich selbst auf die Fahnen schreiben, »neue Autoren zu fördern«. Es tut gut, endlich einmal nicht schroff abgelehnt, sondern gelobt und umschmeichelt zu werden. Doch all das hat seinen Preis: Diese Verlage verlangen von Autoren für die Veröffentlichung ihres Manuskripts oder für Beiträge in Anthologien zwischen ca. 25 und 75 Euro pro Seite, manchmal sogar noch mehr. Die Beträge, die Sie zahlen müssten, sind also beträchtlich und erreichen leicht 5 000 bis 10 000 Euro.

Jedem, der schon einmal eine Dissertation verfasst hat, ist die Praxis, Druckkostenzuschüsse zahlen zu müssen, nicht neu. Wissenschaftlern kommen solche Angebote daher nicht weiter seltsam oder anrüchig vor. Doch im literarischen Bereich sind sie das sehr wohl – wie es einem schon der gesunde Menschenverstand sagt.

Ist ein Verlag von Ihrem Buch wirklich überzeugt, dann würde er es selbst dann realisieren, wenn Sie noch unbekannt sind und er dabei ein Risiko eingeht – erfolgreiche Newcomer wie Wolfgang Herrndorf (*Tschick*) oder Andrea Maria Schenkel (*Tannöd*) haben gezeigt, dass sich das Experiment durchaus lohnen kann. »Es wäre völlig unseriös, sich für ein Buch und für einen Autor zu entscheiden und dann das Risiko der Verlagsentscheidung ganz oder teilweise auf den Autor abzuwälzen«, urteilt Klaus Siblewski, seit vielen Jahren Lektor für deutschsprachige Belletristik bei Luchterhand. »Es ist ja eigentlich ein Pakt, den man auch vertraglich eingeht. Der Autor gibt dem Verlag das

---

[*] Der Literat, 40. Jg., Jan./Feb. 1998, S. 15-20. Schweickhardt machte selbst seine Erfahrungen mit diesen Verlagen und begann daraufhin, die Vanity-Press-Verträge unter rechtlichem Blickwinkel zu betrachten. Er kam zu dem Ergebnis, dass einzelne Klauseln – insbesondere die Verpflichtung des Kunden, seine eigenen Rechte nicht nur zu bezahlen, sondern auch noch auf den Verlag zu übertragen – wegen Sittenwidrigkeit und in einzelnen Fällen sogar wegen Wuchers nichtig seien. Gegen die Zahlungsverpflichtung aus einem unterzeichneten Vertrag ist aber meist wenig auszurichten.

Recht, sein Werk zu veröffentlichen, und der Verlag hat dem Autor im Gegenzug die Plattform zu geben, auf der er es tun kann.« Inzwischen gibt es auch einige Gerichtsurteile, die diese Ansicht bestätigen, zum Beispiel kam auch das Landgericht Stuttgart zu dem Schluss, es sei »unseriös, einen Zuschussverlag zu betreiben, in welchem die Autoren selbst die Erstellung ihrer eigenen Bücher bezahlen müssen«.

Tipp: Wenn Sie Ihr Buch nur zum Verschenken und für sich selbst haben möchten, dann sollten Sie es besser von einer Druckerei oder einem Printing-on-Demand-Anbieter herstellen lassen. Das ist wesentlich günstiger, und Sie behalten die Rechte an Ihrem Werk. Adressen bekommen Sie aus dem Internet oder den Gelben Seiten. Was Sie beachten müssen, wenn Sie Ihr Buch im Selbstverlag herausgeben wollen, erfahren Sie im nächsten Kapitel.

Man braucht sich, wenn man von einem Zuschussverlag einen freundlichen Brief mit einer Zusage erhalten hat, nicht geschmeichelt zu fühlen. Diese Verlage lehnen (obwohl sie das natürlich nicht zugeben) fast niemanden ab, der bereit ist, den Zuschuss zu zahlen. Es ist ihnen gleichgültig, ob sie Lyrik drucken oder Romane, Traktate, Aphorismen, Sachbücher, Kinderbücher oder die besonders häufig vertretenen Autobiografien. Daher ist die unnatürliche Breite des Verlagsprogramm, in dem keinerlei Profil oder Konzept zu erkennen ist, ein Merkmal der Zuschussverlage. Das Magazin »DM« berichtet im Artikel »Der Club der anonymen Dichter«[*] davon, wie einer ihrer Redakteure die Probe aufs Exempel machte. Er schrieb die ersten vierzig Zeilen aus einem Krimi ab, bastelte für den Rest einige Seiten aus unzusammenhängenden Sätzen und kopierte sie dann so oft, bis das Manuskript Romanlänge hatte. Dann gab er seinem Nonsens-Manuskript einen netten Titel und schickte es ein. Er bekam von zahlreichen Pseudoverlagen Zusagen. Im Dezember 2006 startete die ZDF-Sendung WISO ein ähnliches Experiment und erzeugte Gedichte mit einem Online-Gedichte-Generator. Als sie das Resultat an Zuschuss-

---

[*] DM, Heft 4/93

verlage schickten, stuften diese Lyrik als »eindeutig« empfehlenswert ein. Natürlich war ein Kostenvoranschlag beigelegt.

Obwohl Organisationen und Medien immer wieder über diese Geschäftsmethoden aufklären (einige Berichte finden Sie auf der Website *www.aktionsbuendnis-faire-verlage.com*), gehen den Zuschussverlagen erstaunlicherweise die Kunden nicht aus. Der ehemalige Zuschussverleger Wilhelm Ruprecht Frieling[*] erzählt: »Die meisten der Einsender sind leider ein wenig weltfremd und überschätzen sich und die Qualität ihres Werkes maßlos. (…) Manuskriptkopien wurden mit einer Feierlichkeit überreicht, als handele es sich um edles Geschmeide, um filigrane Kunstwerke, die jeden Augenblick auseinanderbrechen könnten. Es wurde ein Tamtam um einige Werke gemacht, als müsse der interessierte Verleger erst einmal einen Initiationskurs in das Wesen der Schreiberseele absolvieren, bevor er den Text berühren dürfe.«

Das nehmen Zuschussverleger natürlich gerne in Kauf, wenn der Autor zahlen kann und will. Gewöhnliche Verlage dagegen bevorzugen Autoren ohne Allüren und mit gesunder Selbstkritik, der Inhalt ihres Portemonnaies interessiert sie nicht.

Zuschussverlage auf dem Prüfstand

Manchen Autorinnen beziehungsweise Autoren ist es zu umständlich, ihr Buch im Selbstverlag zu realisieren oder von einer Druckerei herstellen zu lassen; sie wenden sich daher an einen Zuschussverlag. Grundsätzlich ist dagegen natürlich nichts einzuwenden. »Wenn man es als Dienstleistung betrachtet und das für einen keine Geldfrage ist, dann kann man sich sagen, das ist ein Geschenk an einen selbst. Dann ist das in Ordnung«, meint Jürgen Kipp, der Organisator der Mainzer Minipressen-Messe.

---

[*] Wilhelm Ruprecht Frieling: *Der Bücherprinz. Wie ich Verleger wurde*, Internet-Buchverlag, Berlin 2009

Leider sehen die meisten Autoren ihre Zuschussveröffentlichung jedoch nicht so nüchtern und realistisch – und genau hier fängt das ganze Geschäft an unseriös zu werden. Den Autoren wird von den Zuschussverlagen vorgegaukelt, dass sie nun endlich zum Club der ganz normalen veröffentlichten Autoren gehören. Doch es ist in der Literaturszene ein Makel, in einem Pseudoverlag veröffentlicht zu haben. Ihre Bücher werden von der Öffentlichkeit kaum wahrgenommen, gelangen so gut wie nie in die Buchhandlungen, werden von der überregionalen Presse gewöhnlich ignoriert und erhalten üblicherweise keine Literaturpreise, außer solche, die vom Zuschussverleger arrangiert und finanziert wurden. Auch die meisten Autorenverbände bleiben diesen Autorinnen und Autoren verschlossen, da zu deren Aufnahmebedingungen häufig die Veröffentlichung eines nicht selbst finanzierten Buches gehört.

»Man suggeriert diesen Autoren, dass sie am normalen Literaturbetrieb teilnehmen, und das passiert natürlich nicht, das wird einfach nicht eingelöst«, sagt Agent Gerd F. Rumler. »Bei einem dieser Verlage habe ich mich unter anderem Namen mal beraten lassen, da wurde eine Lyrikanthologie aufgelegt und man konnte darin Seiten buchen. Ich habe das mal kalkuliert, das rechnet sich hervorragend. Wenn das ein 400-Seiten-Lyrikband mit 50 Teilnehmern ist, und wenn jeder davon nicht nur zehn, sondern 20 oder 50 Stück abnimmt, dann kriegen die Auflagen, die sogar über dem liegen, was Suhrkamp mit Lyrik auflegen würde. Nur geht von denen kein Stück in den Buchhandel, weil diese Verlage keinen richtigen Vertrieb haben. Ich weiß nicht, ob die Autoren darüber so aufgeklärt werden.«

Diese Unternehmen behaupten zwar, ganz reguläre Verlage zu sein, doch in Wirklichkeit sind sie es nicht. Es ist in der Buchbranche bekannt, dass sie kaum eine Auswahl unter den Manuskripten treffen, die sie erhalten, und dass die Qualität ihres hohen Ausstoßes (nicht selten produziert ein kleiner Verlag mit wenigen Mitarbeitern eine phänomenale Titelzahl) entsprechend schlecht ist. Zwar können die Bücher theoretisch in jeder Buchhandlung bestellt werden, doch in der Praxis wird man sie dort kaum in den Regalen stehen sehen. Buchhändler beklagen sich ohnehin über die Flut der Titel, die gute und bekannte Verlage ihnen zumuten, und wissen kaum, wie sie die neuen Bücher in den Regalen unterbringen sollen, da werden sie den Teufel tun und auch noch bei einem Zuschussverlag bestellen. »Das lehne ich ab, die möchte ich nicht im Laden«, meinte beispielsweise Ingeborg Woitschick, mehr als 40 Jahren lang gemeinsam mit ihrem Mann Inhaberin der großen Wiesbadener Buchhandlung Bräuer. »Diese Bücher sind scheußlich aufgemacht, das verlockt nicht gerade reinzuschauen. Kürzlich war eine Autorin von so einem Verlag da, die hat beinahe geweint, sagte, der Verlag habe sie betrogen. Die hat gesagt: ›Ich gebe Ihnen die Bücher umsonst, legen Sie sie nur aus‹. Ich musste das ablehnen, dazu ist mir der Platz zu wertvoll.«

Für den Absatz eines Buches ist es jedoch ganz wesentlich, dass es in der Buchhandlung präsent ist. Zwar behaupten die Zuschussverlage, dass sie Vertreter hätten, doch der Blick in den Band *Verlagsvertretungen* des Standard-Nachschlagewerkes »Banger«, in dem die Vertreter aller Verlage namentlich gelistet sind, bestätigt das nur selten.

Zuschussverlage stört die ablehnende Haltung des Buchhandels nicht, da sie ihr Geld bereits am Autor verdient haben und kaum ein Interesse daran haben, die von ihnen gemachten Titel auch noch zu verkaufen. »In dem Maße, in dem der Verlag in den Vorschuss investiert, in dem Maße wird er sich auch anstrengen«, meinte der bekannte Lyriker, Satiriker und Karikaturist Robert Gernhardt (*Lichte Gedichte, Die Blusen des Böhmen*) dazu. »Er wird eher mehr Werbung machen, wenn er schon etwas investiert hat. Wenn man 50 000 Euro reingesteckt hat, will man die wiederhaben. Wenn man das ganze Manuskript umsonst bekommen hat, ohne Vorschuss, sogar noch mit Druckkostenzuschuss, dann ist der Anreiz, gerade dieses Manuskript bekannt zu machen, nicht besonders groß.« Da die Zuschussverlage genau wissen, dass von autorenfinanzierten Büchern gewöhnlich nur wenige Exemplare verkauft werden, können sie den Schreibenden ohne Bedenken ungewöhnlich hohe prozentuale Beteiligungen als Honorar anbieten, nicht selten sogar über zehn Prozent vom Nettoladenpreis. Oft wird den Autoren suggeriert, sie könnten ihr Geld auf diese Art ja schnell wieder einspielen. Das klappt jedoch nur in ganz seltenen Fällen.

Um die Tatsache zu vertuschen, dass sie keine seriösen Verlage sind, betreiben die meisten Zuschussverlage freche Fehlinformation, machen große Versprechungen und versuchen, ihre Kunden bewusst zu täuschen, wenn sie beispielsweise geringfügige Leistungen wie die Beschaffung einer ISBN, die Meldung an das Verzeichnis lieferbarer Bücher und die Aufnahme in die Nationalbibliothek – alles Dinge, die normalen Verlagen nicht einmal eine Erwähnung wert sind und die nicht viel kosten – groß herausstellen. Hauptsache, der Autor kommt vor lauter Fachchinesisch nicht auf die Idee, dass er all das ohne viel Mühe und sehr viel billiger selbst organisieren könnte.

Zum Teil imitieren Zuschussverlage die Logos und Namen großer Verlage. Beliebt sind auch möglichst hochtrabende, literarisch klingende Verlagsnamen oder Adressen, in deren Nähe renommierte Organisationen des Buchhandels ansässig sind. Auch das Oberlandesgericht Köln sah es als erwiesen an, dass damit potenzielle Autoren getäuscht werden sollen. Um über solche und andere Methoden von Zuschussverlagen zu informieren, haben sich renommierte Autorenverbände zum »Aktionsbündnis für faire Verlage« (Fairlag) zusammengeschlossen. Sie warnen zum Beispiel, dass junge und unerfahrene Autoren auch im Internet geködert werden, indem dort angeblich von erfahrenen Kollegen das Veröffentlichen in Zuschussverlagen empfohlen wird. »Ähnlich funktioniert ein sogenanntes ›freies Portal für Autoren‹ im Internet, auf dem für selbstfinanziertes Publizieren in diesen Verlagen geworben wird, das aber dem Inhaber der beworbenen Verlage selbst gehört«, weist das Aktionsbündnis hin. »Ferner fällt es Neulingen im Literaturbetrieb naturgemäß schwer zu beurteilen, welche Absichten hinter einem angeblich unabhängigen Schriftstellerverein stehen, der in großen Tages- und Wochenzeitungen Anzeigen schaltet und kostenlose Beratungen in Urheberrechts- und Vertragsfragen anbietet, der jedoch über kaum Mitglieder im Vergleich zu etablierten Autorenverbänden verfügt.«

> **Weitere Informationen von »Fairlag«**
> Auf der Homepage des Aktionsbündnisses für Faire Verlage (*www.aktionsbuendnis-faire-verlage.com*) können Sie die gesamte Erklärung über die »Gefahren einer Veröffentlichung in sogenannten Druckkostenzuschussverlagen/Selbstzahlerverlagen beziehungsweise Pseudoverlagen« lesen. Verfasst und unterzeichnet wurde sie von den Verbänden AdS Autorinnen & Autoren der Schweiz, dem Bundesverband junger Autoren und Autorinnen e.V. (BVjA), der IG Autorinnen Autoren, dem Verband deutscher Schriftsteller (VS) in verd.i. Über 50 Autorenverbände, Literaturhäuser, Literaturbüros etc. haben sich dem angeschlossen.

Ganz typisch für Zuschussverlage ist, dass sie für sich intensiv die Werbetrommel rühren. Auch normale Verlage werben – aber, und genau da liegt der feine Unterschied, sie werben für ihre *Bücher*. Zuschussverlage werben für sich *selbst*, um neue Kunden anzulocken. Wenn Ihnen also ein Verlag ausführliche Broschüren über seine Leistungen zuschickt, in denen zum Beispiel Autoren den Verlag überschwänglich loben und in denen immer neue Argumente vorgebracht werden, warum Sie bei diesem Verlag veröffentlichen sollten, dann wissen Sie Bescheid. Schickt Ihnen dagegen ein normaler Verlag Unterlagen über sich selbst, dann werden das Programmvorschauen sein, die dazu dienen, Neuerscheinungen der Saison den Buchhändlern vorzustellen.

Auch wenn das Gegenteil behauptet wird, vom Verlag selbst finanzierte Titel sind bei Zuschussverlagen in der absoluten Minderheit. Nur für diese »Alibi-Titel« wird überhaupt halbwegs normale Werbung betrieben; sie dienen vermutlich dazu, neue Autoren anzulocken.

Ein paar Werbeargumente der Zuschussverlage auf dem Prüfstand:
- *»Neue Autoren haben bei Verlagen heutzutage keine Chance.«*
Zuschussverlage tun alles, um die von Ablehnungen gebeutelten Nachwuchsautoren in der Überzeugung zu bestärken, dass dies vor allem

die Schuld der »bösen« Verlage sei. Um das zu beweisen, führen sie Beispiele an, die eher die Ausnahme denn die Regel sind und die man durch mehr als genug Gegenbeispiele von Leuten, die bei ihren ersten Versuchen ihren Wunschverlag fanden (von Ingrid Noll bis Eva Demski) entkräften könnte. Niemand behauptet, dass es leicht sei, einen seriösen Verlag zu überzeugen. Es dauert Jahre, bis man als Autor beziehungsweise Autorin auf dem Buchmarkt Fuß gefasst hat. Doch Lektorinnen und Lektoren sind nicht ganz so überfordert, blind und dumm, wie Zuschussverlage Ihnen weismachen wollen.

- *»Viele berühmte Autoren haben ihr erstes Buch selbst finanziert.«*

Auch diese Behauptung soll den gesunden Menschenverstand der Autoren und Autorinnen einlullen, die im Grund ihres Herzens wissen, dass Zuschüsse in dieser Branche etwas Unnatürliches sind. Zwar lässt sich diese Behauptung der Zuschussverlage durch einige berühmte Beispiele untermauern, doch diese Fälle ereigneten sich häufig zu einer Zeit, als die Literatur das Privileg begüterter Müßiggänger war und das Urheberrecht erst entwickelt wurde. Zudem druckten diese Autorinnen und Autoren ihre Bücher häufig im Selbstverlag.

- *»Sie beteiligen sich mit Ihrem Zuschuss an den Herstellungskosten, den Rest der Kosten trägt der Verlag.«*

Das, was von den Zuschussverlagen verlangt wird, kann man eigentlich nicht »Druckkostenzuschuss« nennen, denn die Unternehmen finanzieren von diesem Geld nicht nur die Herstellung eines Buches, sondern den ganzen Verlag, ohne dass sie es nötig hätten, je ein einziges Exemplar dieses Buches zu verkaufen. Im Zuschuss ist gewöhnlich ein Gewinn einkalkuliert.

- *»Ein Zuschuss wird nicht zuletzt deshalb erhoben, damit ein interessanter Ladenpreis kalkuliert werden kann.«*

Eine geschickte Halbwahrheit. Natürlich sollte der Ladenpreis nicht zu hoch sein, wenn sich ein Buch gut verkaufen soll. Eine Halbwahrheit ist diese Behauptung deshalb, weil der Ladenpreis eines Buches, das ohnehin niemand kaufen wird, ziemlich egal ist. Außerdem bemühen sich auch reguläre Verlage, »interessante Ladenpreise zu kalkulieren«, ohne dass der Autor zur Kasse gebeten wird.

- »*Ihr Buch wird auf der Buchmesse präsentiert*«
Durch den reichlichen Einsatz von solchen Zauberworten lassen sich selbst Autoren verführen, die es eigentlich besser wissen müssten. Zwar ist die Behauptung richtig, dass viele Pseudoverlage auf den Buchmessen vertreten sind, aber die Stände dienen vor allem der Neukundenwerbung. Mit Erfolg: Ein ehemaliger Mitarbeiter einer der größten Pseudoverlage erzählte mir, dass nach den Buchmessen so viele neue Manuskripte einträfen, dass im Verlag Hochsaison sei. Zudem wird die Buchmesse von Autoren sehr häufig überschätzt. *Gerade auf einer Buchmesse wird niemand Ihr Buch wahrnehmen* – es ist nur ein Sandkörnchen zwischen Hunderttausenden anderer Sandkörnchen. Das betrifft Autoren normaler Verlage ganz genauso.
- »*Ihr Buch wird in die Verlagsvorschau beziehungsweise in die Infomaterialien des Verlages aufgenommen, die wir in Werbeaktionen einsetzen.*«

»Verlagsvorschauen« von Zuschussverlagen sind oft lieblos gemachte Heftchen, in denen auf engstem Raum eine erdrückende Vielzahl von Titeln gelistet wird. Diese Vorschauen bekommt kaum ein Buchhändler je zu sehen, sie werden nur in der Direktwerbung eingesetzt. In einem besonders skurrilen Fall füllte ein Verleger den Info-Rundbrief seines Verlages hauptsächlich mit Familienneuigkeiten (spannendste Nachricht war, dass seine Mutter umgezogen war) und Fotos seiner Kinder. Erst ganz zum Schluss war von den Büchern die Rede.

- »*Ihr Buch wird den Redaktionen der relevanten Zeitungen/Zeitschriften zur Rezension angeboten*«

Das stimmt sogar, dabei kommt es auf das Wörtchen »angeboten« an. Im Übrigen sind Zuschussverlage außerordentlich großzügig, wenn es um Freiexemplare geht. Was sollen sie auch sonst mit den Büchern anfangen? Leider wandern die Texte in den meisten Redaktionen auf direktem Weg in den Papierkorb, weil Journalisten die Vanity-Press-Verlage kennen. Allenfalls die Lokalpresse wird Besprechungen oder Autorenportraits drucken, weil Autorinnen und Autoren aus der Region *local interest* haben.

* »*Wir werben im Börsenblatt für den Deutschen Buchhandel, dem wichtigsten Fachorgan der Buchbranche, für Ihr Buch.*«
Vergleichen Sie Zuschussverlagsanzeigen mit den Anzeigen normaler Verlage. Dann werden Sie verstehen, warum diese Werbung keine Buchhändlerin dazu bringen wird, die Bücher zu bestellen. Solche Anzeigen haben nur eine Alibi-Funktion. Sie dienen dazu, dem Autor zu suggerieren, dass etwas für sein Buch getan wird. Nicht selten muss man sie zusätzlich bezahlen.

Wenn ein Autor noch zögert, dann wird von den Pseudoverlagen auch schon mal kräftig Druck gemacht. Eine Autorin schrieb an einen großen Zuschussverlag, dass sie grundsätzlich an dem Angebot interessiert sei, aber nur, wenn sie eine Förderung auftreiben könne, da sie sich den Zuschuss nicht leisten könne. Sie fand niemanden, der sie finanziell unterstützte, und unterschrieb den Vertrag daher nicht. Ungeachtet dessen trafen vom Pseudoverlag eine Auftragsbestätigung und eine Rechnung ein, mit dem Kommentar: »Der nicht vorliegende Verlegervertrag wäre lediglich eine aktenmäßige Bestätigung unser vertraglichen Vereinbarung gewesen, die sich schlicht und einfach aus der Vorkorrespondenz ergibt.« Es wurde sogar mit einem Zahlungsbefehl gedroht. In anderen Fällen wurde ein Telefongespräch als Zusage und damit mündlich geschlossener Vertrag gedeutet. Was die Sache problematisch macht, ist, dass es wirklich die Möglichkeit gibt, bindende mündliche Verträge zu schließen. Seien Sie also sehr vorsichtig, wenn Sie sich zum Angebot eines Pseudoverlags äußern!

Ein Problem ist auch, dass Sie kaum eine Möglichkeit haben nachzuprüfen, ob die vereinbarte Auflage auch wirklich gedruckt worden ist. Wenn der Verleger zwar versprochen hat, 2 000 Stück drucken zu lassen, aber in Wirklichkeit nur eine Handvoll Exemplare hergestellt hat, dann werden Sie das kaum herausfinden. Macht der Autor Ärger, kann der Verlag per Printing on Demand schnell mehr Bücher herstellen. So hat der Verleger sich einen großen Teil der Herstellungskosten gespart, und der Autor erfährt nie etwas davon.

Tipp: Wenn Sie nicht sicher sind, ob ein Verlag seriös ist, dann sollten Sie Buchhändler oder Bibliothekare fragen, ob sie diesen Verlag kennen, oder sich bei einem Autorenverband wie dem VS, dem FDA oder dem BVjA erkundigen. Es ist wichtig, dass es sich um einen anerkannten Verband handelt. Es sind schon Fälle bekannt geworden, in denen Zuschussverlage mit dubiosen »Verbänden« zusammenarbeiten oder Verbände selbst Pseudoverlage betreiben. Im Zweifelsfall wenden Sie sich an das oben erwähnte Aktionsbündnis für faire Verlage.

Da manche Zuschussverlage ihre Kritiker mit Klagen überziehen und versuchen, jede Aufklärung über ihre Geschäftsmethoden juristisch zu unterdrücken, ist es schwerer geworden, aus der Branche Auskunft über die Seriosität eines umstrittenen Verlags zu bekommen. Im Zweifelsfall gehen Sie einfach nach der Faustregel: Sagen Sie Nein, wenn jemand Geld von Ihnen will!

Was ist von Abnahmen zu halten?

Häufig werden Autorinnen und Autoren auch aufgefordert, Beiträge zu Anthologien einzusenden. Oder es wird ein Kurzgeschichten- oder Lyrik-Wettbewerb mit geringem Preisgeld ausgelobt. In vielen Fällen ist das nichts weiter als eine Variante der gleichen Masche, nur eben für den kleinen Geldbeutel. Für den Abdruck der Geschichte wird oft die Abnahme einer bestimmten Stückzahl erwartet oder sogar verlangt, natürlich – man ist ja nicht geldgierig – mit Autorenrabatt. Mit dieser Methode erreichen Verlage eine Garantieauflage, die sicherstellt, dass sie an dem ganzen Projekt gut verdienen. Daher werden meist Themen gewählt, zu denen jeder etwas zu sagen hat, wie »Liebe« oder »Tod«. Solche Anthologiebeiträge sind keine Zierde Ihrer Biografie; außer den Autoren und deren Angehörigen wird niemand diese Bücher kaufen und lesen. Es gibt Grenzfälle, in denen einigermaßen glaubwürdige Verlage oder Verbände solche Anthologien ausschreiben und nur eine geringe Abnahme fordern, aber Sie sollten sich eine Teilnahme dennoch gut überlegen.

Das sollte Sie nicht davon abhalten, sich an seriösen Anthologien zu beteiligen. Sie bekommen dort vielleicht kein Honorar, aber zahlen müssen Sie auch nichts.

Darauf sollten Sie bei Zuschussverlagen immer achten

Das Paradoxe ist, dass nicht wenige Menschen, die bei einem Pseudoverlag veröffentlicht haben, mit dem Ergebnis zufrieden sind, besonders wenn das Buch äußerlich recht attraktiv geworden ist. Es ist ihr Geld, und wenn sie es dafür einsetzen wollen, um sich stolz »ihr Buch« ins Regal stellen zu können, wieso nicht? Das Aktionsbündnis für faire Verlage rät trotzdem ganz klar ab: »Für die Zahlung der geforderten Summen bieten die Verlage ihren Autoren oftmals nur ungenügende Gegenleistungen: Manuskripte werden gar nicht oder nur mangelhaft lektoriert, Gestaltung und Aufmachung der publizierten Werke sind unzulänglich, der Einsatz für ihren Vertrieb ist praktisch gleich null.«

Wenn Sie dennoch auf diesem Weg ein Buch drucken lassen möchten, dann sollten Sie einige Dinge beachten, damit Ihr Projekt kein absoluter Reinfall wird. Ist ein Bekannter oder ein Familienmitglied von Ihnen entschlossen, sich auf einen Zuschuss einzulassen, dann können Sie demjenigen einen Gefallen tun und ihm diese Tipps weitergeben.

- *Vergleichen Sie Preise und Leistungen.* Lassen Sie sich mehrere unverbindliche Angebote machen – das ist durchaus legitim, schließlich geht es ja um eine Menge Geld. Fordern Sie vom Verlag Ansichtsexemplare von bisher dort erschienenen Büchern an, damit Sie beurteilen können, ob Sie mit der Qualität der Herstellung zufrieden sind. An einem billig gemachten Heftchen werden Sie keine Freude haben. Äußern Sie Wünsche, wie Sie sich die Gestaltung vorstellen. *Sie* sind der Kunde, seien Sie ruhig selbstbewusst in dieser Rolle. Unter den Zuschussverlagen herrscht harte

Konkurrenz. Wenn man Ihren Wünschen nicht entgegenkommt, dann gehen Sie eben zu einem anderen Zuschussverlag. Seien Sie sehr vorsichtig mit zustimmenden Aussagen zu bestimmten Angeboten, man könnte versuchen, das als »mündlichen Vertrag« darzustellen!

- *Verhandeln Sie über die Konditionen.* Wie erwähnt entsprechen die Preise bei den Zuschussverlagen keineswegs nur den Herstellungskosten, daher haben Sie einen relativ großen Verhandlungsspielraum. Diese Erfahrung machte auch Henrike Bach aus Reichelsheim in Hessen. Sie wollte einige Gedichte in einer Anthologie veröffentlichen, sollte dafür jedoch 400 Euro bezahlen. Sie schrieb an den Verlag, dass sie sich das nicht leisten könne, da sie arbeitslos sei. Zu ihrer Überraschung machte ihr der Verlag daraufhin das Angebot, dass es genüge, wenn sie 300 Euro zahle. Wieder lehnte Frau Bach ab, woraufhin der Verlag auf 180 Euro herunterging. Doch mittlerweile hatte Frau Bach ihren Bibliothekar um seine Meinung gefragt, und er hatte ihr von solchen Verlagen abgeraten. Also endete das Spielchen an dieser Stelle.
- *Helfen Sie, die Kosten gering zu halten.* Vielleicht kennen Sie jemanden, der wirklich gut zeichnen kann und der Ihnen günstig oder kostenlos ein paar Illustrationen für das Buch macht. Wenn Sie gerne am Computer layouten, dann könnten Sie die Satzkosten sparen und dem Verlag fertige Druckvorlagen liefern. Falls Ihnen diese Infrastruktur zur Verfügung steht, sollten Sie sich allerdings überlegen, ob Sie nicht doch im Selbstverlag per Printing on Demand (POD beziehungsweise BOD) veröffentlichen wollen.
- *Vereinbaren Sie eine Zahlungsweise, bei der Sie Ihren Zuschuss möglichst spät überweisen müssen.* Es kommt immer wieder vor, dass solche Verlage, besonders die kleineren, die nicht so viele Kunden ködern können, pleite gehen. Passiert Ihrem Zuschussverlag das, nachdem Sie gezahlt haben und bevor Sie Ihr Buch in den Händen halten, dann sehen Sie Ihr Geld nie wieder. Am besten vereinbaren Sie, maximal 50 Prozent des Zuschusses bei Vertragsabschluss zu zahlen und den Rest bei Erhalt Ihrer Belegexemplare.

- *Bestehen Sie auf einer kleinen Auflage.* Pseudoverlage versuchen oft, den Autorinnen und Autoren eine Auflage aufzuschwatzen, bei der sich jeder normale Verlagsmitarbeiter an die Stirn tippt. Es ist Unsinn, von einem Lyrikband oder einer Autobiografie 1000 oder mehr Exemplare zu drucken, auch wenn Ihnen das vielleicht nicht gerade viel erscheint. Im Normalfall werden Sie nur einen Bruchteil davon loswerden. Vereinbaren Sie mit dem Verlag eine Auflage von *maximal* 500 Stück. Sollte sich das Buch tatsächlich gut verkaufen, kann der Verlag problemlos nachdrucken. Da in den meisten Verträgen steht, dass die zweite Auflage voll vom Verlag finanziert wird, ist das für Sie günstiger.
- *Wenn Sie wollen, dass das Buch verkauft wird, dann engagieren Sie sich selbst dafür.* Sprechen Sie Journalisten der Lokalzeitungen an, damit über Sie berichtet wird (bitten Sie den Verlag, diesen Leuten Rezensionsexemplare zu schicken), machen Sie Werbung für Ihr Buch im Internet, organisieren Sie sich Lesungen, auf denen Sie Ihr Buch verkaufen, machen Sie Handzettel und verteilen Sie sie und so weiter. Wenn Sie Lust auf solche Aktivitäten haben, dann sollten Sie sich einen Verlag suchen, der Ihnen für Ihr Geld nicht nur 20 bis 50 Belegexemplare gibt, sondern bei dem Sie eine bestimmte Abnahmemenge (manchmal sogar die halbe Auflage) bekommen. Sonst lässt Sie der Verlag doppelt für Ihre eigenen Bücher bezahlen, wenn Sie sie vertreiben wollen.

5.
Selbstverlag – Chancen und Risiken

Wenn Sie bei etablierten Verlagen abgeblitzt sind, ist ein Zuschussverlag nicht Ihre einzige Möglichkeit, Ihr Buch doch noch zu veröffentlichen. Mit etwas Energie, Tatkraft und Zeit können Sie das, was diese »Verlage« Ihnen anbieten, selbst leisten – und sparen meist viel Geld dabei. Das nötige Know-how können Sie sich anlesen. Sie werden schnell feststellen, dass es spannend ist und seinen ganz eigenen Reiz hat, aus dem eigenen Buchprojekt ein fertiges Produkt entstehen zu lassen. Wenn Sie sich für den Selbstverlag entscheiden, haben *Sie* es in der Hand, wie gut das Buch lektoriert, hergestellt und beworben wird. Niemand verdient sich an Ihnen eine goldene Nase, Sie behalten die Nutzungsrechte an Ihrem Werk und Ihnen bleibt es erspart, vielleicht beschämt feststellen zu müssen, dass Sie auf Abzocker hereingefallen sind.

Ein Buch im Selbstverlag herauszugeben signalisiert natürlich, dass Sie keinen Verlag gefunden haben, und entsprechend weniger andächtiges Staunen werden Sie bei Ihren Verwandten und Bekannten auslösen. »Was bei der Musik passiert ist, dass ›Independent‹ so eine Art Marke geworden, dass es einen Eigenwert bekommen hat, ist in der Literatur nicht geschehen«, sagt Maik Lippert, der seine Kurzgeschichten und Gedichte unter dem Titel *Suizid wird nicht länger strafrechtlich verfolgt* selbst drucken ließ. Doch in der Branche – bei anderen Autoren, Lektoren und Agenten – wird der Selbstverlag als weniger anrüchig betrachtet als die Veröffentlichung bei einem Zuschussverlag.

Wenn das selbstverlegte Buch wirklich gut gelungen ist, dann wird man eher Ihre Initiative bewundern. Und ganz selten, wenn Ihre selbstverlegten Bücher wirklich gut »laufen«, gelingt Ihnen so womöglich der Sprung zu einem großen Publikumsverlag. So war es beispielsweise bei der Krimi-Autorin Nele Neuhaus, die durch geschicktes Marketing so viele selbstverlegte Exemplare verkaufen konnte, dass ihre Bücher nun im List Verlag erscheinen. Erfolgreich mit seinem Selbstverlag war beispielsweise auch Dr. Andreas Schweinbenz, der sein Abnehm-Buch (»*Schatz, meine Hose rutscht*« – *wie Sie ohne Diät genussvoll abnehmen*«) im Frühjahr 2011 mit gehörigem Trommelwirbel unter die Leute brachte.

Sie sollten sich das Abenteuer Selbstverlag jedoch gut überlegen. Die wenigsten Selbstverleger schaffen es, ihre Investition wieder »einzuspielen« oder sogar einen kleinen Bestseller zu landen. Jürgen Kipp, der Organisator der Mainzer Minipressen-Messe, warnt davor, den Geld- und Zeitaufwand für ein solches Projekt zu unterschätzen. »Man sollte sich fragen, ob man das wirklich will. Das ist wie die Entscheidung für ein Kind – man kann nicht einfach nach einem halben Jahr aufhören«, meint er. »Es ist viel kontinuierliche Arbeit, wenn auch oft nur Kleinkram wie Rechnungen schreiben oder Päckchen zur Post bringen. Aber diese Dinge fallen täglich an, und irgendwann nach ein paar Wochen macht es nicht mehr so viel Spaß, man hat schon wieder anderes im Kopf, und es kann dann ganz schön nerven.«

Wenn Sie sich nach der Lektüre dieses Kapitels entschlossen haben, Ihr Buch im Selbstverlag herauszubringen, dann sollten Sie sich mit Hilfe der im Literaturtipp empfohlenen Büchern ausführlicher informieren. Dort finden Sie Einzelheiten über Kalkulation, Formalitäten und Vertriebsstrukturen.

Planung und Vorbereitung

Jetzt, da Sie auch Ihr eigener Verleger oder Ihre Verlegerin sind, müssen Sie konsequent marktorientiert denken. Wenn Sie das zweite Kapitel gelesen haben, haben Sie sich vielleicht schon Gedanken darüber gemacht, was für ein Buch Sie eigentlich schreiben, wer sich dafür interessieren könnte und wer Ihre Konkurrenz auf dem Buchmarkt ist. Als Selbstverleger müssen Sie sich außerdem überlegen, wie Sie potenzielle Käufer am besten erreichen und welchen Ladenpreis diese akzeptieren würden.

Sie werden feststellen, dass es nicht einfach ist, selbstverlegte Bücher zu verkaufen. Ihre Freunde und Bekannte fallen als Käufer aus, da sie meist erwarten, das Buch geschenkt zu bekommen. Selbst wenn Ihr Buch rundum gelungen ist – inhaltlich, stilistisch und äußerlich – werden die meisten potenziellen Leser zögern, sich auf das Buch eines neuen (und noch dazu sich selbst verlegenden) Autors einzulassen. Kalkulieren Sie also Ihre Auflage nicht zu hoch – nachdrucken zu lassen ist ohne großen Aufwand möglich und psychologisch besser für Sie als ein nur ganz langsam kleiner werdender gigantischer Bücherberg in Ihrem Keller.

Tipp: Wenn Sie Ihr Buch hauptsächlich deshalb drucken lassen wollen, um es sich ins Regal zu stellen und an Freunde, Bekannte und Verwandte zu verteilen, dann lohnt es sich nicht, dafür extra einen Verlag zu gründen. Geben Sie den Auftrag einfach einer Druckerei oder einem Printing-on-Demand-Anbieter. Erst wenn Sie Ihre Bücher in größerem Stil über den Buchhandel verkaufen wollen, sollten Sie ein Gewerbe anmelden.

Leider eignet sich der Selbstverlag nicht so gut für Romane und Lyrik, sondern eher für Regionalia, Ratgeber für ein Nischenpublikum und eher ausgefallene Texte für ganz bestimmte Zielgruppen. Diese Bereiche werden von den größeren Verlagen oft vernachlässigt, weil damit meist keine großen Umsätze zu erzielen sind – Regionalkrimis ausgenommen. Daher konzentrieren sich viele Kleinverlage auf *Special-Interest*-Leser. Ein gutes Beispiel dafür ist der Verlag, in dem dieser Ratgeber erschienen ist: Autorenhaus. Manfred Plinke schaffte es, aus dem einstigen Kleinverlag ein angesehenes Unternehmen zu machen, das für seine Autorenratgeber bekannt ist. Die Zielgruppe ist klar und zum Glück auch sehr wissbegierig – der Verlag floriert.

Ein anderes Beispiel ist der CC-Verlag in Hamburg, der sich auf die Themen Bewerbung/Jobsuche sowie Buchführung konzentriert. »Ein Kleinverlag kann nur überleben, wenn er sich spezialisiert, sonst hat er keine Chance. Er muss eine Nische besetzen«, meint Claus Coelius, aus dessen Selbstverlag sich mittlerweile ein Unternehmen mit fünf Mitarbeitern entwickelt hat, der CC-Verlag in Hamburg. »Man sollte sich spezialisieren auf bestimmte Grundbedürfnisse. Das muss nicht immer ein Buch sein. Wenn sich herausstellt, dass ein anderes Medium, zum Beispiel CD-ROM viel besser geeignet ist, dann sollte man das auch machen.«

Paradoxerweise lassen sich Bücher für ein breites Publikum nur schwer vermarkten; je kleiner und besser definiert Ihre Zielgruppe ist, desto besser lässt sich Ihr selbstverlegtes Buch unter die Leute bringen. Wenn Sie einen Thriller geschrieben haben, der sich als Ferienlektüre für Millionen eignen würde, dann müssten Sie eigentlich in Publikumszeitschriften und -zeitungen werben, aber das ist natürlich viel zu teuer und fiele auch neben den Anzeigen der großen Verlage nicht sonderlich auf, so dass der Effekt gleich Null wäre. Ähnlich schwierig wäre die Pressearbeit, da Sie im Bereich allgemeine Literatur mit den großen deutschen Verlagen konkurrieren. Ist Ihr Buch jedoch ein besonders guter Leitfaden für die Zucht von Zierfischen, dann können Sie ohne größeren finanziellen Aufwand in den Fachzeitschriften werben und haben dort ein Publikum, das vermutlich jedes Wort dieser Zeitschrift liest und Ihre Anzeige interessiert zur Kenntnis nehmen wird. Es gibt keinen »Streuverlust«, das heißt jeder, der Ihre Anzeige sieht, ist ein potenzieller Käufer, und Sie werden sicher einigen Umsatz über Direktbestellungen machen (dafür bietet besonders das Internet sehr gute Möglichkeiten). Auch Buchbesprechungen sind Ihnen so gut wie sicher.

All das soll nicht heißen, dass Sie mit Ihrem Roman oder mit Ihrem Gedichtband überhaupt keine Chance hätten. Aber Sie müssen herausfinden, wo – zwischen diesen beiden Extremen des Millionenpublikums und des Fachpublikums – Ihre potenziellen Leser und Leserinnen sind und wie Sie sie ansprechen können. Bei einer Familiensaga, die in der Rhön spielt, können Sie Zeitungen der Region dafür interessieren, sie könnten das Buch bei Heimatvereinen vermarkten und gezielt Buchhandlungen in der Rhön auf diese Neuerscheinung aufmerksam machen. Haben Sie ein Buch mit Slam-Storys geschrieben, können Sie Ihre Presse- und Werbeaktivitäten auf die Zeitschriften der Szene konzentrieren und beispielsweise Handzettel bei Poetry Slams verteilen. Auch im Bereich der Lyrik gibt es viele kleine Zeitschriften, in denen regelmäßig Buchbesprechungen abgedruckt werden (siehe Kapitel Literaturzeitschriften).

Einige Tipps für die Planung:

- **Ladenpreis:** Orientieren Sie sich beim Ladenpreis an den anderen Büchern in Ihrer Sparte, sonst sind Sie nicht konkurrenzfähig. Bitten Sie, wenn nötig, Buchhändlerinnen um Rat. Denken Sie daran, dass Sie vom Ladenpreis die Mehrwertsteuer (für Bücher zur Zeit 7 Prozent) und ca. 40 Prozent Rabatt für den Buchhandel abziehen müssen, um den Betrag zu errechnen, der beim Verkauf für Ihren Verlag bleibt.

- **Auflage:** Planen Sie so, dass Sie nicht mehr als die Hälfte der Auflage verkaufen müssen, um Ihre Kosten gedeckt zu haben. Selbst etablierte Verlage werden nur selten die ganze Auflage eines Buches los. Vertrauen Sie nicht darauf, dass Ihr Buch ein Renner wird, und kalkulieren Sie die Auflage nicht zu hoch, besonders wenn Sie Lyrik schreiben. Natürlich ist es pro Exemplar billiger, wenn man 3 000 Stück drucken lässt statt 1 000, aber es ist unwahrscheinlich, dass Sie 3 000 Exemplare verkaufen werden. Experten raten, am Anfang nur 300 bis 500 Stück drucken zu lassen. Oder Sie wenden sich gleich an einen Printing-on-Demand-Anbieter wie zum Beispiel Libri (»Book on Demand«), der Ihr Buch für wenige hundert Euro herstellt, lieferbar hält und an Kunden versendet. Er kann bei Bedarf auch einzelne Exemplare nachdrucken.

- **Titel:** Bücher unbekannter Autorinnen und Autoren verkaufen sich über Titel, Cover und Idee. Ihr Titel muss nicht nur den Inhalt des Buches treffen, sondern Leser neugierig machen. Üblicherweise wird im Haupttitel ein griffiger Slogan verwendet und im

Untertitel der Inhalt genauer erklärt. Checken Sie zum Beispiel bei Online-Buchhändlern wie Amazon *(www.amazon.de)* oder auf der Website des Autorenhaus Verlages *(www.autorenhaus.de* -> Kategorie »Titelrecherche«), ob der Titel frei ist oder ob es schon ein Buch gibt, das so oder so ähnlich heißt. Sie sollten Ihren geplanten Buchtitel vor Erscheinen des Buches durch eine Titelschutzanzeige in der Fachzeitschrift *Börsenblatt* ankündigen.

- **Rechte:** Haben Sie alle Rechte geklärt? Wenn Sie Auszüge aus Song-Texten, fremde Fotos etc. verwenden wollen, müssen Sie vorher beim Verlag des Urhebers (beziehungsweise beim Urheber direkt) die Genehmigung einholen.
- **Lektorat**: Lassen Sie Ihren Text unbedingt von jemandem korrigieren und redigieren. Wenn Sie keinen Bekannten mit Sprachgefühl dazu bewegen können, heuern Sie für ein paar Euro einen Germanistikstudenten oder eine -studentin an. Falls Sie keinen Deutschlehrer in Ihrem Bekanntenkreis haben und Ihnen niemand einen Lektor/Korrektor empfehlen kann, lohnt sich ein Besuch auf der Website *www.lektorat.de* – in der Datenbank sind eine Menge freiberuflich arbeitender Profis verzeichnet. Bevor Sie einen von ihnen anheuern, sollten Sie sich ein Angebot machen lassen, um Klarheit über die Kosten zu haben, und ein Probelektorat von einigen Seiten anfordern. Dann sehen Sie, ob Sie Qualität bekommen und ob die »Chemie« zwischen Ihnen stimmt.
- **Sponsoring**: Erkundigen Sie sich beim Kulturamt Ihrer Stadt nach Förderungsmöglichkeit. Das muss nicht unbedingt Geld sein – wenn Sie auf diesem Weg kostenlos Flyer oder Werbepostkarten für Ihr Buch drucken lassen können, ist Ihnen schon gedient. Vielleicht schaffen Sie es auch, einen Sponsor aus der Wirtschaft für Ihr Projekt zu gewinnen? Es gibt Unternehmen (häufig Banken und Sparkassen), die sich »Kulturförderung« auf die Fahnen geschrieben haben. Überlegen Sie sich, ob zum Thema des Buches ein bestimmter Sponsor besonders gut passen würde.
- **Steuer**: Denken Sie daran, alle Belege zu sammeln. Ihr Steuerberater kann Ihnen sagen, was Sie davon absetzen können.

Printing on Demand / Books on Demand

Die Idee ist einfach, aber genial. Wieso eigentlich ein paar tausend Bücher drucken, wenn man mittlerweile die Technologie dafür besitzt, kostengünstig auch kleinste Auflagen herzustellen? Warum nicht erst dann ein Exemplar drucken, wenn es bestellt worden ist? »Printing on Demand«, wie dieses Konzept eigentlich heißt, gibt es schon lange, doch erst der Buchgroßhändler Libri hat es unter dem Namen »Books on Demand« bekannt gemacht und ist noch immer Marktführer. Angeboten wird, dass man gegen eine Gebühr seine Druckvorlagen im Libri-Computer speichern lassen kann. Das Buch bekommt eine ISBN, ist also ganz normal über den Buchhandel bestellbar, und wird in Libris Datenbank aufgenommen, die von Buchhändlern benutzt wird. Gedruckt wird nur, wenn auch wirklich eine Bestellung eintrifft. Der Herstellungspreis hängt von der Seitenzahl ab und beträgt für ein Taschenbuch von 120 Seiten etwa 5 Euro. Den Verkaufspreis kann man selbst festlegen und die Differenz selbst einstreichen. Für Ihren Eigenbedarf können Sie eine frei wählbare Anzahl von Exemplaren zum Herstellungspreis ordern. Auf Wunsch wird auch ein E-Book erstellt.

Relativ günstig ist das alles, wenn man sein Buch selbst korrigiert und Cover sowie Layout selbst gestaltet; die Druckvorlagen werden anschließend zum Beispiel als PDF-Datei abgegeben. Man kann sich die Arbeit gegen Aufpreis auch abnehmen lassen und auf Wunsch einen Marketingservice dazu buchen. Das Angebot ist stark standardisiert, aber zumindest transparent und weitaus billiger als die meisten Zuschussverlage. Hier ist die Kontaktadresse des bekanntesten Anbieters:

Books on Demand GmbH
In de Tarpen 42
22848 Norderstedt
Tel. Zentrale: 040 / 53 43 35-0
E-Mail: info@bod.de
www.bod.de

5. Selbstverlag – Chancen und Risiken

Geeignet ist das Konzept für Autoren und Autorinnen, die bei der Verlagssuche keinen Erfolg hatten und sich auch nicht den Haien der Branche, den Zuschussverlagen, ausliefern wollen. Wer sein Buch trotzdem unbedingt in Druck sehen will, für den ist Printing on Demand eine kostengünstige und relativ risikofreie Alternative. Auch wenn das bereits erschienene Buch vergriffen ist und der Verlag keine Neuauflage plant, ist diese Methode sinnvoll. Mittlerweile nutzen viele kleine Verlage das System, zum Beispiel der »Verlag der Criminale« unter der Schirmherrschaft der bekannten Krimiautoren-Vereinigung ›Syndikat‹. Die Titel sehen nicht anders aus als »normale« Taschenbücher auch. Das Programm des Verlages besteht vor allem aus einstmals vergriffenen Titel, die wieder das Licht der Buchwelt erblicken konnten, aber auch aus Anthologien und Originalausgaben.

Inzwischen gibt es eine Vielzahl von Printing on Demand-Anbieter, beispielsweise epubli *(www.epubli.de)*, Buchmedia *(www.buchmedia.de)* oder das sächsische Digitaldruckzentrum *(www.sdv.de)*. Wenn Sie darüber nachdenken, sich einem davon anzuvertrauen, sollten Sie folgendes bedenken:

* Da die Herstellungsqualität der verschiedenen Anbieter sehr unterschiedlich ist, sollten Sie ein Probeexemplar anfordern und sich mit anderen Autoren über ihre Erfahrungen austauschen. Das können Sie beispielsweise in der Newsgroup *bod_ies@yahoogroups.de*
* Wollen Sie, dass Ihr Buch über den Buchhandel bestellbar ist? Dann achten Sie bei Ihrem Anbieter darauf, dass er Ihnen eine ISBN beschaffen kann sowie die Lieferung und Abrechnung der über den Buchhandel bestellten Exemplare übernimmt. Sonst stoßen Sie beim Vertrieb der Bücher wieder auf die gleichen Probleme wie beim klassischen Selbstverlag auch.
* Vergleichen Sie unbedingt die Preise und Qualität, bevor Sie sich für einen Anbieter entscheiden! Manche Angebote erscheinen überteuert. Das gilt auch für zusätzliche Services, zum Beispiel bei Libri BOD die Präsentation mehrerer Exemplare auf der Buchmesse. Andere Services, wie die Aufnahme in englischsprachige

Buchhandelskataloge, sind für deutsche Bücher sinnlos und dienen vor allem dem eigenen Ego.
- Libri BOD wird in seiner Werbung immer offensiver und betont stark den Erfolg, den man mit einem solchen Buch haben kann. Andere Anbieter behaupten ebenfalls, man könne mit solchen Veröffentlichungen prima Geld verdienen. Bleiben Sie realistisch und lassen Sie sich nicht einreden, dass Sie mit einer solchen Veröffentlichung ruckzuck einen Bestseller landen werden. In Wirklichkeit hat ein so veröffentlichtes Buch nur dann eine Chance, wenn Sie selbst ordentlich Werbung dafür betreiben – sonst erfährt niemand von dem Werk. Auch mit Büchern, die in einem regulären Verlag veröffentlicht werden, lässt sich nur selten die große Kohle machen.
- Die Printing on Demand-Anbieter rechnen damit, dass diese Bücher nur selten verlangt werden. Mausert sich doch mal eins zum Bestseller, kann die Lieferung ein bisschen dauern.

Bücher direkt im Laden ausdrucken

Wie werden die Buchhandlungen der Zukunft aussehen? Wird dort nur noch eine kleine Auswahl von Büchern stehen plus eine Downloadstation für E-Book-Reader plus eine Buchdruckmaschine? Solche Maschinen gibt es schon heute: Die »Espresso Book Machine« oder die »Instabook« wirken auf den ersten Blick wie Kopierer. Doch sie können weit mehr: Man wählt aus einer Datenbank den Titel aus, den man haben möchte, und hält kurz darauf ein fertig hergestelltes Buch in Händen. Fünf Minuten braucht die Espresso Book Machine für ein 300-seitiges Buch. Der Vorteil dieser Methode: auch ungewöhnliche Bücher für eine kleine Zielgruppe, die man im Moment kaum in den Buchhandlungen findet, sind leicht zu beschaffen. Doch es bleibt offen, ob und wann sich diese Technologie in Europa durchsetzen kann.

Nicht ohne ein hübsches Cover: Herstellung

Ausstattung und Cover Ihres Werkes sollten attraktiv und professionell wirken, selbst wenn Sie die Bücher nur für Ihre Verwandten und Bekannten produzieren. Ganz besonders wichtig ist das natürlich, wenn Sie sich mit der Konkurrenz auf dem Buchmarkt messen wollen. Mit billig und laienhaft gemachten Büchern oder einfachen gehefteten Broschüren haben Sie bei den meisten Käufern keine Chance. Engagieren Sie für die Gestaltung am besten einen Grafiker oder, wenn Sie Geld sparen müssen, einen Grafik-Design-Studenten.

Vergleichen Sie die Preise und Angebote von POD-Anbieten und Druckereien, die auch Bücher drucken und nicht nur Prospekte oder Ähnliches. Einige Druckereien haben sich sogar auf Bücher kleiner Auflagen spezialisiert. Lassen Sie sich Muster zeigen. Wenn die Qualität der fertigen Bücher aus irgendeinem Grund mangelhaft ist, sollten Sie sofort reklamieren. Bei kleineren Mängeln ist ein Preisnachlass möglich, bei schweren Mängeln muss die Druckerei die Bücher auf eigene Kosten neu herstellen.

Wie bringe ich mein Buch unter die Leute? Vertrieb

Manche, besonders engagierte Kleinverleger reisen als ihre eigenen Buchhandelsvertreter durch die Lande. Doch das ist nicht immer der reine Spaß, wie der Autor Stefan Bouxsein feststellte: »Eigentlich wollte ich meinen aufregenden Krimi ja nicht in die Schublade des Regionalkrimis stecken, aber wenn man mit einem einzelnen Buch im Gepäck in die Buchhandlung marschiert, kommt man sich vor, als wolle man dem König von Saudi-Arabien eine Tüte voll Sand verkaufen. Eine taktisch ausgefeilte Verkaufsargumentation ist also vonnöten.«* Durch Überzeugungskraft und Hartnäckigkeit konnte er allein

---

* Quelle: Beitrag in Handbuch für Autorinnen und Autoren, 7. Auflage München 2010.

im Laufe des ersten Jahres 1 000 Exemplare seines Romans verkaufen, hauptsächlich in der Region Frankfurt, dem Schauplatz des Buches.

Ähnlich erfolgreich war auch der Ex-Polizist, Krimiautor und Selbstverleger Jürgen Groß. »Ich habe das Buch drucken lassen und mir dann die Absätze abgelatscht«, erzählt er. »Termine mache ich mit den Buchhändlern keine. Ich stelle mich einfach vors Krimiregal und warte, bis mich jemand anspricht. Dann frage ich, warum denn mein Buch da nicht steht. Zur Antwort kommt dann: ›Ich weiß nicht. Wer sind Sie überhaupt?‹ Darauf bin ich natürlich vorbereitet, ich stellte mich und mein Werk vor. Ganz zufällig habe ich natürlich einige Exemplare dabei. Zum Schluss lasse ich denen noch eine sechsseitige Broschüre und eine Bestellkarte für Folgebestellungen da.« Groß klapperte 186 Buchhandlungen in Mittelhessen ab. In fast jeder wurde er einige seiner Bücher los, und nach einem halben Jahr war die erste Auflage verkauft. Über dreißig Verlage hatten damals sein Manuskript abgelehnt, zwei davon wollten ihn nach seinem Erfolg unter Vertrag nehmen. Groß konnte es sich leisten, sie auszulachen.

Wie komme ich mit meinem selbstverlegten Buch auf die Buchmesse?
Das eigene, selbstverlegte Buch auf der Buchmesse – das ist kein unerfüllbarer Traum. Manche Printing on Demand-Anbieter bieten ein Messe-Paket an, bei dem es pro Buch etwa 100 Euro kostet, in Frankfurt dabei zu sein. Das ist okay, mehrere Exemplare zu präsentieren ist jedoch teuer. Günstiger ist es, sein Buch beim Gemeinschaftsstand des AkV (Arbeitskreis kleinere unabhängige Verlage im Börsenverein des deutschen Buchhandels) zu zeigen. Dort werden auch einzelne Titel aus Klein- und Selbstverlagen gemeinsam präsentiert, das kostet 91 Euro für ein Buch und 60 Euro für jedes weitere. Natürlich werden sich keine Menschenmassen vor Ihrer Präsentation einfinden, doch erfahrungsgemäß schlendert durchaus der eine oder andere Messebesucher durch diesen Gemeinschaftsstand und stöbert. Die Adresse des Börsenvereins/AkV finden Sie am Ende des Kapitels.

Es ist natürlich viel weniger aufwändig, einfach nur Infomaterialien an die Buchhändler zu verschicken, doch die Resonanz ist nur selten zufriedenstellend. Buchhändler sind es gewohnt, dass jemand (der gepflegt aussieht) persönlich vorbeikommt, sie zu überzeugen versucht und Bestellungen aufnimmt. Eine Möglichkeit für Sie wäre, Ihre Bücher vor Ihrer Vertreterreise drucken zu lassen und sich den Kofferraum damit vollzupacken; dann können Sie die Bücher sofort abliefern, wenn jemand bestellen möchte. Damit lassen sich die Portokosten für die Auslieferung einsparen. Natürlich könnten Sie auch drei bis vier Musterexemplare, sogenannte »Dummys«, herstellen lassen und damit reisen. Letzteres hat den Vorteil, dass Sie Rückmeldung zu Titel und Cover (beide sollten in diesem Stadium schon fertig sein) bekommen und noch etwas ändern können, wenn sie den Buchhändlern nicht gefallen. Zudem ist durch die Vorabbestellungen die Auflage etwas abgesichert. Wenn Sie merken, dass das Buch wenig Resonanz findet, dann drucken Sie eben eine niedrigere Stückzahl.

Wenn Sie selbst Buchhandlungen besuchen wollen, um Ihr Buch vorzustellen, dann tun Sie das unbedingt nur während der normalen Reisezeit der Vertreter, das heißt von der ersten Januarwoche bis Ostern und von Anfang Juni bis zur Frankfurter Buchmesse Anfang Oktober. Wenn Sie außerhalb der Saison kommen, machen Sie sich leicht unbeliebt. Konzentrieren Sie sich bei Ihren Bemühungen auf Ihre Region und in anderen Gegenden auf die größere Städte, dort sind Ihre Chancen noch am besten.

In den letzten Jahren hat sich mit dem Internet ein ideales Marketinginstrument für kleine Verlage etabliert. »Das ist ein absoluter Überlebenstipp für Neugründungen«, meint ein Berliner Kleinverleger. »Falls man die richtigen Links setzt, kann man auch als Kleinverlag Geld machen, wenn man ein bis zwei Bücher hat, die den Nerv der Zeit treffen.« Der Vorteil des Internets ist, dass man günstig attraktive Werbeseiten bekommt, die sehr vielen Nutzern zugänglich sind. Sorgen Sie auf Ihren Seiten unbedingt für eine Bestellfunktion, damit Interessenten das Buch sofort beim Verlag anfordern können. Das wird, so hat sich gezeigt, von vielen Internet-Surfer genutzt.

Auch andere Möglichkeiten des Direktvertriebs sollten Sie nutzen, denn bei jedem Buch, das Sie direkt verkaufen, sparen Sie den hohen Rabatt, den der Buchhandel verlangt. Führen Sie Mailings durch, in denen sie ihre Zielgruppe direkt anschreiben, verteilen Sie Handzettel, verkaufen Sie Ihr Buch auf Ihren Lesungen, denken Sie sich Promotion-Aktionen aus. Wenn Sie Lyrik schreiben, wird Ihnen meist auch nichts anderes übrig bleiben, als auf solche Maßnahmen zu setzen, denn im Buchhandel stoßen Sie mit Lyrik auf wenig Gegenliebe.

Wie sag ich's der Presse? Medienkontakte

Erfolgreiche Pressearbeit basiert darauf, dass Sie sich Kontakte aufbauen, indem Sie zu den verantwortlichen Mitarbeitern gehen und sich ihnen persönlich vorstellen. Einfach nur kommentarlos Pressemitteilungen zu verschicken bringt wenig. Finden Sie heraus, wer die richtigen Ansprechpartner und Ansprechpartnerinnen bei den Medien der Region sind und erzählen Sie ihnen von Ihrem Buch und von sich. Bieten Sie den Journalistinnen und Journalisten eine Story, wecken Sie ihre Neugier. Ist etwas an Ihrem Buch neu, ungewöhnlich oder sogar provokant? Machen Sie aus diesem Aspekt Ihren »Aufhänger«.

Überregionale Medien, die Sie nicht selbst besuchen, könnten Sie beispielsweise durch eine Pressemitteilung informieren und ein Rezensionexemplar anbieten. Wenn Journalisten das Buch anfordern wollen, genügt eine kurze Mail an Sie. Schicken Sie ihnen dann nicht einfach nur das Buch, sondern legen Sie Material bei, zum Beispiel eine Inhaltszusammenfassung und Autoreninformationen. Natürlich sollten alle Ihre Materialien professionell aussehen. Beachten Sie, dass es bei Informationen für die Medien tabu ist, das Buch anzupreisen; der Ton der Pressemitteilung sollte neutral und informativ sein. Dagegen können Sie in Anzeigen oder reinen Werbebroschüren durchaus werblich formulieren. Denken Sie daran, Ihre Infos rechtzeitig einzuschicken, manche Zeitschriften haben einen Vorlauf von mehreren Monaten.

Seien Sie darauf vorbereitet, dass es eine Weile dauern wird, bevor die überregionalen Presse »anbeißt« – wenn das überhaupt geschieht.

Der Sachbuchautor Michael Köhne stellte selbst fest, wie mühsam die PR-Arbeit für sein selbstverlegtes Buch war. Er verteilte Flugblätter in alle Briefkästen seines Wohnorts und machte Presse und Funk mit Informationsmaterialien auf seine Neuerscheinung aufmerksam. Die Resonanz war gleich Null. Es dauerte noch eine Weile, bis der Durchbruch kam: »Mittlerweile hatten mehrere lokale Zeitungen über mich berichtet, das ist ja wohl das Mindeste, was man erwarten kann, wenn man ein provokantes Buch schreibt, und ich hatte dreimal bundesweit dafür inseriert. Diese kleinen Artikel schickte ich dann an die Wirtschaftsredaktion der Saarbrücker Zeitung und siehe da, kurze Zeit später erhielt ich die Anfrage für einen Interviewtermin.« Als er, unter anderem durch ein *Spiegel*-Interview, immer bekannter wurde, konnte er sogar die Taschenbuchlizenz für sein Buch an den S. Fischer Verlag verkaufen.*

Überlegen Sie, welche Multiplikatoren Sie für das Buch interessieren könnten – Menschen, die Ihr Buch der Zielgruppe empfehlen könnten. Das könnten zum Beispiel Vereinsvorsitzende sein, leitende Mitarbeiter von Selbsthilfeorganisationen oder andere in dem für Sie interessanten Bereich engagierte und aktive Leute. Seien Sie nicht kleinlich mit Rezensionsexemplaren und schicken Sie den Multiplikatoren jeweils eins Ihrer Bücher mit einem netten Anschreiben.

Werbung in eigener Sache

Die Faustregel lautet, dass für Werbung rund 10 Prozent der Gesamtkosten investiert werden sollten. Große Sprünge kann man mit diesen Beträgen natürlich nicht machen. Ganz vereinzelte Anzeigen bringen leider auch wenig: bei Werbung gilt das Prinzip des steten Tropfens. Meist müssen potenzielle Kundinnen und Kunden mehrmals etwas über Ihr Buch hören, ehe sie sich dafür entscheiden, es zu kaufen. Bewährt hat sich beispielsweise, Flyer und Bestellkarten für Ihr Buch drucken zu lassen – so können Sie, wenn Sie mit jemandem über Ihr

---

* Quelle: Michael Köhne: »Erfahrungen eines Buchautors und Selbstverlegers«, in *Deutsches Jahrbuch für Autoren*, 1997.

Werk ins Gespräch kommen, demjenigen gleich etwas in die Hand drücken. Sonst sind der Titel und andere Details schnell vergessen.

Aber dort endet das Selbstmarketing natürlich noch lange nicht. Die Schreibpädagogin und Autorin Diana Hillebrand erzählt, was sie für ihr erstes, in einem Regionalia-Verlag veröffentlichtes Kinderbuch *Paula, die Tierpark-Reporterin* unternommen hat: »Als erstes habe ich für Paula eine Webseite gemacht (*www.paula-online.de*), dort finden Leser Informationen über das Buch und über Paula, ihre Familie und Freunde. Außerdem gibt es tolle Weitermalbilder der Illustratorin zum Ausdrucken. Jeder kann Paula eine Nachricht schreiben und bekommt eine Antwort von Paula. Auch Lesungen sind unerlässlich, um ein Buch bekannt zu machen. Ich habe im ersten halben Jahr rund 15 Lesungen in Buchhandlungen, Schulen und im Tierpark Hellabrunn gehalten. Weitere werden folgen. Ich habe immer ein Buch dabei und sogar schon welche in der U-Bahn verkauft.« Außerdem schrieb sie einen Artikel über die Entstehung des Buches für die Autorenzeitschrift »Federwelt« und hinterlegte auf Amazon eine Autorenbiografie und ausführliche Infos über das Buch.

Tipp: Wichtig ist, dass Sie Ihre Werbekampagne erst in den letzten Phasen der Buchentstehung starten. Kleine Vorankündigungen sind in Ordnung, aber wenn Sie Anzeigen schalten, Werbeflyer verteilen oder Lesungen halten, noch bevor das Buch erhältlich ist, dann verpufft die durch die Werbung erzeugte Aufmerksamkeit. Bis Ihr Buch dann endlich erschienen ist, haben die potenziellen Kundinnen und Kunden es schon wieder vergessen.

Vom Selbstverlag zum Kleinverlag

Wenn Ihr erstes Buch ein Erfolg war und Sie jetzt richtig Spaß an der ganzen Sache bekommen haben, dann könnten Sie aus dem Selbstverlag einen richtigen Kleinverlag machen. Das sollten Sie jedoch erst einmal nur mit dem Rückhalt eines »Brotberufs« oder eines gutverdienenden Partners oder einer Partnerin versuchen. Und bedenken Sie, dass man nicht so einfach mit einem solchen Unternehmen aufhören kann – nach einer Weile hat man schon so viel Zeit und Geld investiert, dass es kein Zurück mehr gibt. Wichtig ist dann das kontinuierliche Dabeibleiben.

Einen richtigen Kleinverlag zu betreiben, das bedeutet, dass Sie sich eine Auslieferung suchen sollten, die die Bestellungen entgegennimmt und den Buchhandlungen die Bücher mitsamt einer Rechnung zukommen lässt. Es gibt einige Unternehmen, die für kleinere Verlage besser geeignet sind als die ganz großen Auslieferer, weil sie zum Beispiel gebündelt mit anderen Kleinverlagen ausliefern. Probieren Sie es zum Beispiel bei SoVa (Frankfurt), Prolit (Fernwald) oder GVA (Göttingen). Erkundigen Sie sich bei anderen Kleinverlagen, ob sie Ihnen eine Verlagsauslieferung empfehlen können.

Falls sich eines Ihrer Bücher wirklich gut verkauft, sollten Sie auch versuchen, ins »Barsortiment«, den Buchgroßhandel, hineinzukommen, damit Ihr Verlag stärker im Buchhandel präsent ist. Das Barsortiment, das aus Zwischenbuchhändlern wie Libri, KNV oder Umbreit besteht, hält alle gängigen Titel auf Lager und macht es möglich, dass Sie ein heute bestelltes Buch morgen schon in der Buchhandlung abholen können. Auf ein Buch, das erst umständlich beim Verlag bestellt werden muss, wartet der Käufer dagegen bis zu zwei Wochen. Sie müssen das Barsortiment irgendwie davon überzeugen, dass Ihr Buch in nächster Zeit von den Kunden nachgefragt werden wird, vielleicht weil Sie Anzeigen in wichtigen Medien geschaltet haben oder Ihr Buch demnächst im *Spiegel* besprochen wird oder Sie in einer Talkshow auftreten… Wenn die Nachfrage stimmt, dann werden die Barsortimente natürlich gerne Ihr Werk listen.

Außerdem sollten Sie darüber nachdenken, ob Sie nicht vielleicht einen Vertreter beziehungsweise eine Vertreterin für sich reisen lassen. Manche vertreten nur ein bis zwei große Verlage oder drei mittelständische – bei diesen Leuten haben Sie natürlich keine Chance. Doch es gibt auch welche, die die Unterlagen von zehn bis zwanzig kleineren Verlagen im Gepäck haben und vielleicht noch einen dazunehmen würden. Da Vertreter wissen, dass mit den »Kleinen« nicht viel zu verdienen ist, wird es allerdings nicht einfach werden, einen kompetenten

Vertreter für Ihren Kleinverlag zu finden. Sie sollten sich aber auf jeden Fall auf der »Vakanzliste« des Börsenvereins eintragen lassen, damit bekannt wird, dass Sie jemanden suchen; darüber hinaus können Sie im *Börsenblatt* Suchanzeigen aufgeben.

Wenn Sie noch Fragen haben, können Sie bei den Profis anklopfen und um Tipps bitten. Es gibt einen bundesweit tätigen »Arbeitskreis kleinerer unabhängiger Verlage« (AkV) sowie verschiedene »Arbeitskreise kleinerer Verlage« in den Landesverbänden des Börsenvereins des Deutschen Buchhandels, weitere Informationen finden Sie hier:

Börsenverein des Deutschen Buchhandels e.V.
Verleger-Ausschuss
Braubachstr. 16
60311 Frankfurt am Main
Tel. 069/1306-325
E-Mail: verleger-ausschuss@boev.de
www.boersenverein.de/de/portal/Arbeitskreise_Verleger_Ausschuss

Auch die Macher der Mainzer Minipressen-Messe können Ihnen möglicherweise weiterhelfen:

Mainzer Minipressen-Messe
Jürgen Kipp
Tel. 06131/12 26 76
E-Mail: juergen.kipp@stadt.mainz.de
www.minipresse.de

Falls Sie bei der Minipresse – einer alle zwei Jahre stattfindenden Messe speziell für kleinere Verlage und Handpressen – dabei sein wollen, sollten Sie sich frühzeitig bewerben, der Platz ist begrenzt. Nicht unbedingt nötig ist, auf den großen Buchmessen präsent zu sein, viel bringt das nicht außer dem Gefühl, dabei gewesen und die gleiche Luft wie die Profis geschnuppert zu haben. Auf den großen Messen kostet Sie die kleinste Stand-Variante um die 1600 Euro, hinzu kommen Nebenkosten wie An- und Abreise.

Damit die Präsenz auf der Frankfurter und Leipziger Buchmesse auch für die kleineren Verlage erschwinglich ist, organisiert der »Arbeitskreis kleinerer unabhängiger Verlage« dort Gemeinschaftsstände. Bei der Buchmesse Frankfurt 2011 waren beispielsweise 60 Verlage mit einzelnen Stand-Elementen vertreten (das kostet, je nachdem, ob man Mitglied ist oder nicht, 644 oder 830 Euro). Man kann aber auch einzelne Titel aus Klein- und Selbstverlagen zeigen, diese Möglichkeit nutzten 450 Teilnehmer. Wie schon erwähnt, kostet das 90 Euro für ein Buch und 60 Euro für jedes weitere. Sie müssen, um Ihre Bücher zu präsentieren, nicht unbedingt anwesend sein, der Gemeinschaftsstand wird von Mitgliedern des Börsenvereins betreut.

Buchtipps:

Manfred Plinke, *Mini-Verlag. Selbstverlag, Publishing on Demand, Verlagsgründung. Buchherstellung, Buchmarketing, Buchhandel, Direktvertrieb.* Berlin, 7. Auflage 2009, 315 Seiten, 19,90 Euro
Klassiker, den jeder ernsthafte Selbstverleger durchgearbeitet haben sollte. Eine Fundgrube wichtiger Infos, von Layout- und Druck-Knowhow über Marketing bis zu Pressearbeit. Sie erfahren u. a., wie man einen Titel meldet, Kosten kalkuliert und ein Gewerbe anmeldet.

Wilfred Lindo, *99 Tipps zur e-Book Erstellung, Formatierung, Veröffentlichung und Marketing* (3. Auflage, erhältlich als E-Book), 2,99 Euro
Der Herausgeber von *ebookblog.de* hat hier eine Menge nützlicher Tipps in übersichtlicher Form zusammengefasst. Von der Herstellung über die Preisgestaltung bis zum Marketing wird alles Wichtige behandelt.

6.
Eigene Texte im Internet veröffentlichen

Es ist einfach und günstig, sein Selbstgeschriebenes im Internet zu veröffentlichen. In Online-Autorengruppen werden regelmäßig kurze Texte, oft Gedichte, vorgestellt. Außerdem können Sie natürlich auf Ihrer Homepage präsentieren, was Sie wollen. Das hat dazu geführt, dass nicht durch Verlage gefiltert eine riesige Anzahl von Gedichten, Storys und Essays der Öffentlichkeit zugänglich gemacht wurden. Viele Internetnutzer sind der Ansicht, dass die Qualität dieser Texte meist nicht sonderlich gut ist und dass viele davon besser in der Schublade geblieben wären. Aber es sind natürlich auch interessante Werke und Projekte dabei.

Auf eine eigene Homepage können Sie zum Beispiel Informationen über sich und Ihre bisherige literarische Arbeit stellen und sie durch kurze eigene Texte ergänzen, die man direkt am Bildschirm lesen kann. Längere Texte könnten Sie in Form von Leseproben mit Inhaltsangabe des restlichen Werkes präsentieren (aber Achtung, Ideen unterliegen nicht dem Urheberrecht!), oder Sie richten die Möglichkeit ein, dass sich Besucher per Mausklick den Text herunterladen können. Haben Sie schon veröffentlicht, dann könnten bibliographische Angaben des Buches oder der Bücher, News, ein Blog, Lesungsankündigungen, Auszüge aus Buchbesprechungen, Leser- und Kritikerfeedback, ein Gästebuch, »Making Of-Berichte« und andere Hintergrundinfos, Tipps für angehende Autoren, FAQ (häufig gestellte Fragen), ein Leserquiz und vieles mehr dazukommen. Nett ist auch, eine Linkliste anzulegen, von der aus man sich auf andere interessante Internetseiten weiterklicken kann. Vergessen Sie das Impressum nicht – das ist Pflicht. Hinein gehören Ihr Name sowie Ihre Post- und E-Mail-Adresse. Zusätzlich gehören ins Impressum »rechtliche Hinweise« und ein Haftungsausschluss. Er könnte folgendermaßen lauten: »Für alle Links auf meiner Site übernehme ich keine Verantwortung für den Inhalt und erkläre, dass ich keinerlei Einfluss auf die Gestaltung und die Inhalte der verlinkten Seiten habe. Diese Erklärung gilt für alle auf der Homepage angezeigten Links und für alle Inhalte der Seiten, zu denen die Links führen.«

Wenn Sie eine Page mit eigenen Texten fertig gestellt haben, bleibt Ihnen natürlich noch das Problem, wie Sie sie bekannt machen. Jede Website konkurriert mit vielen, vielen anderen Angeboten, Sie müssen also jede Chance nützen, Literaturinteressierte auf Ihre Seite aufmerksam zu machen. Vergessen Sie nicht, sie bei den Suchmaschinen anzumelden, und verweisen Sie bei allen Ihren Aktivitäten auf Ihre Website. Eine beliebte Möglichkeit ist außerdem der Link-Tausch mit anderen Literaturseiten nach dem Motto »Verlinkst du mich, verlinke ich dich«. Verpönt sind natürlich Massen-Mailings an fremde E-Mail-Adressen (»Spam«).

Eine weitere Möglichkeit, eigene Texte im Internet zu veröffentlichen, sind Internet-Literaturzeitschriften, auch E-Zines oder Web-Zeitschriften genannt. Manche von ihnen akzeptieren jeden Text, den sie geschickt bekommen, andere dagegen treffen eine Auswahl. Da sich dadurch der Qualitätsstandard erhöht, ist eine Veröffentlichung dort mit einem Prestige verbunden, die eine Veröffentlichung auf der eigenen Homepage nicht hat – das ist genau wie mit dem Selbstverlag. Honorar werden Sie für eine Web-Zeitschriften-Veröffentlichung zwar keins bekommen, aber dafür behalten Sie auch die Verwertungsrechte an Ihrem Text. Meist müssen Sie Ihre Texte per E-Mail einsenden, am besten im universell lesbaren RTF-Format oder auch im Word-Format DOC. Klären Sie vorher, wer die grafische Gestaltung übernimmt, Sie oder die Internet-Zeitschrift.

Tipp: Seien Sie vorsichtig, wenn ein Anbieter für die Veröffentlichung Ihrer Texte auf seiner Page von Ihnen Geld verlangt: Auch der eine oder andere Zuschussverlag hat sich im Netz etabliert und versucht hier abzukassieren!

Für diese Liste wurden unter den vielen existierenden Projekten einige besonders interessante Web-Zeitschriften ausgewählt. Das Internet ist allerdings sehr schnelllebig und die Informationen veralten rasch, deshalb schon vorab eine Entschuldigung für alle Links, die nicht mehr funktionieren.

Autorenweb

www.autorenweb.de	Hier können unveröffentlichte Autoren ihre Texte präsentieren. Gut: Ausführliche Linkliste von Verlagen im Internet.

Autorenblog

http://autorenblog.blog.de/	Offenes Forum, in dem jeder seine Texte präsentieren kann. Ziel ist der Gedankenaustausch darüber.

Der brennende Busch

www.literaturwelt.de/ brennender-busch/	Literaturmagazin mit Prosa, Lyrik, Essays, Kritik und Rezensionen. Auswahl:»Wir haben es uns zum Ziel gesetzt, das Beste in Online-Literatur zu bieten.«

Federfeuer

www.federfeuer.de	»Die Hölle der gnadenlosen Textkritik« – hier werden Texte nicht aus Höflichkeit gelobt, sondern sachlich, fair und gnadenlos auseinandergenommen.

Gedichte.com

6. Eigene Texte im Internet veröffentlichen

www.gedichte.com	Forum für Gedichte und Kurzgeschichten. In der Gedichte-Werkstatt können eigene entstehende Texte diskutiert werden, in den anderen Rubriken Gedichte veröffentlicht werden (unterteilt in Kategorien wie »Liebe und Romantik«, »Trauer und Düsteres«, »Natur und Jahreszeiten« etc.)
Kurzgeschichten.de	
www.kurzgeschichten.de	Zahlreiche Storys in vielen Kategorien, außerdem Online-Austausch mit anderen Autoren, Kreativwerkstatt und Schreibspiele und Infos. Registrierung notwendig.
Leselupe	
www.leselupe.de	»Deutschlands größtes Literaturplattform«, bietet die Möglichkeit, Lyrik und Prosa zu veröffentlichen, außerdem Diskussionsforen, Rezensionen, E-Book und Hörbuch-Download, ein eigenes Lektorat und viele Infos für Autoren.
Literaturcafé	
www.literaturcafe.de	Literarische Links, Literatur-Chat, Interviews, Rezensionen. Gäste können hier eigene Essays, Lyrik und Prosa veröffentlichen. Unter den Einsendungen wird ausgewählt.
literatur.org	
www.literatur.org	»Junge Literatur im Netz«: Jeden Tag ein neuer Beitrag auf der Startseite, auf der Hauptseite kann man Texte (Prosa, Lyrik, Erzählungen, Satiren, Haiku, Limericks, Märchen...) lesen und veröffentlichen.
Literaturzone	
www.literaturzone.org	Forum für Hobby-Schriftsteller, die Texte der Öffentlichkeit zugänglich machen wollen. Kritik, Roman-Auszüge, Kurzgeschichten, Essays und Lyrik sind willkommen.

LYRIKwelt

www.lyrikwelt.de — Literaturportal, auf dem Texte veröffentlicht werden können (Lyrik, aber auch Prosa). Außerdem Rezensionen und News, Infos über Wettbewerbe etc.

Poetenladen

www.poetenladen.de — »Virtueller Raum für Dichtung«. Storys und Gedichte, Erzählungen und Kurzprosa. Aktuelle Buchkritiken, Essays und poetische News.

WebStories

www.webstories.cc — Plattform »für Leser und Schreiber« mit der Möglichkeit, eigene Geschichten zu veröffentlichen. Auch Fan Fiction, Experimentelles sowie Texte zum Weiterschreiben.

Welche Texte eignen sich fürs Internet?

Wenn Sie Texte ins Internet stellen, müssen Sie sich früher oder später damit auseinandersetzen, dass sich viele Formen von Literatur eigentlich nicht für dieses Medium eignen. Einen mehr als vier Bildschirmseiten langen, herkömmlichen Text am Computer zu lesen ist anstrengend. Besser ist in diesem Fall, nur eine Leseprobe daraus zu präsentieren und den Rest als Download beziehungsweise E-Book anzubieten. Wer wirklich interessiert ist, kann das Manuskript dann in Ruhe auf einem Reader lesen oder ausdrucken. Höchstens die schön gestalteten Netzbücher, die man sich auf BookRix basteln kann, laden dazu ein, sie am Bildschirm zu lesen.

Schon Mitte der 90-er Jahre haben sich im Internet neue Textformen entwickelt. Dazu gehört vor allem der Hypertext, auch Hyperfiction genannt, das sind nichtlineare Texte, bei denen man mit Hilfe von Links zwischen den einzelnen, vernetzten Teilen hin- und herspringen kann. Oft enthalten sie Bilder und Sound-Material. Vorläufer dazu waren die quasi-interaktiven Bücher der achtziger Jahre, bei denen der Leser über den Handlungsverlauf mitentscheiden konnte. Doch im Internet sind die Texte natürlich multimedial.

6. Eigene Texte im Internet veröffentlichen

Inzwischen hat die erste Experimentierlust nachgelassen, das Internet ist zum Alltag geworden. Veröffentlicht werden dort zur Zeit hauptsächlich konventionelle Texte ohne Hypertext-Schnickschnack. Wichtiger als innovative Netzkunst ist inzwischen die Funktion des Internet als Forum. In dieser Funktion hat es zum Beispiel einer anderen Textform zu neuer Blüte verholfen: der Fan Fiction. Wer der Fan einer Fernsehserie oder Buchreihe ist, der hat nicht selten Lust, Geschichten zu schreiben, die in dieser Welt spielen und in denen seine Lieblingshelden die Hauptfiguren sind. Das macht natürlich am meisten Spaß, wenn man diese Geschichten mit anderen Fans teilen kann, was auf Websites problemlos geht – wer Glück hat, bekommt sogar eine Menge Feedback zu seinem Werk. Die Regeln, zum Beispiel was alles in die Kopfzeile der Fan-Story gehört, begreift man schnell, wenn man ein paar Texte dieser Art gelesen hat. Besonders unter Jugendlichen ist das Fan Fiction-schreiben zu einem Volkssport geworden: allein auf der Seite *www.harrypotterfanfiction.com* sind inzwischen 23 000 von Fans verfasste Geschichten aus dem Potter-Universum veröffentlicht worden, die Seite hat 30 Millionen Zugriffe pro Monat. Große Fan Fiction-Websites sind zum Beispiel *www.fanfiction.net* und *www.fanficparadies.de..*

Rechtlich gesehen ist die Fan Fiction eine Grauzone, denn juristisch erlaubt ist es eigentlich nicht, fremde Figuren zu verwenden. Daran ändert auch der »Disclaimer« nichts, der solchen Geschichten zum guten Ton gehört und etwa folgendermaßen lautet: »Alle Rechte an den Figuren gehören ((Name des ursprünglichen Autors/der Autorin, des Verlags beziehungsweise der Filmgesellschaft)) und ich habe sie mir nur geborgt. Mit dieser Geschichte verdiene ich kein Geld.« Von den Autoren und Verlagen wird die Fan Fiction meist geduldet – es wäre sowieso aussichtslos, dagegen vorgehen zu wollen. Als J.K. Rowlings Verlag einmal versuchte, eine Jugendliche wegen Copyrightverletzung zu verklagen, brach ein solcher Sturm von Protesten los, dass die Sache schnell wieder fallen gelassen wurde. Heute fördern Rowlings Promoter die Fan Fiction sogar aktiv mit Wettbewerben. Aber Achtung: es gibt Autoren, die es hassen, wenn zu ihren Büchern

Fan Fiction geschrieben wird – das sollte man respektieren. Schreiben kann man die Storys natürlich, aber im Internet veröffentlichen sollte man sie nicht. Andersherum sollte man sich als Autor mit steigendem Bekanntheitsgrad rechtzeitig überlegen, wie man zu dieser Frage steht, und das entsprechend auf seiner Homepage signalisieren (vielleicht mit einer eigenen Rubrik dafür).

Bekommt man durch das Netz Kontakt zu Lektoren?

Wenn Sie es geschafft haben, von einer Web-Zeitschrift angenommen zu werden oder wenn Sie sich eine schöne Homepage mit eigenen Texten gestaltet haben, fragen Sie sich natürlich, wer Ihre Werke wahrnimmt und ob sich auf diese Weise ein Verlag für die Sachen interessieren lässt. Die Chancen dafür sind leider nicht sonderlich gut. Zwar haben sich die Lektoren und Lektorinnen inzwischen ans Internet gewöhnt und sind ganz selbstverständlich online, aber da sie ohnehin mit Manuskripteinsendungen überhäuft werden, sind sie im Netz nur höchst selten auf der Suche nach neuen Talenten. Ausnahme: Sachbuchverlage, die gezielt nach Autoren für bestimmte Themen recherchieren. Auch kleine Verlage suchen zum Teil aktiv im Netz, weil sie wenige Manuskripte angeboten bekommen. Leider tun das ebenfalls Zuschussverlage, die neue Kunden ködern wollen.

Ganz selten bekommt man übers Netz die Chance, einen großen Publikumsverlag auf sich aufmerksam zu machen. »Der Verlag Droemer Knaur hat vor kurzem ein Experiment gestartet, bei dem versucht wird, die ›sozialen Netzwerke‹ per Internet zur ›Trüffelsuche‹ nach guten Manuskripten nutzbar zu machen«, berichtet Bestsellerautor Andreas Eschbach auf seiner Homepage *www.andreaseschbach. de*. »Funktionieren soll das so: Auf der Website *neobooks.com* kann man sein Manuskript einstellen, das von anderen Besuchern bewertet werden kann, und die zehn am besten bewerteten Manuskripte eines Monats nimmt ein Lektor des Verlags dann näher in Augenschein. Was daraus wird, bleibt abzuwarten; ich persönlich bin skeptisch und ich würde gegenwärtig niemandem raten, sein Manuskript dort einzustellen. Denn wie mir ein anderer Verleger dazu kopfschüttelnd sagte:

›Wenn ich ein Manuskript ankaufe, dann will ich doch nicht, dass das die halbe Welt schon gelesen hat!‹ Zudem darf man getrost davon ausgehen, dass die monatlichen Abstimmwettbewerbe nicht die gewinnen, die am besten schreiben, sondern diejenigen, die die meisten Freunde in ihrem Sinne aktivieren können.«

Wahrgenommen werden Texte im Internet nur selten von Verlagsmitarbeitern, aber umso häufiger von anderen Schreibenden und neugierigen Surfern mit Interesse für Literatur. Oft entsteht ein lebendiger Austausch, und Sie bekommen interessantes Feedback zu Ihrem Werk. Sich auf diese Art mit anderen Autoren und mit Lesern zu vernetzen macht Spaß, ist gut fürs Selbstbewusstsein und steigert Ihren Bekanntheitsgrad in der »Szene«, was den eigenen Marktwert auch bei Verlagen heben hilft.

Ein eigenes E-Book veröffentlichen

In den USA verkaufte Amazon im Jahr 2010 angeblich schon mehr E-Books als gedruckte Bücher. Dazu beigetragen hat der sensationelle Erfolg der 27-jährigen Amanda Hocking, sie wurde zur Ikone des Self-Publishing. Amanda schrieb schon mit 17 ihren ersten Roman, besuchte Creative Writing-Kurse, während sie ihr Geld als Küchenhilfe und Pflegerin verdiente. Unterdessen kassierte sie Verlagsabsagen für ihre Fantasy-Storys, bis sie schließlich aus akutem Geldmangel Texte als E-Book unter anderem bei Amazon.com veröffentlichte. Schon nach wenigen Wochen verkaufte sie 9 000 E-Books – pro Tag. Nach dem alten Muster der Fortsetzungsromane bietet sie die erste Folge für 99 Cent an, die weiteren Folgen kosten 2,99 Dollar. Sie verkaufte in zwei Jahren mehr als einhalb Millionen E-Books. Aber sie wollte den ganzen Markt, denn schließlich »erreiche ich nur zwanzig Prozent mit E-Books«, wie sie in einem BBC-Interview erklärte. Außerdem möchte sie sich aufs Schreiben konzentrieren, statt auf Promotion in Social-Media-Seiten. Sie konnte unter den besten Verlagsangeboten wählen, in Deutschland erscheinen ihre Bücher im klassischen Format bei cbt, einem Random House-Imprint.

In den deutschsprachigen Ländern ist dieser Markt bisher eine Nische mit einem Prozent Marktanteil, denn hierzulande sind die Preise für E-Books deutlich höher. Es waren weniger als fünf Millionen E-Books, die 2011 von insgesamt 1,2 Prozent der Privatpersonen (ab zehn Jahren) in Deutschland heruntergeladen wurden. 85 Prozent waren belletristische Texte, besonders Spannungsliteratur, Science Fiction und Fantasy. Im Januar 2012 besaßen schon 1,6 Millionen Menschen in Deutschland einen E-Reader* wie den Kindle, Sony Touch Edition oder Cybook Opus, auf den sie Bücher laden und lesen können. Und natürlich kann man E-Books auch auf dem Smartphone, Tablet-PC oder am PC-Monitor lesen. Etliche Verlage stellen von ihren gedruckten Büchern zusätzlich E-Books her und bieten sie beispielsweise über Internet-Verkaufsplattformen wie Amazon, Ciando oder libreka! im Internet an; Hörbücher gibt es ebenfalls zum Download.

Für Autoren ist ein E-Book die einfachste Art, eigene Texte zu veröffentlichen. »Die Einlasskontrolle ist abgeschafft, jeder darf alles publizieren«, schrieb Sabine Schwietert im *Börsenblatt* und meinte damit, Autoren bräuchten nicht mehr die Hürde des Lektorats zu überwinden. Sie wies allerdings auch darauf hin, dass »viele Selfpublisher letztlich davon träumen ihr Buch in einem klassischen Verlagsprogramm platzieren zu können«.

Eine Umfrage des Deutschen Literaturinstituts und der Leipziger Buchmesse 2012** unter 80 Autoren zum Thema Selbstverlag ergab:
- Für 74 Prozent ist Selfpublishing keine Alternative zum gedruckten Buch.
- Nur jeder Dritte ist auf Social-Media-Plattformen aktiv.
- Nur 31 Prozent haben eine eigene Website.
- 80 Prozent legen bei der Wahl des Verlags besonderen Wert auf persönliche Betreuung.

---

* Börsenblatt 12/2012
** Pressemitteilung Leipziger Buchmesse März 2012

Es gibt also noch viel zu tun, denn E-Book oder gedrucktes Buch im Selbstverlag: Ohne Promotion, Pressearbeit, Twitter, Blogs und einem Gespür für die richtige Ansprache bleibt der Text ungelesen.

Ist die »Einlasskontrolle abgeschafft«, gibt es auch keine Qualitätskontrolle durch Verlagshäuser mehr. Autoren, die selbst publizieren, müssen sich auch selbst um ein externes Lektorat bemühen, sich um Titelauswahl, Cover und Gestaltung kümmern. Tun sie das nicht, wird es ihr E-Book schwer haben.

Wichtig speziell beim E-Book: Da kaum jemand bereit ist, dafür viel Geld auszugeben, sollten Sie den Preis niedrig halten! Wenn dagegen Ihr Verlag das E-Book-Recht ausübt, wird der E-Book-Preis praktisch dem des gedruckten Exemplars entsprechen, das ist im Moment noch üblich.

Viele POD-Anbieter bieten eine E-Book-Veröffentlichung als kostenlose oder kostengünstige Zusatzleistung an, wenn Sie dort ein reguläres Buch machen lassen. Sie können Ihren Text aber auch selbst mit Hilfe von kostenloser Software wie Sigil (*http://code.google.com/p/sigil/*), Calibre (*http://calibre-ebook.com*) oder mit Hilfe von Apple Pages in die Formate des Apple iBookstore, des Amazon Kindle oder anderer E-Reader bringen. Manche Textverarbeitungsprogramme wie zum Beispiel Papyrus bieten sogar die Möglichkeit, den Text als EPUB-Format (also für die meisten E-Reader geeignet) zu exportieren. Oder Sie bringen den Text einfach im gängigen PDF-Format unter die Leute, dann kann ihn jeder ganz einfach am Computer lesen.

Bei den großen E-Book-Portalen können Sie mit ca. 35 bis 70 Prozent des Verkaufspreises als Honorar rechnen, bei den kleineren Portalen bis zu 80 Prozent, und wenn Sie den Text auf Ihrer eigenen Homepage zum Download anbieten, 100 % (kassieren könnten Sie in diesem Fall zum Beispiel über PayPal, *www.paypal.com*). Doch da die Verkaufszahlen selbst von E-Books großer Publikumsverlage noch nicht sonderlich hoch sind, sollten Sie nicht damit rechnen, auf diese Art reich zu werden.

Und was ist mit Internet-Piraterie? Große Verlage versuchen das ähnlich wie die Musikindustrie durch Digital Rights Management zu verhindern. Aber machen Sie sich nichts vor – besonders gut klappt das nicht, wer den Kopierschutz wirklich knacken will, schafft das auch. Und bei POD-Anbietern hat das E-Book meist nicht einmal einen solchen Schutz. Als Einsteiger sollten Sie das nicht so tragisch sehen und froh sein, wenn jemand sich für Ihr Buch interessiert und es lesen will. Wenn man vom Schreiben lebt, ist es ähnlich bitter, wenn das gedruckte Buch von Hand zu Hand wandert. Eine Schülerin erzählte mir mal begeistert, sie habe ihr von mir geschriebenes Lieblingsbuch schon an zwanzig Freunde verliehen, und denen hätte es auch total gut gefallen. Mit großer Selbstüberwindung schaffte ich ein Lächeln, ich wollte ihr die Freude nicht verderben. Ich habe ihr nicht erzählt, dass im gleichen Jahr beinahe eine meiner Fantasy-Trilogien abgebrochen worden wäre, weil die Verkaufszahlen dem Verlag nicht hoch genug waren.

Zurück zum E-Book: Weitere Infos darüber finden Sie beispielsweise auf Websites wie *www.ebookblog.de* oder *www.epublizisten.de*

Urheberrecht im Internet

Häufig machen sich Autoren und Autorinnen Sorgen wegen des Urheberrechts im Netz, es herrscht eine große Unsicherheit darüber, ob man ein Risiko eingeht, wenn man seine Texte ins Netz stellt. Um es ganz klar zu sagen: Für Texte im Internet gilt das normale Urheberrecht, Plagiat und unberechtigte Verwendung sind also genauso verboten. Das neue, EU-weit geltende Urheberrecht, das seit dem 1.Juli 2002 die Nutzung von Werken im Internet und in digitalen Medien regelt, hat jetzt noch einmal ganz deutlich gemacht: Zwar sind digitale Privatkopien grundsätzlich erlaubt, das Werk zu verbreiten und zu verändern ist aber nicht zulässig. Für die kommerzielle Nutzung seines Werks hat der Urheber auch im Netz das Recht auf eine »angemessene Vergütung«.

Die Einhaltung ist natürlich schwerer zu kontrollieren, und es sind Fälle bekannt, in denen notorische Textklauer fremde Werke unter eigenem Namen verbreitet haben – das ist ärgerlich und eine scharfe

Abmahnung an denjenigen wert (oft reicht schon die Drohung mit einem Anwalt und Schadenersatz, damit derjenige den Text aus dem Netz nimmt). Autorengemeinschaften sollten Mitglieder, die zu solchen Plagiaten neigen, konsequent ausschließen.

Doch all das ist nicht nur ein Problem des Internet – im Grunde haben Sie bei einer Veröffentlichung in einer Print-Zeitschrift oder in einem kleinen Verlag das gleiche Risiko. Was Sie nicht tun sollten, ist, eine brillante Idee, aus der Sie noch etwas machen wollen, im Netz zu verbreiten, sie also quasi Tausenden von Leuten zu erzählen. Ideen sind (wie schon erwähnt) nicht in dem Maße vom Urheberrecht geschützt wie Texte. Außerdem sollten Sie Ihren Gedichten und Kurzgeschichten immer ein Copyright-Vermerk beifügen. Die Angabe von »Copyright ((Ihr Name, evtl. Ihr Wohnort und Ihre E-Mail-Adresse))« und der Zusatz »Kann für den privaten Gebrauch ausgedruckt werden, aber die kommerzielle Verwendung ohne Einverständnis des Autor ist untersagt« schadet nichts.

Eine wirkliche Kontroverse besteht im Literaturbetrieb darüber, in welcher Form Autoren dafür entlohnt werden könnten und sollten, wenn ihre Texte im Netz verwendet werden, wie man das überhaupt kontrolliert und feststellt, wie man die Abrechung gestalten könnte und ob hierfür die VG Wort zuständig ist. Da die meisten Neulinge für ihre Veröffentlichungen weder im Netz noch außerhalb Geld erhalten, betrifft diese Frage sie nicht.

Teil II –
Die Zusage ist da –
was nun?

7.
Honorare und Verträge

Nachdem ein Verlag Interesse für Ihr Manuskript gezeigt hat, beginnt die Phase der Verhandlungen. Vor der Unterschrift werden Honorare und Vertragsformulierungen gemeinsam festgeklopft. Selbst wenn Sie sich von einer Agentin oder einem Agenten vertreten lassen, sollten Sie Ihre Rechte kennen und realistisch einschätzen können, welche Konditionen heute auf dem Buchmarkt üblich sind.

Ihre Rechte als Urheber beziehungsweise Urheberin

Wenn Sie ein Werk schaffen, also eine kreative Leistung vollbringen, dann haben Sie an diesem Werk das Urheberrecht. Sie brauchen Ihr Werk nicht eigens registrieren zu lassen, um das Urheberrecht zu erhalten (so funktioniert das nur beim amerikanischen Copyright), sondern das Urheberrecht entsteht quasi automatisch. Dieses Recht kann Ihnen niemand nehmen, und es ist auch nicht übertragbar. Nach dem Tod geht es auf Ihre Erben über. Erst siebzig Jahre nach Ihrem Tod ist die Nutzung Ihres Werkes allen erlaubt.

Im Urheberrecht ist unter anderem enthalten, dass Sie das alleinige Recht haben, dieses Werk zu vervielfältigen oder auf andere Art zu verbreiten; diesen Teil Ihrer Urheberrechte können Sie an einen

7. Honorare und Verträge

Verlag abgeben. Wenn man also umgangssprachlich davon spricht, dass ein Verlag die Rechte an einem Buch kauft, dann heißt das, dass er die wirtschaftlichen Verwertungsrechte von Ihnen erwirbt und Sie während der Laufzeit des Vertrages für Sie verwaltet. Meist geben Sie nicht nur das reine Veröffentlichungsrecht an den Verlag ab, sondern auch die sogenannten Nebenrechte (die wirtschaftlich wertvoll sein können). Nebenrechte sind zum Beispiel die Übersetzungsrechte, Film- und Hörfunkrechte sowie Taschenbuch- und Buchclubrechte sowie die elektronischen Rechte, wie zum Beispiel für den Verkauf eines E-Books. Verkauft der Verlag diese Rechte an andere, müssen Sie natürlich Ihren Anteil am Erlös bekommen.

Was Ihnen bleibt, wenn Sie einen Verlagsvertrag unterschrieben haben, sind die Urheberpersönlichkeitsrechte, zum Beispiel das Urhebernennungsrecht (bei Veröffentlichung müssen Sie als Autor beziehungsweise Autorin des Werkes genannt werden), das Entstellungsverbot (das heißt, Sie haben ein Vetorecht, wenn in großem Umfang an Ihrem Buch herumgebastelt wird) und das Rückrufrecht wegen gewandelter Überzeugung.

Wenn Sie einen Vertrag schließen, verpflichtet sich der Verlag Ihnen gegenüber, das Werk zu veröffentlichen. Lässt er das Buch nicht erscheinen – das kommt leider hin und wieder vor –, können Sie die Rechte zurückverlangen. Auch falls Ihr Werk vergriffen ist und Ihr Verlag es nicht mehr neu auflegen will, können Sie die Verwertungsrechte daran zurückfordern und einem anderen Verlag ganz neu anbieten. Diesen Rechte-Rückruf sollten Sie unbedingt schriftlich erledigen, Formbriefe zu diesem Zweck finden Sie im Internet unter *http://vs.verdi.de/urheberrecht/mustervertraege/*

In Deutschland sind Ihre Werke bis 70 Jahre nach Ihrem Tod geschützt – das ist extrem lang im Vergleich mit anderen Ländern. Da es mittlerweile mehrere internationale Urheberrechtsabkommen gibt, ist Ihr Werk in dieser Zeit auch vor Raubdrucken aus dem Ausland geschützt (zumindest theoretisch, in Asien schert sich leider kaum jemand um solche Vereinbarungen). Bis zum Ablauf der Schutzfrist darf der Verlag, dem Sie die Verwertungsrechte verkauft haben, von

Ihrem Buch profitieren, und das Honorar wird an Ihre Erben weitergezahlt. Danach ist Ihr Werk »gemeinfrei«, das heißt jeder darf es nachdrucken oder in anderer Weise verwerten, zum Beispiel im Internet zum Download anbieten. Eine Klassikerausgabe ist für Verlage also günstig, da sie kein Autorenhonorar dafür zahlen müssen. Bei Werken, die unter Pseudonym veröffentlicht wurden, gilt die 70-Jahre-Schutzfrist ab dem Zeitpunkt der Veröffentlichung. Wenn man unter Pseudonym schreibt und dennoch die normale Schutzfrist für sein Werk möchte, dann kann man seinen wahren Namen in eine Urheberrechtsrolle beim Deutschen Patentamt eintragen lassen.

Wie verhandelt man mit einem Verlag?

Neue Autorinnen und Autoren haben bei Verlagen natürlich keine besonders gute Verhandlungsposition, und ihre Honorare sind meist am unteren Ende der Skala angesiedelt. Sie werden vielleicht enttäuscht sein, wie niedrig die Beträge sind, die gezahlt werden. Aber Bücher sind äußerst knapp kalkulierte Produkte, es ist auch für Verlage nicht leicht, damit Geld zu verdienen. Entscheidend ist nicht die Qualität des Buches, sondern die Auflagenerwartung. Ein bescheidenes Honorar bedeutet nicht, dass Ihr Werk nicht mehr »wert« ist, sondern dass sich nach Einschätzung des Verlages möglicherweise nur ein kleiner Kreis von Lesern dafür interessieren wird. Oder der Verlag bezieht in die Rechnung ein, dass ein unbekannter Autor sich nicht so leicht durchsetzen lässt. In diesen Fällen ist es gut, ein Staffelhonorar auszuhandeln. Das heißt, Sie geben sich am Anfang mit wenig zufrieden, doch sobald der Erfolg sich einstellt, wollen Sie stärker am Erlös beteiligt werden – darüber im nächsten Abschnitt mehr. Etwas anderes ist es, wenn der Verlag dem Werk von Anfang an ein sehr hohes Potenzial zumisst oder Sie bereits andere Angebote haben. Dann können Sie beim Honorar deutlich mehr erwarten.

Später, wenn Sie bereits Veröffentlichungen vorweisen können, richten sich Ihr Marktwert und folglich Ihr Honorar auch danach, wie erfolgreich Ihre ersten Bücher waren. Das liegt nicht zuletzt am

7. Honorare und Verträge

Einkaufsverhalten der Buchhändler. Wenn ein Autorenname sich als zugkräftig erwiesen hat, wird sein nächstes Werk vom Buchhandel bereitwillig akzeptiert, war der Erstling dagegen ein Flop, dann wird seinem nächsten Buch automatisch wenig zugetraut – selbst wenn es vom Thema her diesmal eigentlich erfolgversprechender ist als das erste. »In meinen Schreibseminaren kommt immer mal wieder die Frage: ›Wie mache ich denn den besten Vertrag?‹ Ich sage dann immer, versuchen Sie nicht, den besten Vertrag zu machen, versuchen Sie ein sehr, sehr gutes Buch zu schreiben«, meint der Autor Lothar Schöne (*Das jüdische Begräbnis, Das Labyrinth des Schattens*). »Der Autor soll sich auf das konzentrieren, was seine Stärke ist, nämlich das Buch zu schreiben. Und wenn das Buch ein Erfolg ist, dann sagen die von ganz alleine, wir machen bei den Nebenrechten nicht 50:50 sondern 60:40, weil sie wollen, dass man bei ihnen bleibt.«

Die Freude darüber, dass ein Verlag sich für Ihr Buch interessiert, sollte Sie nicht davon abhalten, mit Ihrer Lektorin oder Ihrem Lektor über das Honorar und über Vertragsangelegenheiten zu sprechen, bevor Sie zusagen. Verlage sind das gewohnt. Sie machen sich dadurch keineswegs unbeliebt, solange sich Ihre Forderungen im Rahmen halten. Sie können zum Beispiel mit der Frage einsteigen: »Und wie sieht es mit den Konditionen aus?« (unter Konditionen versteht man sämtliche Honorar- und Belegexemplar-Regelungen). Überlassen Sie es dem Verlag, Ihnen ein erstes Angebot zu machen, damit Sie sich in der Größenordnung des Honorars nicht verschätzen. »Ein Autor sollte immer verhandeln. Ich halte gar nichts davon, einem jungen Autor zu empfehlen, er soll froh sein, dass er irgendwo unterkommt, und jede Bedingung zu akzeptieren«, meint Martin Rethmeier, langjähriger Chef des Sachbuchlektorats beim Fischer Taschenbuch Verlag und jetzt Lektor beim Oldenbourg Wissenschaftsverlag. »Ich bin auch nicht peinlich berührt, wenn ein Autor anfängt, mit mir zu verhandeln. Die Frage ist immer, auf welcher Basis das passiert. Häufig ist es so, dass Autoren, die zum ersten Mal Vertragsverhandlungen mit einem Verlag führen, viele Bestandteile eines Normverlagsvertrages nicht verstehen. Das heißt: Man macht

Rechtsberatung, und da bemühe ich mich schon, auch beide Positionen zu erläutern.«

Selbst auf die Empfehlungen der Schriftstellerverbände können Sie sich nicht verlassen. Dort lesen Sie zum Beispiel, dass Ihnen, wenn Ihr Buch als Hardcover erscheinen wird, 10 Prozent vom Nettoladenpreis als Honorar zustehen. Bei manchen Verlagen sind das die normalen Konditionen, bei vielen Verlagen jedoch beginnt die Skala bei 7 Prozent und höchstens Bestsellerautoren wird 10 Prozent gezahlt. 10 % ist also eher Wunschdenken und zukünftige Forderung als Realität. Auch in den unterschiedlichen Bereichen des Buchmarkts variieren die Zahlen, zum Beispiel sind die Honorare im Kinderbuchbereich niedriger als beim Erwachsenenbuch. »Man muss von anderen Autoren wissen, die beim gleichen Verlag für diesen und jenen Buchtyp schon das und das bezahlt bekommen haben. Dieses Wissen, was bei welchem Verlag normal ist, fehlt natürlich den meisten Autoren«, meint Petra Hermanns von der Agentur *Scripts for Sale*. »Über Geld redet keiner gerne, es ist auch schwer, im Freundeskreis einfach so zu fragen: ›Was hast denn du für dein Buch bekommen?‹ Ich weiß nicht, wie viele Autoren offen drüber sprechen würden, weil es manchmal auch so traurig ist. Dann hat der nur 1000 Euro bekommen und jeder denkt, ach kuck mal, das ist doch ein *Autor*. Die stellen sich da was ganz anderes drunter vor.«

Bei den Vertragsverhandlungen können Sie davon ausgehen, dass das Angebot des Verlages in Bezug auf das Honorar die unterste Grenze darstellt. Nun sollten Sie vorsichtig testen, was für einen Spielraum der Verlag hat. Wenn Ihre Forderungen vernünftig sind, können Sie damit rechnen, selbst als neue Autorin oder neuer Autor nicht auf taube Ohren zu stoßen. Manchmal gibt es aber auch keinen Spielraum, dann kann selbst ein erfahrener Agent nicht mehr »herausholen«.

Sie können Ihren Honoraranteil gewöhnlich zum Beispiel von 6 auf 7 Prozent oder 7,5 Prozent oder von 7 Prozent auf 8 Prozent hochhandeln, haben also einen Verhandlungsspielraum von etwa einem Prozentpunkt. Wenn Sie ohnehin schon 10 Prozent bekommen, dann

Übliche Buch-Honorare
(jeweils vom Nettoladenpreis)

Hardcover Originalausgaben:	7-10 Prozent
Taschenbuch-Originalausgaben:*	5-7 Prozent
Erlöse aus den Nebenrechten :	Von 50 Prozent für den Autor und 50 Prozent für den Verlag bis zu 70 Prozent für den Autor und 30 Prozent für den Verlag. Am häufigsten ist 60:40.

Bei einer verlagseigenen E-Book-Ausgabe sind 20-25 % vom Netto-Erlös der verkauften Exemplare üblich.

Vorschüsse:	Falls einer gezahlt wird: 1 000 bis 8 000 Euro, nur bei sehr vielversprechenden Projekten mehr. Er sollte nicht rückzahlbar sein.

Achtung: Die meisten Verlage berechnen Honorare auf der Basis des Nettoladenpreises, das heißt des Ladenpreises ohne Mehrwertsteuer (7 Prozent bei Büchern). Doch Achtung, einige wenige Verlage verwenden die Methode, das Honorar vom Nettoverlagspreis zu berechnen (Ladenpreis minus Mehrwertsteuer von 7 Prozent und minus Buchhandelsrabatt von ca. 30-50 Prozent). Das bedeutet, Ihnen werden höhere Prozente geboten, das Honorar ist in Wirklichkeit aber nicht höher. Die Prozent-Zahlen sollten in diesem Fall ungefähr doppelt so hoch sein wie die oben genannten.

---

* Taschenbücher unterscheiden sich von Paperbacks dadurch, dass sie weniger hochwertig produziert und deutlich billiger sind, gewöhnlich kosten sie weniger als zehn Euro. Es gibt für Taschenbücher weniger Honorar, da sie in wesentlich höheren Auflagen erscheinen und durch den niedrigen Preis sehr knapp kalkuliert sind. Meist haben Taschenbücher im Buchhandel eine deutlich geringere Lebensdauer als andere Bücher, sie sind eben Massenware.

ist das ein sehr gutes Ergebnis, das sich nicht mehr verbessern lassen wird. Ein praktischer Kompromiss ist, eine Honorarstaffelung zu vereinbaren. Sie können beispielsweise eine Staffel von 6 bis 8 Prozent oder von 8 bis 10 Prozent aushandeln, wobei genau festgelegt wird, bei welcher Auflagenhöhe (die Zahlen sollten natürlich realistisch sein) Sie wie viel Prozent erhalten. Das bedeutet, wenn sich das Buch schlecht verkauft, dann tragen Sie und der Verlag das Risiko gemeinsam – der Verlag muss nicht viel an Sie zahlen, Sie bekommen das geringere Honorar. Wird Ihr Buch jedoch ein Erfolg, dann erhalten Sie Ihren fairen Anteil am Profit.

Diese Regelung ist weitaus besser als ein Pauschalhonorar, daher sollten Sie versuchen, ein Absatzhonorar und eine Staffelung mit Ihrem Verlag zu vereinbaren. Eine Ausnahme sind Beiträge in Sammelbänden oder Anthologien. Hier wird meist pro Druckseite ein bestimmter Pauschalbetrag gezahlt. Bereits veröffentlichte Autoren können bei mittelgroßen und großen Verlagen mit einem Seitenhonorar von 15 bis 30 Euro rechnen, bei Nachauflagen gibt's ein zusätzliches Honorar. Kleine Verlage zahlen oft nichts.

Gewöhnlich wird der Verlag Ihnen ein- bis zweimal jährlich eine Abrechnung schicken und Ihr Honorar überweisen. Wenn Sie mehrere Bücher beim gleichen Verlag veröffentlichen: Im Vertrag sollte festgelegt sein, dass die Honorare nicht untereinander verrechenbar sind! Sonst macht Ihnen, wenn Sie Pech haben, eins Ihrer Bücher, das sich schlecht verkauft, die Gewinne Ihrer erfolgreicheren Bücher zunichte.

Es sollte eigentlich selbstverständlich sein, dass Sie vom Verlag als garantiertes Mindesthonorar einen Vorschuss auf diese Prozente erhalten, vor allem dann, wenn Ihr Manuskript schon fertig vorliegt. Leider bieten heute selbst mittelgroße Verlage ihren Autorinnen und Autoren nicht mehr automatisch einen Vorschuss an, und kleine Verlage sind manchmal finanziell nicht in der Lage, dem Autor einen Teil seines Honorars vorab zu geben. Sie können also froh sein, wenn Sie einen Vorschuss erhalten. Es ist jedoch nichts Anrüchiges dabei, sich zumindest zu erkundigen, ob ein Vorschuss möglich ist. Gewöhnlich wird dieser Betrag in zwei oder drei Raten bezahlt, fällig werden die

Teilbeträge meist bei Vertragsschluss, Manuskriptablieferung und/oder bei der Veröffentlichung des Werkes.

Als Vorschuss wird ungefähr das gezahlt, was beim Verkauf der halben Auflage an Honorar fällig wäre. Das ist eine Faustregel, nach der im Verlag gerechnet wird. Wenn Sie wissen, in welcher Auflage und zu welchem Ladenpreis Ihr Buch erscheinen soll, können Sie es ja einmal durchrechnen. Vorschüsse sind gewöhnlich nicht rückzahlbar – das Risiko, dass sich das Buch schlechter verkauft als geplant und nicht mal das im voraus gezahlte Honorar einspielt, liegt beim Verlag. Eine Ausnahme von dieser Nichtrückzahlbarkeit ist natürlich der Fall, dass das Projekt gar nicht zustande kommt. Falls der Verlag die Schuld daran trägt, dann dürfen Sie jedoch oft das Honorar behalten.

Was Sie bei einem ganz schlechten Deal noch machen können
Durch das neue Urheberrecht, das am 1. Juli 2002 in Kraft getreten ist und in der ganzen EU gilt, ist Ihre Position als Autor gestärkt worden. Jetzt sind Sie besser vor unfairen Vertragsbedingungen geschützt, denn nun haben Sie einen einklagbaren Anspruch auf *angemessene* Vergütung und ein rückwirkendes Einspruchsrecht. Das heißt, Sie können im Nachhinein bessere Honorare einklagen, wenn ein Verlag Sie zu miesen Konditionen »eingekauft« und sich selbst an Ihrem Buch eine goldene Nase verdient hat. Das neue Recht greift zum Beispiel, wenn Sie für ein gebundenes Buch, das sich gut verkauft hat, nur 4 Prozent Honorar bekommen haben. Üblich sind aber 8 bis 10 Prozent. Oder wenn Sie mit einer Pauschale abgespeist wurden, die sich im Nachhinein als viel zu niedrig erwiesen hat, weil das Buch erfolgreich war – in diesem Fall können Sie eine prozentuale Beteiligung erreichen. Nachverhandeln können Sie, wenn (so die Faustregel) das »angemessene« Honorar um mindestens 100 Prozent höher gewesen wäre als der Betrag, den Sie erhalten haben. Auch gegenüber den Lizenznehmern, die Ihr Werk genutzt haben (zum Beispiel als Taschenbuchausgabe, Film oder Hörbuch), können Sie Ansprüche geltend machen können.

Wenn Ihr Lektor oder Ihre Lektorin signalisiert, dass mehr nicht drin ist oder dass sie unter diesen Umständen das Buch nicht machen möchten, können Sie entweder einlenken oder sich entscheiden, das Buch doch nicht zu veröffentlichen oder zumindest nicht bei diesem Verlag. Sie sollten vorher für sich eine Grenze definiert haben, was für Sie noch akzeptabel und erträglich ist. Meist lässt sich ein Kompromiss finden – wenn der Vorschuss gering ist, dann sollten wenigstens gute Prozente gezahlt werden, und wenn selbst die nicht sonderlich gut sind, können Sie wenigstens eine ordentliche Zahl an Freiexemplaren für sich herausschlagen (normalerweise bekommt man 20 bis 30 Stück).

Das erschreckende Kleingedruckte: Verträge

Das ist schon ein tolles Gefühl: Endlich ist Ihr Verlagsvertrag da! Sie werden ihn sich natürlich genau durchlesen und danach vielleicht ein wenig verwirrt oder erschrocken sein. Auf den ersten Blick scheinen diese Verträge voll von Sanktionen gegen den Autor oder die Autorin zu sein: Da ist zum Beispiel davon die Rede, dass Sie für Satzkosten aufkommen sollen, wenn Sie zu viel in den Fahnen herumkritzeln, dass Sie zur Kasse gebeten werden, wenn Sie zu spät abgeben, und dass Sie Ihr Werk später ohne zusätzliches Entgelt überarbeiten müssen. Eine halbe Seite des Vertrags widmet sich nur der Frage, wann und wie Ihr Buch verramscht werden kann – schrecklich!

Verlagsverträge sind deswegen so deprimierend, weil in ihnen für jede nur denkbare Art des Konflikts zwischen Verlag und Autor ein Prozedere festgelegt wird. In der Praxis werden diese Klauseln nur äußerst selten – praktisch nie – angewandt, oder nur, wenn es um sehr viel Geld geht. Kein seriöser Verlag hat ein Interesse daran, gerichtlich gegen seine Autoren vorzugehen, und gewöhnlich ist der Streitwert ohnehin gering. Aber für den Ernstfall möchte sich der Verlag absichern, und vieles dient der Vorbeugung: Wenn der Autor weiß, dass der Abgabetermin genau vertraglich vereinbart ist, dann nimmt er den Termin vielleicht etwas ernster. Und wenn Autoren die Klausel mit den Satzkosten kennen, werden sie gar nicht auf die Idee kommen, ihr Buch so wie Honoré de Balzac erst in den Druckfahnen fertig zu schreiben. »Wie ein Berserker machte sich der Autor über seinen Text her, als sei es das Produkt eines unfähigen Anfängers, schaufelte neue Sätze zwischen die Zeilen, stellte Wörter und Absätze um, verteilte Ergänzungen, strich und erweiterte, bis das Blatt dem sinnlosen Wirrwarr eines Verrückten glich«, schreibt Martin Ebel in der *Welt Online* über Balzacs Arbeitsmethode*. »Nur wenige Setzer waren in der Lage, mit dieser ›Korrektur‹ umzugehen, und sie bekamen doppelten Stundenlohn.« Wahrscheinlich würde ein Bestsellerautor mit so etwas auch heute noch durchkommen. Aber der Verlag wird es Ihnen danken, wenn Sie es gar nicht erst versuchen.

Meist wird der Verlag darauf bestehen, die eigenen Verträge zu verwenden. Für angehende Autorinnen und Autoren ist es nicht leicht, richtig einzuschätzen, ob bestimmte Klauseln wirklich bedenklich sind oder nicht. Falls Sie Mitglied in einem Autorenverband sind, können Sie dessen Rechtsberatung in Anspruch nehmen und den Vertrag checken lassen. Ihr zukünftiger Verlag braucht nicht zu wissen, dass Sie das tun. Wenn Sie jemanden in Ihrem Bekanntenkreis haben, der schon Bücher veröffentlicht hat, in einem Verlag arbeitet oder in einem Autorenverband aktiv ist, sollten sie ihm oder ihr den Vertrag zu lesen geben, bevor Sie unterschreiben. Weniger geeignet sind auf einem beliebigen Gebiet juristisch vorgebildete Bekannte und Verwandte, da Ihnen bei solchen Verträgen eigentlich nur jemand helfen kann, der sich nicht nur im Urheberrecht auskennt, sondern auch mit den Branchenusancen vertraut ist.

Wollen Sie ganz sicher gehen, können Sie Ihre Lektorin oder Ihren Lektor darum bitten, Ihnen Klauseln, die Sie nicht verstehen oder die Ihnen suspekt erscheinen, zu erklären. Danach wird Ihnen sicher vieles einleuchten, und das, was Sie jetzt immer noch als Zumutung empfinden, können Sie eventuell streichen oder umformulieren lassen. Das sollte sich natürlich im Rahmen halten, damit Sie sich nicht gleich als

---

* Ausgabe 5.5.1999

schwierigen Autor einführen. Manche Klauseln klingen zwar auf den ersten Blick bedenklich, sind es aber nicht, da man sie leicht umgehen kann. Manchmal ist beispielsweise im Vertrag die Verpflichtung enthalten, das nächste Werk ebenfalls diesem Verlag anzubieten. Lektoren wissen jedoch, dass es überhaupt nichts bringt, einen Autor dazu zwingen zu wollen, bei einem Verlag zu veröffentlichen, mit dem die Zusammenarbeit nicht gut gelaufen ist. Daher sollten Sie sich wegen dieser umstrittenen sogenannten Optionsklausel nicht zu viele Sorgen machen. Sie ist vermutlich ohnehin ungültig, da sie eine Leistung ohne Gegenleistung fordert.

Einige Verlagsverträge basieren auf dem autorenfreundlichen Normvertrag, der zwischen dem Verband deutscher Schriftsteller (VS) und dem Börsenverein des Deutschen Buchhandels ausgehandelt wurde. Auf den nächsten Seiten ist er abgedruckt und genauer erklärt. Er vermittelt Ihnen einen Eindruck davon, was auf Sie zukommt. Falls Ihnen Klauseln in Ihrem Vertrag seltsam vorkommen, vergleichen Sie sie ruhig mit dem Normvertrag! Leider sind in diesem Normvertrag die E-Book-Rechte noch nicht enthalten, eventuelle Aktualisierungen und andere Vordrucke finden Sie hier: *http://vs.verdi.de/urheberrecht/mustervertraege/*

Tipp: Lassen Sie sich nicht von der offiziell wirkenden Form der Vertragsvordrucke täuschen – so gut wie alles ist frei verhandelbar. Was auch immer Sie vereinbaren, achten Sie darauf, dass der Vertrag ausführlich ist. Überall, wo etwas nicht explizit vereinbart wurde, greift nämlich das Verlagsgesetz, das aus dem Jahre 1901 stammt und den heutigen Gegebenheiten nicht mehr sehr angemessen ist. Auch bei mündlichen Verträgen (die grundsätzlich möglich sind) gilt das Verlagsgesetz.

Sollte es zwischen Ihnen und dem Verlag wirklich zum Streit kommen, dann können Sie sich bei der Anwaltskammer, dem Schriftstellerverband (VS) oder dem Börsenverein über Anwälte informieren, die sich auf Urheber- und Verlagsrecht spezialisiert haben.

Worauf Sie besonders achten oder was Sie verhandeln sollten:
- *Rechtseinräumungen (§2):* Einstimmig empfahlen literarische Agenten, die für dieses Buch interviewt wurden, dem Verlag die Rechte nicht für die Dauer des Urheberrechts zu übertragen, sondern den Vertrag zeitlich zu begrenzen, zum Beispiel auf 10 Jahre.
- *Nebenrechte (§ 2, 1-5):* Alle Nebenrechte müssen im Vertrag explizit genannt werden, sonst gelten sie als nicht übertragen. Eine pauschale Formel, die manche Verlage zum Beispiel verwenden, um heute noch nicht erfundene Speicherungsformen auch mit zu erfassen, ist rechtlich ungültig. Bei Beispiel: Sie haben Ihren Vertrag im Jahr 2012 geschlossen. Sechs Jahre später kommt es in Mode, Bücher auf einem biologischen Chip zu speichern. Der Verlag hat bei Ihrem Buch das Recht für diese Verwertungsform *nicht*, selbst wenn in Ihrem Vertrag steht, dass die Rechte für alle zukünftigen und noch nicht vorhersehbaren Verfahren der Buchvervielfältigung mit übertragen werden. Beim E-Book beispielsweise wurden von den Verlagen viele Vertrags-Zusätze (»Vertrags-Addendum«) verschickt, um bei älteren Werken auch diese Rechte zu bekommen. Der Autor musste also noch einmal unterschreiben. Behalten Sie nicht willkürlich Nebenrechte für sich, wenn Sie nichts damit anfangen können. Aber wenn Sie über eigene Kontakte zum Film, Hörfunk o.ä. verfügen, dann sollten Sie diese Nebenrechte dem Verlag nicht geben, sondern selbst vermitteln. Sie können Nebenrechte, die vom Verlag nicht genutzt werden, nach einer Frist von fünf Jahren schriftlich zurückfordern.
- *Verlagspflicht (§3):* Achten Sie darauf, dass in Ihrem Verlagsvertrag steht, dass der Verlag das Werk in einer angemessenen, genau festgelegten Frist (meist 12 bis 24 Monate) herausbringen muss und dass die Rechte an Sie zurückfallen, wenn die Frist nicht eingehalten wird. Es kommt vor, dass die Lektoren, die einen Autor akquirieren, vor der Veröffentlichung des Werkes in einen anderen Verlag wechseln. Manchmal verliert der Verlag dann das Interesse an den von dieser Person initiierten Projekten und zögert die Veröffentlichung endlos hinaus.

Normvertrag für den Abschluß von Verlagsverträgen

Rahmenvertrag
(vom 19. Oktober 1978 in der ab 1. April 1999 gültigen Fassung)

Zwischen dem Verband deutscher Schriftsteller (VS) in der IG Medien und dem Börsenverein des Deutschen Buchhandels e.V. - Verleger-Ausschuß - ist folgendes vereinbart:

1. Die Vertragschließenden haben den diesem Rahmenvertrag beiliegenden Normvertrag für den Abschluß von Verlagsverträgen vereinbart. Die Vertragschließenden verpflichten sich, darauf hinzuwirken, daß ihre Mitglieder nicht ohne sachlich gerechtfertigten Grund zu Lasten des Autors von diesem Normvertrag abweichen.
2. Die Vertragschließenden sind sich darüber einig, daß einige Probleme sich einer generellen Regelung im Sinne eines Normvertrags entziehen. Dies gilt insbesondere für Options- und Konkurrenzausschlußklauseln einschließlich etwaiger Vergütungsregelungen, bei deren individueller Vereinbarung die schwierigen rechtlichen Zulässigkeitsvoraussetzungen besonders sorgfältig zu prüfen sind.
3. Dieser Vertrag wird in der Regel für folgende Werke und Bücher nicht gelten:
   a) Fach- und wissenschaftliche Werke im engeren Sinn einschließlich Schulbücher, wohl aber für Sachbücher;
   b) Werke, deren Charakter wesentlich durch Illustrationen bestimmt wird; Briefausgaben und Buchausgaben nicht original für das Buch geschriebener Werke;
   c) Werke mit mehreren Rechtsinhabern wie z.B. Anthologien, Bearbeitungen;
   d) Werke, bei denen der Autor nur Herausgeber ist;
   e) Werke im Sinne des § 47 Verlagsgesetz, für welche eine Publikationspflicht des Verlages nicht besteht.
4. Soweit es sich um Werke nach Ziffer 3 b) bis e) handelt, sollen die Verträge unter Berücksichtigung der besonderen Gegebenheiten des Einzelfalles so gestaltet werden, daß sie den Intentionen des Normvertrags entsprechen.
5. Die Vertragschließenden haben eine >>Schlichtungs- und Schiedsstelle Buch<< eingerichtet, die im Rahmen der vereinbarten Statuten über die vertragschließenden Verbände von jedem ihrer Mitglieder angerufen werden kann.
6. Die Vertragschließenden nehmen nunmehr Verhandlungen über die Vereinbarung von Regelhonoraren auf.[1]
7. Dieser Vertrag tritt am 1.4.1999 in Kraft. Er ist auf unbestimmte Zeit geschlossen und kann - mit einer Frist von sechs Monaten zum Jahresende - erstmals zum 31.12.2001 gekündigt werden. Die Vertragschließenden erklären sich bereit, auch ohne Kündigung auf Verlangen einer Seite in Verhandlungen über Änderungen des Vertrages einzutreten.

Stuttgart und Frankfurt am Main, den 19. Februar 1999

Industriegewerkschaft Medien   Börsenverein des Deutschen Buchhandels e.V
- Verband deutscher Schriftsteller -   - Verleger-Ausschuß -

---

[1] Der Verleger-Ausschuß hat den VS darauf hingewiesen, daß er für eine Vereinbarung von Regelhonoraren nach wie vor kein Mandat hat. Der VS legt jedoch Wert darauf, diese bei der Änderung des Rahmenvertrags vom 1.1.1984 aufgenommene Bestimmung in die Neufassung zu übernehmen.

7. Honorare und Verträge

Normvertrag
Seite 3

Verlagsvertrag

Normvertrag

zwischen

_____

und

(nachstehend: Autor)

_____

(nachstehend: Verlag)

§ 1 Vertragsgegenstand

1. Gegenstand dieses Vertrages ist das vorliegende/noch zu verfassende Werk des Autors unter dem Titel/Arbeitstitel:

_____

_____

(gegebenenfalls einsetzen: vereinbarter Umfang des Werks, Spezifikation des Themas usw.)

2. Der endgültige Titel wird in Abstimmung zwischen Autor und Verlag festgelegt, wobei der Autor dem Stichentscheid des Verlages zu widersprechen berechtigt ist, soweit sein Persönlichkeitsrecht verletzt würde.
3. Der Autor versichert, daß er allein berechtigt ist, über die urheberrechtlichen Nutzungsrechte an seinem Werk zu verfügen, und daß er, soweit sich aus § 14 Absatz 3 nichts anderes ergibt, bisher keine den Rechtseinräumungen dieses Vertrages entgegenstehende Verfügung getroffen hat. Das gilt auch für die vom Autor gelieferten Text- oder Bildvorlagen, deren Nutzungsrechte bei ihm liegen. Bietet er dem Verlag Text- oder Bildvorlagen an, für die dies nicht zutrifft oder nicht sicher ist, so hat er den Verlag darüber und über alle ihm bekannten oder erkennbaren rechtlich relevanten Fakten zu informieren. Soweit der Verlag den Autor mit der Beschaffung fremder Text- oder Bildvorlagen beauftragt, bedarf es einer besonderen Vereinbarung.
4. Der Autor ist verpflichtet, den Verlag schriftlich auf im Werk enthaltene Darstellungen von Personen oder Ereignissen hinzuweisen, mit denen das Risiko einer Persönlichkeitsrechtsverletzung verbunden ist. Nur wenn der Autor dieser Vertragspflicht in vollem Umfang nach bestem Wissen und Gewissen genügt hat, trägt der Verlag alle Kosten einer eventuell erforderlichen Rechtsverteidigung. Wird der Autor wegen solcher Verletzungen in Anspruch genommen, sichert ihm der Verlag seine Unterstützung zu, wie auch der Autor bei der Abwehr solcher Ansprüche gegen den Verlag mitwirkt.

§ 2 Rechtseinräumungen

1. Der Autor überträgt dem Verlag räumlich unbeschränkt für die Dauer des gesetzlichen Urheberrechts das ausschließliche Recht zur Vervielfältigung und Verbreitung (Verlagsrecht) des Werkes für alle Druck- und körperlichen elektronischen Ausgaben[*] sowie für alle Auflagen ohne Stückzahlbegrenzung für die deutsche Sprache.

___

[*] Sobald sich die Rahmenbedingungen für eine elektronische Werknutzung in Datenbanken und Online-Diensten geklärt haben, werden sich VS in der IG Medien und Börsenverein über eine entsprechende Ergänzung des Normvertrages verständigen. Bis dahin sollten entsprechende Rechtseinräumungen einzelvertraglich geregelt werden.

Normvertrag
Seite 4

2. Der Autor räumt dem Verlag für die Dauer des Hauptrechts gemäß Absatz 1 und § 5 Absatz 2 außerdem folgende ausschließliche Nebenrechte - insgesamt oder einzeln - ein:
   a) Das Recht des ganzen oder teilweisen Vorabdrucks und Nachdrucks, auch in Zeitungen und Zeitschriften;
   b) das Recht der Übersetzung in eine andere Sprache oder Mundart;
   c) das Recht zur Vergabe von Lizenzen für deutschsprachige Ausgaben in anderen Ländern sowie für Taschenbuch-, Volks-, Sonder-, Reprint, Schul- oder Buchgemeinschaftsausgaben oder andere Druck- und körperlichen elektronischen Ausgaben;
   d) das Recht der Herausgabe von Mikrokopieausgaben;
   e) das Recht zu sonstiger Vervielfältigung, insbesondere durch fotomechanische oder ähnliche Verfahren (z.B. Fotokopie);
   f) das Recht zur Aufnahme auf Vorrichtungen zur wiederholbaren Wiedergabe mittels Bild- oder Tonträger (z.B. Hörbuch), sowie das Recht zu deren Vervielfältigung, Verbreitung und Wiedergabe;
   g) das Recht zum Vortrag des Werks durch Dritte;
   h) die am Werk oder seiner Bild- oder Tonträgerfixierung oder durch Lautsprecherübertragung oder Sendung entstehenden Wiedergabe- und Überspielungsrechte;
   i) das Recht zur Vergabe von deutsch– oder fremdsprachigen Lizenzen in das In- und Ausland zur Ausübung der Nebenrechte a) bis h).
3. Darüber hinaus räumt der Autor dem Verlag für die Dauer des Hauptrechts gemäß Absatz 1 weitere ausschließliche Nebenrechte - insgesamt oder einzeln - ein:
   a) Das Recht zur Bearbeitung als Bühnenstück sowie das Recht der Aufführung des so bearbeiteten Werkes;
   b) das Recht zur Verfilmung einschließlich der Rechte zur Bearbeitung als Drehbuch und zur Vorführung des so hergestellten Films;
   c) das Recht zur Bearbeitung und Verwertung des Werks im Fernsehfunk einschließlich Wiedergaberecht;
   d) das Recht zur Bearbeitung und Verwertung des Werks im Hörfunk, z.B. als Hörspiel einschließlich Wiedergaberecht;
   e) das Recht zur Vertonung des Werks;
   f) das Recht zur Vergabe von Lizenzen zur Ausübung der Nebenrechte a) bis e).
4. Der Autor räumt dem Verlag schließlich für die Dauer des Hauptrechts gemäß Absatz 1 alle durch die Verwertungsgesellschaft Wort wahrgenommenen Rechte nach deren Satzung, Wahrnehmungsvertrag und Verteilungsplan zur gemeinsamen Einbringung ein. Bereits abgeschlossene Wahrnehmungsverträge bleiben davon unberührt.
5. Für die Rechtseinräumungen nach Absatz 2 bis 4 gelten folgende Beschränkungen:
   a) Soweit der Verlag selbst die Nebenrechte gemäß Absatz 2 und 3 ausübt, gelten für die Ermittlung des Honorars die Bestimmungen über das Absatzhonorar nach § 4 anstelle der Bestimmungen für die Verwertung von Nebenrechten. Enthält § 4 für das jeweilige Nebenrecht keine Vergütungsregelung, so ist eine solche nachträglich zu vereinbaren.
   b) Der Verlag darf das ihm nach Absatz 2 bis 4 eingeräumte Vergaberecht nicht ohne Zustimmung des Autors abtreten. Dies gilt nicht gegenüber ausländischen Lizenznehmern für die Einräumung von Sublizenzen in ihrem Sprachgebiet sowie für die branchenübliche Sicherungsabtretung von Verfilmungsrechten zur Produktionsfinanzierung.
   c) Das Recht zur Vergabe von Nebenrechten nach Absatz 2 bis 4 endet mit der Beendigung des Hauptrechts gemäß Absatz 1; der Bestand bereits abgeschlossener Lizenz-

7. Honorare und Verträge

Normvertrag
Seite 5

verträge bleibt hiervon unberührt.

d) Ist der Verlag berechtigt, das Werk zu bearbeiten oder bearbeiten zu lassen, so hat er Beeinträchtigungen des Werkes zu unterlassen, die geistige und persönliche Rechte des Autors am Werk zu gefährden geeignet sind. Im Falle einer Vergabe von Lizenzen zur Ausübung der Nebenrechte gemäß Absatz 2 und Absatz 3 wird der Verlag darauf hinwirken, daß der Autor vor Beginn einer entsprechenden Bearbeitung des Werkes vom Lizenznehmer gehört wird. Möchte der Verlag einzelne Nebenrechte selbst ausüben, so hat er den Autor anzuhören und ihm bei persönlicher und fachlicher Eignung die entsprechende Bearbeitung des Werkes anzubieten, bevor damit Dritte beauftragt werden.

§ 3 Verlagspflicht

1. Das Werk wird zunächst als ....-Ausgabe (z.B. Hardcover, Paperback, Taschenbuch, CD-ROM) erscheinen; nachträgliche Änderungen der Form der Erstausgabe bedürfen des Einvernehmens mit dem Autor.
2. Der Verlag ist verpflichtet, das Werk in der in Absatz 1 genannten Form zu vervielfältigen, zu verbreiten und dafür angemessen zu werben.
3. Ausstattung, Buchumschlag, Auflagenhöhe, Auslieferungstermin, Ladenpreis und Werbemaßnahmen werden vom Verlag nach pflichtgemäßem Ermessen unter Berücksichtigung des Vertragszwecks sowie der im Verlagsbuchhandel für Ausgaben dieser Art herrschenden Übung bestimmt.
4. Das Recht des Verlags zur Bestimmung des Ladenpreises nach pflichtgemäßem Ermessen schließt auch dessen spätere Herauf- oder Herabsetzung ein. Vor Herabsetzung des Ladenpreises wird der Autor benachrichtigt.
5. Als Erscheinungstermin ist vorgesehen: .... Eine Änderung des Erscheinungstermins erfolgt in Absprache mit dem Autor.

§ 4 Absatzhonorar für Verlagsausgaben

1. Der Autor erhält für jedes verkaufte und bezahlte Exemplar ein Honorar auf der Basis des um die darin enthaltene Mehrwertsteuer verminderten Ladenverkaufspreises (Nettoladenverkaufspreis).

oder:

Der Autor erhält für jedes verkaufte und bezahlte Exemplar ein Honorar auf der Basis des um die darin enthaltene Mehrwertsteuer verminderten Verlagsabgabepreises (Nettoverlagsabgabepreis). In diesem Falle ist bei der Vereinbarung des Honorarsatzes die im Vergleich zum Nettoladenverkaufspreis geringere Bemessungsgrundlage zu berücksichtigen.

oder:

Der Autor erhält ein Honorar auf der Basis des mit der Verlagsausgabe des Werkes erzielten, um die Mehrwertsteuer verminderten Umsatzes (Nettoumsatzbeteiligung). Dabei hat der Autor Anspruch auf Ausweis der verkauften Exemplare einschließlich der Partie- und Portoersatzstücke, für die dann Absatz 5 nicht gilt. In diesem Falle ist bei der Vereinbarung des Honorarsatzes die im Vergleich zum Nettoladenverkaufspreis geringere Bemessungsgrundlage zu berücksichtigen.

2. Das Honorar für die verschiedenen Arten von Ausgaben (z.B. Hardcover, Taschenbuch usw.) beträgt für

Normvertrag
Seite 6

a) ....-Ausgaben .....% vom Preis gemäß Absatz 1.
   Es erhöht sich nach dem Absatz des Werkes
   von .... bis .... Exemplaren auf .....%;
   von .... bis .... Exemplaren auf .....%;
   ab .... Exemplaren auf .....%.
b) ....-Ausgaben .....% vom Preis gemäß Absatz 1.
   Es erhöht sich nach dem Absatz des Werkes
   von .... bis .... Exemplaren auf .....%;
   von .... bis .... Exemplaren auf .....%;
   ab ....Exemplaren auf .....%.
c) ....-Ausgaben .....% vom Preis gemäß Absatz 1.
   Es erhöht sich nach dem Absatz des Werkes
   von .... bis .... Exemplaren auf .....%;
   von .... bis .... Exemplaren auf .....%;
   ab .... Exemplaren auf .....%.
d) Für Verlagserzeugnisse, die nicht der Preisbindung unterliegen (z.B. Hörbücher), erhält der Autor für jedes verkaufte und bezahlte Exemplar ein Honorar auf der Basis des um die darin enthaltene Mehrwertsteuer verminderten Verlagsabgabepreises (Nettoverlagsabgabepreis), und zwar für
   ....-Ausgaben .....% vom Nettoverlagsabgabepreis.
   Es erhöht sich nach dem Absatz des Werkes
   von .... bis .... Exemplaren auf .....%;
   von .... bis .... Exemplaren auf .....%;
   ab .... Exemplaren auf .....%.
e) Beim Verkauf von Rohbogen der Originalausgabe außerhalb von Nebenrechtseinräumungen gilt ein Honorarsatz von ....% vom Verlagsabgabepreis.

3. Auf seine Honoraransprüche - einschließlich der Ansprüche aus § 5 - erhält der Autor einen Vorschuß in Höhe von DM / EURO .... Dieser Vorschuß ist fällig
   zu ... % bei Abschluß des Vertrages,
   zu ... % bei Ablieferung des Manuskripts gemäß § 1 Absatz 1 und § 6 Absatz 1,
   zu ... % bei Erscheinen des Werkes, spätestens am ....
4. Der Vorschuß gemäß Absatz 3 stellt ein garantiertes Mindesthonorar für dieses Werk dar. Er ist nicht rückzahlbar, jedoch mit allen Ansprüchen des Autors aus diesem Vertrag verrechenbar.
5. Pflicht-, Prüf-, Werbe- und Besprechungsexemplare sind honorarfrei; darunter fallen nicht Partie- und Portoersatzstücke sowie solche Exemplare, die für Werbezwecke des Verlages, nicht aber des Buches abgegeben werden.
6. Ist der Autor mehrwertsteuerpflichtig, zahlt der Verlag die auf die Honorarbeträge anfallende gesetzliche Mehrwertsteuer zusätzlich.
7. Honorarabrechnung und Zahlung erfolgen halbjährlich zum 30. Juni und zum 31. Dezember innerhalb der auf den Stichtag folgenden 3 Monate.

oder:

Honorarabrechnung und Zahlung erfolgen zum 31. Dezember jedes Jahres innerhalb der auf den Stichtag folgenden drei Monate.
Der Verlag leistet dem Autor entsprechende Abschlagszahlungen, sobald er Guthaben von mehr als DM / EURO .... feststellt. Honorare auf im Abrechnungszeitraum remit-

7. Honorare und Verträge

Normvertrag
Seite 7

tierte Exemplare werden vom Guthaben abgezogen.

8. Der Verlag ist verpflichtet, einem vom Autor beauftragten Wirtschaftsprüfer, Steuerberater oder vereidigten Buchsachverständigen zur Überprüfung der Honorarabrechnungen Einsicht in die Bücher und Unterlagen zu gewähren. Die hierdurch anfallenden Kosten trägt der Verlag, wenn sich die Abrechnungen als fehlerhaft erweisen.

9. Nach dem Tode des Autors bestehen die Verpflichtungen des Verlags nach Absatz 1 bis 8 gegenüber den durch Erbschein ausgewiesenen Erben, die bei einer Mehrzahl von Erben einen gemeinsamen Bevollmächtigten zu benennen haben.

§ 5 Nebenrechtsverwertung

1. Der Verlag ist verpflichtet, sich intensiv um die Verwertung der ihm eingeräumten Nebenrechte innerhalb der für das jeweilige Nebenrecht unter Berücksichtigung von Art und Absatz der Originalausgabe angemessenen Frist zu bemühen und den Autor auf Verlangen zu informieren. Bei mehreren sich untereinander ausschließenden Verwertungsmöglichkeiten wird er die für den Autor materiell und ideell möglichst günstige wählen, auch wenn er selbst bei dieser Nebenrechtsverwertung konkurriert. Der Verlag unterrichtet den Autor unaufgefordert über erfolgte Verwertungen und deren Bedingungen.

2. Verletzt der Verlag seine Verpflichtungen gemäß Absatz 1, so kann der Autor die hiervon betroffenen Nebenrechte - auch einzeln - nach den Regeln des § 41 UrhG zurückrufen; der Bestand des Vertrages im übrigen wird hiervon nicht berührt.

3. Der aus der Verwertung der Nebenrechte erzielte Erlös wird zwischen Autor und Verlag geteilt, und zwar erhält der Autor
   ....% bei den Nebenrechten des § 2 Absatz 2;
   ....% bei den Nebenrechten des § 2 Absatz 3;
   (Bei der Berechnung des Erlöses wird davon ausgegangen, daß in der Regel etwaige aus der Inlandsverwertung anfallende Agenturprovisionen und ähnliche Nebenkosten allein auf den Verlagsanteil zu verrechnen, für Auslandsverwertung anfallende Nebenkosten vom Gesamterlös vor Aufteilung abzuziehen sind.) Soweit Nebenrechte durch Verwertungsgesellschaften wahrgenommen werden, richten sich die Anteile von Verlag und Autor nach deren satzungsgemäßen Bestimmungen.

4. Für Abrechnung und Fälligkeit gelten die Bestimmungen von § 4 Absatz 7, 8 und 9 entsprechend.

5. Die Vergabe von Lizenzen an gemeinnützige Blindenselbsthilfeorganisationen für Ausgaben, die ausschließlich für Blinde und Sehbehinderte bestimmt sind (Druckausgaben in Punktschrift, Tonträgerausgaben mit akustischen Benutzungsanweisungen und entsprechende Ausgaben auf Datenträgern), darf vergütungsfrei erfolgen.

§ 6 Manuskriptablieferung

1. Der Autor verpflichtet sich, dem Verlag bis spätestens .... /binnen .... das vollständige und vervielfältigungsfähige Manuskript gemäß § 1 Absatz 1 (einschließlich etwa vorgesehener und vom Autor zu beschaffender Bildvorlagen) mit Maschine geschrieben oder in folgender Form zu übergeben: ....[*)]
   Wird diese(r) Termin/Frist nicht eingehalten, gilt als angemessene Nachfrist im Sinne des § 30 Verlagsgesetz ein Zeitraum von .... Monaten.

2. Der Autor behält eine Kopie des Manuskripts bei sich.

3. Das Manuskript bleibt Eigentum des Autors und ist ihm vom Verlag nach Erscheinen des

---

[*)] Erfolgt die Manuskriptabgabe in elektronischer Form, so ist ein entsprechender Papierausdruck beizufügen.

Werkes auf Verlangen zurückzugeben.

§ 7 Freiexemplare

1. Der Autor erhält für seinen eigenen Bedarf .... Freiexemplare. Bei der Herstellung von mehr als .... Exemplaren erhält der Autor .... weitere Freiexemplare und bei der Herstellung von mehr als .... Exemplaren .... weitere Freiexemplare.
2. Darüberhinaus kann der Autor Exemplare seines Werkes zu einem Höchstrabatt von .....% vom Ladenpreis vom Verlag beziehen.
3. Sämtliche gemäß Absatz 1 oder 2 übernommenen Exemplare dürfen nicht weiterverkauft werden.

§ 8 Satz, Korrektur

1. Die erste Korrektur des Satzes wird vom Verlag oder von der Druckerei vorgenommen. Der Verlag ist sodann verpflichtet, dem Autor in allen Teilen gut lesbare Abzüge zu übersenden, die der Autor unverzüglich honorarfrei korrigiert und mit dem Vermerk >>druckfertig<< versieht; durch diesen Vermerk werden auch etwaige Abweichungen vom Manuskript genehmigt. Abzüge gelten auch dann als >>druckfertig<<, wenn sich der Autor nicht innerhalb angemessener Frist nach Erhalt zu ihnen erklärt hat.
2. Nimmt der Autor Änderungen im fertigen Satz vor, so hat er die dadurch entstehenden Mehrkosten - berechnet nach dem Selbstkostenpreis des Verlages - insoweit zu tragen, als sie 10 % der Satzkosten übersteigen. Dies gilt nicht für Änderungen bei Sachbüchern, die durch Entwicklungen der Fakten nach Ablieferung des Manuskripts erforderlich geworden sind.

§ 9 Lieferbarkeit, veränderte Neuauflagen

1. Wenn die Verlagsausgabe des Werkes vergriffen ist und nicht mehr angeboten und ausgeliefert wird, ist der Autor zu benachrichtigen. Der Autor ist dann berechtigt, den Verlag schriftlich aufzufordern, sich spätestens innerhalb von 3 Monaten nach Eingang der Aufforderung zu verpflichten, innerhalb einer Frist von ....Monat(en)/Jahr(en) nach Ablauf der Dreimonatsfrist eine ausreichende Anzahl weiterer Exemplare des Werkes herzustellen und zu verbreiten. Geht der Verlag eine solche Verpflichtung nicht fristgerecht ein oder wird die Neuherstellungsfrist nicht gewahrt, ist der Autor berechtigt, durch schriftliche Erklärung von diesem Verlagsvertrag zurückzutreten. Bei Verschulden des Verlages kann er statt dessen Schadenersatz wegen Nichterfüllung verlangen. Der Verlag bleibt im Falle des Rückrufs zum Verkauf der ihm danach (z.B. aus Remissionen) noch zufließenden Restexemplare innerhalb einer Frist von .... berechtigt; er ist verpflichtet, dem Autor die Anzahl dieser Exemplare anzugeben und ihm die Übernahme anzubieten.
2. Der Autor ist berechtigt und, wenn es der Charakter des Werkes (z.B. eines Sachbuchs) erfordert, auch verpflichtet, das Werk für weitere Auflagen zu überarbeiten; wesentliche Veränderungen von Art und Umfang des Werkes bedürfen der Zustimmung des Verlages. Ist der Autor zu der Bearbeitung nicht bereit oder nicht in der Lage oder liefert er die Überarbeitung nicht innerhalb einer angemessenen Frist nach Aufforderung durch den Verlag ab, so ist der Verlag zur Bestellung eines anderen Bearbeiters berechtigt. Wesentliche Änderungen des Charakters des Werkes bedürfen dann der Zustimmung des Autors.

§ 10 Verramschung, Makulierung

1. Der Verlag kann das Werk verramschen, wenn der Verkauf in zwei aufeinanderfolgenden

Kalenderjahren unter.....Exemplaren pro Jahr gelegen hat. Am Erlös ist der Autor in Höhe seines sich aus § 4 Absatz 2 ergebenden Grundhonorarprozentsatzes beteiligt.

2. Erweist sich auch ein Absatz zum Ramschpreis als nicht durchführbar, kann der Verlag die Restauflage makulieren.
3. Der Verlag ist verpflichtet, den Autor vor einer beabsichtigten Verramschung bzw. Makulierung zu informieren. Der Autor hat das Recht, durch einseitige Erklärung die noch vorhandene Restauflage bei beabsichtigter Verramschung zum Ramschpreis abzüglich des Prozentsatzes seiner Beteiligung und bei beabsichtigter Makulierung unentgeltlich - ganz oder teilweise - ab Lager zu übernehmen. Bei beabsichtigter Verramschung kann das Übernahmerecht nur bezüglich der gesamten noch vorhandenen Restauflage ausgeübt werden.
4. Das Recht des Autors, im Falle der Verramschung oder Makulierung vom Vertrag zurückzutreten, richtet sich nach den §§ 32, 30 Verlagsgesetz.

§ 11 Rezensionen

Der Verlag wird bei ihm eingehende Rezensionen des Werkes innerhalb des ersten Jahres nach Erstscheinen umgehend, danach in angemessenen Zeitabständen dem Autor zur Kenntnis bringen.

§ 12 Urheberbenennung, Copyright-Vermerk

1. Der Verlag ist verpflichtet, den Autor in angemessener Weise als Urheber des Werkes auszuweisen.
2. Der Verlag ist verpflichtet, bei der Veröffentlichung des Werkes den Copyright-Vermerk im Sinne des Welturheberrechtsabkommens anzubringen.

§ 13 Änderungen der Eigentums- und Programmstrukturen des Verlags

1. Der Verlag ist verpflichtet, dem Autor anzuzeigen, wenn sich in seinen Eigentums- oder Beteiligungsverhältnissen eine wesentliche Veränderung ergibt. Eine Veränderung ist wesentlich, wenn
   a) der Verlag oder Verlagsteile veräußert werden;
   b) sich in den Beteiligungsverhältnissen einer den Verlag betreibenden Gesellschaft gegenüber denen zum Zeitpunkt dieses Vertragsabschlusses Veränderungen um mindestens 25 % der Kapital- oder Stimmrechtsanteile ergeben.
   Wird eine Beteiligung an der den Verlag betreibenden Gesellschaft von einer anderen Gesellschaft gehalten, gelten Veränderungen in deren Kapital- oder Stimmrechtsverhältnissen als solche des Verlages. Der Prozentsatz der Veränderungen ist entsprechend der Beteiligung dieser Gesellschaft an der Verlagsgesellschaft umzurechnen.
2. Der Autor ist berechtigt, durch schriftliche Erklärung gegenüber dem Verlag von etwa bestehenden Optionen oder von Verlagsverträgen über Werke, deren Herstellung der Verlag noch nicht begonnen hat, zurückzutreten, wenn sich durch eine Veränderung gemäß Absatz 1 oder durch Änderung der über das Verlagsprogramm entscheidenden Verlagsleitung eine so grundsätzliche Veränderung des Verlagsprogramms in seiner Struktur und Tendenz ergibt, daß dem Autor nach der Art seines Werkes und unter Berücksichtigung des bei Abschluß dieses Vertrages bestehenden Verlagsprogramms ein Festhalten am Vertrag nicht zugemutet werden kann.
3.. Das Rücktrittsrecht kann nur innerhalb eines Jahres nach Zugang der Anzeige des Verlages gemäß Absatz 1 ausgeübt werden.

Normvertrag
Seite 10

§ 14 Schlußbestimmungen
1. Soweit dieser Vertrag keine Regelungen enthält, gelten die allgemeinen gesetzlichen Bestimmungen des Rechts der Bundesrepublik Deutschland und der Europäischen Union. Die Nichtigkeit oder Unwirksamkeit einzelner Bestimmungen dieses Vertrages berührt die Gültigkeit der übrigen Bestimmungen nicht. Die Parteien sind alsdann verpflichtet, die mangelhafte Bestimmung durch eine solche zu ersetzen, deren wirtschaftlicher und juristischer Sinn dem der mangelhaften Bestimmung möglichst nahekommt.
2. Die Parteien erklären, Mitglieder bzw. Wahrnehmungsberechtigte folgender Verwertungsgesellschaften zu sein:
   Der Autor: ....
   Der Verlag: ....
3. Im Rahmen von Mandatsverträgen hat der Autor bereits folgende Rechte an Verwertungsgesellschaften übertragen:
   .... an die VG: ....
   .... an die VG: ....
   .... an die VG: ....

................................, den............   ...., den............

_____   _____
(Autor)   (Verlag)

> **Angemessene Honorare für Belletristikautoren**
> Die Formulierung »angemessenes Honorar« in § 32 des Urheberrechtsgesetzes ist so schwammig, dass sie zwangsläufig zu Rechtsstreit führen musste – zur Freude von Juristen. Schließlich haben sich 2005 der Verband deutscher Schriftsteller (VS) und neun Verlage (Berlin Verlag, S. Fischer, Hanser, Antje Kunstmann, Lübbe, Piper, Random House, Rowohlt und Seemann Henschel) geeinigt, für Hardcover-Ausgaben 10 % vom Netto-Ladenverkaufspreis und 5 % bei Taschenbuchausgaben mit einer Staffel bis zu 8 % ab 100 000 Exemplaren als angemessenes Honorar zu definieren. Achtung: Diese Honorare gelten nur für belletristische Werke dieser Verlage.

Wie muss ich meine Honorare versteuern?

Während Ihre Lohnsteuer Ihnen automatisch abgezogen wird, müssen Sie Einkünfte aus schriftstellerischer Arbeit selbst in Ihrer Steuererklärung aufführen und dem Finanzamt seinen Anteil überweisen. Sie brauchen Nebeneinkünfte aus selbständiger Arbeit aber nur zu versteuern, wenn es – nach Abzug der Betriebsausgaben – mehr als 410 Euro im Jahr sind. Einkünfte sind Ihre Einnahmen abzüglich der Ausgaben. Also Belege sammeln, wenn Sie für Ihre Autorentätigkeit Geld ausgeben! Sie können bei nebenberuflicher schriftstellerischer Tätigkeit aber auch 25 % vom Umsatz, aber höchstens 614 Euro pro Jahr, als »Betriebskostenpauschale« ansetzen. Das ist nicht so kompliziert und wird vielleicht erstmal reichen.

Wenn Sie neben Verlusten aus dem Nebenjob Einkünfte aus einer Angestelltentätigkeit haben, mindert das die Steuerschuld. Aber nur, solange das Finanzamt die verlustbringende Tätigkeit nicht als »Liebhaberei« abstempelt. Das macht es, wenn Sie ein paar Jahre lang in Ihrem schriftstellerischen Nebenjob nur Verluste eingefahren haben. Sie können diese Einstufung hinauszögern, in dem Sie dem Finanzamt demonstrieren, dass Sie die Absicht haben, Einnahmen zu erzielen. Zum Beispiel, indem Sie eine Liste der Wettbewerbe zusammenstellen, an denen Sie teilgenommen haben.

Solange Sie als Autor nur geringe Beträge erwirtschaften und hauptberuflich als Angestellter arbeiten, wird die nebenberufliche Arbeit von Ihrer normalen Kranken- und Rentenversicherung abgedeckt. Nehmen Sie aber mehr als 3 900 Euro nebenher ein, müssen Sie sich zusätzlich über die Künstlersozialkasse (Adresse siehe Ende des Kapitels) versichern.

Als »Kleinunternehmer« (keine Sorge, man braucht als Autor oder Journalist kein Gewerbe anzumelden) mit einem Umsatz von unter 17 500 Euro sind Sie automatisch von der Umsatzsteuer befreit. Sie können aber auf diese Befreiung verzichten (einfach formlos ans Finanzamt schreiben, dass Sie das tun – gilt für fünf Jahre). Ansonsten funktioniert das mit der Mehrwertsteuer so, dass Sie auf jede Rechnung 7 % MWST (bei schriftstellerischen Leistungen) beziehungsweise 19 % (bei redaktionellen Arbeiten, Lesungen etc.) draufschlagen. Die Verlage bezahlen das anstandslos, wenn es in der Rechnung aufgeführt ist. Sie dagegen ziehen von dem Betrag, den Sie im Jahr an Mehrwertsteuer eingenommen haben, den Betrag ab, den Sie für Mehrwertsteuer gezahlt haben (zum Beispiel bei Ausgaben für Büromaterial etc.). Meistens haben Sie dadurch einen Gewinn. Wenn Sie allerdings nicht viel einnehmen, ist es für Sie besser, wenn Sie die Befreiung akzeptieren. Dann brauchen Sie auch keine Umsatzsteuererklärung abzugeben. Details zu solchen steuerlichen Fragen finden Sie im *Ratgeber Freie* von Goetz Buchholz, einem äußerst nützlichen Buch der Gewerkschaft ver.di (siehe Buchtipps am Ende des Kapitels). Oder Sie fragen Ihren Steuerberater, denn die Beträge und Grenzen, die hier genannt sind, können sich jederzeit ändern.

Die VG Wort

Sie haben sicher schon von der GEMA gehört, die immer dann, wenn irgendwo ein Musikstück aufgeführt oder ein Song gespielt wird, Gebühren erhebt und die von jeder verkauften CD einen Anteil erhält, den sie an die Musiker weiterleitet. Eine ähnliche Einrichtung gibt es auch im Bereich der Literatur. Sie heißt in Deutschland VG Wort und nimmt für Autorinnen und Autoren, die deutsche Staatsangehörige sind oder ihren ständigen Wohnsitz in der Bundesrepublik haben, all die Rechte wahr, die sie unmöglich selbst verwalten können. Die VG Wort erhebt zum Beispiel Gebühren von Bibliotheken und von Besitzern von Fotokopierern. Autoren, die Bücher (oder auch längere Beiträge in Büchern) veröffentlicht haben, können einen Wahrnehmungsvertrag mit der VG Wort schließen und werden dann an der jährlichen Ausschüttung dieser Gelder beteiligt. Schließen Sie unbedingt, sobald Ihr Buch veröffentlicht worden ist, einen solchen Vertrag. Es kostet Sie nichts, und Sie bekommen für jedes Sachbuch, das Sie bei der VG Wort registrieren lassen, einen Scheck über mehrere hundert Euro. Sie können Ihr Buch auch rückwirkend anmelden.

Anmeldungsvordrucke und Informationen können Sie bei den unten genannten Adressen anfordern:

Verwertungsgesellschaft WORT (VG WORT)
Goethestraße 49
80336 München
Tel. 089/514 12-0
E-Mail: vgw@vgwort.de
www.vgwort.de

Büro Berlin
Köthener Straße 44
10963 Berlin
Tel. 030/261 38 45 oder 261 27 51
E-Mail: vgw@vgwort.de

Auch in den deutschsprachigen Ländern gibt es ähnlich arbeitende Verwertungsgesellschaft. In Österreich lebende Autoren können sich anmelden bei:

LVG – Literarische Verwertungsgesellschaft / Literar-Mechana
Linke Wienzeile 18
A-1060 Wien
Tel. 0043/1/587 21 61-0
E-Mail: office@literar.at
www.literar.at

Für die Schweiz ist zuständig:

ProLitteris
Universitätstrasse 100
CH-8006 Zürich
Tel. 00 41/43/300 66 15
E-Mail: info@prolitteris.ch
www.prolitteris.ch

Sozialversicherungen für Künstlerinnen und Künstler

Wenn Sie später einmal Ihr Geld hauptberuflich als Autor oder Autorin verdienen und in Deutschland ansässig sind, dann müssen Sie Ihre Kranken-, Pflege- und Rentenversicherung nicht ausschließlich selbst zahlen. Damit selbständige Künstler normalen Arbeitnehmern gegenüber nicht benachteiligt werden, wurde die Künstlersozialkasse (KSK) gegründet. Was normalerweise der »Arbeitgeberanteil« zu diesen Versicherungen wäre, wird vom Bund und von den Unternehmen gezahlt, die künstlerische Leistungen verwerten, zum Beispiel den Verlagen. In die Künstlersozialkasse kann jeder aufgenommen werden, dessen Einkommen durch eine schriftstellerische Tätigkeit bei jährlich über 3 900 Euro liegt; für Berufsanfänger gibt es in den ersten drei Jahren keine Mindestgrenze. Diese Versicherungspflicht trifft auf Sie nicht zu, wenn Sie hauptberuflich eine andere Tätigkeit ausüben und damit bereits in der gesetzlichen Krankenkasse pflichtversichert sind. Damit die Beiträge zu diesen Versicherungen für Sie festgelegt werden können, müssen Sie Ihr voraussichtliches Jahresarbeitseinkommen schätzen und der KSK melden. Nähere Informationen, Antragsformulare etc. bekommen Sie bei der

Künstlersozialkasse (KSK)
26380 Wilhelmshaven
Tel. 0180 3/57 51 00
E-Mail: auskunft@kuenstlersozialkasse.de
www.kuenstlersozialkasse.de

7. Honorare und Verträge

Buchtipps:
Goetz Buchholz: *Ratgeber Freie – Kunst und Medien*, 6. Auflage Mai 2002, 480 Seiten, 3 Euro beziehungsweise 20 Euro.
Dieses Buch ist ein Muss für jeden Autor! Es enthält eine Fülle von Informationen zu Starthilfen, Kalkulation, Verträgen/Honoraren, Steuern und Versicherungen, aber auch zu Urheberrecht, Kooperationsformen und »Scheinselbständigkeit«. Das von ver.di herausgegebene Buch kostet für Mitglieder 3 Euro + 2 Euro Versandkosten, bestellen kann man es bei den Landesbezirksbüros oder über *www.mediafon.net*. Nichtmitglieder erhalten es für 20 Euro im Buchhandel. Im Internet finden Sie übrigens eine Online-Aktualisierung des Ratgebers auf der Website *www.ratgeber-freie.de*.

Manfred Plinke (Hg.), *Recht für Autoren. Urheberrecht, Verlagsrecht, Musterverträge*. Berlin 2012, 190 Seiten, 16,90 Euro.
Zahlreiche Beiträge, die eine Vielzahl von Aspekten beleuchten. Enthält auch Musterverträge für Autoren, Herausgeber, Übersetzer.

8. Zusammenarbeit mit dem Verlag

Verlagsstruktur und interne Abläufe

Je genauer Sie wissen, was im Verlag eigentlich mit Ihrem Manuskript geschieht, wer wofür zuständig ist und was genau jetzt noch von Ihnen erwartet wird, desto leichter wird die Zusammenarbeit bei der Buchentstehung werden. In diesem Kapitel erfahren Sie mehr über die internen Abläufe in einem Buchverlag.

In kleinen Verlagen werden die Zuständigkeiten meist nur auf zwei, drei Personen verteilt. Jeder der Mitarbeiterinnen und Mitarbeiter muss fähig und bereit sein, sich um alles zu kümmern. In mittelgroßen (schon ab 10 bis 15 Mitarbeitern gilt ein Verlag als mittelgroß!) und großen Verlagen herrscht dagegen eine hoch spezialisierte Arbeitsteilung. Folgende Abteilungen werden sich dort um Ihr Buchprojekt kümmern:

* Das *Lektorat* sucht und betreut Autoren und Illustratoren. Ihr Lektor beziehungsweise Ihre Lektorin wird Ihr Hauptansprechpartner und Ihre Bezugsperson im Verlag sein. Lektoren – manchmal werden sie auch Redakteure genannt – sind quasi Produktmanager eines Buches. Sie sind verantwortlich für die von ihnen betreuten Buchprojekte (»Titel«) und koordinieren alle Arbeiten daran. Sie beauftragen freie Mitarbeiter und klären die Ihr Buch betreffenden Fragen mit Verlagsleitung, Herstellung, Buchdesig-

nern, Vertrieb, Werbung, Presseabteilung und Buchhaltung. Ihr Prestige steigt und fällt mit dem Erfolg oder Misserfolg der von ihnen entdeckten und betreuten Titel und Autoren. Manchmal ist die Verlagsleitung am Lektorat beteiligt, ansonsten werden Sie eher wenig mit dem Verleger zu tun haben.

- Die *Herstellungsabteilung* entscheidet, wie Ihr Buch später einmal aussehen wird: Sie kümmert sich in Abstimmung mit dem Lektorat um alle Fragen der Buchgestaltung und -produktion. Der Hersteller, der Ihr Buch betreut, arbeitet eng mit Ihrem Lektor zusammen und legt Termine fest für den Satz des Manuskripts, die Korrektur der Fahnen und alle folgenden Arbeitsgänge, damit er Setzereien und Druckereien entsprechend beauftragen kann. Normalerweise werden Sie selten direkt mit der Herstellungsabteilung zu tun haben, es sei denn, Sie möchten spezielle technische Fragen klären.

- Die *Presseabteilung* versucht über Anrufe, persönliche Besuche in den Redaktionen, Mailings und den Versand von Rezensionsexemplaren die Medien für Ihr Buch zu interessieren. Sobald das Buch erschienen ist – oder auch schon kurz zuvor – kann es sich ergeben, dass die entsprechende Person, die Ihr Buch in der Presseabteilung betreut, diejenige sein wird, mit der Sie nun am häufigsten in Kontakt sind. Sie wertet erschienene Buchbesprechungen aus und schickt sie Ihnen zu. Außerdem organisiert sie Buchpräsentationen. Wenn solche Termine abgesprochen werden müssen, werden sich die Mitarbeiter der Presseabteilung direkt an Sie wenden. Von ihnen werden Sie auch benachrichtigt, wenn Journalisten Interviewtermine mit Ihnen vereinbaren möchten.

- Die *Vertriebsabteilung* betreut die Vertreter, die für den Verlag durch die Buchhandlungen reisen, und kümmert sich aktiv um den Verkauf der Bücher. Sie spielt durch ihre Kenntnis des Marktes auch eine wichtige Rolle bei der strategischen Programmplanung des Verlages. Außerdem organisiert der Vertrieb Lesungen, kümmert sich um Büchertische bei Veranstaltungen und ist ganz allgemein für die Promotion zuständig. Alles, was Lesungen betrifft, werden Sie direkt mit Mitarbeitern der Vertriebsabteilung absprechen.

- Die *Werbeabteilung* gestaltet zweimal jährlich die Verlagsvorschau, außerdem produziert sie Anzeigen, Flugblätter und Prospekte und bucht Anzeigenraum in den Medien.
- Die *Rechte- und Lizenzabteilung* kümmert sich darum, dass die Nebenrechte wie Taschenbuch-, Übersetzungs-, Hörbuch- oder Filmrechte, die die Autoren dem Verlag abgetreten haben, vermittelt werden. Sie nimmt mit potenziellen Interessenten Kontakt auf, schickt ihnen Informationsmaterial über die Buchprojekte oder Bücher, verhandelt die Konditionen und schließt die Verträge ab. Von der Lizenzabteilung werden Sie meist gute Nachrichten hören, zum Beispiel, dass Ihr Buch ins Schwedische oder Koreanische übersetzt werden wird…

Wann wird Ihr Buch erscheinen?

Zweimal im Jahr, jeweils im Herbst und Frühjahr, stellen die Verlage ihr neues Programm vor, die »Novitäten«. Außer im Fall von brandaktuellen »Schnellschüssen« sind die Vorlaufzeiten für diese Programme sehr lang, was die meisten angehenden Autoren unterschätzen. Wenn Sie Ihren Vertrag geschlossen haben, müssen Sie damit rechnen, dass es von da an noch mindestens ein Jahr dauert, bis das fertige Buch erscheint. Die Lektorinnen und Lektoren planen im Sommer 2012 nicht etwa das Programm für den Herbst 2012, sondern das für den Herbst 2013 und den des Jahres 2014. Aus diesem Grund bringt es wenig, sich an Trends anhängen zu wollen, die heute aktuell sind – wenn das Buch erscheint, ist die jeweilige Mode manchmal schon kalter Kaffee.

Mittlerweile wird der Verlag festgelegt haben, wann Ihr Buch erscheinen soll. Das Frühjahrsprogramm eines Verlages ist meist kleiner als das Herbstprogramm, da alle Beteiligten genau wissen, dass der Hauptumsatz mit Büchern im Weihnachtsgeschäft gemacht wird. Bei Ratgebern oder Romanen ist das nicht so wichtig, aber höherpreisige Bücher, die vor allem verschenkt werden, haben kaum eine Chance, wenn sie im Frühjahr veröffentlicht werden. Doch ärgern Sie sich nicht, wenn beschlossen worden ist, dass Ihr Buch im Frühjahr erscheinen soll. Im Herbst wird im Umfeld der Frankfurter Buchmesse ein solcher Wirbel um die Top-Titel gemacht, dass die meisten Bücher nicht etwa mehr Publicity erhalten, sondern in der Masse der Neuerscheinungen untergehen. Und Bücher, die sich besonders gut als Sommerlektüre eignen würden, haben bei einem Erscheinungstermin im Frühjahr deutlich bessere Chancen.

Ob Ihr im Frühjahr erschienenes Buch auf der Frankfurter Messe präsent sein wird, sollten Sie rechtzeitig mit dem Verlag klären. Sonst geht es Ihnen unter Umständen wie der Autorin Barbara Ludwig vor einigen Jahren, deren autobiografischer Roman *Zum Weinen ist die Zeit zu schade* gerade bei Bastei Lübbe erschienen war und die hoffnungsfroh aus München nach Frankfurt reiste, um ihr Buch auf der Messe zu bewundern. Doch Pustekuchen – es war nicht da! Sie beschwerte sich bei den Verlagsmitarbeitern und bekam zur Auskunft, dass sie vorher hätte anrufen sollen, dann wäre das Buch auch da gewesen. Oft würden nur die Herbsttitel ausgestellt, und auch von ihnen längst nicht alle (schließlich mache Bastei Lübbe sehr viele Bücher). Das nächste Mal rief Barbara Ludwig vorher an, und es klappte mit der Messe-Präsentation. Im Jahr darauf, als neue Titel ihr Buch endgültig vom Messestand verdrängt hatten, griff sie zur Selbsthilfe: »Ich habe einfach ein Exemplar mitgebracht und an den Stand gestellt, zu den anderen Büchern der Reihe Erfahrungen«, erzählt Barbara Ludwig vergnügt. »Von den Mitarbeitern hat das keiner gemerkt.« Und so konnten die Messebesucher auch in diesem Jahr wieder in ihrem Buch schmökern. Ihre Lektorin, der sie später davon erzählte, hat herzlich gelacht.

Der Abgabetermin rückt näher

Falls Ihr Buch erst noch fertig geschrieben werden muss, werden Sie im Laufe des Schreibens mit Ihrem Lektor oder Ihrer Lektorin in mehr oder weniger engem Kontakt bleiben. »Ich sage Autoren, dass ich gern auf dem laufenden gehalten werden und Zwischenberichte bekommen möchte«, erzählt Martin Rethmeier, Lektoratsleiter Geisteswissenschaften beim Oldenbourg Verlag. »Außerdem erkundige ich mich von Zeit zu Zeit nach dem Stand der Arbeit. Viele Autoren schicken mir auch vorab Teile des Manuskripts. Bei Autoren, mit denen ich das erste Mal zusammenarbeite, bitte ich darum. Dann schaue ich mir das an und gebe Rückmeldung und Empfehlungen, damit die Autoren das für den Rest des Manuskriptes umsetzen können.« Viele andere Lektoren lassen jedoch, während Sie an Ihrem Projekt arbeiten, nichts von sich hören, weil sie mit den Titeln des nächsten Programms noch alle Hände voll zu tun haben und Sie sozusagen noch nicht dran sind, weil Ihr Buch erst im übernächsten Programm erscheint. In diesem Fall werden Sie höchstens etwas von Ihrer Lektorin hören, wenn zum vereinbarten Abgabetermin noch nichts eingetroffen ist.

Wenn Lektor und Autor in Kontakt bleiben, dann wird auch schnell deutlich, ob die Deadline und Seitenzahl eingehalten werden können oder nicht. Bücher entstehen praktisch immer unter Zeitdruck, da das Jahr für Verlage aus einer Reihe von relativ festen Terminen besteht, von denen der wichtigste natürlich der Tag ist, an dem die Bücher in die Buchhandlungen ausgeliefert werden. Diesen Zeitdruck werden Sie ab Vertragsschluss ebenfalls zu spüren bekommen:

- **Abgabetermin** für Bücher, die im Frühjahr erscheinen sollen, ist meist August/September
- **Abgabetermin** für Bücher, die im Herbst erscheinen sollen, sind meist Januar/Februar

Das heißt, zu diesen Daten muss Ihr Manuskript unbedingt fertig vorliegen und wird dann im Verlag weiterverarbeitet. Verständlich, dass Zuverlässigkeit und Termineinhaltung Eigenschaften sind, die Verlage an ihren Autorinnen und Autoren schätzen. Viele Nachwuchsautoren unterschätzen den Aufwand, der nötig ist, um zum Beispiel ein Sachbuch zu recherchieren und zu schreiben. Wichtig ist auch, dass Sie nicht viel mehr (oder viel weniger – aber das kommt seltener vor) schreiben als vereinbart, denn das lässt die Kalkulation, also das Budget, für das Buch platzen, da nun die Herstellung deutlich teurer wird.

Tipp: Wenn Sie merken, dass Sie Ihre »Deadline« nicht einhalten können, sagen Sie Ihrem Lektor oder Ihrer Lektorin unbedingt so früh wie möglich Bescheid, nicht erst an dem Tag, an dem Sie eigentlich hätten abgeben sollen. Normalerweise wird Ihnen dann eine Nachfrist eingeräumt. Machen Sie keine Versprechungen, die Sie dann doch nicht halten können!

Klappt es mit der Abgabe gar nicht, weil Sie krank geworden sind, eine fürchterliche Schreibhemmung haben oder etwas anderes Unvorhersehbares Sie sehr aufhält, kann das Projekt zur Not um eine Saison geschoben werden. Wenn das Buch jedoch schon in der Vorschau angekündigt worden ist, ist das unangenehm und schadet dem Verlag und den Verkaufschancen des Buches. Solche Titel werden im Verlag »Hänger« genannt.

Wenn Sie merken, dass Sie mit dem ganzen Projekt überfordert sind, brauchen Sie nicht in Panik zu geraten – Sie haben in einem frühen Stadium der Vorbereitungen (wenn das Projekt weit gediehen ist, ist es problematisch) immer noch die Möglichkeit, vom Vertrag zurückzutreten und den Vorschuss zurückzuzahlen.

Normalerweise erhalten Verlage die Texte von ihren Autoren nicht mehr als Papierausdruck, sondern nur noch als Datei, meist per Mail. Berühmte Autoren würden wahrscheinlich sogar damit durchkommen, ihre Texte mit Füllfederhalter auf Papier geschrieben abzugeben. Doch wenn man auf dem Buchmarkt noch keinen Namen hat, sollte man sein Manuskript – sicher ist sicher – als Datei einschicken und so gestalten wie üblich: In Form von Normseiten, ordentlich mit Seitenzahlen versehen.

Was nach Abgabe des Manuskripts geschieht

Wenn Sie Ihr Manuskript abgeben, sind Sie wahrscheinlich erst einmal erleichtert: Geschafft, das Ding ist fertig! Jetzt ist der richtige Zeitpunkt, eine Flasche Sekt aufzumachen. Doch die Arbeit an diesem Buch ist für Sie noch nicht beendet. Jetzt beginnt eine Phase intensiver Zusammenarbeit zwischen Ihnen und dem Verlag. In dieser Zeit sollten Sie gut erreichbar sein, da noch vieles abgesprochen werden muss, zum Beispiel die Redaktion, Gestaltung und Bildbeschaffung, Klappen- und Vorschautexte, Autoreninformationen und -foto, der Umschlag des Buches (»Cover«) und vieles mehr.

Wie Ihr Text bearbeitet werden wird

Nach Manuskriptabgabe werden Sie und Ihr Lektor oder Ihre Lektorin beziehungsweise eine beauftragte Redakteurin erst einmal am Text arbeiten und ihn Seite für Seite durchgehen. Änderungen werden sich nicht vermeiden lassen: *Jeder* Text wird im Verlag lektoriert – zumindest in den guten, seriösen Verlagen. Selbst erfahrenste Autoren und Autorinnen übersehen in ihren eigenen Manuskripten schlecht konstruierte Sätze, missglückte Vergleiche, Wiederholungen, Widersprüchlichkeiten, mangelhafte Charakterisierungen, langatmige Passagen und so weiter. Im Sachbuch wird nicht selten auch die Reihenfolge der Kapitel verändert, einzelne Abschnitte werden in eine logischere Reihenfolge gebracht, und es werden neue Überschriften formuliert.

Ihre Lektoren werden Ihnen als geschulte Leser Hinweise geben und Vorschläge machen, was Sie an Ihrem Text noch ändern sollten, damit er besser wird. »Ich habe eine wunderbare Lektorin«, erzählt die Autorin Thea Dorn. »Man hat immer das Problem, wenn man mit einem Text fertig ist: Es gibt Stellen, bei denen man merkt, irgendwas hakt da, irgendwas stimmt nicht, aber man bekommt es nicht auf den Punkt, ob die Szene falsch aufgezogen ist, ob es in der falschen Perspektive erzählt ist, ob man einen Abschnitt rausnehmen sollte... da hat meine Lektorin wirklich einen unglaublich analytischen Blick, die schaut einmal drauf und sagt sofort: Da! Hier liegt der Hund begraben. Das ist natürlich ganz, ganz hilfreich.«

So wird die Zusammenarbeit üblicherweise konkret aussehen: Zunächst werden Sie und Ihr Lektor oder Ihre Lektorin größere Änderungswünsche diskutieren. Versuchen Sie, Ihren Text so objektiv zu sehen wie möglich – vielleicht können Sie die Kritik des Lektorats nachvollziehen. Vielleicht kommen Sie sogar zu dem Schluss, dass die

Änderungen Ihrem Buch gut tun würden – und das, obwohl es Ihnen möglicherweise in der Seele weh tut und es harte Arbeit bedeuten kann, weil zum Beispiel neue Handlungsstränge dazukommen können, die Dramaturgie geändert werden muss oder Passagen völlig umgeschrieben werden müssen. Es kann natürlich auch anders laufen, so wie bei Uwe Timm, der mit dem Lektor seines Romans *Morenga* harte Kämpfe auszufechten hatte: »Der wollte mir immer drei große lange Erzählstränge ausreden, er sagte, das sei nicht gut für den Roman. Aber das ist gerade das Wesentliche an *Morenga*, dass da lange Erzählstränge drin sind. Da musste man eben hart bleiben.«

Wenn Sie die Anregungen des Lektorats aufgreifen möchten, überarbeiten Sie Ihr Buch noch einmal. Anschließend wird das Manuskript im Verlag redigiert, das heißt es wird an den Sätzen gefeilt und Schreibweisen werden vereinheitlicht. Achten Sie am besten schon beim Schreiben auf Einheitlichkeit in Ihrem Manuskript, schreiben Sie also beispielsweise nicht einmal »70-er Jahre« und beim nächsten Mal »Siebziger Jahre«, entscheiden Sie sich, ob Sie zum Beispiel fremdsprachige Ausdrücke kursiv schreiben oder nicht, und bleiben Sie dann bei der Schreibweise, für die Sie sich entschieden haben.

In den letzten Jahren hat es sich eingebürgert, dass diese reine Textbearbeitung, die sehr zeitaufwändig ist, außer Haus gegeben und von Außenlektoren oder Redakteuren geleistet wird, so dass sich die festangestellten Verlagsmitarbeiter auf die organisatorische Seite des Büchermachens konzentrieren können.

Damit Sie sehen können, bei welchen Passagen oder Formulierungen es stilistisch etwas »zu meckern« gab, bekommen Sie das redigierte Manuskript zugeschickt. Nur noch wenige Lektoren und Lektorinnen arbeiten auf Papier, viele tragen Ihre Korrekturvorschläge gleich in die Datei ein, so dass Sie bei kleinen Dingen nur noch »Annehmen« oder »Ablehnen« klicken müssen. Eine praktische Sache, seither geht das Überarbeiten doppelt so schnell. Außerdem hat man keine Probleme mehr mit unleserlichen Handschriften.

Die Anmerkungen Ihres Lektors oder Ihrer Lektorin sind immer Vorschläge, und Sie können entscheiden, welche Änderungen Sie übernehmen möchten. Meist wird Ihr Lektor Sie bitten zu markieren, mit welchen Änderungen Sie nicht einverstanden wären, und diese Passagen noch einmal mit Ihnen besprechen. »Mein persönliches Ideal ist: Autor und Lektor sind wie ein Tanzpaar, weil man sich aneinander anpasst«, meint die Lektorin und Übersetzerin Angelika Kutsch. »Es ist ein gegenseitiges Anpassen und Zuhören.« Durch diese Arbeit an dem Text, der Ihnen ja meist sehr am Herzen liegt, entsteht im besten Fall ein freundschaftliches Vertrauensverhältnis. Wenn Autoren »verlagstreu« bleiben, also immer bei dem gleichen Verlag veröffentlichen, liegt das nicht selten an dieser Bindung zwischen Lektor und Autor.

Vielleicht haben Sie ein mulmiges Gefühl bei dem Gedanken, dass jemand an Ihrem Buch etwas ändern, gar darin »herumpfuschen« könnte. Das ist besonders dann verständlich, wenn Ihr Text sehr persönlich und autobiografisch ist. Grundsätzlich brauchen Sie keine Änderungen in Ihrem Text zu akzeptieren, das ergibt sich aus Ihren Persönlichkeitsrechten als Urheber. Doch Sie sollten dieses Vetorecht nur mit Vorsicht gebrauchen und nur bei Dingen, die Ihnen wirklich wichtig sind. Am angenehmsten und fruchtbarsten wird die Zusammenarbeit, wenn beide Seiten Kompromissbereitschaft zeigen. Wenn Profis sehen, wie manche Neulinge um jedes Wort mit ihrem Lektor kämpfen, schütteln sie nur den Kopf: »Er soll Messen lesen lassen, dass er überhaupt einen Lektor bekommt. Es ist ein aussterbender Beruf – heute wollen die oft nur noch die fertige Datei und lassen das dann so drucken, wie es ist«, meint die Autorin Eva Demski.

Es stimmt leider, dass es heute nicht mehr selbstverständlich ist, dass ein kompetentes und sorgfältiges Lektorieren des Textes erfolgt, denn Lektorinnen und Lektoren müssen immer mehr Titel betreuen (normalerweise zwischen 10 und 30 im Halbjahr) und haben für das einzelne Buch immer weniger Zeit. Das gilt sowohl für die Autorenbetreuung als auch für die Textbearbeitung. Im Taschenbuchbereich großer Verlage ist eher Massenproduktion angesagt als die liebevolle »Text-Geburtshilfe«, die den Mythos des Lektorats ausmacht. Sie sollten sich also auf keinen Fall auf das Lektorat Ihres Verlages verlassen, sondern Ihren Text selbst schon so weit schleifen und korrigieren, wie Sie können. Die Kehrseite der engen Zusammenarbeit zwischen Autor beziehungsweise Autorin und Lektorat ist auch, dass es schwierig werden kann, wenn Sie und Ihr Lektor oder Ihre Lektorin nicht miteinander klarkommen. Stimmt die »Chemie« nicht, dann macht eine Zusammenarbeit auf Dauer wenig Sinn. Sie können einerseits die Zähne zusammenbeißen und hoffen, dass der Lektor bald wechselt (ich beispielsweise hatte bei ein und demselben Verlag schon drei unterschiedliche Lektoren – weil sie zu anderen Verlagen wechselten, Kinder bekamen etc.), oder sich diskret nach einem anderen Verlag umsehen.

Aus dem Manuskript wird eine »Fahne« oder ein »Umbruch«
Nach der Bearbeitung des Manuskripts beginnt die Phase der sogenannten Abwicklung – häufig werden die jetzt anfallenden Aufgaben Lektoratsassistenten oder Volontärinnen übertragen. Der redigierte Text kann nun in die Herstellungsabteilung gegeben werden. Dafür gibt es einen festen Termin, der schon lange vorher festgelegt wird. Spätestens jetzt sollten auch die Vorlagen für die Illustrationen im Verlag eingetroffen sein.

Der für Ihr Buch zuständige Hersteller wird das Manuskript durchgehen und »auszeichnen«, also mit Anweisungen für den Setzer versehen. Anschließend wird das Material in die Setzerei gegeben, wo die Datei in eine Druckfahne verwandelt wird. Das bedeutet, der Text sieht bereits so aus, wie er später im Buch erscheinen wird, doch er ist einfach fortlaufend gesetzt, die Seitenzahlen sind also noch nicht die endgültigen. In dieser Form ist es noch relativ einfach möglich, Änderungen im Text vorzunehmen, wenn auch jede Korrektur Kosten verursacht.

Sehr oft wird das Manuskript inzwischen aus Zeitgründen auch direkt auf »Umbruch« gesetzt, die Seiten sind dann schon fertig gestaltet. In diesem Fall dürfen Sie keine Streichungen oder Ergänzungen mehr vornehmen, beziehungsweise wenn Sie etwas ergänzen wollen, müssen Sie an einer anderen Stelle die gleiche Textmenge streichen. Andernfalls verschiebt sich das gesamte Layout.

Ihr Lektor oder Ihre Lektorin erhält mehrere Kopien und schickt eine davon an Sie, zum Teil auch als PDF-Datei, die Sie selbst ausdrucken. Jetzt haben Sie die Aufgabe, die Fahne beziehungsweise den Umbruch Ihres Buches bis zu einer gewissen Frist sorgfältig durchzulesen und alle noch verbleibenden Tipp-, Rechtschreib- und Satzfehler anzustreichen. Das macht man am besten auf dem Papierausdruck, am Bildschirm übersieht man deutlich mehr Fehler. Eigentlich sollte man dafür zwei Wochen Zeit bekommen, aber ich habe es auch schon erlebt, dass ich dafür nur zwei oder drei Tage Zeit bekam, weil das Projekt – nachdem es im Lektorat monatelang herumgelegen hatte – schon wieder furchtbar eilig und dringend war. Was hätte der Verlag gemacht, wenn ich zu diesem Zeitpunkt auf Lesereise oder in Urlaub gewesen wäre?!

Widerstehen Sie bei der Korrektur der Versuchung, Sätze umzuformulieren, wenn es nicht absolut notwendig ist, aber denken Sie daran, dass alle Fehler, die Sie jetzt übersehen oder stehen lassen, sehr wahrscheinlich im gedruckten Buch auftauchen werden. Im Duden finden Sie unter dem Stichwort »Textkorrektur« eine Übersicht über die wichtigsten Korrekturzeichen, die Sie dabei verwendet werden sollten. Es lohnt sich, sie zu lernen, denn als Autor beziehungsweise Autorin brauchen Sie diese Zeichen ständig.

Auf den Seiten 202–203 sind sie noch einmal übersichtlich aufgelistet.

Die zweite Kopie der Fahnen erhält ein externer Korrekturleser – der berüchtigte pensionierte Deutschlehrer –, eine dritte Kopie der Herausgeber, falls es einen gibt. Auf diese Art hofft man, so viele Fehler wie möglich finden und eliminieren zu können, auch die, die Sie als Autor oder Autorin des Textes nicht mehr sehen.

Sobald die korrigierten Fahnen wieder im Verlag eingetroffen sind, werden die Korrekturen des Autors und des Korrekturlesers in ein einziges Exemplar übertragen (»kollationiert«), das anschließend an den Setzer weitergeleitet wird, damit er die Korrekturen ausführt. Im Lektorat wird nun jede einzelne Korrektur daraufhin überprüft, ob sie

8. Zusammenarbeit mit dem Verlag

Die wichtigsten Korrekturzeichen
(Nach DIN 16 511)

Immer wieder werden Sie als Autor oder Autorin Texte auf Papier korrigieren müssen. Dafür ist es wichtig, dass Sie die Korrekturzeichen kennen. Allgemeine Tipps:
- Korrekturen werden immer im Text vorgenommen und auf gleicher Höhe am Rand wiederholt, damit der Setzer sie sofort sieht.
- Am besten, Sie verwenden einen blauen Kuli oder sonstigen farbigen Stift – bloß keinen Bleistift, sonst werden manche Korrekturen übersehen!
- Wichtig ist, dass Sie immer ganz klar korrigieren, was Sie geändert haben wollen. Mit einer vagen Wellenlinie, einem Ausrufungszeichen am Rand o.ä. können Lektorin und Setzer nichts anfangen.

Falsche Buchstaben werden im Text markiert und am Rand durch die richtigen ersetzt

Bei **mehreren Korrekturen** in unmittelbarer Nähe müssen die Zeichen unterschiedlich aussehen, zum Beispiel so. Damit können Sie auch einzelne Buchstaben einfügen.

Streichungen können Sie mit dem Deleatur-Zeichen vornehmen. Es bedeutet einfach „Dies hier löschen", auch ganze Wörter Wörter können Sie damit entfernen lassen.

Wenn Sie ein **Wort einfügen** wollen, das so aus

Falsche Trennungen sind nicht schön, deshalb sollte man sie aus dem Umbruch herauskorrigieren

Andere Schriften: Wenn Sie etwas kursiv oder fett setzen lassen wollen, markieren Sie das so. Dann sieht es nach der Korrektur auch *kursiv* und **fett** aus.

Worte zusammenfügen ist kein Kunststück

Worte zu trennen geht so

Wenn die **Wörter in der falschen Reihenfolge** stehen, dann bringen Sie das in Ordnung so wieder.   *1 – 4*

Wollen Sie einen **Satz oder Absatz anhängen**, dann hilft Ihnen diese geschwungene Linie.
Dann weiß der Setzer, dass diese Teile verbunden werden sollen.

Damit Ihr Text nicht wie eine Bleiwüste aussieht, sollten Sie hin und wieder **Absätze einfügen.** Damit kennzeichnen Sie Sinnschritte und das Schriftbild lockert sich auf.

Falsche Zwischenräume: Diese Worte stehen zu weit auseinander, diese Worte dagegen zu eng nebeneinander.

Sowas passiert manchmal auch mehrmals, dann kann wiederholt man die Zwischenraum-Zeichen.

Fehlt ein Einzug am Anfang der Zeile, dann markieren Sie das so.

Soll der Einzug dagegen wegfallen, benutzen Sie dieses Zeichen.

Haben Sie mal etwas aus Versehen falsch korrigiert, kein Problem. Einfach ein paar Pünktchen unter die falsche Korrektur und am Rand durchstreichen.

Wenn ein falsch geschriebenes Wort sich wiederholt oder Sie irgend etwas durchgehend austauschen wollen, zum Beispiel einen bestimmten Namen, dann schreiben Sie auf die erste Seite des Umbruchs eine „Generalanweisung" an den Setzer: „Bitte im ganzen Manuskript XXX gegen XXY austauschen."

Üben Sie diese Korrekturzeichen am besten an ein paar unkorrigierten Seiten Ihrer (oder noch besser fremder) Texte. Schon bald werden Ihnen die Zeichen in Fleisch und Blut übergangen sein und Sie können sich beim Korrigieren auf das konzentrieren, was Sie eigentlich lesen.

richtig ausgeführt wurde; diesen Vorgang nennt man »1. Revision«. Da Setzer auch nur Menschen sind und manche Korrekturen vergessen und andere falsch ausführen, weil sie vielleicht die Handschrift des Lektors nicht lesen konnten, werden dabei noch einige Patzer gefunden. Sie werden vom Setzer berichtigt, und der Vorgang der Revision wiederholt sich. Nun sollte der Text eigentlich frei von Fehlern sein. Ihr Lektor oder Ihre Lektorin macht noch ein paar letzte Checks, dann erteilt er oder sie »Imprimatur«, erklärt das Buch also für druckreif und übernimmt die Verantwortung dafür.

Wer entscheidet über Titel, Cover und Klappentext?

Umschlag, Titel und Klappentext sind enorm wichtig für den Erfolg eines Buches. Für viele Leser entscheidet der erste Eindruck darüber, ob sie sich von diesem Werk angezogen fühlen und es kaufen oder ob sie sich für eins der anderen hunderttausend Bücher in der Buchhandlung entscheiden. »Eine Menge Bücher sind am Cover gescheitert«, meint Axel Hundsdörfer, der viele Jahre lang als Verlagsvertreter für Eichborn, Campus und Beltz gearbeitet hat. »Das liegt zum Teil natürlich daran, dass manche Umschläge schlicht und einfach hässlich oder altmodisch sind und nicht zum Thema des Buches passen. Meist lässt es sich jedoch erst im nachhinein sagen: Dieses und jenes Cover ist nicht angenommen worden, das hätten wir anders machen müssen, das hat nicht so gewirkt, wie wir es uns gedacht haben.« Auch ein langweiliger, abschreckender oder die Zielgruppe verfehlender Titel kann für das Buch ein schweres Handicap bedeuten. Daher wird im Verlag viel Zeit und Mühe in die Aufgaben investiert, Grafiker mit der Cover-Gestaltung zu beauftragen, Entwürfe zu optimieren und einen Titel und Untertitel für das Buchprojekt zu finden.

In der Belletristik wird häufig der Titelvorschlag des Autor oder der Autorin übernommen, da der Titel ein wichtiger Teil des künstlerischen Werkes ist. Dass ein Werk laut Urheberpersönlichkeitsrecht nicht entstellt werden darf, gilt natürlich auch für den Titel. Häufig setzt sich auch ein zunächst als Arbeitstitel gedachter Titel durch, da man ihn nicht mehr so leicht aus dem Gedächtnis bekommt, wenn man ihn bereits monatelang verwendet hat. Möchte ein Verlag Ihren Arbeitstitel nicht verwenden, weil Lektorat oder Vertrieb dagegen sind, dann sollten Sie das ernst nehmen und sich nicht auf Ihre Fassung versteifen. Manchmal verlieben sich Autoren in Titel, die jeder andere Mensch scheußlich findet. Dann hat das Lektorat die Aufgabe, dem Autor oder der Autorin diplomatisch klarzumachen, dass niemandem gedient ist, wenn das Buch in den Regalen liegenbleibt. Doch fast ebenso häufig sind Autoren auch selbst mit dem Titel nicht zufrieden, so dass sie dann gemeinsam mit ihren Lektoren nach dem ultimativen Wort oder Satz suchen, der neugierig macht, im Gedächtnis hängenbleibt und das Wesen des Werkes haargenau trifft. Im besten Fall ist er auch noch witzig, so wie die Sachbuch-Titel *Gute Mädchen kommen in den Himmel, böse überall hin. Warum Bravsein uns nicht weiterbringt* (Ute Ehrhardt) oder *Die Leber wächst mit ihren Aufgaben. Komisches aus der Medizin (Eckart von Hirschhausen)*. Beim Sachbuch ist wichtig, dass die richtigen Stichworte im Titel oder Untertitel vorkommen, damit das Werk per Suchfunktion in den Web-Katalogen auffindbar ist, wenn jemand sehen möchte, was für Bücher es zu einem bestimmten Thema gibt. So erklären sich die zum Teil sehr langen Titel von Ratgebern.

Per Brainstorming sammeln die Lektorinnen und Lektoren Titelvorschläge und diskutieren sie so lange erst innerhalb des Lektorats, dann in größerer Runde, bis etwas Annehmbares gefunden wird. Leider stellt sich oft heraus, dass ein Titel, den man eigentlich verwenden wollte, bereits in Benutzung ist. Ist das nicht der Fall, kann der Titel geschützt werden, damit ihn niemand anderes verwenden darf und nicht versehentlich zwei Bücher mit ähnlichem Titel, gleichzeitig erscheinen. Zu diesem Zweck gibt der Verlag im *Börsenblatt* oder *BuchMarkt* eine Titelschutzanzeige in Auftrag.

Weil der Titel oft schon dann formuliert wird, wenn das Buch noch gar nicht fertig ist und nicht mal der Lektor es gelesen hat, gibt es in dieser Phase noch witzige Wechselwirkungen. Zum Beispiel schlug ich für einen meiner Katja-Brandis-Jugendthriller den Titel *Schwarze Sekunden* vor, doch den gab es leider schon. Das Lektorat konterte mit dem Vorschlag *Drei-zwei-eins-tot*, was ich wiederum furchtbar fand. Per Mail tauschten wir zahlreiche Ideen aus, bis vom Verlag schließlich kam: »Wir fänden den Titel *Libellenfänger* schön. Wie wär's denn damit?« Ich stutzte kurz, denn in meinem Manuskript kamen keinerlei Libellen vor. Doch auch mir gefiel der Titel, und so sagte ich: »Okay«, und schrieb das Manuskript um, so dass es zum Titel passte. Und o Wunder, die Libellen waren die Zauberzutat, die dem Roman noch gefehlt hatte, und ich war im Nachhinein froh über den Vorschlag des Verlags.

Etwa gleichzeitig wird auch der Umschlag entworfen. Ihre Lektorin oder ihr Lektor wird Sie fragen, ob Sie irgendwelche Ideen zur Gestaltung des Covers haben (Sie können auch ganz bestimmte Bilder vorschlagen), und dann den Grafiker »briefen«, ihm also mitteilen, wie der Verlag den Umschlag gerne hätte. Dabei spielen natürlich inhaltliche Fragen eine Rolle, der Lektor muss den Grafikern kurz den Inhalt des Buches erzählen und ihnen vor allem genaue Informationen über die Zielgruppe geben – das Cover für einen Trendroman über das Musikbusiness, der für die Techno-Generation gedacht ist, muss natürlich ganz anders gestaltet werden als ein Geschenkbuch über Musikgeschichte. Mit diesen Daten ausgerüstet lässt der Grafiker seine Phantasie spielen. Wenn Ihr Buch sich in eine bestimmte Reihe des Verlages einfügen muss, ist der gestalterische Spielraum natürlich eingeschränkt. Auch das Corporate Design spielt eine Rolle, da die Bücher des Verlages möglichst charakteristisch, wieder erkennbar oder sogar unverwechselbar aussehen sollen. Gewöhnlich werden für jedes Buch verschiedene Entwürfe vorgelegt und diskutiert; der beste wird ausgewählt und so lange abgeändert, bis die Lektorin und vor allem die Mitarbeiter aus dem Vertrieb und Marketing zufrieden sind.

Normalerweise sollte Ihnen der Entwurf des Covers zumindest vorgelegt werden, bevor das Buch gedruckt wird. Es hängt von Ihrem Lektor ab, wie stark Sie in die Cover-Gestaltung einbezogen werden und ob überhaupt etwas mit Ihnen abgesprochen wird. Nicht immer können Sie eine Änderung durchsetzen, wenn Ihnen der Umschlag Ihres Buches nicht gefällt. Etwas leichter ist es, gegen einen Titel, der

Ihnen nicht gefällt, erfolgreich Einspruch zu erheben, doch auch hier sind Sie auf die Kompromissbereitschaft des Verlages angewiesen. In den meisten Verträgen ist klar geregelt, dass der Verlag über Titel, Gestaltung, Preis, Buchtyp und Auflage Ihres Buches entscheidet. »Bei uns haben die Autoren Mitsprachemöglichkeiten, aber das letzte Wort hat der Verlag, der ja dem Autor gegenüber geradestehen muss, was das Schicksal des Buches im Buchhandel und so weiter betrifft«, sagt Klaus Siblewski, Lektor für deutschsprachige Belletristik beim Luchterhand Verlag. »Ich kann dem Autor dann ja nicht sagen, ›Hör zu, wir haben dein Cover gewählt, jetzt siehst du, es verkauft sich nicht.‹ Dann sagt er: ›Ja, wenn ihr so blöd seid und das nicht einschätzen könnt, dann weiß ich auch nicht weiter.‹ Das wäre dann eine etwas verzwickte Unterhaltung.«

Tipp: Wenn Sie mit Cover und Titel wirklich unglücklich sind, dann kämpfen Sie! Manchmal lässt sich doch noch etwas machen, aber von selbst wird das nicht geschehen. Sagen Sie klar und deutlich, was Ihnen nicht gefällt, und schlucken Sie Ihren Ärger nicht einfach hinunter. Am besten, Sie machen noch am gleichen Tag konstruktive Gegenvorschläge. Wenn es um den Titel geht, könnten Sie noch einmal mit Freunden oder Familie brainstormen und eine Liste mit zehn bis fünfzehn Vorschlägen zusammenstellen. Gemeinsames Nachdenken bringt mehr, als sich alleine den Kopf zu zermartern.

Auch über Vorschau- und Klappentext entscheidet der Verlag in Absprache mit Ihnen. Entweder Ihr Lektor oder Ihre Lektorin schreibt diese Texte oder Sie werden gebeten, selbst den ersten Entwurf zu liefern. Dabei sollten Sie offen für Änderungswünsche sein, denn anspruchsvolle Prosa schreiben zu können ist noch lange keine Garantie dafür, dass man auch einen guten Werbetext zustande bringt.

Von der Vertreterkonferenz bis zur Reise

Das Wort »Vertreter« ist bei den meisten Leuten, die sich als solche betätigen, nicht beliebt, es klingt zu sehr nach Klinkenputzen – da greift man lieber zu klangvollen Wortneuschöpfungen. Anders ist es bei den Verlagsvertretern. Auch sie verkaufen ein Produkt, doch sie genießen den Respekt ihrer Umgebung und haben es nie nötig gehabt, sich eine euphemistische Bezeichnung für ihren Beruf zuzulegen. Verlagsvertreter haben im Verlag viel Macht, sie sind hoch gebildete Menschen, die sich auf dem Buchmarkt ausgezeichnet auskennen.

Mit Ausnahme der Versender-Verlage wie Zweitausendeins hat jeder größere Verlag Vertreter (Vertreterinnen gibt es nur wenige), die sich Deutschland und das deutschsprachige Ausland nach Postleitzahlgebieten aufteilen. Dort bereisen sie Buchhandlungen und nehmen Bestellungen für die Neuerscheinungen der von ihnen repräsentierten Verlage auf. In den meisten Fällen arbeiten sie als freie Handelsvertreter und haben mehrere Verlage »im Gepäck«, da sich nur die ganz großen Verlagshäuser fest angestellte Vertreter leisten können. Bezahlt werden sie in Form einer Provision für jedes verkaufte Buch, manchmal auch kombiniert mit einem Fixum als Grundgehalt. Nur ein Beispiel: Campus, ein mittelständischer Verlag mit den Bereichen Allgemeines Sachbuch, Ratgeber, Wirtschaftspraxis und Wissenschaft, der jedes Jahr etwa 200 Titel herausbringt, hat zur Zeit zehn Vertreter, die insgesamt nahezu 1 000 Buchhandlungen bereisen. Ein großer Verlag hat rund doppelt so viele Vertreter und kann mit ihnen selbst entlegene Buchhandlungen auf dem Land erreichen. Ein Kleinverlag kann dagegen froh sein, wenn er überhaupt einen Vertreter findet, und wird demzufolge mit seinen Büchern auch nicht in vielen Buchhandlungen vertreten sein.

Die Verlagsvertreter wissen aus erster Hand, welche Bücher sich verkaufen und welche nicht – und meist auch, aus welchen Gründen, da die Buchhändler aus ihrer Meinung kein Hehl machen. Daher werden die Verlagsvertreter oft von Lektorat und Vertrieb um eine Einschätzung gebeten, wenn man sich im Verlag über die Erfolgschancen eines wichtigen Projekts unsicher ist

Steht schließlich fest, welche Bücher in einer Saison gemacht werden, dann veranstaltet der Verlag eine große Vertreterkonferenz. Auf diesen Treffen, die meist mehrere Tage dauern, werden den Vertretern in Marathonsitzungen Dutzende von neuen Büchern vorge-

Die Preisbindung

Auch wenn es Ihnen vielleicht nicht so vorkommt – neue Autoren haben es in Deutschland leichter als anderswo, beispielsweise in den USA. Bücher sind hierzulande sehr viel weniger eine Schnäppchenware (außer sie werden verramscht, darüber mehr im nächsten Kapitel), denn ihr Preis ist für alle verbindlich. Ein bestimmtes Werk kostet in der großen Buchhandlung in bester City-Lage das gleiche wie in einer winzigen Buchhandlung in der Kleinstadt. Wenn es diese gesetzliche Preisbindung nicht gäbe, dann hätten große Buchkaufhäuser wie Hugendubel die Möglichkeit, Bücher en gros einzukaufen und bei den Verkaufspreisen die kleinen Buchhändler zu unterbieten – was deren Tod bedeuten würde, ein Prozess, der dem Sterben der Tante-Emma-Läden ähnelte. Auch die kleineren Verlage hätten es immer schwerer. Es würden immer mehr Bestseller mit hohen Auflagen für den Massengeschmack produziert, anspruchsvolle Literatur würde immer unerschwinglicher. Bücher von Autoren, die sich nicht an diesem Massengeschmack orientieren, hätten noch weniger Chancen, gedruckt zu werden. Um das Kulturgut Buch zu schützen, kämpfen Bundesregierung und Börsenverein dafür, dass die Preisbindung in Deutschland erhalten bleibt.

stellt. Jeder Lektor stellt die von ihm betreuten Projekte kurz vor und formuliert die Argumente, die für das Buch sprechen und mit denen der Vertreter später den Buchhändler und der Buchhändler wiederum den Kunden überzeugen muss. Dann dürfen Fragen gestellt werden. Wenn das Buchprojekt Schwachpunkte hat, dann kann das die Form eines Kreuzverhörs annehmen. Das ist gut so, denn all diese Punkte werden auch den Buchhändlern auffallen, und dann müssen die Vertreter Gegenargumente parat haben. Die geplante Auflage des Buches wird oft vor den Vertretern geheim gehalten, damit sie nicht von diesen Zahlen beeinflusst werden. Es sei denn es handelt sich um Bestsellerautoren, deren neues Werk mit betont hohen Auflagezahlen angeboten wird.

Es hängt stark von den Vertretern ab, wie gut sich Ihr Buch verkaufen wird. Schafft es Ihr Lektor oder Ihre Lektorin, die Vertreter mit der eigenen Begeisterung anzustecken, und überzeugt sie das Manuskript, dann werden sie sich für dieses Buch in der Buchhandlung einsetzen und es gut verkaufen. Sind die Vertreter dagegen abgeneigt, ist der Flop fast schon vorprogrammiert. Manchmal werden Projekte sogar ganz zu Grabe getragen, wenn sie auf der Vertretersitzung harsch kritisiert werden und es noch keinen Vertrag mit dem Autor oder der Autorin gibt. Recht häufig kommt es vor, dass Cover, die bei den Vertretern nicht gut ankommen, ganz neu gemacht werden müssen oder Buchtitel »gekippt« werden. Vertretertagungen sind also praktische Marktforschung – oft die einzige, die im Verlag stattfindet.

Ein paar Monate nach der Vertreterkonferenz, wenn alle nötigen Materialien wie Vorschau und andere Werbematerialien fertig sind, beginnt die Reise der Vertreter. Sie dauert für die Titel, die im Herbst neu erscheinen werden (»Herbstnovitäten«) von der ersten Januarwoche bis Ostern und für die Frühjahrsnovitäten von Anfang Juni bis zur Frankfurter Buchmesse Anfang Oktober. Das System funktioniert also mit Vorbestellungen, ausgeliefert werden die Bücher zum Teil erst Monate später. An diesen sogenannten »Vormerkerzahlen« kann man schon nach wenigen Wochen recht genau ablesen, ob das Buch auf dem Markt erfolgreich sein wird oder nicht. Die Vormerker sind quasi eine repräsentative Stichprobe, aus der man auf das Ergebnis schließen kann, ganz ähnlich wie die Prognosen bei einer Wahl. Wenn es soweit ist, fragen Sie Ihre Lektorin oder Ihren Lektor doch einmal, wie viele Vormerker Ihr Buch schon hat und wie es im Vergleich mit anderen Novitäten dasteht.

Ein Buch entsteht – Beispiel für einen Zeitplan

Die erste Auflage des Ratgebers, den Sie gerade lesen, entstand in der Zeit von Februar 1998 bis März 1999. Innerhalb dieser (ganz groben) Zeitlinie sind im folgenden die einzelnen Schritte seiner »Geburt« aufgezeichnet, da sie für den Bereich Sachbuch relativ typisch sind, obwohl natürlich jedes Buch seinen ganz individuellen Zeitplan hat. Bei der Belletristik fallen die Schritte der Recherche und des Schreibens weg, da das Buch ja meist schon fertig vorliegt, doch die anderen Prozesse sind weitgehend gleich. Im Kinder- und Jugendbuchbereich arbeitet parallel noch ein Illustrator oder eine Illustratorin an dem Projekt und wird ähnlich betreut wie der Autor oder die Autorin.

Dieser Zeitplan ist weitgehend ein »Idealverlauf« und verschweigt zudem gnädig den organisatorischen Kleinkram, der bei jeder Buchentstehung anfällt. Lassen Sie sich nicht darüber hinwegtäuschen, dass beim Büchermachen selten alles so reibungslos funktioniert, und kalkulieren Sie bei Ihrer eigenen Buchplanung genug Sicherheitsmargen ein, damit die unvermeidlichen kleinen Katastrophen (störrische Computer, nicht eintreffende Bildvorlagen, untätige Co-Autoren, Viren jeder Art etc.) Ihr Buch nicht zum »Hänger« werden lassen.

Januar/ Februar	*Idee/Exposé*	Die Idee wird von mir und meiner Lektorin ausgebrütet. Ich bin Feuer und Flamme und reiche sofort ein Exposé und ein Probekapitel ein. Das Material kursiert in Lektorat, Vertrieb und Presse und stößt auf Zustimmung, über Preis und Auflage wird noch diskutiert.
Anfang März	*Vertrag*	Endlich ist das Projekt genehmigt und ich bekomme Vertrag und Vorschuss. Als Abgabetermin wird Mitte September vereinbart, damit das Buch im darauf folgenden Frühjahr erscheinen kann. Die Zeit ist knapp, aber meine Lektorin beruhigt mich: Wenn ich's nicht schaffe, kann das Buch auch im Herbst erscheinen.

März/Juni	*Recherche*	Schon im Februar habe ich mit der Recherche begonnen, doch jetzt beginnt die »heiße Phase« – Interviews müssen geführt, Fragebogen verschickt und Informationen gesammelt werden. Ich reise in der ganzen Republik herum, um mit Fachleuten zu reden.
Anfang Juli	*Schreiben*	Ich nehme mir Urlaub und beginne das Buch zu schreiben, drei bis fünf Seiten am Tag. Zwischendurch schicke ich meiner Lektorin die ersten sechs Kapitel, damit sie noch eingreifen kann, falls ihr der Duktus nicht gefällt.
Ende August	*Gegenlesen*	Die Rohfassung des Manuskripts ist fertig, die Zitate sind eingebaut und die letzten Fakten nachrecherchiert. Meine Testleser bekommen jeweils ein Exemplar geschickt, damit sie mir Feedback geben können, außerdem erhalten die Experten, die ich zitiere, die sie betreffenden Seiten.
September	*Überarbeitung*	Jetzt sind fast alle Rückläufe da – was noch fehlt, muss in den Fahnen nachgetragen werden, ich kann nicht länger warten. Ich überarbeite das Manuskript und gebe es als Ausdruck und Datei ins Lektorat. Bin ein paar Tage zu spät dran, aber meine Lektorin verzeiht mir, da ihre anderen Autoren noch mehr trödeln. Die Vertreter bekommen eine erste Textprobe aus dem Manuskript zugeschickt.

	Titel/Cover	Währendessen haben sich die vier Lektorinnen und Lektoren des Allgemeinen Programms den Kopf zermartert, um einen passenden Titel zu finden. Ich schlage »Tipps und Tricks für die Verlagssuche« vor, aber das findet keine Gnade vor ihren Augen. Meine Lektorin spricht mit dem Grafiker die Titelgestaltung ab.
Mitte September bis Anfang Oktober	*Redaktion*	Meine Lektorin arbeitet mit einer Redakteurin auf Volldampf und opfert ihr Wochenende, um Holprigkeiten aus meinem Manuskript auszumerzen – bis Anfang Oktober soll es fertig sein, denn während der Buchmesse hat sie keine Zeit dafür. Als Expertin für Verlagswesen korrigiert sie auch ein paar kleine fachliche Schnitzer, die mir unterlaufen sind. Ich sitze nachts am Computer und arbeite die Korrekturen ein.
	ISBN/VlB	Endlich, nach vielen Diskussionen, steht der Titel fest und ist von den anderen Abteilungen abgesegnet. Jetzt kann der Ratgeber offiziell »gemeldet werden«, also eine ISBN bekommen und seinen Eintrag ins »Verzeichnis lieferbarer Bücher (VlB)« erhalten. Der erste Cover-Entwurf muss noch geändert werden, er gefällt dem Vertrieb nicht.
	Vorschautexte	Die Lektorin schreibt einen Vorschautext-Entwurf für mein Buch und mir fällt ein, dass ich vergessen habe, ein Schwarzweiß-Foto von mir machen zu lassen. Ich hole es schleunigst nach.

Mitte Oktober	*Manuskript in die Herstellung*	Komplett mit den Produktionsleitblatt und anderen Begleitdokumenten wird das redigierte Manuskript in die Herstellungsabteilung gegeben, wo die Herstellerin es bearbeitet und in Satz gibt. Wir sind spät dran, deshalb lässt die Herstellerin es gleich auf Umbruch setzen.
	Vertreter-Konferenz	Meine Lektorin versucht, den Verlagsvertretern das Projekt schmackhaft zu machen und sie mit ihrer Begeisterung anzustecken. Da die Vertreter mich alle persönlich kennen, interessieren sie sich für das Buch, aber sie sind skeptisch, was die Verkaufserwartungen angeht. Zu Recht?
Anfang November	*Umbruch*	Der Umbruch ist fertig. Im Lektorat ist dafür schon eine der bewährten Korrekturleserinnen angeheuert. Ich erhalte die Nachricht, dass eine Kopie an mich unterwegs ist. Zwar habe ich wenig Zeit, daran zu arbeiten, aber es ist ein schönes Gefühl, seinen Text fast schon fertig vor sich zu sehen.
Mitte November	*Kollation*	Ich schicke den Umbruch zurück. Die Herstellerin ist nicht erfreut darüber, dass es noch Korrekturen – auch letzte inhaltliche – gibt.
Ende November bis Mitte Dezember	*1. und 2. Revision*	Die Lektoratspraktikantinnen hocken stundenlang gebeugt über den alten und neuen Abzügen des Umbruchs und prüfen, ob alle Korrekturen richtig ausgeführt wurden. Spätestens jetzt überdenken einige ihren Berufswunsch.

Januar	*Imprimatur*	Meine Lektorin ist endlich zufrieden mit Text und Cover. Sie gibt der Herstellerin noch den Klappentext, dann erteilt sie Imprimatur, und das Buch geht in die Druckerei. In der Zwischenzeit hat die Presseabteilung ein Mailing für den Ratgeber durchgeführt und ist mit der Resonanz zufrieden – viele Journalisten haben Rezensionsexemplare angefordert.
	Vertreterreise	Die Vertreterreise beginnt, in den nächsten Monaten erhalten Hunderte von Buchhändlern Besuch von Campus-Vertretern und nehmen Bestellungen auf. Schon nach ein paar Wochen zeigen die Vormerkerzahlen, dass der Ratgeber sich im Mittelfeld der Verkaufszahlen bewegen wird.
Mitte März	*Auslieferung*	Ein großes Paket mit meinen Freiexemplaren trifft bei mir ein. Zwei Drittel davon verschicke ich als Belegexemplare und an Multiplikatoren. Jetzt wird erst einmal gefeiert.

8. Zusammenarbeit mit dem Verlag

Buchtipps:

Hans-Helmut Röhring, *Wie ein Buch entsteht. Einführung in den modernen Buchverlag*, Primus Verlag, 9. Auflage 2011, 176 S., 19,90 Euro
Klassiker mit fundierten Informationen. Nicht nur für Selbstverleger geeignet, sondern auch für Autoren und Autorinnen, die wissen wollen, was hinter den Kulissen ihres Verlages vorgeht.

Erhard Schütz u.a. (Hg.), *Das BuchMarktBuch. Der Literaturbetrieb in Grundbegriffen*. Rowohlt 2005, 429 Seiten, 15 Euro
Was ist eigentlich eine Backlist, was versteht man unter Modernem Antiquariat und was genau macht der Zwischenbuchhandel? Eine Vielzahl von Beiträgen hilft Autoren, sich über ihre Branche schlauzumachen.

9.
Nach der Veröffentlichung

Ihr Buch ist nun auf dem Markt, Sie können das Gefühl genießen, eine veröffentlichte Autorin beziehungsweise ein veröffentlichter Autor zu sein, und gespannt die Verkaufszahlen Ihres Werkes verfolgen. In dieser Phase des Atemholens sollten Sie die Weichen für die Zukunft stellen. Wenn Sie jetzt noch etwas Energie und Zeit übrig haben, dann brauchen Sie es nicht allein der Textqualität oder dem Glück zu überlassen, wie oft Ihr Buch verkauft wird und wie Ihre weitere Auorenlaufbahn aussehen wird. Was Sie selbst dazu tun können, erfahren Sie in diesem Kapitel. Leider müssen hier auch die düsteren Seiten des Veröffentlichtseins angesprochen werden – was Sie tun können, wenn Ihr Buch nicht gut läuft und was im schlimmsten Fall sein Schicksal sein wird.

Mit der ersten Buchveröffentlichung haben Sie eine wichtige Hürde genommen, Sie haben den Fuß in der Tür, sind sozusagen Mitglied im Club. Ab jetzt wird es für Sie deutlich leichter sein, Projekte »unterzubringen«, weil Sie von Verlagen ernst genommen werden. Doch Ihre Karriere als Schriftsteller beginnt jetzt erst. »Der erste Roman ist der leichteste, weil man dafür beliebig viel Zeit hat«, sagt der Autor Gert Loschütz (*Flucht, Unterwegs zu den Geschichten*). »Es gibt noch nicht diesen Erwartungs- und Termindruck. Mit der Zeit aber wird das Schreiben nicht leichter – eher im Gegenteil.«

Promoten Sie Ihr Buch auch selbst

Es ist nicht jedermanns Sache, für sein Buch zu trommeln, aber wenn Sie wollen, können Sie nach der Veröffentlichung noch sehr viel für Ihren Erstling tun. »Wenn man ein Buch geschrieben hat und möchte, dass alle Welt das liest, dann muss man versuchen, so vielen Menschen wie möglich davon zu erzählen«, sagt Michael Krüger, Verleger des Hanser-Verlages, Schriftsteller und Herausgeber der renommierten Zeitschrift *Akzente.* »Das kann man am Biertisch tun, das kann man in der Buchhandlung tun, das kann man bei Lesungen tun, das kann man im Rundfunk tun, das kann man sonst wo tun. Sie wissen ja, man kann im Jahr 2 000 Leute erreichen, und wenn man dann so überzeugend ist, dass diese 2 000 Leute das Buch kaufen wollen, ist das schon eine Riesenauflage. Gut ist es, wenn der Autor eine sehr große Familie hat, die in dem Buch beleidigt wird, dann wird die Familie das Buch wahrscheinlich kaufen. Das gibt's immer wieder. Zweitens ist es gut, wenn der Autor eine lokale Berühmtheit ist, denn dann möchte man ihn in diesem Ort natürlich lesen.«

Wenn Sie eine witzige oder ungewöhnliche Idee haben, wie man Ihr Buch vermarkten könnte, dann sprechen Sie mit Ihrer Lektorin oder ihrem Lektor darüber. Vorschläge sind immer willkommen, und vielleicht finden sie bei der Vertriebsabteilung Anklang. Haben Sie ein Sachbuch geschrieben, dann sind Sie wahrscheinlich derjenige im Verlag, der sich am besten auf dem entsprechenden Fachgebiet auskennt, und wissen, wen man unbedingt über das Buch informieren sollte, welche Aktionen man starten könnte, auf welchen Veranstaltungen man einen Büchertisch aufbauen sollte etc.

Belletristik- und Kinderbuchautoren können Lesungen als Marketinginstrument nutzen, im Sachbuchbereich läuft das in geringerem Maße in Form von Vorträgen. Auf diese Weise werden Sie bekannter und gewinnen unter Umständen langsam eine Fangemeinde, denn wenn man jemanden »live« erlebt hat, dann bleibt der Eindruck lange haften. Zudem werden bei Lesungen meist auch Ihre Bücher verkauft, und Sie erhalten häufig zusätzlich zu den Reisekosten eine Vergütung (200 bis 300 Euro pro Lesung). Viele Autoren, die hauptberuflich schreiben, sind nach Erscheinen des Buches einige Wochen auf Lesereisen durch die deutschsprachigen Länder.

Wenn Sie gerne vor Publikum lesen, dann gibt es keinen Grund, schüchtern zu sein – warten Sie nicht, bis man Sie anspricht und um einen Termin für eine Lesung bittet, sondern werden Sie selbst aktiv. Tipps dafür und für die eigentlichen Lesungen finden Sie im Kapitel »Öffentlich lesen«. Auch Seminare und Workshops, die Sie abhalten, sind eine Promotion-Möglichkeit und erfüllen den doppelten Zweck, dass sie Ihnen Geld und Leser bringen. Für solche Veranstaltungen sollten Sie sich unbedingt Infomaterial gestalten oder beschaffen, zum Beispiel eine Autogrammkarte mit allen nötigen Informationen über Ihr Buch oder Ihre Bücher. Ich zum Beispiel bekam zu Anfang keine Werbematerialen von meinem Verlag, also ließ ich Postkarten mit dem Buchcover herstellen, auf der Rückseite waren dann die Bestellinformationen zu finden. Nach ein paar Jahren ließen sich die meisten meiner Verlage davon überzeugen, mir solche Werbekarten für meine Bücher zur Verfügung zu stellen; ich signiere sie bei Lesungen, teile sie aus, wenn mich jemand fragt »Ach, Sie sind Autorin – was für Bücher schreiben Sie denn so?« und versende sie per Post, wenn mich jemand per Mail um eine signierte Autogrammkarten bittet. Dabei lege ich auch immer Leseproben im A5-Format bei, die vom Verlag als Werbemittel für den Buchhandel hergestellt worden sind. Haken Sie doch mal im Verlag nach, ob Sie Autogrammkarten, Werbekarten oder Leseproben bekommen könnten – wenn man nett fragt, geht vieles! Bekommen Sie ein klares Nein zur Antwort, dann lohnt es sich, das Geld selbst zu investieren, bei günstigen Druckdienstleistern bekommt man 1000 eigene Postkarten schon für rund 60 Euro.

Besonders wichtig ist es auch, den Kontakt zu Journalisten und Multiplikatoren aufzubauen und weiter zu pflegen. Für manche Bücher, die sich ursprünglich schleppend verkauften, bedeuteten einzelne begeisterte Rezensionen den Durchbruch.

Sind Sie enttäuscht, weil der Verlag für Ihr Buch kaum wirbt und Sie es nur selten in der Buchhandlung liegen sehen? Bei einem Kleinverlag wäre das normal, und sogar bei einem großen Verlag ist es nicht ungewöhnlich, da sich Werbung und Vertrieb auf die teuer eingekauften potenziellen Bestseller des Verlags konzentrieren und Ihr Erstling wahrscheinlich keinen sehr großen Anteil am Werbebudget erhalten wird. So wird der Erfolg für die Spitzentitel quasi mit Hilfe einer sich selbst erfüllenden Prophezeihung erreicht – für Bücher, von denen der Verlag sich viel verspricht, wird viel getan, daher verkaufen sie sich meist auch gut. Aber das funktioniert auch nicht immer: Nach ihrem Bestseller *Eat Pray Love* landete Elizabeth Gilbert mit ihrem nächsten Buch einen Flop, da half auch jede Menge Werbung nichts.

Neue Belletristikautoren, die auf dem einheimischen Buchmarkt unbekannt sind, müssen üblicherweise durch Werbemaßnahmen, beispielsweise Leseproben oder (in einzelnen Fällen) kostenlose Leseexemplare für die Buchhändler, besonders gefördert werden, damit sie sich durchsetzen. Doch das geschieht häufig nicht.

Verleger Klaus Schöffling kennt die Klagen: »Alle Autoren sind stets der Meinung, dass nicht genug für ihr Buch getan wird, das ist doch ganz klar. Das ist halt so und das wird man auch nicht ändern können. Es sei denn, man verlegt nur ein Buch und hat keine Konkurrenz, und selbst dann sagt der Autor, dass man mehr dafür hätte tun können.« Bevor Sie sich beschweren, sollten Sie erst einmal sachlich mit Ihrem Lektor oder Ihr Lektorin über die Angelegenheit sprechen. Manche Verlage, besonders die mit einem sehr guten Ruf, haben wenig Geld für die (extrem teure) Werbung und setzen daher eher auf ihre Presseabteilung und darauf, dass die Bücher häufig rezensiert werden. Doch auch wenn das nicht der Fall ist und Ihr Buch vom Verlag wirklich wie ein Stiefkind behandelt wird, bringt eine Beschwerde nicht viel. Werbung ist ganz klar Verlagssache, und die in Verträgen üblichen Formulierungen, dass der Verlag »angemessen« für Ihr Werk werben soll, ist sehr vage und praktisch frei auslegbar. Zwar ist es bei Bestsellerautoren gang und gäbe, im Vertrag ganz konkrete Werbemaßnahmen festzuschreiben, doch Newcomer haben so gut wie keine Chance, solche Regelungen durchzusetzen. Falls Sie sich darüber ärgern, denken Sie daran, dass Ihre Lektorin oder Ihr Lektor selbst wenig Einfluss auf die Werbemaßnahmen hat, sich aber auf jeden Fall gegenüber Vertrieb und Werbeabteilung für Ihr Buch einsetzen wird, schließlich ist ihr oder ihm das Projekt längst selbst ans Herz gewachsen.

Werbung im Internet

Sehr wichtig ist für viele Bücher inzwischen der Werbe- und Vertriebsweg Internet. Deshalb sollten Sie unbedingt eine Homepage anlegen und Ihr Buch darauf präsentieren. Auf die Website können Sie zum Beispiel stellen:

- Buchcover
- Inhaltsverzeichnis
- Textproben
- Autorenfoto und -vita
- Interviews mit Ihnen (denken Sie sich ruhig Fragen und Antworten selbst aus)
- zusätzliche Szenen
- kurze Filmclips von Lesungen
- Buchtrailer (Buch-Ankündigungen in Form von Filmen, ähnlich wie Filmtrailer im Kino – darum kümmert sich normalerweise der Verlag)
- Hintergrundmaterial wie beispielsweise eine Entstehungsgeschichte
- Sach-Infos zum Thema des Buchs
- Schauplatzfotos
  … und so weiter.

Am besten legen Sie auch einen Link auf die Verlagsseite mit Bestellfunktion oder auf eine Internet-Buchhandlung wie *www.amazon.de*, damit Interessenten Ihr Buch gleich bestellen können. Außerdem sollten Sie darauf achten, dass Ihr Buch bei den Internetbuchhändlern optimal präsentiert wird, denn der Katalogeintrag beeinflusst den Verkauf erheblich. Dabei gilt: Je mehr Informationen über Ihr Buch zur Verfügung stehen, desto besser. Sie können zusätzliche Infos über das Buch auch selbst liefern oder ergänzen (bei Amazon geht das zum Beispiel über *www.amazon.de/verleger-texte*). Ist der Eintrag zu Ihrem

Buch fehlerhaft, dann lassen Sie ihn korrigieren, das geht über einen Link auf der Seite.

Meist gibt es bei diesen Internetbuchhändlern die Möglichkeit, Autor- oder Leserkommentare zu verfassen. In Ihrem Freundes- und Bekanntenkreis finden Sie sicher Kandidaten, die Ihr Buch gelesen haben und sich bereit erklären, eine freundliche Kritik zu verfassen. Sollten Sie auf dem besten Weg sein, sich zu einem Junkie der Amazon-Rangliste zu entwickeln (der jeden Tag nachschaut, auf welchem Verkaufsrang sein Buch gerade ist) – keine Sorge, den meisten anderen Autoren geht es genauso! Nur überschätzen sollten Sie das Ranking nicht.

Wenn Sie Facebook, Twitter, Youtube etc. mögen, dann können Sie natürlich auch diese Kanäle nutzen, um Ihr Buch zu promoten. Doch wenn Sie eine Abneigung gegen Facebook haben, dann müssen Sie sich nicht gezwungen fühlen, einen Account anzulegen. Sich dort zu tummeln kann viel Spaß machen, kostet aber Zeit, und wenn dann noch eine oder mehrere Websites hinzukommen, die aktualisiert werden sollten, dann geht das alles von Ihrer wertvollen Schreibzeit ab.

Wie lange »lebt« Ihr Buch?

In der Saison, in der Ihr Buch veröffentlicht wird, bekommt es wesentlich mehr Aufmerksamkeit als in seiner übrigen Lebensspanne. Es wird groß in der Verlagsvorschau angekündigt, die Vertreter stellen es als Neuheit vor, es werden dafür Werbeaktionen gestartet und wenn Sie Glück haben werden sogar Leseexemplare davon an Buchhändler verschickt. Auch die Pressearbeit konzentriert sich natürlich auf die Novitäten. Dann stehen die ersten Exemplare dieses Buches endlich in der Buchhandlung; nun hängt alles davon ab, ob die Leser es auch wirklich haben wollen. Wenn sich der Verlag genügend Mühe gibt, kann er die Bücher in die Buchhandlung »hineindrücken«, lässt dann aber die Nachfrage zu wünschen übrig, werden viele dieser Bücher remittiert, das heißt gegen eine Gutschrift an den Verlag zurückgegeben.

Wenn die beim Vertreter georderten Exemplare dagegen zügig verkauft werden, bestellt der Buchhandel das Buch nach. Das ist der Wendepunkt, an dem sich das Schicksal des Buches entscheidet. Hat sich ein Buch während der ersten ein bis zwei Jahre etabliert, dann wird es in die »Backlist« aufgenommen, gehört also zu den älteren Büchern des Verlages, die weiterhin lieferbar sind, nachgedruckt werden und sich verkaufen, obwohl sie nicht mehr besonders beworben werden. Im besten Fall wird Ihr Werk zu einem »Steadyseller«, einer Art modernem Klassiker. Gibt es jedoch kaum Nachbestellungen, so hat sich das Buch nicht durchgesetzt und wird von der nächsten Welle der Neuerscheinungen überrollt. Die Aufmerksamkeit konzentriert sich dann auf die neuen Bücher, und die alten müssen irgendwann weichen. »Die Titel vom vorletzten Jahr, die nicht gelaufen sind, und die Flops vom letzten Jahr schicke ich soweit es möglich ist zurück an den Verlag«, meint Ingeborg Woitschick von der Buchhandlung Bräuer in Wiesbaden. »Wir bekommen sonst auch große Platzprobleme. Man müsste eine aufblasbare Buchhandlung haben!«

Leider wird die Lebensdauer von Büchern immer kürzer, das Bücherkarussell dreht sich immer schneller. Bei den meisten Büchern entscheidet sich das weitere Schicksal innerhalb von drei bis fünf Monaten nach Erscheinen. War ein Buch, das zuerst im Hardcover oder als Paperback erschienen ist, erfolgreich, dann wird es sehr wahrscheinlich ein bis zwei Jahre nach Erscheinen als Taschenbuch herausgegeben und lebt dann in dieser verbilligten Form noch einmal auf. Die Reste der Originalausgabe werden sich nun jedoch kaum noch verkaufen lassen. Und Taschenbücher sind meist kurzlebig, wenn sie nicht erfolgreich sind, verschwinden sie schon nach drei bis sechs Monaten wieder vom Markt.

Normalerweise fallen die Verkaufszahlen eines Buches nach einem halben bis ganzen Jahr deutlich ab. Wenn der Verkauf unter eine gewisse Grenze zurückgeht – bei großen Verlagen liegt die Schmerzgrenze vielleicht bei fünfzig Stück im Monat, für andere sind fünf Bücher im Monat noch ausreichend – , dann kann sich der Verlag entscheiden, das Buch zu verramschen, um die Lagerkosten für den Rest der Auflage zu sparen. Das heißt, es kann auf Wühltischen zum Schleuderpreis verkauft werden, der gebundene Ladenpreis darf nach

18 Monaten für dieses Buch aufgehoben werden. Meist werden diese Exemplare zum (sehr niedrigen) Herstellungspreis verkauft, der Verlag verdient nichts mehr daran, und Sie bekommen für die verramschten Bücher kein Honorar. Hat die Verlagsleitung entschieden, ein Buch zu verramschen oder – was auch vorkommt – einzustampfen (makulieren), werden Sie vorher benachrichtigt und haben die Möglichkeit, Exemplare der Restauflage zu kaufen. Falls Sie dafür das nötige Kleingeld und Platz im Keller haben, ist das empfehlenswert, vorausgesetzt natürlich, dass das Buch noch nicht veraltet ist. Sie können diese Exemplare dann selbst unter die Leute bringen, zum Beispiel bei Lesungen oder per Internet-Verkauf. So können Sie Ihr Buch noch eine Zeitlang lieferbar halten.

Tipp: Wenn Ihr Buch vergriffen, aber grundsätzlich noch aktuell ist, können Sie es auch per »Printing on Demand« oder als E-Book Lesern wieder verfügbar machen. So funktioniert es: Sie schicken ein Exemplar des Buches an einen POD-Anbieter, er scannt es in den Computer ein und konvertiert es zu einem Datensatz. Oder Sie schicken dem Anbieter gleich die Datei. Das ganze kostet Sie einige hundert Euro. Ab jetzt ist Ihr Werk wieder als »lieferbar« gelistet. Bestellt es jemand in der Buchhandlung, wird das Exemplar mit Digitaldruck-Maschinen innerhalb weniger Tage hergestellt. Selbst wenn sich auf diese Weise nur ein paar Dutzend Exemplare im Jahr verkaufen, ist es doch ein schönes Gefühl, dass das Buch »weiterlebt«, selbst wenn es nur zum Herunterladen angeboten wird.

Wenn Ihr Buch vergriffen, also restlos ausverkauft ist, bedeutet das nicht, dass keine Exemplare mehr davon herumgeistern – noch Monate später werden beim Verlag immer wieder einzelne Kontingente eintrudeln, die von Buchhandlungen remittiert worden sind. Meist sind auch noch einige Exemplare über den Gebrauchtbuchhandel im Internet (zum Beispiel bei Amazon) zu bekommen. Doch wenn Ihr Buch offiziell nicht mehr lieferbar ist, ist es quasi »tot«. Da es nirgendwo gelistet ist, erfährt man nichts mehr darüber, es ist höchstens noch in Antiquariaten, Bibliotheken oder im Internet präsent. Wenn es sich bei Ihrem Buch lohnen könnte, es wiederzuentdecken, dann sollten Sie es nach ein paar Jahren ganz neu anbieten. Im Kapitel *Honorare und Verträge* habe ich schon erwähnt, dass Sie die Nutzungsrechte an dem Buch zurückfordern können, wenn das Werk nicht mehr lieferbar ist und keine Neuauflage geplant ist.

Folgeprojekte absprechen

Wie stark Ihr Verlag an einem neuen Buch von Ihnen interessiert ist, wird davon abhängen, wie gut sich der Erstling verkauft hat und ob das Lektorat von der Qualität Ihres Werkes und Ihrem Potenzial überzeugt ist. Ist die Zusammenarbeit mit dem Verlag – unabhängig von den Verkaufszahlen – gut gelaufen, dann sollten Sie unbedingt versuchen, diesen Kontakt zu halten, selbst wenn Sie gerade kein neues Manuskript anzubieten haben. Zwar wird Ihre wahrscheinlich überarbeitete Lektorin nicht immer Zeit für ein langes Gespräch haben, doch es lohnt sich, hin und wieder mal eine Mail zu schicken und sich dadurch einfach in Erinnerung zu halten. Wenn es kein allzu trauriges Thema ist, können Sie Ihren Anruf immer noch rechtfertigen, indem Sie nachfragen, wie die neusten Verkaufszahlen Ihres Buches sind. Schauen Sie, wenn Sie können, auf der Buchmesse vorbei und schwatzen Sie ein paar Minuten mit den Verlagsmitarbeitern – für eine gute Zusammenarbeit ist es wichtig, sich persönlich zu kennen und einschätzen zu können.

Sobald Sie an etwas Neuem arbeiten, auch wenn es erst im Stadium der Idee ist, wird Ihr Lektor oder Ihre Lektorin sich freuen, etwas darüber zu erfahren und vielleicht ein oder zwei Kapitel des Entwurfs zu lesen. Als Sachbuchautor können Sie Ideen für neue Buchprojekte ausbrüten und sie im Gespräch erwähnen. Wenn Sie merken, dass Ihre Lektorin auf ein bestimmtes Thema anspringt, dann schreiben Sie in Absprache mit ihr ein entsprechendes Exposé und reichen es ein.

Sind Sie entschlossen, eine ganz bestimmte Idee zu verwirklichen, kann sich Ihr Lektor dafür aber nicht erwärmen oder passt es nicht ins Verlagsprogramm, haben Sie immer noch die Möglichkeit, sie anderen Verlagen anzubieten. Dafür entschied sich auch Andreas Eschbach. »Der Auslöser dafür war, dass Schneekluth keine weiteren

Bücher mehr von mir wollte. Als ich mein Konzept für *Eine Billion Dollar* anbot – insgesamt drei verschiedenen Ansprechpartnern – hieß es jedes Mal, ›Wen soll denn das interessieren?‹ In so einem Fall darf man, wenn man von seiner Idee überzeugt ist, schon mal gucken gehen, ob das andere vielleicht anders sehen.«* Und so war es. Der Roman wurde ein Riesenerfolg.

Doch nicht immer ist es leicht, einen anderen Verlag für seine Projekte zu interessieren, speziell wenn sich das erste Buch nicht so gut verkauft hat. »Es scheint heutzutage eine schwerwiegendere Hypothek zu sein als früher, wenn man ein erstes Buch veröffentlicht und es *nicht* gut läuft«, stellt Andreas Eschbach fest. »Mein erster Verlag – Schneekluth, wie schon erwähnt – hat noch vier Flops akzeptiert; heutzutage beendet ein Verlag die Zusammenarbeit mit einem Jungautor oft schon nach zwei Büchern, die sich nicht gut verkauft haben. Zudem haben die Verlage heute die Möglichkeit, die Absatzzahlen eines Autors abzurufen, wenn dieser schon woanders etwas veröffentlicht hat: Wenn diese Zahlen schlecht aussehen, steht man als Autor, der schon Veröffentlichungen vorweisen kann, schlechter da als ein vollkommener Newcomer!«

Das ist leider richtig. Aus diesem Grund drängen die Verlage Autoren zum Teil zum Namenswechsel, denn unter einem Pseudonym kann man wieder als Newcomer auftreten – zumindest dem Buchhandel gegenüber. Auf Lesung können Sie ruhig sagen, dass Sie schon etwas anderes veröffentlicht haben.

Was Sie übrigens laut vertraglicher Regelung nicht dürfen, ist, bei einem anderen Verlag ein Konkurrenzwerk herauszubringen. Besonders Sachbuchautoren, die sich immer mit verschiedenen Aspekten ein und desselben Themas beschäftigen, sind also in die Pflicht genommen, das neue Projekt klar gegenüber dem alten Buch abzugrenzen.

Manchmal wird Ihnen der Verlag auch ein Folgeprojekt vorschlagen – vielleicht sind Sie ja vom Thema so angetan, dass Sie das Buch gerne schreiben möchten.

---

* Siehe *www.andreaseschbach.de*

Tipp: Informieren Sie den Verlag beziehungsweise Ihren Lektor ruhig ab und zu über Ihre literarischen Aktivitäten, Lesungen, andere Veröffentlichungen etc. – aber bitte als persönliche Mail, nicht als anonymen Rundbrief. Wenn Sie bisher eine recht enge Verlagsbindung hatten und nun ein Buch bei einem anderen Verlag veröffentlichen, wäre es nicht schön, wenn Ihr Lektor das aus der Vorschau der Konkurrenz erfährt.

Teil III – Sich selbst fördern

10.
Sprungbrett Literaturzeitschriften

Noch nie etwas veröffentlicht und dann gleich einen Buchvertrag bekommen? Das ist selten. Die Biografien der meisten Autorinnen und Autoren sehen anders aus. »Ich habe meine kürzeren Texte einfach an Zeitschriften geschickt und habe so diesen Lektor kennengelernt, der beim *Kürbiskern* arbeitete und gleichzeitig Lektor bei Piper war. So bietet sich das an, und das ist heute nicht anders«, berichtet der Autor Uwe Timm, dessen Werke mittlerweile hohe Auflagen erreichen und zum Teil verfilmt wurden. »Auch die kleineren Zeitschriften werden ja von Lektoren gelesen. Ich gucke auch immer wieder da rein, obwohl ich keinen beruflichen Grund dazu hätte, und manchmal denke ich mir: ›Ach Gott, das ist ja ein interessanter Text.‹«

Wenn Sie noch keine oder nur wenige Veröffentlichungen vorweisen können und nun versuchen möchten, Ihre Texte Lesern vorzustellen, dann eignen sich die Literaturzeitschriften sehr gut dafür. Auf diesem Terrain können Sie sich ausprobieren und sich in der Szene allmählich einen Namen machen. »Verlage haben eine ganz andere Aufmerksamkeit für Autoren, die diesen Weg beschreiten, als für Autoren, die wild Manuskripte herumschicken«, bestätigt auch Klaus Siblewski von Luchterhand.

So befriedigend es auch ist, etwas Eigenes gedruckt zu sehen – allzu viel sollten Sie von diesen Veröffentlichungen dennoch nicht erwarten. Nur selten erhalten Autoren nach einer Veröffentlichung in

Zeitschriften Feedback zu ihren Texten. Im Internet kommen deutlich mehr Reaktionen. Wie beim Einschicken von Manuskripten zahlt sich auch hier Hartnäckigkeit aus, der berühmte »stete Tropfen«. Beim ersten Mal merkt man sich Ihren Namen sicher noch nicht, aber nachdem jemand vier Texte von Ihnen gelesen hat, denkt er beim fünften Mal: »Ach ja, das ist die.« Wenn Sie für Ihre Weiterentwicklung als Autorin beziehungsweise Autor direkte Reaktionen brauchen, sollten Sie sich einer Autorengruppe anschließen und ab und zu Lesungen halten. Oder sich bei Schreibzirkeln im Internet Feedback holen.

Die Szene der Literaturzeitschriften

Es gibt Literaturzeitschriften für jeden Geschmack und für jeden Geldbeutel: eine Handvoll etablierter Zeitschriften mit hohen Auflagen, die auch im Buchhandel vertreten sind, Dutzende professionell gemachte mittelgroße und Hunderte kleine Literaturblätter und Subkultur-Fanzines. Alle Stilrichtungen und Nischen sind vertreten.

Besonders im Bereich der kleinen Zeitschriften ist die Fluktuation sehr hoch, da die Redaktionen meist nur aus wenigen Leuten bestehen, die sich ehrenamtlich engagieren. Zerstreitet sich die Gruppe oder hat der Hauptredakteur keine Zeit oder Lust mehr für das Projekt, dann war's das eben. Gleichzeitig gibt es immer wieder Neugründungen, die manchmal schon nach wenigen Monaten wieder vom Markt verschwunden sind. Die meisten Zeitschriften funktionieren – ebenso wie die Kleinverlage – nach dem Prinzip der Selbstausbeutung.

Für Veröffentlichungen in den kleinen Literaturzeitschriften, deren Finanzierung meist auf wackeligen Beinen steht, werden fast nie Honorare gezahlt. Meist gibt es für die Autoren nur Belegexemplare oder Abos. Um nicht von den Portokosten ruiniert zu werden, antworten die meisten Zeitschriften nur dann auf Textangebote, wenn Sie Rückporto beilegen. Das sollten Sie also unbedingt tun, sonst kann es passieren, dass Sie nicht einmal eine Absage bekommen, wenn die Redaktion nicht an Ihren Texten interessiert ist.

Doch Sie sollten sich nicht nur deshalb mit diesen Blättern beschäftigen, weil Sie Ihre Texte dort unterbringen wollen. *Lesen* Sie so viele wie möglich dieser Zeitschriften! Das macht nicht nur Spaß, weil viele davon wirklich gut gestaltet sind und interessante Beiträge bringen, sondern weil Sie auf diese Weise auch erfahren, was sich in der Literaturszene so tut (viele Zeitschriften haben einen Serviceteil, in dem Kurzmeldungen veröffentlicht werden und auf Ausschreibungen hingewiesen wird) und was für Texte andere Autoren mit etwa gleicher Veröffentlichungserfahrung schreiben. Häufig werden darin auch andere Zeitschriften ausführlich rezensiert, so dass Sie auf diese Weise einen immer besseren Überblick über die Szene bekommen. Die Zeitschriften sind auf Abos angewiesen, um zu überleben. Als Abonnent helfen Sie also, die Vielfalt der Literaturzeitschriften zu erhalten.

Was Sie beachten sollten, wenn Sie Ihre Texte einschicken wollen

Ihr Text

Bevor Sie einen Text einreichen, sollten sie ihn von Gegenlesern begutachten lassen, am besten stellen Sie ihn in Ihrer Autorengruppe oder in Ihrer Schreibwerkstatt vor. Nach der Überarbeitung ist er dann wahrscheinlich ausgereift genug zum Einschicken. Diese Texte werden Ihren Ruf in der Literaturszene prägen, seien Sie daher streng mit sich selbst: Sind diese Storys oder diese Gedichte gut genug, um sie in der Öffentlichkeit zu präsentieren? Für Zeitschriften eignen sich natürlich nur kurze Textformen: Kurzgeschichten von maximal fünf Manuskriptseiten, Gedichte, Haikus, in seltenen Fällen auch Romanauszüge.

Stellen Sie für jede Einsendung eine Auswahl aus zwei bis drei Kurzgeschichten oder fünf bis sechs Gedichten zusammen, die sich Ihrer Einschätzung nach für die jeweilige Zeitschrift eignen, jedoch nicht mehr als 20 Seiten. Achtung, oft ist ein Thema vorgegeben, an dem Sie sich natürlich orientieren sollten! Lesen Sie die Texte unbedingt sorgfältig Korrektur, bei den meisten kleinen Zeitschriften wird das nämlich nicht nachgeholt. Auch lektoriert und redigiert wird von den Redaktionen nur sehr selten. Wenn Ihre Texte abgedruckt werden, dann mit all den Tippfehlern und verbastelten Sätzen, die Sie stehen gelassen haben.

In der Regel behalten Sie bei einer Veröffentlichung in einer kleinen Literaturzeitschrift alle Nutzungsrechte an Ihren Texten, schließlich bekommen Sie meist auch weder ein Honorar noch einen Vertrag. Sie können Ihre Geschichten oder Gedichte also in mehreren Zeitschriften veröffentlichen oder später noch zu einer Anthologie einreichen. Die wichtigeren Zeitschriften möchten jedoch nur Texte, die vorher noch nie erschienen sind, und auch zu Wettbewerben können Sie häufig nur unveröffentlichte Texte einschicken. »Verheizen« Sie also Ihre besten Sachen nicht.

Gestalten Sie Ihre Manuskripte nach Normseiten und achten Sie darauf, dass auf jeder Seite Ihre Adresse steht. Wenn Sie Ihre Texte per Post schicken, fügen Sie ein einfaches, kurzes Anschreiben hinzu, auf dem die Titel Ihrer Storys/Gedichte vermerkt sind, und legen Sie eine Kurzvita und Kopien Ihrer Texte bei (wenn die Redakteure sie abdrucken wollen, werden sie die Datei per Mail anfordern). Oder Sie mailen Ihre Texte und Kurzvita gleich. Formulieren Sie Brief beziehungsweise Mail ganz locker und nicht zu förmlich. Bloß kein »Sehr geehrte/r...«, das kommt in dieser Szene nicht gut an. Bei Underground-Zeitschriften können Sie die Empfänger der Mail auch gleich duzen.

Die Zeitschrift

Wählen Sie die Zeitschriften sorgfältig aus, damit Sie Ihre Texte auch wirklich zu Blättern schicken, die Texte wie Ihre abdrucken. Wenn Sie vorher nicht wissen, welchen Anspruch die Zeitschrift hat, wie professionell sie gemacht wird und welche literarische oder politische Richtung sie vertritt, dann können Sie Ihre Veröffentlichungschancen dort kaum einschätzen. Bringt diese Zeitschrift schräge Storys oder hohe Literatur in edler Hochglanzoptik, etablierte Lyrik, Slam-Poetry oder Blümchengedichte? Die Ausrichtung ist gewöhnlich sehr stark am Geschmack der Redaktionsmitglieder orientiert, und deren Vorlieben kann man erst wirklich einschätzen, nachdem man eine Ausgabe gelesen hat. Zudem gehen Sie, wenn Sie Ihre Texte ins Blaue schicken, das Risiko ein, dass Ihr Text in einem Umfeld veröffentlicht wird, vor dem Ihnen graust, wenn Sie das Belegexemplar erhalten.

Die Liste in diesem Kapitel kann Ihnen erste Anhaltspunkte geben, an welche Zeitschriften Sie sich wenden könnten. Wenn Sie sich für eine dieser Zeitschriften interessieren, dann sollten Sie sich die Website genau ansehen und eventuell ein Probeheft anfordern – bei manchen ist das sogar kostenlos, Sie bekommen dann eine ältere Nummer. Manchmal ist es auch möglich, eine Ausgabe von der Website herunterzuladen. Auf diese Weise können Sie am besten feststellen, ob Ihnen die Zeitschrift gefällt und ob Ihre Werke sich dort gut einfügen würden. Denken Sie daran, sich bei Zeitschriften, die häufig oder ausschließlich Themenhefte veröffentlichen, über das jeweilige geplante Thema zu informieren, bevor Sie Texte einschicken. Solche Informationen bekommt man entweder auf der Website oder aus Zeitschriften, die Nachrichten aus der Literaturszene drucken (Adressen auf Seite 237 und 238).

Tipp: Die Anzeigen sind in Literaturzeitschriften genauso informativ wie der redaktionelle Teil, es lohnt sich also, die Werbung nicht zu überblättern! Dort findet man Hinweise auf andere Zeitschriften und auf kleine Verlage, die für junge Literatur offen sind.

Wie gut sind die Veröffentlichungschancen?

Von Literaturzeitschriften angenommen zu werden ist kein Kinderspiel, da auch sie mittlerweile so viele Einsendungen erhalten, dass sie die Möglichkeit haben, unter zahlreichen Texten auszuwählen. »Es wird ein Haufen Zeug eingeschickt, aber dass es wirklich Sachen sind, bei denen man sagt, das will man veröffentlichen, das ist wirklich wenig«, erinnert sich die Autorin Katrin Dorn an die Zeit, als sie in Leipzig die EDIT herausgab. »Aber eine Einsendung war mal so klasse, da ist wirklich jemand Sekt kaufen gegangen und wir haben darauf angestoßen. Wir waren ganz happy, dass der ausgerechnet uns

10. Sprungbrett Literaturzeitschriften

diesen Text geschickt hat. Aber das ist extrem selten. Wir haben ungefähr zehn Autoren pro Heft vorgestellt, davon waren maximal zwei pro Heft Einsendungen und die anderen waren Leute, die wir gefragt haben, ob sie nicht was haben. Dafür haben wir uns alle möglichen Verlage angeguckt, auch Ein-Mann- oder Kleinstverlage, oder andere Zeitschriften durchgeschaut, ob wir Autoren finden, und die dann bei uns diskutiert.«

Meist werden die eingehenden Texte unter den verschiedenen Redakteuren aufgeteilt; was in die engeren Wahl kommt, lesen die anderen dann ebenfalls. Da nur selten alle einer Meinung über einen Text sind, wird anschließend darüber diskutiert und abgestimmt. Meist dauert es einige Monate, bis Sie auf Ihre Einsendung eine Reaktion bekommen. Verständlich, wenn man bedenkt, dass alle Arbeiten von ehrenamtlich arbeitenden Redakteuren erledigt werden müssen. Um einen Zwischenbescheid sollten Sie daher auch frühestens nach sechs bis acht Wochen bitten. Es kann viel Zeit vergehen, bis Ihr Text dann schließlich veröffentlicht wird, da manche Zeitschriften nur ein- oder zweimal im Jahr erscheinen. Jörn Morisse, der in Berlin die Zeitschrift *Kaleidoskop* herausgab und nebenbei noch Festivals mitorganisierte, beschreibt, wie das ablaufen kann: »Manchmal kriege ich etwas zugeschickt, was mir gefällt, aber meist spreche ich die Leute an, so ein paar Stammautoren: ›Bald kommt wieder eine neue Ausgabe, habt ihr nicht was.‹ Die Organisation mache ich alleine. Vier, fünf Monate vorher schreibt man mal die Autoren an oder gibt es bekannt, dann kommt ein bisschen Resonanz, dann vergisst man's wieder, und drei Wochen vor dem Drucktermin, wenn es eng wird, muss man richtig Gas geben.«

Als Autor ohne Kontakte müssen Sie damit rechnen, dass nur eine von fünf oder eine von zehn der von Ihnen angeschriebenen Zeitschriften etwas von Ihnen drucken wird, selbst wenn Sie die Zeitschriften sorgfältig ausgewählt haben. Wie bei den Verlagen heißt es auch hier hartnäckig bleiben. Wenn dieser Text noch nicht gut genug war, so ist es vielleicht der nächste oder der übernächste. Auf keinen Fall sollten Sie bei einer Absage sauer oder gekränkt reagieren und verärgert zurück schreiben.

Adressen von Literaturzeitschriften

Autoren- und Branchenzeitschriften

Eine der besten Zeitschrift für Autorinnen und Autoren ist die *Federwelt*, die im Uschtrin Verlag erscheint. Dort finden sich Artikel zum Thema Schreiben und Veröffentlichen, Interviews, Informationen über Ausschreibungen und Seminare sowie ausgewählte Prosatexte und Lyrik. Das Abo lohnt sich!

Federwelt

Verlag Uschtrin
Taxisstr. 15
80637 München
E-Mail: redaktion@federwelt.de
www.federwelt.de

Konzept: Autorenzeitschrift mit vielen Sach-Artikeln und Interviews, aber auch ausgewählter Prosa und Lyrik
Themenhefte: Nein
Erscheinungsweise: 6 x jährlich
Auflage: 3 000
Preis: 6,50 Euro (Abo 36 Euro/Jahr)
Einsendungen: Fachartikel zum Thema Schreiben und Veröffentlichen und Interviews nach Absprache; Lyrik bitte direkt an den Lyrikredakteur senden (siehe Impressum auf der Website), Prosatexte nur auf persönliche Einladung.

Beliebt ist auch *TextArt*, eine Zeitschrift, die sich ausschließlich mit Kreativem Schreiben beschäftigt – einer der Herausgeber ist der erfolgreiche Romanautor Oliver Buslau. Dort finden Sie Artikel zu Fortbildungsthemen, außerdem Autorenporträts, Interviews und Rezensionen. Auch in *TextArt* finden Sie Ausschreibungen zu Wettbewerben und alle wichtigen Seminartermine. Einzelne Beiträge kann man auch als PDF bestellen.

TextArt

Magazin für kreatives Schreiben
Oliver Buslau & Carsten Dürer
Gierather Mühlenweg 15
51469 Bergisch Gladbach
Tel. 02 21/ 680 69 85
E-Mail: Für Beiträge: redaktion@textartmagazin.de
oder für Bestellungen:
service@textartmagazin.de
www.textartmagazin.de

Erscheinungsweise:
4 x jährlich
Preis: Einzelpreis 4,80, Jahresabo 17,60 Euro inkl. Versandkosten

10. Sprungbrett Literaturzeitschriften

Eine ebenfalls recht informative Zeitschrift ist *Litform*, die vom Westfälischen Literaturbüro in Unna e.V. herausgegeben wird. Hier finden Sie Informationen über die Literaturszene Nordrhein-Westfalens, bundesweite Ausschreibungen von Seminaren und Preisen sowie Autorenporträts.

Litform

Westfälisches Literaturbüro in Unna e.V.
Nicolaistraße 3
59423 Unna
Tel. 023 03/96 38 50
E-Mail: post@wlb.de
www.wlb.de

Erscheinungsweise:
4 x jährlich
Preis: Jahresabo 15,34 Euro
inkl Versandkosten

Per E-Mail können Sie auf der Website *www.autorenforum.de* den sehr ausführlichen, monatlich erscheinenden Newsletter *The Tempest* abonnieren. Er enthält neben Inseraten, Terminen, Ausschreibungen und Infos über Publikationsmöglichkeiten Tipps, wie man sich als Autor selbst vermarktet, Autorenwissen-Serien, Schreibkurse und Interviews. Man kann Experten, beispielsweise für Verlagswesen, Lyrik oder Fantasy Fragen stellen und bekommt sie in der nächsten Ausgabe beantwortet.

Tipp: Sehr empfehlenswert ist auch der Austausch von Autoren untereinander im Internet: als eins der wichtigsten Portale hat sich hier das Autorenforum Montségur etabliert (http://autorenforum.montsegur.de). Hier finden Sie kompetenten Rat und viele Tipps.

Fachmedien der Buchbranche
Neben den oben genannten Zeitschriften, die sich auch für bisher unveröffentlichte Autoren eignen, gibt es in der Buchbranche natürlich auch echte Fachmedien. Sie eignen sich sehr gut dafür, über die Branche auf dem Laufenden zu bleiben – es bringt eine Menge, zumindest in die Internet-Ausgabe reinzulesen! In den Buchhandlungen am häufigsten gelesen wird das *Börsenblatt für den Deutschen Buchhandel (www.boersenblatt.net)* – Sie wären allerdings enttäuscht von der Printausgabe, sie enthält nur wenige Artikel und dafür viel Werbung, um Buchhändler über Neuerscheinungen zu informieren. Eine gute Fachzeitschrift auch für Autoren ist *BuchMarkt (www.buchmarkt.de)*, die auch für Buchhändler gedacht ist, aber einen ausführlichen redaktionellen Teil mit monatlich unterschiedlichem Thema-Schwerpunkt hat. Ebenso der *Buchreport (www.buchreport.de)*. Da das Abo der Print-Ausgaben nicht billig ist, lohnt es sich höchstens, sie in einer Autorengruppe gemeinsam zu abonnieren. Oder fragen Sie einfach eine Buchhändlerin, der sie als guter Kunde bekannt sind, ob Sie die alten Ausgaben von *Börsenblatt* und *BuchMarkt* haben können.

Ein absolutes Muss ist für Kinder- und Jugendbuchautoren übrigens die monatliche Fachzeitschriften *Eselsohr (www.eselsohr-leseabenteuer.de)*, die Abo-Kosten sind erschwinglich.

Literaturzeitschriften

Dies ist keine vollständige Liste aller Print-Literaturzeitschriften, und das hat einen Grund: Es ist die Aufgabe dieses Ratgebers, Ihnen Orientierung zu bieten. Wenn hier einfach Hunderte von Adressen aufgeführt wären, würde Ihnen das nicht weiterhelfen, denn wie sollten Sie daraus diejenige auswählen, die Sie anschreiben möchten? In dieser Auflistung finden Sie eine überschaubare Auswahl von Zeitschriften, unterteilt nach verschiedenen Stilrichtungen, damit Sie gezielt die Websites anschauen, Probeexemplare anfordern und anschließend eventuell Texte einschicken können.

Zu der Rubrik »Einsendungen«: Die Angaben zu maximaler Seitenzahl für Einsendungen beziehen sich auf DIN A4-Normseiten à 1800 Anschläge. Üblich ist heute, dass die Texte als Datei per Mail oder als Ausdruck plus Daten-CD per Post geliefert werden. Wenn bei der Adresse keine Telefonnummer angegeben ist, möchte die Redaktion nicht angerufen werden.

Aufgeführt sind hier Magazine, denen Einsendungen von unbekannten Autorinnen und Autoren willkommen sind, die frei erhältlich sind, eine Auflage von über 100 Stück haben und sich hauptsächlich mit Literatur beschäftigen. Bei den Zeitschriften in der Rubrik »Anspruchsvoll« ist es naturgemäß schwerer, einen Beitrag unterzubringen, aber versuchen kann man es natürlich trotzdem.

Durch die hohe Fluktuation im Bereich der kleinen Literaturzeitschriften werden manche Angaben in dieser Liste schon bei Erscheinen des Buches veraltet sein. Im Internet bekommen Sie aktuellere Informationen, zum Beispiel auf der Seite *www.uschtrin.de/ai.html* oder *www.fanzine-index.de*.

Anspruchsvoll

Nur Lyrik

Das Gedicht

Anton G. Leitner Verlag
Buchenweg 3 b
82234 Weßling bei München
Tel. 08 153/95 25 22
E-Mail: service@dasgedicht.de
www.dasgedicht.de

Konzept: Lyrik, Essay und Kritik. DAS GEDICHT, die »einzigartige Publikumszeitschrift für Poesie« (Deutsche Welle) bringt seit rund 20 Jahren zeitgenössische Lyrik ins öffentliche Bewusstsein. Sie betreibt auch multimediale Lyrikvermittlung durch den Videokanal www.dasgedichtclip.de auf YouTube. Alle zwei Ausgaben ein ausführlicher Kritikteil mit den wichtigsten Lyrik-Novitäten. In Anzeigen im redaktionellen Teil und im Anzeigenteil Ausschreibungen von Seminaranbietern und Literaturpreisen sowie Werbung für Lyrikverlage. Zusätzliche Angebote reichen vom Lektorats-Service für Lyrikmanuskripte über Seminare der GEDICHT-Akademie bis hin zum eigenen Buch in der Reihe POESIE 21.

Themenhefte: Ja (z. B. Götterschöner Freudefunken, Die Poesie von Licht und Schatten)
Erscheinungsweise: 1 x jährlich
Auflage: 3 000 bis 5 000
Preis: 12 Euro
Einsendungen: Wegen des Themenbezugs der einzelnen Ausgaben ist es nicht sinnvoll, unspezifische Manuskripte an DAS GEDICHT zu senden. Die Redaktion prüft jedes themenbezogene Manuskriptangebot. Der Verlag kann jedoch abgelehnte Manuskripte aus Kosten- und Zeitgründen weder kommentieren noch zurücksenden (auch nicht, wenn ihnen Rückporto beigefügt ist). Einschreiben (außer Einwurfeinschreiben) werden nicht angenommen.

Nur Prosa

Literaturen

Reinhardstr. 29
10117 Berlin
E-Mail: redaktion@literaturen.de
www.literaturen.de.at

Konzept: »Journal für Bücher und Themen« – meistgelesenes Literaturmagazin im deutschsprachigen Raum. Hauptsächlich Rezensionen, Interviews und Essays, aber auch etwas Prosa.
Themenhefte: Nein
Erscheinungsweise: 6 x jährlich
Auflage: 20 000
Preis: 12 Euro
Einsendungen: Erst, wenn man sich schon durch Veröffentlichungen in anderen Zeitschriften oder Wettbewerbe etc. einen Namen gemacht hat.

Prosa und Lyrik

Am Erker

Fiktiver Alltag e.V.
c/o Frank Lingnau
Rudolfstr. 8
48145 Münster
Telefon & Fax: 02 51/79 95 80
E-Mail: redaktion@am-erker.de
www.am-erker.de

Konzept: Erzählende Prosa, Gedichte, Essays, Literaturkritik
Themenhefte: Ja (z. B. Über Grenzen, Sommerfrische, Freundschaft)
Erscheinungsweise: 2 x jährlich
Auflage: 1 000
Preis: 9 Euro
Einsendungen: Max. acht Normseiten (10 000 Zeichen). Zusendungen per Mail als Word-Dokument.

10. Sprungbrett Literaturzeitschriften

Akzente

c/o Carl Hanser Verlag
Kolberger Str. 22
81679 München
www.hanser.de

Konzept: Anspruchsvolle Prosa, Lyrik und Essays von bekannten Autorinnen und Autoren
Themenhefte: Nein
Erscheinungsweise: 6 x jährlich
Auflage: 3 500
Preis: 7,90 Euro
Einsendungen: Keine besonderen Vorgaben.

die horen

Wallstein Verlag GmbH
Geiststraße 11
37073 Göttingen
Tel. 05 51/54 89 8-0
E-Mail: info@wallstein-verlag.de
www.wallstein-verlag.de
www.die-horen.de

Konzept: »Zeitschrift für Literatur, Kunst und Kritik«. Internationale und neueste deutsche Literatur (Prosa und Lyrik), wiederentdeckte Autoren, Nachrichten und Kommentare aus dem literarischen Leben
Themenhefte: Nein
Erscheinungsweise: 4 x jährlich
Auflage: 24 000
Preis: 14-16,50 Euro
Einsendungen: Nur bisher unveröffentlichte Texte.

Lettre International

Frank Berberich
Erkelenzdamm 59/61
10999 Berlin
Tel. 030/30 87 04 40
E-Mail: redaktion@lettre.de
www.lettre.de

Konzept: Unabhängiges, interdisziplinäres intellektuelles Forum. Hochkarätige Zusammenstellung von Literatur, Kunst, Fotografie, Reportagen, Interviews, Essays etc. mit Hintergrundaktualität. Internationale Autoren äußern sich zu gesellschaftlichen, politischen, philosophischen, kulturellen und künstlerischen Themen. Nur deutsche Erstveröffentlichungen
Themenhefte: Nein
Erscheinungsweise: 4 x jährlich
Auflage: 24 000
Preis: 11 Euro (Jahresabo 41 Euro)
Einsendungen: Nur bisher unveröffentlichte Texte.

L – der Literatur-Bote

Hessisches Literaturforum
im Mousonturm e.V.
Waldschmidtstr. 4
60316 Frankfurt
Tel. 069/24 44 99 41
E-Mail: info@hlfm.de
www.hlfm.de

Konzept: Prosa und Lyrik, Essays zu poetischen Themen, Rezensionen, Texte des Jungen Literaturforums Hessen
Themenhefte: Ja
Erscheinungsweise: 4 x jährlich
Auflage: 500
Preis: 5 Euro
Einsendungen: Keine besonderen Vorgaben

Manuskripte

Sackstr. 17
A-8010 Graz
E-Mail: texte@manuskripte.at
www.manuskripte.at

Konzept: Eine der bekanntesten Literaturzeitschriften Österreichs. Prosa, Lyrik, Essay. »Die Wildheit ihrer Arrangements spiegelt die Vielfalt der literarischen Tendenzen.«
Themenhefte: Nein
Erscheinungsweise: 4 x jährlich
Auflage: 2 000
Preis: 10 Euro
Einsendungen: Texteinsendungen von max. 10 bis 15 Seiten sind willkommen.

Schreibheft

Rigodon-Verlag
Norbert Wehr
Nieberdingstr. 18
45147 Essen
Tel. 02 01/77 81 11
E-Mail: schreibheft@netcologne.de
www.schreibheft.de

Konzept: Internationale Literatur der Gegenwart, Essays
Themenhefte: Nein
Erscheinungsweise: 2 x jährlich
Auflage: 2 000
Preis: 13 Euro
Einsendungen: Keine besonderen Vorgaben. Bitte Rückporto beilegen falls Rücksendung erwünscht.

Signum

c/o Norbert Weiß
Liliengasse 18
01067 Dresden
Tel. 03 51/49 54 35 6
E-Mail: m.n.weiss@t-online.de
www.zeitschrift-signum.de

Konzept: »Blätter für Literatur und Kritik« – Veröffentlicht werden anspruchsvolle Lyrik, Prosa, Dramatik und Essays sowohl von gestandenen als auch von »aufstrebenden« Autoren. Außerdem Rezensionen.
Themenhefte: Nein (aber gelegentlich Sonderhefte)
Erscheinungsweise: 2 x jährlich
Auflage: 300 bis 500
Preis: 8,20 Euro
Einsendungen: Manuskripte bitte nur auf Papier per Post einsenden.

Sinn und Form

Akademie der Künste
Postfach 210250, 10502 Berlin
Tel. 030/20 05 72-22 20
E-Mail: sinnform@adk.de
www.sinn-und-form.de

Konzept: »Eine der maßgebenden Kulturzeitschriften in Deutschland«. Prosa, Lyrik, Briefe, Essays, Auszüge aus Tagebüchern, Reden etc.
Themenhefte: Nein
Erscheinungsweise: 6 x jährlich
Auflage: 3 000
Preis: 2 Probehefte für 10 Euro inkl. Versandkosten, Jahresabo 39 Euro inkl. Versand
Einsendungen: Maximal 30 000 Zeichen

Sprache im technischen Zeitalter

Thomas Geiger
Literarisches Colloquium Berlin
Am Sandwerder 5
14109 Berlin
E-Mail: geiger@lcb.de
www.spritz.de

Konzept: Die auch »Spritz« genannte Zeitschrift veröffentlicht schon seit 1961 herausragende Prosa und Lyrik sowie anspruchsvolle Fotografie.
Themenhefte: Nein
Erscheinungsweise: 4 x jährlich
Auflage: 1 500
Preis: Probeheft kostenlos, Abo 40 Euro im Jahr
Einsendungen: Keine besonderen Vorgaben

Sterz

Mandellstr. 10
A-8010 Graz
Tel. 00 43/316/82 41 46
E-Mail: zeitschrift@sterz.mur.at
www.sterzschrift.at

Konzept: Größtes nichtkommerzielles Kulturmagazin Österreichs. Lyrik, Prosa, Essay, Grafik, Fotographie, wissenschaftliche Abhandlungen etc. »Im Sterz treffen Anfänger auf Meister, Dilettanten auf »Profis«, Interessierte auf Kreative.«
Themenhefte: Ja (z. B. Grenzen, Freude, Herzblut)
Erscheinungsweise: 4 x jährlich
Auflage: 8 000
Preis: 6 Euro bzw. 8,60 bei Doppelheft
Einsendungen: ca. 6 000 Zeichen pro Beitrag, als Word-Dokument per E-Mail einreichen. Nur bisher Unveröffentlichtes. Bitte Kurzbiografie beifügen.

Stint

STINT – Literatur aus Bremen e.V.
Rita-Bardenheuer-Straße 21b
28213 Bremen
Tel. 04 21/34 58 92
E-Mail: stint_ev@stint.de
www.stint.de

Konzept: Prosa, Lyrik, Essay, Rezensionen. Mit farbigen Kunstbeiträgen.
Themenhefte: Ja (z. B. Tiere, Shopping, Kunst)
Erscheinungsweise: 2 x jährlich
Auflage: 1 000
Preis: 7,90 Euro
Einsendungen: Einsendung von Texten nur nach Absprache

Traditionell und Verschiedenes

Nur Lyrik

Dulzinea

Dulzinea – Zeitschrift für Lyrik & Bild
(Uwe Pfeiffer)
Postfach 1927
36009 Fulda
E-Mail: pfeiffer@dulzinea.de
www.dulzinea.de

Konzept: Moderne Lyrik + Malerei
Themenhefte: Ja (z. B. moderne Liebeslyrik, kritische Lyrik, moderne Naturlyrik)
Erscheinungsweise: 2 x jährlich
Auflage: 700 bis 1 500
Preis: 3,75-4,30 Euro inkl. Versand
Einsendungen: Ausschreibung auf der Homepage beachten.

Faltblatt

Theo Breuer
Neustr. 2
53925 Sistig/Eifel
Tel. 024 45/14 70
E-Mail: EditionYE@t-online.de
www.editionye.blogspot.com

Konzept: Lyrische Zeitschrift für neue Gedichte. Lyrik, Essays, Rezensionen und Porträts von Verlagen, Autoren und Zeitschriften. Die Edition YE gibt auch eine Lyrik-Buchreihe heraus, die insbesondere Erstlinge von *Faltblatt*-Autorinnen herausgibt.
Themenhefte: Nein
Erscheinungsweise: unregelmäßig (ca. 1 x jährlich)
Auflage: 900
Preis: 7,77 Euro inkl. Versand.
Einsendungen: Bitte senden Sie keine Manuskripte unverlangt ein; wir sind eine Redaktion, die zunächst in einen kommunikativen Kontakt treten möchte mit zukünftigen Autorinnen und Autoren, die FALTBLATT kennen, bevor Sie darin veröffentlichen.

Nur Prosa

Der Kultur-Herold

Redaktion: Pressebüro Heikamp
J. Heinrich Heikamp
Giller Straße 65
41569 Rommerskirchen
E-Mail: redaktion@kultur-herold.de
www.kultur-herold.de

Konzept: »Nachrichtenmagazin für Kunst und Literatur«. Artikel und Interviews zu Medien- und Kulturthemen, Kulturnachrichten aus den deutschsprachigen Ländern, Kurzprosa, Comics, Rezensionen.
Themenhefte: Gelegentlich (z. B. Limericks)
Erscheinungsweise: 4 x jährlich
Auflage: 350
Preis: 2 Euro
Einsendungen: Keine besonderen Vorgaben

Kultur & Gespenster

Textem Verlag
Postfach 306341 20329 Hamburg
Tel. 0170/58 10 536
E-Mail: post@textem.de
www.kulturgespenster.de

Konzept: Essays und Literaturkritik
Themenhefte: Ja (z. B. Wirklich wahr, unter vier Augen)
Erscheinungsweise: 2-4 x jährlich
Auflage: 2 500
Preis: 12 Euro
Einsendungen: Keine besonderen Vorgaben

Storyatella

STORYAPULPA Verlag
Frank Nussbücker
Oderberger Str. 45
10435 Berlin
Tel. 030/448 32 01
E-Mail: verlag@storyatella.de
www.storyatella.de

Konzept: Storytelling im besten Sinne: »Wir erzählen Geschichten, ganz im amerikanischen Sinne, deren Bandbreite von »Laurel & Hardy« bis zu »Fight Club« reicht. Tragödie, Komödie, Pulp, Lovestory, Satire, Science Fiction & der ganze Rest – alles kein Problem, solange es gut geschrieben und intelligent ist (…).«
Themenhefte: Nein
Erscheinungsweise: 2 x jährlich
Auflage: 1 000
Preis: 3,50 Euro
Einsendungen: Keine besonderen Vorgaben

Lyrik & Prosa

Artic – Texte aus der fröhlichen Wissenschaft

Oelmühlenweg 16
44225 Dortmund
Tel. 02 31/72 59 750
E-Mail: renate.gassmann@artic-magazin.de
www.artic-magazin.de

Konzept: Jede Ausgabe versammelt Prosa, Lyrik und Essays sowie Grafiken und Fotos, die um einen bestimmten Begriff (z. B. Banause, Quecksilber, integer) kreisen. Zu allen Ausgaben gehört zudem ein speziell entwickeltes Layout, von Künstlern direkt ins Heft gearbeitete Seiten und ein handgefertigter Umschlag.
Themenhefte: Ja
Erscheinungsweise: 1 x jährlich
Auflage: 1 000
Preis: 15 Euro
Einsendungen: Maximal 6 Seiten.

Asphaltspuren

Regina Holz Keplerstrasse 13
40215 Düsseldorf
E-Mail: redaktion.print@asphaltspuren.de
www.asphaltspuren.de

Konzept: »Kultur und Subkultur«. Kurzgeschichten, Lyrik, Rezensionen.
Themenhefte: Ja (z. B. Missverständnis, Geisterstunde)
Erscheinungsweise: 2 x jährlich
Auflage: 200

BELLA triste

Neustädter Markt 3-4
31134 Hildesheim
Tel. 051 21/7 55 34 92
E-Mail: bella_triste@gmx.de
www.bellatriste.de

Konzept: Zeitschrift für junge deutschsprachige Literatur (Prosa und Lyrik), Forum für renommierte Autoren und Probebühne für zukünftige Schriftsteller. Versteht sich als Entdeckerzeitschrift und als Vermittlungsinstanz zur Literaturszene. Getragen wird BELLA triste inzwischen von einem gemeinnützigen Verein, der auch »Prosanova« veranstaltet, das größte Festival für junge deutsche Gegenwartsliteratur
Themenhefte: Nein
Erscheinungsweise: 3 x jährlich
Auflage: 1 000
Preis: 5,35 Euro plus 85 Cent Versand
Einsendungen: Prosatexte sollten acht bis zwölf Normseiten, Lyrikbeiträge entsprechend acht bis zwölf Gedichte umfassen. Bitte fügen Sie Ihrer Einsendung eine Kurzvita hinzu.

Belletristik

Verlagshaus J. Frank
Greifswalder Straße 39
10405 Berlin
Tel. 030/67 51 55-00
E-Mail: post@belletristik-berlin.de
www.belletristik-berlin.de

Konzept: Prosa, Lyrik und Illustrationen. »In der Zeitschrift gibt es keine Rezensionen, keine Werbung, keine Veranstaltungshinweise – ausschließlich das Wort kommt zu Wort.«
Themenhefte: Nein
Erscheinungsweise: 3 x jährlich
Auflage: 1 000
Preis: 10 Euro
Einsendungen: Maximal ein Text (höchstens 10 Seiten) als PDF-Dokument an manuskripteinsendungen@belletristik-berlin. de. Schriftgröße 10 Punkt, Zeilenabstand 1,5. Kurzvita beifügen. Weitere Infos für Einsender auf der Homepage.

Preis: 7 Euro
Einsendungen: Nur bisher Unveröffentlichtes. Texte als RTF-Datei an redaktion. print@asphaltspuren.de senden, Kurzvita beifügen und Adresse nicht vergessen.

Die Brücke

Die Brücke e.V.
Riottestr. 16
66123 Saarbrücken
Tel. 06 81/39 05 85 0
E-Mail: bruecke@handshake.de
www.bruecke-saarbruecken.de

Konzept: Forum für antirassistische Politik und Kultur. Essays, Lyrik, Kurzprosa, Rezensionen, Reportagen.
Themenhefte: Nein
Erscheinungsweise: 4 x jährlich
Auflage: 2 000
Preis: 9 Euro
Einsendungen: Keine besonderen Vorgaben.

Der Dreischneuss

Regine Mönkemeier
Marien-Blatt Verlag
Braunstr. 12
23552 Lübeck
Tel. 04 51/70 20 277 und
04 51/70 00 2
E-Mail: marienblatt@gmx.net
www.dreischneuss.de

Konzept: Prosa, Lyrik, Rezensionen, Bilder oder Graphik. Von Der Dreischneuß gibt es auch Sonderhefte als Einzeltitel von Autoren, die bereits in der Zeitschrift veröffentlicht haben.
Themenhefte: Ja (z. B. Geständnisse, Von Schiffen, Aufbruch)
Erscheinungsweise: 1 x jährlich
Auflage: 300
Preis: 3,50 plus Versandkosten
Einsendungen: Bis zu vier Beiträge, kein Beitrag mehr als vier Normseiten (jede Seite muss den Namen und die Adresse des Autors aufweisen) sowie eine Kurzvita von ca. 400 Zeichen mit Angaben über die jüngsten oder wichtigsten Veröffentlichungen. Nur unveröffentlichte Texte mit der Versicherung, dass die Urheberrechte beim Einsender liegen und die eingereichten Arbeiten frei von Rechten Dritter sind.

DUM

c/o Wolfgang Kühn
Walterstr. 33/2
A-3550 Langenlois
Tel. 06 64/43 27 973
E-Mail: dummail@gmx.at
www.dum.at

Konzept: »Das Ultimative Magazin«. Kurzprosa, Lyrik, Buchrezensionen, Interviews.
Themenhefte: Ja (z. B. »verbockt«, »verhunzt«, »verkatert«)
Erscheinungsweise: 4 x jährlich
Auflage: 1 000
Preis: 3,30 Euro (außerhalb Österreichs 5 Euro)
Einsendungen: Bitte pro Thema maximal drei Prosatexte à maximal fünf A4 Seiten oder zehn Gedichte einreichen. Einsendungen bitte per E-Mail und als Word-Document Attachment schicken und Kurzbiografie beifügen.

EDIT

Literaturverein EDIT e.V.
Gerichtsweg 28
04103 Leipzig
E-Mail: mail@editonline.de
www.editonline.de

Konzept: »Papier für Neue Texte«. Prosa (Kurzprosa, Erzählungen, Romanauszüge) und Lyrik. EDIT ist eine der einflussreichsten Literaturzeitschriften im deutschsprachigen Raum und entdeckt immer wieder neue Talente.
Themenhefte: Nein
Erscheinungsweise: 3 x jährlich
Auflage: 1 400
Preis: 5 Euro
Einsendungen: Maximal 10 Normseiten. Bitte keine Manuskripte per E-Mail, nur per Post.

entwürfe

Neugasse 6
CH-8005 Zürich
E-Mail: redaktion@entwuerfe.ch
www.entwuerfe.ch

Konzept: Kompetente Essays, literarische Debatten und Diskussionen, Lyrik, Prosa und Fotografie aus aller Welt fördern den Austausch auf nationaler wie internationaler Ebene. Viele mittlerweile arrivierte Schreibende haben ihre frühen Texte in »entwürfe« veröffentlicht.
Themenhefte: Ja (z. B. Blüten, Jackpot, Demo)
Erscheinungsweise: 4 x jährlich
Auflage: 1 000
Preis: 12 Euro plus Versandkosten
Einsendungen: Mit ausgefüllten Formular (auf der Website zu finden) per Mail einreichen an folgende Mailadresse: redaktion-entwuerfe@googlemail.com.

erostepost

erostepost
im Literaturhaus
Strubergasse 23
A-5020 Salzburg
Tel. 00 43/662/43 95 89
E-Mail: erostepost@literaturhaus-salzburg.at
www.erostepost.at

Konzept: »Das Fettauge in der Literatursuppe«. Lyrik, Kurzprosa und Romanauszüge. Gedruckt werden bisher unveröffentlichte deutschsprachige Texte von bekannten und noch unbekannten Autoren aus aller Welt.
Themenhefte: Ja, aber selten (z. B. Geschichten vom Reisen)
Erscheinungsweise: 2 x jährlich
Auflage: 1 000
Preis: 4 Euro
Einsendungen: Nur unveröffentlichte Texte im Umfang von 5-15 Normseiten. Es gibt ein Honorar von 20 Euro pro Seite und 5 Freiexemplaren.

etcetera

Literarische Gesellschaft St.Pölten (LitGes)
Steinergasse 3
A-3100 St. Pölten
Tel. 00 43/676/48 39 253
E-Mail:
redaktion@litges.at
www.litges.at

Konzept: Newcomer neben international bekannten Literaten, aber auch bildenden Künstlern neben Filmemachern und Musik-Schaffenden sorgen für die Ausgestaltung der Themenhefte in Inhalt und Präsentation.
Themenhefte: Ja (z. B. Feindbilder, drüben)
Erscheinungsweise: 4 x jährlich
Auflage: 500
Preis: Jahresabo 20 Euro, Einzelheft 7 Euro.
Einsendungen: Per E-Mail als ein einziges Word-Dokument, max. 5 Normseiten. Kurzvita von max. 4 Zeilen.

exempla

Ursula Jetter
Teckstr. 56
71696 Möglingen
Tel. 07 141/24 19 46

Konzept: Hauptsächlich Lyrik, aber auch Kurzprosa und literarische Essays von hoher Qualität sowie Grafik. Die *exempla* ist die älteste Literaturzeitschrift Baden-Württembergs, sie wurde 1975 gegründet.
Themenhefte: Ab und zu
Erscheinungsweise: 1 x jährlich
Auflage: 500
Preis: 6,50 Euro
Einsendungen: Keine besonderen Vorgaben

floppy myriapoda

Verlag Distillery
Postfach 87 02 38
13162 Berlin
E-Mail:
redaktion@floppymyriapoda.de
www.floppymyriapoda.de

Konzept: »Subkommando für die freie Assoziation« – Avantgarde und Anarchismus. Prosa, Lyrik, Essay. Die Zeitschrift wird herausgegeben von der »Epidemie der Künste«.
Themenhefte: Nein
Erscheinungsweise: 3 x jährlich
Auflage: 500
Preis: 3 Euro
Einsendungen: Maximal 30 000 Zeichen, bitte an beitraege@floppymyriapoda.de senden.

Freiberger Lesehefte

AG WORT e.V.
Postfach 12 43
09582 Freiberg /Sachs.
Tel. 03 73 28/14 73 77
E-Mail:
team@freibergerlesehefte.de
www.freibergerlesehefte.de

Konzept: »Diese Zeitschrift bietet vor allem jungen bzw. noch unbekannten Künstlern aus dem Kulturraum Mittelsachsen und darüber hinaus eine anspruchsvolle Publikationsplattform. Unverkennbare, eigenwillige Mischung aus Literatur, Bildender Kunst und Buchkunst«
Themenhefte: Ja (z. B. Adams Töchter, Vor dem Wind)
Erscheinungsweise: unregelmäßig
Auflage: 1 000
Preis: 12 Euro
Einsendungen: Maximal 5 Seiten, pro Magazin-Seite wird ein Text präsentiert

intendenzen

Ron Winkler
Anklamer Str. 54
10115 Berlin
E-Mail:
intendenzen@gmx.de
www.intendenzen.de

Konzept: Gegenwärtige Literatur (Prosa, Lyrik), mit Schwerpunkt auf jungen Autoren.
Themenhefte: Ja (z. B. Wilde Ehen, Transzendenzen)
Erscheinungsweise: 1 x jährlich
Auflage: 500
Preis: 13,90 Euro
Einsendungen: Papierausdruck + Diskette (Datei im RTF-Format)

Keine Delikatessen

Verein »Keine Delikatessen – Bühne für SchriftBilder«
Klosterneuburgerstraße 1/6
A-1200 Wien
E-Mail: info@keinedelikatessen.at
www.keinedelikatessen.at

Konzept: Lyrik, Prosa, Analysen, Rezensionen und Essays. Regelmäßig werden Literaturinitiativen vorgestellt.
Themenhefte: Ja (z. B. Rampensau, Wasser)
Erscheinungsweise: 2 x jährlich
Auflage: 200
Preis: 4 Euro
Einsendungen: Siehe Homepage

kolik

Verein für neue Literatur
Karin Fleischanderl/Gustav Ernst
Taborstr. 33/21
A-1020 Wien
Tel. & Fax. 0043/1/21 44 85 1
E-Mail: kolik@aon.at
www.kolik.at

Konzept: Zeitgenössische, vor allem österreichische Literatur: Prosa, Lyrik, Dramatik, Essay, Rezensionen. Beim Ableger www.kolikfilm.at geht es dagegen ums Thema Film.
Themenhefte: Nein
Erscheinungsweise: 4 x jährlich
Auflage: 200
Preis: 9 Euro
Einsendungen: Ausdruck und Datenträger oder per E-Mail.

Konzepte

Postfach 2654
89216 Neu-Ulm
Tel. 07 31/87 65 2
E-Mail: konzepte@bvja-online.de
www.bvja-online.de

Konzept: Lyrik, Prosa, Hörspiele, Essays, Texte zur Poetik. Wird herausgegeben vom Bundesverband junger Autoren e.V. (BVJA)
Themenhefte: nach einem lyrischen Motiv werden Texte ausgewählt.
Erscheinungsweise: 1-2 x jährlich
Auflage: 800
Preis: 12 Euro
Einsendungen: Nur bisher unveröffentlichte Texte. Bis zu 15 Seiten Prosa / Drama / Hörspielauszug oder bis zu 10 Gedichte einschicken. Auf den Manuskripten Namen und Adresse vermerken und Biobibliographie beifügen. Rückporto beifügen oder E-Mail-Adresse angeben.

Krachkultur

Redaktion München:
Dr. Martin Brinkmann
Steinstraße 12
81667 München
E-Mail: brinkmann@krachkultur.de

Redaktion Leipzig:
Fabian Reimann
Karl-Heine-Str. 43
04229 Leipzig
E-Mail: reimann@krachkultur.de
www.krachkultur.de

Konzept: Neue deutschsprachige Literatur – bekannte und neue Autoren, aber auch Wiederentdeckungen. Prosa, Lyrik, Essay.
Themenhefte: Ja
Erscheinungsweise: unregelmäßig
Auflage: 1 000
Preis: 10 Euro plus Versandkosten
Einsendungen: Texteinsendungen bitte nur per Post.

Krautgarten

Bruno Kartheuser
Neundorf 33
Postfach 42
B-4780 St. Vith
Tel. 0032/80/22 73 76
E-Mail: bruno.kartheuser@skynet.be
www.krautgarten.be

Konzept: Forum für Literatur (seit 1982), das in der deutschsprachigen Gemeinschaft Belgiens erscheint. Literaturteil mit Prosa und Lyrik (zum Teil in Übersetzung), Journalteil mit Rezensionen, Analysen, Essays, Reportagen etc.
Themenhefte: Nein
Erscheinungsweise: 2 x jährlich
Auflage: 1 000
Preis: 10 Euro plus Versandkosten
Einsendungen: Nur bisher unveröffentlichte Texte von maximal 2-10 Seiten, alle in einer Datei gruppiert und mit einer Kurzvita versehen.

KULT

AALFAA EnterBraynMent
c/o Karlyce Schrybyr
Sportplatzstr. 21 b
63773 Goldbach
Tel & Fax. 06 021/56 63 6
E-Mail: schreiber.space@gmx.de
www.aalfaa.de

Konzept: »Ein Chaotycum fyr alle Spylarten der Poesy & deren hartnäckyge Lybhaber« – Lyrik, Prosa, Rezensionen, Essays, Pamphlete & Feuilleton – Satire, Experiment, Kritik
Themenhefte: Nein
Erscheinungsweise: 2x jährlich
Auflage: 200
Preis: 3,50 Euro, Abo 7 Euro (im Versand 7,70 Euro)
Einsendungen: ca. 15 Gedichte oder 5 Prosatexte, auch Rezensionen oder Essays oder Pamphlete (per Email wird bevorzugt!)

Lauter Niemand

lauter niemand e.V
c /o Clemens Kuhnert
Friedelstr. 54
12047 Berlin
E-Mail:
redaktion@lauter-niemand.de
www.lauter-niemand.de

Konzept: Berliner Zeitschrift für Lyrik und Prosa. Formal interessante Texte mit ungewöhnlichen Perspektiven auf ein Thema, oder Texte mit ungewöhnlichen Themen. Die Beiträge kommen aus dem gesamten deutschsprachigen Raum.
Themenhefte: Nein
Erscheinungsweise: 1 x jährlich
Auflage: 8 000
Preis: 5 Euro plus Versandkosten
Einsendungen: Manuskripte (nicht mehr als 9 Normseiten und drei Texte) am besten per Mail an: redaktion@lauter-niemand.de. In Betreffzeile: Name + Lyrik oder Prosa für x-te Ausgabe, Texte als Word. Mit kurzer Autorenbiografie

Lichtungen

c/o Kulturamt der Stadt Graz
Stigergasse 2
A-8020 Graz
Tel. 0043/316/872-49 22
E-Mail: office@lichtungen.at
www.lichtungen.at

Konzept: Lyrik, Prosa, Essays/Zeitkritik bekannter und neuer, meist junger Autoren sowie bildende Kunst. Das Hauptaugenmerk liegt auf dem Künstlernachwuchs Österreichs. Schwerpunkte zur Literatur verschiedener Länder und Städte.
Themenhefte: Nein
Erscheinungsweise: 4 x jährlich
Auflage: 1 500
Preis: 8 Euro plus Versandkosten
Einsendungen: Nur bisher unveröffentlichte Texte. Maximal 10-15 Gedichte oder 3-4 Erzählungen einsenden.

MACONDO

Verlag im Laerfeld
Laerfeldstr. 35
44803 Bochum
Tel. 02 34/36 14 86
E-Mail: info@macondo-magazin.de
www.Die-Lust-am-Lesen.de

Konzept: Kurzprosa, Lyrik, Romanauszüge, Rezensionen, Interviews, s/w-Fotos.
Themenhefte: Ja (z. B. Helden, Schurken, Inseln)
Erscheinungsweise: 2 x jährlich
Auflage: 3 000
Preis: 7,50 Euro plus Versandkosten
Einsendungen: Maximal fünf Texte pro Autor einsenden. Texte dürfen maximal 35 000 Zeichen lang sein (bitte nicht per Mail schicken, sondern als Ausdruck).

Matrix

Pop Verlag
Redaktion Matrix Postfach 0190
71601 Ludwigsburg
E-Mail: pop-verlag@gmx.de
www.edition-matrix.com

Konzept: »Zeitschrift für Literatur und Kunst« – Lyrik, Prosa, Rezensionen, Essays und Informationen aus der Kulturszene. »Matrix will deutschen Lesern Gemeinsamkeiten und Unterschiede der vielfältigen Kulturen, Sprachen und Literaturen des Kontinents näher bringen sowie Künstlern aus ganz Europa ermöglichen, sich gegenseitig kennenzulernen.
Themenhefte: Nein
Erscheinungsweise: 4 x jährlich
Auflage: 500 bis 1 000
Preis: 8 Euro
Einsendungen: Keine besonderen Vorgaben

Miromente

Wolfgang Mörth
Babenwohlweg 19
A-6900 Bregenz
Tel. 00 43/55 74/42 78 2
E-Mail: info@miromente.at
www.miromente.at

Konzept: »Zeitschrift für Gut und Bös« – Autoren aus Westösterreich (dem Hauptverbreitungsgebiet der Zeitschrift) und dem deutschsprachigen Raum werden vorgestellt. Vertreten sind alle Genres.
Themenhefte: Nein
Erscheinungsweise: 4 x jährlich
Auflage: 1 000
Preis: 4,50 Euro
Einsendungen: Maximal 15 000 Zeichen.

Der Mongole wartet

Michael Arenz
Am Dornbusch 15
44789 Bochum
E-Mail: Dr.Zittlau@arcor.de
www.zenon-verlag.de.vu

Konzept: »Zeitschrift für Literatur und Kunst« – Prosa, Lyrik und bildende Kunst
Themenhefte: Nein
Erscheinungsweise: 1 x jährlich
Auflage: 500
Preis: 25 Euro
Einsendungen: Maximal 16 Seiten

Neue Sirene

c/o Bettina Hohoff
Orleansstr. 23
81667 München
Tel. 089/35 51 17
E-Mail: redaktion@neuesirene.de
www.neuesirene.de

Konzept: »Wegweisende Literatur der Gegenwart« – qualitativ hochwertige, internationale Literaturvermittlung in Deutschland. Deutschsprachige und internationale Literatur. Lyrik (zweisprachig), Prosa (in Ausnahmefällen auch zweisprachig) und Essays. Alle Beiträge sind Erstveröffentlichungen in der Originalsprache oder erstmalige Übersetzungen aus anderen Sprachen. Die Literaturreihe der »Neuen Sirene« wird rund um den Erdball

gelesen und abonniert.
Themenhefte: Nein
Erscheinungsweise: 2 x jährlich
Auflage: Keine Angabe
Preis: 12 Euro, Doppelbände 24 Euro
Einsendungen: Bitte per Post und ein Anschreiben incl. Adresse beilegen. Eine digitale Fassung (z. B. Word-Datei, txt-Datei, rtf-Datei) sollte nach Möglichkeit vorhanden sein. Mit Ihrer Einsendung versichern Sie, dass es sich bei den angebotenen Texten um eine Eigenleistung handelt.

Ostragehege

c/o Axel Helbig
Birkenstraße 16
01328 Dresden
E-Mail:
ostragehege-redaktion@web.de
www.ostra-gehege.de

Konzept: »Zeitschrift für Literatur und Kunst«. Prosa, Lyrik, Essay, Dramen, ergänzt durch Grafik, Foto, Malerei. Öffnet den Blick für andere Literaturen und Kulturen.
Themenhefte: Nein
Erscheinungsweise: 4 x jährlich
Auflage: 600
Preis: Nicht mehr als 10 Gedichte bzw. zehn Seiten Prosa. Nur bisher unveröffentlichte Texte.

Passauer Pegasus

Karl Krieg
Wörthstr. 8
94032 Passau
Tel. 08 51/56 18 9
E-Mail: passauer.pegasus@gmx.de
karl.krieg@uni-passau.de

Konzept: Lyrik, Prosa, Essays, Buchbesprechungen, szen. Dichtungen. In der Regel deutschsprachige Erstdrucke, aber auch Übersetzungen aus den osteuropäischen Ländern.
Themenhefte: Gelegentlich (Sonderbände)
Erscheinungsweise: 1-2 x jährlich
Auflage: 450
Preis: 7-9 Euro (abhängig vom Umfang)
Einsendungen: Per E-Mail

Plumbum

Thomas Siemon
Tel. 0341/420 67 18
E-Mail:
t.siemon@carpe-plumbum.de
www.carpe-plumbum.de/plumbum

Konzept: Prosa, Lyrik, Illustration junger Autoren und Künstler. Experimentierfeld für Literatur, Grafik und Gestaltung.
Themenhefte: Ja (z. B. New York)
Erscheinungsweise: 1-2 x jährlich
Auflage: 400
Preis: 8 Euro
Einsendungen: Texte per Mail als Word- oder RTF-Datei inkl. Kurzvita an texte@carpe-plumbum.de

10. Sprungbrett Literaturzeitschriften

Poet

Poetenladen Blumenstraße 25
04155 Leipzig
Herausgeber: Andreas Heidtmann
Tel. 03 41/99 39 647
E-Mail: info@poetenladen.de
ww.poet-magazin.de

Konzept: Prosa, Lyrik, Reportage, Werkstattgespräche mit Autoren und Autorinnen, Lyrik-Kommentare.
Themenhefte: Nein
Erscheinungsweise: 2 x jährlich
Auflage: 600 bis 1000
Preis: 9,80 Euro
Einsendungen: 2-10 Seiten Prosa oder 2-8 Gedichte einsenden.

Podium

Helferstorferstraße 5/1-2
A-1010 Wien,
Tel. 0043/99/13 73 37 39
E-Mail: redaktion@podiumliteratur.at
www.podiumliteratur.at

Konzept: Zeitgenössische Literatur aus Österreich und dem Ausland (besonders den osteuropäischen Nachbarstaaten). Jedes Heft ist einem Thema oder der Literatur eines Landes gewidmet, zudem enthält es Buchbesprechungen und (Foto-)Illustrationen woei in der »Werkstatt« in unregelmäßigen Abständen Texte der Vereinsmitglieder. PODIUM ist eine Autoren-Vereinigung, die auch die Porträt-Buchreihe zu Lyrikerinnen des Literaturkreises herausgibt und den Alfred-Vogel-Literaturpreis veranstaltet.
Themenhefte: Ja
Erscheinungsweise: 2 x jährlich ein Doppelheft
Auflage: 1-1 300
Preis: 6 Euro, Doppelhefte 12 Euro
Einsendungen: Beiträge per Mail bitte im RTF-Format.

& Radieschen

Verein ALSO
c/o Andreas Plammer
Josefstädterstr. 81-83/3/9
A-1080 Wien
E-Mail: redaktion@radieschen.at
http://radieschen.at

Konzept: Lyrik, Prosa, Essay. Die Zeitschrift will vor allem jungen Autorinnen und Autopren eine Möglichkeit zur Präsentation und Publikation ihrer Texte bieten.
Themenhefte: Ja (z. B. Tag & Nacht, Strich & Faden, Zeichen & Wunder)
Erscheinungsweise: 4 x jährlich
Auflage: 350
Preis: 3,50 Euro
Einsendungen: Maximal 8 000 Zeichen, nur bisher unveröffentlichte Texte.

Torso

Ulrich Schäfer-Newiger
Am Glockenbach 5
80469 München
Tel. 01 72/82 47 177
E-Mail: ul51@gmx.de
www.torso-lit.de

Texte an:
Alexej Moir
Hochstraße 33
81541 München,
Tel. 089/48 34 37
E-Mail: al.moir-autor@t-online.de

Konzept: Prosa, Lyrik und Infos über Ausschreibungen/Preise.
Themenhefte: Ja (zu bestimmten Kulturen und Ländern)
Erscheinungsweise: 1-2 x jährlich
Auflage: 1 000
Preis: 8 Euro
Einsendungen: Maximal 12-14 000 Zeichen. Bitte Kurzbiografie mitsenden.

Schreib

Potsdam
E-Mail: mail@schreib.org
www.schreib.org

Konzept: »Zeitschrift für junge Literatur«. Gibt jungen, unbekannten Autoren die Möglichkeit, ihre Texte zu veröffentlichen. Vorgaben gibt es keine. Begleitet wird jede Ausgabe von Illustrations- und Fotoreihen.
Erscheinungsweise: 2 x jährlich
Auflage: 300
Preis: 1 Euro
Einsendungen: Maximal 5 Lyrik- oder Prosatexte

Schreibkraft

Postfach 369
A-8011 Graz
E-Mail: schreibkraft@mur.at
www.schreibkraft.adm.at

Konzept: »Das Feuilletonmagazin« – Essays/Feuilletonte xte, Rezensionen, Prosa und Lyrik.
Themenhefte: Ja (z. B. »selbstgemacht«, »grenzwertig«)
Erscheinungsweise: 2 x jährlich
Auflage: 1 000
Preis: 6,60 Euro
Einsendungen: Essays und Feuilletontexte: bis maximal 19 000 Zeichen, Prosa und Lyrik bis 12 000 Zeichen.

10. Sprungbrett Literaturzeitschriften

Schreib-Lust Print

Schreiblust-Verlag
Andreas Schröter
Semerteichstraße 75
44141 Dortmund
Tel. 02 31/41 86 26
E-Mail: mail@schreib-lust.de
www.schreib-lust.de

Konzept: Das Magazin von www.schreib-lust.de Auf der Website wird jeden Monat ein Thema gestellt (z. B. Mysterium, Landleben, Endlich frei), und aus den eingereichten Geschichten werden die besten für das Print-Heft ausgewählt. Hinzu kommen Branchen-News und Artikel zu Autorenthemen.
Themenhefte: Ja
Erscheinungsweise: 4 x jährlich
Auflage: Keine Angaben
Preis: 4,40 Euro Euro
Einsendungen: Zu den Themen, die monatlich auf der Website ausgeschrieben werden.

Sprachgebunden

Jan Valk, Jonas Reuber
c/o Adler & Söhne
Senefelder Str. 31
10437 Berlin
E-Mail: redaktion@sprachgebunden.de
www.sprachgebunden.de

Konzept: »zeitschrift für text und bild« – Prosa, Lyrik und Essay. »Die Zeitschrift sprachgebunden versucht den Grenzgang zwischen Literatur, Kunst und Design – stiftet ungewöhnliche Konstellationen aus Texten, Bildern und ihrem Zusammenspiel. Sie versteht sich als Entdecken- und Wiederdeckermagazin – und sucht immer wieder auch die Begegnung mit fremden Sprachräumen und Sprechweisen.«
Themenhefte: Ja (z. B. »Hitze«, »Über/setzen« oder »Das Leben als Leser«)
Erscheinungsweise: 1-2 x jährlich
Auflage: 1 000
Preis: 7-9 Euro Euro
Einsendungen: Bitte die Informationen auf der Website beachten.

Streckenlaeufer

STRECKENLÆUFER
Peter Herbertz
In der Fröhn 13
66125 Saarbrücken
E-Mail: streckenlaeufer@ pocul.de
www.pocul.de

Konzept: Literatur, Essay, Debatte, Kritik. Interviews, Dossiers, Rezensionen, Fotoessays.
Themenhefte: Ja, z. B. »Gute Miene zum boesen Spiel« oder »Es ist nie zu früh für eine schoene Vergangenheit!«
Erscheinungsweise: Erscheint, sobald genug Texte der geforderten Beschaffenheit zusammengekommen sind.
Auflage: 200
Preis: 4 Euro
Einsendungen: Bitte nicht das sämtliche Werk schicken, sondern eine überschaubare Vorauswahl treffen.

Tarantel

Redaktionsadresse Deutschland:
Michael Tonfeld
Drosselweg 1a
86156 Augsburg

Redaktionsadresse Österreich:
Gerald Grassl
Vivariumstrasse 8/4/18
A-1020 Wien
E-Mail: wuzgerald@gmx.at
www.tarantel.at

Konzept: »Zeitschrift für Kultur von unten« –enthält hauptsächlich realistische Literatur der Arbeits(losen)Welt. Rebellisch und widersetzlich.
Themenhefte: Nein
Erscheinungsweise: 10 x jährlich
Auflage: 300 bis 500
Preis: 3,50 Euro
Einsendungen: Keine besonderen Vorgaben

Wespennest

Walter Famler
Rembrandtstr. 31/4
A-1020 Wien
Tel. 00 43/1/33 26 691
E-Mail: office@wespennest.at
www.wespennest.at

Konzept: »Zeitschrift für brauchbare texte und bilder« Zeitschrift für zeitgenössische Literatur und kritische Publizistik. Neben einem literarischen oder essayistischen Themenschwerpunkt bietet Wespennest auf jeweils 112 Seiten literarische Reportagen, Autorenporträts in Verbindung mit Fotoarbeiten sowie Buchbesprechungen.
Themenhefte: Ja, z. B. »Anarchistische Welten«
Erscheinungsweise: 2 x jährlich
Auflage: 5 000
Preis: 12 Euro
Einsendungen: Vorzugsweise auf dem Postweg

Wortschau

Im Bannholtz 25
76863 Herxheim-Hayna
Tel. 0 72 76/65 17
E-Mail: redaktion@wortschau.com
www.wortschau.com

Konzept: »Bei der WORTSCHAU, ist der wichtigste Indikator für das Verstehen der Welt die Sprache. (…) Nicht abgehoben von der Welt, mit literarisch-künstlerischem Anspruch, klar, verständlich und im Einzelfall auch mundartlich. Wir wollen mit unserer literarischen Achterbahn zu den Texten, in denen laut und leise, hoch und tief, also ganz normal gelebt, geliebt und gestorben wird.« Pro Ausgabe werden zwischen zehn und 20 Autoren bzw. Autorinnen vorgestellt; ein Autor wird im Interview vorgestellt.

10. Sprungbrett Literaturzeitschriften

Themenhefte: Ja, immer angelehnt an einen Filmtitel (z. B. »Schreib langsam, jetzt erst recht«, »Der Duft der Worte«)
Erscheinungsweise: 4 x jährlich
Auflage: 300
Preis: 6 Euro
Einsendungen: Einreichen in WORD-Format mit Kurzbiografie und Adresse, Texte nicht länger als circa 5 000 Zeichen, nicht mehr als fünf Gedichte.

Wortwuchs

WORTWUCHS e.V.
Gubener Straße 18
D-10243 Berlin
E-Mail: kontakt@wortwuchs.net
www.wortwuchs.net

Konzept: Zeitschrift für junge Literatur (Prosa, Lyrik, Essay).
Themenhefte: Ja (z. B. GegenGifte, Aufnahmen, Unheimlich anders)
Erscheinungsweise: 2 x jährlich
Auflage: 500
Preis: 4 Euro
Einsendungen: Der Datei-Name sollte Namen und getrennt durch Unterstrich auch das Genre enthalten (z. B. MaxMustermann_Lyrik.pdf). In einer weiteren Datei bitte eine kurze Autoren-Vita und die Postadresse anfügen.

Zeichen & Wunder

c/o Andreas Lehmann
Wallstraße 74 a
55122 Mainz
E-Mail: zeichenwunder@gmx.de
www.zeichenwunder.de

Konzept: »*Zeichen&Wunder* präsentiert zweimal jährlich Erstveröffentlichungen von Essays, Erzählungen, Kurzprosa und Gedichten. Jede Ausgabe der Zeitschrift wird von wechselnden Künstlern eigens illustriert.« Die Nachwuchsförderung ist der Zeitschrift ein wichtiges Anliegen.
Themenhefte: Ja (z. B. zu Paradiese, Scham, Genuss)
Erscheinungsweise: 2 x jährlich
Auflage: 400
Preis: 8 Euro
Einsendungen: Nur bisher Unveröffentlichtes.
Nicht mehr als 15 Seiten Prosa oder höchstens 8 Gedichte an zeichenwunder@gmx.de einsenden.

Experimentell

außer.dem

c/o Christel und Armin Steigenberger
Josephine-Lang-Weg 3
81245 München
E-Mail: info@ausserdem.de
www.ausserdem.de

Konzept: »die münchner literaturzeitschrift außer.dem ist an zeitgenössischen modernen texten interessiert, die über die üblichen klassischen muster hinausreichen und an markanten stellen das gängige schema von lyrik und prosa verlassen.« Ausschließlich Primärtexte, keine Rezensionen
Themenhefte: Nein
Erscheinungsweise: 2 x jährlich
Auflage: Keine Angaben
Preis: 5-7 Euro plus Versandkosten
Einsendungen: Möglichst unveröffentlichte Texte (maximal zehn Gedichte oder acht Seiten Prosa) ausschließlich per Mail einsenden. Bitte nur ein Anhang, der alle Texte und eine Kurzvita enthält. An text@ausserdem.de schicken und in die Betreffzeile »Texteinsendung an ausser.dem« schreiben.

Blumenfresser

Literaturding e. V.
Bleichstraße 14 90429 Nürnberg
Tel. 09 11/27 77 62 6
E-Mail: alle@blumenfresser.de
www.blumenfresser.de

Konzept: »Zeitschrift für literarischen Übermut« – Texte und Comics. »Der Blumenfresser hat Lust auf Zwischenformen, auf Experimente und Überschneidungen mit anderen Kunstarten, die in kein Genre passen.« Die äußere Gestaltung des Magazins wird jedes Jahr an einem anderen Künstler zur freien Gestaltung ausgeschrieben.
Themenhefte: Unregelmäßig
Erscheinungsweise: 1 x jährlich
Auflage: 500 bis 700
Preis: 7 Euro
Einsendungen: Texte bis 15 000 Zeichen.

10. Sprungbrett Literaturzeitschriften

Cognac & Biskotten

Mag. Thomas Schafferer
Mitterweg 115
A-6020 Innsbruck
Tel. 0043/650/50 750 50
E-Mail: redaktion@cobi.at
www.cobi.at

Konzept: Co&Bi ist eine außergewöhnliche, weltweit einzigartige Literaturzeitschrift, denn sie ändert ihr Format (bzw. Trägermedium der Textbeiträge) von Ausgabe zu Ausgabe bzw. von Thema zu Thema. Beispieles sind Ausgabe Nr. 18 zum Thema »Dekadenz & Askese«, die als Plastik-Einkaufstasche erschien und in einer Supermarktkette zum Verkauf angeboten wurde. Andere Ausgaben waren z. B. eine Medikamentenschachtel mit Beipackzettel oder eine bedruckte Straßenbahn, die mehrere Monate durch Innsbruck-Umgebung fuhr.
Themenhefte: Ja (z. B. Kleinkram, Musik, Fußball, Chaos)
Erscheinungsweise: 2 x jährlich
Auflage: 1-300 000
Preis: Variabel
Einsendungen: Nur per E-Mail, nur auf Ausschreibungen, die auf unserer Internetseite angekündigt werden.

Das dosierte Leben

Holzpferd Verlag
Obere Riedstr. 57
68309 Mannheim
Tel. 06 21/72 44 510
E-Mail: redaktion@das-dosierte-leben.de
www.das-dosierte-leben.de

Konzept: »Avant-Avantgarde-Magazin« – Gedichte, Philosophie, Collagen – surreal und dadaistisch.
Themenhefte: Ja (z. B. Dekonstruktion – Dich zerlegen wir!, Alliterations-Buchstaben-Chaos). Gelegentlich Autorenausgaben, in denen pro Heft nur ein Autor vorgestellt wird.
Erscheinungsweise: 4-8 x jährlich
Auflage: 246
Preis: 6,12 Euro
Einsendungen: Maximal 1-2 gestaltete A4-Seiten

Das fröhliche Wohnzimmer

Fuhrmannsgasse 1A/7
A-1080 Wien
Tel. 0043/40 80 140
E-Mail: wohnzimmer@dfw.at
www.dfw.at

Konzept: »Zeitschrift für unbrauchbare Texte und Bilder«; Experimentelle Literatur, visuelle Poesie, Grafiken, Collagen, Mail Art
Themenhefte: Nein
Erscheinungsweise: 1 x jährlich
Auflage: 350
Preis: 5 Euro
Einsendungen: »Je kürzer, desto besser«. Bitte Rückporto. Keine Manuskriptzusendungen per E-Mail!

Dichtungsring

Dichtungsring e.V.
c/o Ulrich Bergmann
Rudolf-Stöcker-Weg 26
53115 Bonn
E-Mail:
vorstand@dichtungsring-ev.de
www.dichtungsring-ev.de

Konzept: Experimentelle Lyrik, postmoderne Prosa und Dramatik, visuelle Poesie, Meta-Collagen, Fotos, Grafik, Rezensionen. Wird herausgegeben von einer Autorengruppe, aber 80 % der Zeitschrift sind Veröffentlichungen anderer Autoren gewidmet.
Themenhefte: Ja (z. B. Ungrade Tage, Unrast, Wiederkehr. Thema 2012: Einfach Kind sein)
Erscheinungsweise: 1 x jährlich
Auflage: 500
Preis: 9 Euro plus Versand
Einsendungen: Max. 20 Normseiten, nur bisher Unveröffentlichtes

perspektive

Redaktion Graz
c/o Helmut Schranz
Rottalg. 4/33
A-8010 Graz
E-Mail: helmut.schranz@perspektive.at

Redaktion Berlin
c/o Ralf B. Korte
Simplonstr. 47
10245 Berlin
E-Mail: outofare@perspektive.at
www.perspektive.at

Konzept: »Hefte für zeitgenössische Literatur« Schwerpunkt auf zeitgenössische Avantgarde-Konzeptionen, also auf Literatur als Experiment, das politische Relevanz einschliesst.
Themenhefte: Ja (z. B. Systeme, Miniaturen)
Erscheinungsweise: 2 x jährlich
Auflage: 1 000
Preis: 5-10 Euro
Einsendungen: Einsendungen: per E-Mail, aus Österreich nach Graz, aus Deutschland nach Berlin.

[SIC]

Bismarckstr. 183
52066 Aachen
Tel. 02 41/46 37 25 66
E-Mail: sic@siconline.de
www.siconline.de

Konzept: Zeitschrift für Literatur. »[SIC] schafft Platz für Texte, die verstören dürfen, Texte die sich ins Gedächtnis hieven, die Spuren hinterlassen. Das Gesicht von [SIC] soll wandelbar sein, eine Chimäre. Nicht nur formal Experimentelles, auch inhaltlich Gewagtes soll zu Wort kommen.«
Themenhefte: Gelegentlich
Erscheinungsweise: unregelmäßig, meist 1 x jährlich
Auflage: unterschiedlich
Preis: 6 Euro
Einsendungen: Ausschließlich per Mail. Maximal 5 Seiten Text oder 5 Gedichte, zusätzlich eine Kurzvita.

10. Sprungbrett Literaturzeitschriften

Um[laut] Magazin

um[laut] magazin
Glasstr. 89
50823 Köln
E-Mail: info@umlaut-magazin.de
www.umlaut-magazin.de

Konzept: »junge kunst. politische kunst. mindestens« um[laut] präsentiert gedichte, fotokunst und malerei, kurzgeschichten oder streetart, und lässt so die kunst für sich sprechen. wir suchen bekannte, etablierte künstler ebenso wie newcomer. die um[laut]-redaktion ist anspruchsvoll, aber immer offen für unbekanntes und ungewohntes.
Themenhefte: Nein
Erscheinungsweise: 2 x jährlich
Auflage: 1 000
Preis: 7 Euro
Einsendungen: Mail mit dem Betreff »einsendung« an: *mitmachen@umlaut-magazin.de* oder eine Daten-CD an die Redaktionsadresse. Maximal ein Dutzend Gedichte oder Prosatexte, in einer Datei zusammengefasst und mit Kurzvita. Bilder erstmal mit geringer Auflösung einsenden.

Weisz auf Schwarz

Herausgeber:
Steffen Dürre
Am Kabutzenhof 20 18057 Rostock
E-Mail: weisz-auf-schwarz@mail.com
www.weisz-auf-schwarz.de

Konzept: Zeitschrift für Sprache und Losigkeit (...) kontraindizierte Wortbildung (...) universalpoetische Langustengedanken. Veröffentlicht junge experimentierfreudige Texte jeden Genres sowie Fotografie.
Themenhefte: Nein
Erscheinungsweise: 2 x jährlich
Auflage: 400
Preis: 4 Euro
Einsendungen: Bis zu vier Seiten

Special Interest

Nur Prosa

Andromeda

Stefan Manske
Krefelder Str. 58
47226 Duisburg
Tel. 02 065/79 13 54
E-Mail: stefan.manske@sfcd.eu
www.sfcd.eu

Konzept: SF-Magazin mit Erzählungen von nicht-professionellen, jungen Autoren. Herausgegeben vom Science Fiction Club Deutschland e.V. Der Web-Ableger heißt androXine (ANDROmeda eXtended magazINE) und kann auf der Homepage als PDF heruntergeladen werden.
Themenhefte: Zum Teil
Erscheinungsweise: 1 x jährlich
Auflage: ca. 550
Preis: 7,90 Euro
Einsendungen: Maximal 20 Standard-Manuskript-Seiten.

Arcana

Gerhard Lindenstruth & Robert N. Bloch
Verlag Lindenstruth
Nelkenweg 12
35396 Giessen
E-Mail: arcana@verlag-lindenstruth.de
www.verlag-lindenstruth.de

Konzept: Magazin für klassische und moderne Phantastik. Artikel, Rezensionen sowie Erzählungen klassischer und moderner Autoren.
Themenhefte: Nein
Erscheinungsweise: 2 x jährlich
Auflage: ca. 500
Preis: 4 Euro
Einsendungen: Keine besonderen Vorgaben

Er – Earth Rocks Magazine

Earth Rocks – Verein zur Förderung phantastischer Literatur in Österreich
Amselweg 2
A-4910 Ried im Innkreis
Tel. 00 43/77 52 21 057
E-Mail: redaktion@earth-rocks.at
www.earth-rocks.at

Konzept: Phantastische Literatur. Neben Interviews, Artikeln und Rezensionen, bildet der Kurzgeschichtenwettbewerb einen zentralen Bestandteil des Inhalts. Die drei besten Geschichten werden abgedruckt, die Autoren erhalten Belegexemplare.
Themenhefte: Ja
Erscheinungsweise: 3 x jährlich
Auflage: ca. 500
Preis: 3,50 Euro
Einsendungen: Keine besonderen Vorgaben

phantastisch!

Klaus Bollhöfener
c/o Verlag Achim Havemann
Harlingen 119
29456 Hitzacker
E-Mail: leserforum@phantastisch.net
www.phantastisch.net

Konzept: Utopisch-phantastische Themen in Literatur, Comic und Film. Artikel, Interviews, Kurzgeschichten, Rezensionen, Nachrichten.
Themenhefte: Nein
Erscheinungsweise: 4 x jährlich
Auflage: 1 200
Preis: 5,30 Euro
Einsendungen: Unveröffentlichte Beiträge von maximal 24 000 Zeichen. Bitte vor dem Einsenden mit der Redaktion Kontakt aufnehmen.

The Punchliner

Verlag Andreas Reiffer
Hauptstr. 16b
38527 Meine
Tel. 053 04/50 17 83
E-Mail: Über Formular auf der Homepage
www.verlag-reiffer.de

Konzept: Satire, Slam-Stories, Comics.
Themenhefte: Nein
Erscheinungsweise: 1 x jährlich
Auflage: 600
Preis: 9,90 Euro
Einsendungen: Keine besonderen Vorgaben

Twilightmag

Tumor Entertainment
Heiko Henning
Sandweg 38
20257 Hamburg
E-Mail: Henning@twilightmag.de
www.twilightmag.de

Konzept: Horror, Fantasy, Science Fiction, Mystery. Kurzgeschichten, Novellen, Rezensionen, Artikel und Comics.
Themenhefte: Ja
Erscheinungsweise: ca. 4 x jährlich
Preis: 4 Euro
Einsendungen: Bitte Rückporto beilegen oder E-Mail Adresse angeben!

Prosa & Lyrik

Elfenschrift

Ulrike Stegemann
Stichstr. 6
31028 Gronau (Leine)
Tel. 051 82/58 64 355
E-Mail: info@elfenschrift.de
www.elfenschrift.de

Konzept: Das kleine phantastische Literaturheftchen. Kurzgeschichten, Lyrik, Illustrationen, Beiträge und Rezensionen rund um das Thema Fantasy.
Themenhefte: Ja
Erscheinungsweise: 4 x jährlich
Auflage: 150
Preis: 2,50 Euro
Einsendungen: Maximal 8 000 Zeichen incl. Leerzeichen, Einsendungen bitte als .doc oder .rtf, Illustrationen als .jpg

Exot

Exot Verlag
Lengsdorfer Hauptstraße 31
53127 Bonn
Tel. 02 28/26 18 321
E-Mail: redaktion@exot-magazin.de
www.exot-magazin.de

Konzept: Komische Literatur (Grotesken, tragikomische Kurzgeschichten, Komische Lyrik, Illustrationen).
Themenhefte: Nein
Erscheinungsweise: 2 x jährlich
Auflage: 500
Preis: 5 Euro
Einsendungen: Erst auf der Homepage überprüfen, ob Einsendungen gerade erwünscht sind.

Feigenblatt

Anja Braun
Teplitzer Straße 28-30
14193 Berlin
Tel. 030/39 37 73 84
E-Mail: redaktion@feigenblatt-magazin.de
www.feigenblatt-magazin.de

Konzept: »Magazin für Erotisches« (erotische Kurzgeschichten, sinnliche und sprachmächtige Gedichte, Essays, Reportagen, Kulturtipps).
Themenhefte: Ja (zum Beispiel »Oh Gott«, Kennenlernen, Zwischen den Ufern)
Erscheinungsweise: 4 x jährlich
Auflage: 12 000
Preis: 5 Euro
Einsendungen: Einsendungen bitte an texte@feigenblatt-magazin.de. Maximal 25 000 Zeichen, besser 15 000 Zeichen.

Lebensbaum

Erwin Bauereiß
Markgrafenstraße 21
91438 Lenkersheim
Tel. 09 841/29 74

Konzept: »Literarische Zeitschrift für Natur-Bewußtsein«; Lyrik, Kurzprosa, Märchen, Sachbeiträge, Illustrationen s/w.
Themenhefte: Nein
Erscheinungsweise: 2 x jährlich
Auflage: 250
Preis: 3 Euro + Porto
Einsendungen: Max. drei Normseiten pro Text

Klivuskante

Christian Hoffmann
Schmellerstraße 25
80337 München
E-Mail: kontakt@klivuskante.com
www.klivuskante.com

Konzept: »Ironisch, sarkastisch, dekadent«. Satirische Kurzprosa, Lyrik, Autorenporträts, Essays, Rezensionen.
Themenhefte: Nein
Erscheinungsweise: unregelmäßig
Auflage: 200
Preis: 3,80 Euro
Einsendungen: Texte von insgesamt 8 Normseiten, bitte im Format doc (Word 97-2003) oder RTF an texteinsendungen@klivuskante.com. Die Datei sollte folgendermaßen benannt werden NachnameVorname-Titel.doc. Bitte eine maximal acht Zeilen lange Kurzvita in die Textdatei kopieren.

11.
ÖFFENTLICH LESEN

Der Wunsch nach Feedback

Wenn Sie ein Buch veröffentlichen oder eine Zeitschrift ein Gedicht von Ihnen bringt, dann bleiben Sie in großer Distanz zu Ihren Lesern. Meist erfahren Sie nie, wer ihren Text gelesen hat und wie er oder sie darauf reagiert hat. Im Unterschied dazu sind Lesungen ein ganz direkter Weg, Ihre Texte an die Öffentlichkeit zu bringen, und zwar nicht an die ausgewählte Öffentlichkeit Ihrer Freunde und Autorinnenkollegen, die Sie als Testleser verpflichtet haben, sondern an den »Otto Normalleser«. Sie bekommen live mit, ob die Zuhörer an Ihren Lippen hängen oder auf ihren Stühlen herumrutschen, ob sie über Stellen, die witzig gemeint sind, lachen und ob Sie es mit Ihren traurigen Passagen wirklich schaffen, eine ergriffene Stille hervorzurufen. Das wird für Sie garantiert eine wichtige Erfahrung sein, und mit jeder Lesung werden Sie professioneller und routinierter. In den meisten Fällen werden Sie feststellen, dass es sehr reizvoll ist, für zehn Minuten, eine halbe Stunde oder sogar einen ganzen Abend lang im Rampenlicht zu stehen. Manchmal werden Sie danach von Zuschauern angesprochen werden, manchmal nicht. Vielleicht ergibt sich ja sogar eine Diskussion?

Was den Adrenalinstoß betrifft, brauchen Ihre ersten Lesungen sicher nicht hinter Bungee-Jumping zurückzustehen. Es lässt sich nie vorhersagen, wie viele Zuhörer kommen, wie die Atmosphäre sein wird und ob Ihr Text gut ankommt oder nicht. »Es gibt Situationen, wo man merkt, man hat den Nerv getroffen, das kommt an, du kannst machen, was du willst, die Leute gehen mit, sie wollen Zugaben und schreien und klatschen. Das ist für einen Dichter ungeheuer aufpulvernd. Wenn du dann wieder allein an deinem Schreibtisch sitzt, dann ist so eine Erinnerung etwas, wovon man zehren kann«, meinte der erfahrene Live-Performer Hadayatullah Hübsch, ein altgedienter Underground-Lyriker. »Lesungen sind ideal, um den Draht zum Publikum zu bekommen. Meine Texte sind live auch ganz anders, ich habe da meine Form gefunden.« Natürlich kann es auch ganz anders laufen: »Meine erste Lesung war furchtbar«, erinnert sich Ines Thorn, deren historische Romane mittlerweile sehr erfolgreich sind. »Ich habe dagesessen, und es waren nur zwölf Leute da. Natürlich habe ich gewusst, dass bei unbekannten Autorinnen nicht viele Leute kommen, aber irgendwie dachte ich, bei mir wäre das anders. Ich war total aufgeregt und habe nicht viel mitgekriegt. Deshalb habe ich auch schauderhaft gelesen, glaube ich.« Um solche Desaster zu vermeiden, sollten Sie sich gründlich auf Ihre Lesungen vorbereiten. Tipps dafür finden Sie in späteren Abschnitten dieses Kapitels.

Honorare für Lesungen
Falls Sie noch nichts veröffentlicht haben, können Sie bei Ihren ersten Lesungen kein Honorar verlangen – wenn sie es doch tun, bekommen Sie schlicht und einfach nirgendwo Gelegenheit aufzutreten. Sind Sie in Ihrer Region jedoch etwas bekannter geworden, dann könnten Sie vom Veranstalter eine kleine, kostendeckende Pauschale (zum Beispiel 50 Euro, bei Autorengruppen auch mehr) verlangen oder ein Eintrittsgeld nehmen, drei bis fünf Euro werden auch bei unbekannten Autoren akzeptiert. Veröffentlichte Autoren, die von Veranstaltern angefragt werden, bekommen zwischen 200 und 300 Euro pro Lesung (Bestsellerautoren natürlich mehr). Das ist für viele Autoren ein wichtiger Teil ihres Einkommens. »Knapp die Hälfte dessen, was ich zum Leben benötige, bringen mir die Bücher ein, den Rest verdiene ich mit Lesungen, Schreibwerkstätten, Lesenächten und Elternabenden«, berichtet der Kinderbuchautor Stefan Gemmel in der *Federwelt**.

---

* Federwelt Nr. 57, April/Mai 2006

Autoren und Autorinnen, die bei renommierten Verlagen veröffentlichen, werden zum Teil so oft für Lesungen in den deutschsprachigen Ländern »gebucht«, dass ihnen der ganze Rummel schon lästig wird. Gewöhnlich nimmt der Verlag Anfragen von Buchhandlungen, Bibliotheken und Festivals sowie (im Kinder- und Jugendbuch) Schulen entgegen und leitet sie an den Autor weiter. Natürlich haben auch Autoren, die noch keine Buchveröffentlichung vorweisen können, Gelegenheit zu Lesungen. Bei ihnen kommt es jedoch wesentlich stärker auf Eigeninitiative an, da sie sich ihre Termine normalerweise selbst beschaffen müssen.

Oft bietet sich durch die Mitgliedschaft in aktiven Autorengruppen, Schreibwerkstätten oder Autorenverbänden die Gelegenheit, an Lesungen teilzunehmen. Gewöhnlich werden bei diesen Veranstaltungen fünf oder sogar noch mehr Autorinnen und Autoren präsentiert, damit jeder seine Chance bekommt. Eine solche Veranstaltung ist für Sie eine gute Gelegenheit, sich an Auftritte vor Publikum zu gewöhnen. Außerdem sollten Sie in den Veranstaltungskalendern Ihrer Stadt nach Poetry Slams Ausschau halten, da sie ebenfalls eine gute Methode sind, um sich ohne großen Aufwand eine Kurzlesung zu verschaffen und dabei seine Texte zu »testen«.

Poetry Slams

Die Leseliste wird gerade geöffnet. Zwei oder drei Dichter drängeln sich nach vorne, um sich noch rechtzeitig eintragen zu können, bevor die »Quote« für diesen Abend voll ist, mehr als zehn Leute können heute nicht vortragen. Publikum ist jedenfalls genügend da, der Club ist gedrängt voll. Dann begibt sich der schlaksige Veranstalter mit dem Bürstenhaarschnitt nach vorne, räuspert sich, stellt die Regeln vor und kündigt die erste Autorin an. Sie liest einige Gedichte und tritt unter verhaltenem Applaus ab. Ein älterer Mann erntet mit seinen Aphorismen ein paar Lacher. Als nächstes ist ein junger Autor mit einer Kurzgeschichte dran, in der Freud und ein Wahnsinniger die Hauptrolle spielen. Nach ihm kommt ein Lyriker, der freiwillig auf das Mikrophon verzichtet und endlose fließende Wortspielereien vorträgt, wie ein Rap-Sänger. Pause, dann geht es weiter, »Der nächste bitte!« Einiges davon ist miserabel, vieles Mittelmaß, manches bemerkenswert. Jeder darf vortragen, was er möchte, aber maximal zehn Minuten lang, dann klingelt unbarmherzig ein Wecker und schneidet ihm das Wort ab. Gutgelaunter Applaus, das Publikum schüttet noch ein paar Bier nach. Die Espressomaschine an der Bar lärmt, aus dem vorderen Teil der Kneipe dringt Plaudern und Lachen herüber. Als alle dran waren, steckt die Publikumsjury die Köpfe zusammen und entscheidet, wer der Star des Abends war – der Rap-Poet –, und spricht ihm ein kostenloses Abendessen zu.

So kann ein Poetry Slam, manchmal auch »Open Mike*« genannt, ablaufen, ein Wettbewerb, bei dem sich – meist noch unveröffentlichtes und häufig alternatives – Dichtervolk zusammenfindet und es einen bunten Querschnitt all dessen zu hören gibt, was es aus seinen Schubladen hervorgekramt hat. Einen Abend lang ist das Mikrophon offen, und die Stimmung schlägt hohe Wellen. Entstanden sind diese Wettbewerbe und Slams (vergleichbar mit den ›Jams‹, die Musiker veranstalten), aus der Punk- und Social Beat-Szene. Es gibt solche Jeder-darf-mal-Lesungen in praktisch jeder größeren Stadt, und der Ablauf ist überall ähnlich. Manchmal finden auch Themenabende statt. In manchen Veranstaltungen ist es erlaubt, Texte von fremden Autorinnen beziehungsweise Autoren, die einem besonders gut gefallen, vorzulesen.

Bei einem Poetry Slam beziehungsweise Open Mike mitzumachen ist ein Spaß, den Sie sich nicht entgehen lassen sollten. Mit so wenig Arbeits- und Organisationsaufwand bekommen Sie sonst nirgendwo eine Kurzlesung. Nehmen Sie einen Text mit, den Sie möglichst schon mit Hilfe von Gegenlesern oder einer Autorengruppe »getestet« und überarbeitet haben. Unterhaltende oder spannende Sachen kommen bei Slams am besten an, denn zehn Minuten können für die Zuhörer eine kleine Ewigkeit sein, wenn ein sterbenslangweiliges Werk vorgetragen wird. Sehr persönliche Texte, die Ihnen viel bedeuten, sollten

---

* Das Wort »mike« hat nichts mit irgendeiner Gestalt dieses Namens zu tun, sondern ist im Englischen einfach Kurzform für »microphone«.

Sie an diesem Abend daheim lassen – es kann für Sie zu schmerzhaft werden, wenn ein solcher Text nicht gut ankommt.

Vorbereiten könnten Sie sich, indem Sie den Text daheim mehrmals laut lesen, damit Sie sich, wenn es ernst wird und Sie mit dem Lampenfieber kämpfen, nicht so oft versprechen. Stoppen Sie die Zeit, damit Sie sicher sein können, dass Sie für Ihre Geschichte nicht länger brauchen als die vorgeschriebenen acht bis zehn Minuten. Stehen Sie auf dem Podium und die Pointe kommt erst nach elf Minuten, haben Sie Pech gehabt. Ihre Zuhörer werden nie erfahren, wie die Story ausgeht. Wenn Sie sich die Arbeit machen wollen, könnten Sie auch eine gekürzte »Lesefassung« Ihres Textes herstellen.

Wie organisiert man eine eigene Lesung?

Einen Termin bekommen

Eine Lesung zu halten kann sehr einfach sein. Schließen Sie sich mit ein bis zwei ebenfalls schreibenden Freunden zusammen, suchen Sie sich einen Raum oder reservieren Sie das Hinterzimmer eines hübschen Lokals, laden Sie Freunde und Verwandte ein und tragen Sie Ihre Texte vor. Voilà. Ihre ersten Lesungen können auch ganz spontan sein, wenn Sie beispielsweise jemand auf einer Feier fragt, was Sie so schreiben und ob man nicht mal etwas von Ihnen lesen könnte, und Sie zufällig gerade ein paar Gedichte dabei haben.

Sind Sie auf diese Art auf den Geschmack gekommen, dann sollten Sie als nächstes geistig Ihre »Connections« Revue passieren lassen. Kennt ein Freund von Ihnen nicht diesen Typen vom Rundfunk, der eine Literatursendung macht, in der auch Texte gelesen werden? Führt Ihre Kirchengemeinde oder Ihr Verein nicht ab und zu Veranstaltungen durch? Ist der Betreiber Ihrer Lieblingskneipe ein aufgeschlossener Mensch und hätte nichts dagegen, wenn bei ihm mal eine Lesung oder Performance stattfindet?

Haben Sie diese Möglichkeiten ausgereizt, dann sollten Sie die Infrastruktur Ihrer Stadt genauer erforschen und sich überlegen, wer sich

vielleicht dazu bewegen ließe, Sie ins Programm zu nehmen. Mögliche Anlaufpunkte sind zum Beispiel
- die Stadtbibliothek
- Buchhandlungen, von denen Sie wissen, dass die Mitarbeiter engagiert sind und ab und zu Veranstaltungen durchführen
- Cafés und Kneipen, die ab und zu Veranstaltungen wie Vorträge, Diskussionen, Slams, Themenabende etc. anbieten
- Kultur-, Jugend-, Senioren- und anderen Zentren
- Literaturbüros (eventuell auch Literaturhäuser)
- das Kulturamt Ihrer Stadt
- Clubs, Vereine, Galerien
- Veranstalter, die thematisch zum Konzept Ihrer Lesung passen
  ... und so weiter.

Um einen Veranstalter als Partner für Ihre Lesung zu gewinnen, müssen Sie ein überzeugendes Konzept präsentieren können. Ihr Angebot muss attraktiv sein um wettzumachen, dass Sie auf dem Buchmarkt noch niemand kennt. Wenn Sie die Lesung beispielsweise unter ein bestimmtes Motto stellen und nur Texte gelesen werden, die zum Thema passen, dann macht das neugierig und lockt auch Leute an, die der Name eines unbekannten Autors oder einer Autorin allein nicht ansprechen würde. Auch die Kombination von Texten mit dazu passender Musik oder mit kulinarischen Genüssen kommt gut an. Vielleicht kennen Sie ja einen Hobbymusiker, der Spaß daran hätte, gemeinsam mit Ihnen aufzutreten. Oder Sie kombinieren Ihre Lesung mit einer Ausstellung eines befreundeten bildenden Künstlers. Wichtig ist, dass Musik, Essen und Räume zu der von Ihnen geplanten Veranstaltung passen, damit alles zusammen die gewünschte Atmosphäre erzeugt.

Nur als Beispiel: Zwei Autoren, der eine schreibt Krimis, der andere Großstadtgeschichten. Sie stellen ihren Auftritt unter das Motto »Night in Manhattan« und lesen in einer stilvollen Kellerbar, in der an diesem Abend einige neue Cocktail-Kreationen (»Bronx Buster«, »Mordkomplott«) serviert werden. Es gibt zwanzig Minuten lang Texte, dann spielt zehn Minuten lang ein Saxophonist coolen Jazz, dann wird wieder gelesen und so weiter. Hätten Sie nicht Lust, dabei zu sein? Oder eine Autorin, die Lyrik schreibt, möchte ihre Lesung »Herzklopfen« nennen, die Texte mit Klavier- und Harfenmusik verknüpfen (sie hat schon zwei junge Leute von der Jugendmusikschule daraufhin angesprochen) und in dem Raum mit Kerzen, kleinen Tischchen und Wein eine Caféatmosphäre schaffen. Auch das würde sicher ein paar Leute anziehen, die einen netten Abend verbringen wollen.

Je ungewöhnlicher und origineller Ihre Ideen und Konzepte sind, desto besser. Peter Reifsteck, der ein Beratungsbüro für Literaturveranstaltungen betreibt, berichtet beispielsweise von einem Programm, bei dem Schauspieler des Freiburger Stadttheaters als »normale« Fahrgäste in Straßenbahnen mitfuhren, plötzlich aufstanden und die ahnungslosen Mitfahrer mit literarischen Texten konfrontierten. Auch ausgefallene Orte geben Lesungen einen neuen Reiz: In Augsburg war »Sternstunden im Planetarium« eine sehr erfolgreiche Lesereihe phantastischer Literatur. Auch die Lyrikerin Brigitte Breidenbach, ehemalige Mit-Herausgeberin der Literaturzeitschrift *Cassiopeia*, verließ die ausgetretenen Pfade: »Die Idee, eine Dia-Lyrik-Performance in einer Kneipe zu veranstalten, entstand mit einem damaligen Freund, der ebenfalls schreibt. Wir wollten einmal eine andere Form der Lesung kreieren, nachdem wir in einer Buchhandlung gemeinsam gelesen hatten. Wir haben unsere Texte mit eigenen Fotos über ein Grafikprogramm integriert, Figuren und Zeichnungen plus Texte fotografiert und dies alles als Dias auf die Leinwand projiziert. Untermalt haben wir diese Show mit ausgewählter, den Texten entsprechender Musik, die im Hintergrund lief, während wir abwechselnd einen Teil unserer Texte lasen. Es kamen etwa 50 Besucher zu der Performance, und denen hat das sehr gut gefallen.«

Tipp: Vorsicht bei Konzepten, bei denen »unfreiwillige« Zuhörer mitspielen sollen. Wenn die Gäste nicht wissen, dass eine Lesung stattfinden wird, kann die Veranstaltung für Sie eine sehr frustrierende Erfahrung werden, weil Sie möglicherweise auf Desinteresse stoßen und man Ihnen wenig Aufmerksamkeit entgegenbringt. Wagen Sie das also nur, wenn Sie schon etwas Lesungserfahrung haben.

Checkliste Lesung
Wenn Sie die Idee für Ihre Lesung haben, dann folgt die Detailplanung. Überlegen Sie sich,
- wer bei dieser Veranstaltung lesen soll – zu Anfang sollten Sie sich mit befreundeten Autorinnen beziehungsweise Autoren zusammenschließen;
- wie Sie sich den Ablauf der Lesung vorstellen, wann sie beginnen soll, wie lange sie dauern wird (besser nicht mehr als eineinhalb Stunden, danach lässt die Konzentration nach), wie lange die Textblöcke und wie lang die Musikintervalle sein werden, in welcher Reihenfolge gelesen wird;
- achten Sie auf Abwechslung im Programm, zum Beispiel könnten Prosa und Lyrik im Wechsel gelesen werden;
- welche Texte und welche Musik vorgestellt werden. Welche Musiker wollen Sie engagieren, oder konnten Sie sogar schon jemanden für die Idee gewinnen?
- wie die Zielgruppe zu der Lesung gelockt werden könnte beziehungsweise wie viele Leute Sie mobilisieren können. Wie viele Ihrer Freunde werden kommen?
- Vielleicht können Sie irgendwo kostenlos werben oder Sie wissen, dass Sie sich auf eine große Ankündigung in der Lokalzeitung verlassen können?
- ob Sie Eintritt verlangen (kann sinnvoll sein = »was nichts kostet, ist auch nichts wert«) oder nach der Lesung um eine Spende bitten, sozusagen am Eingang den Hut aufstellen. Wenn die Lesung gut gelaufen ist, sind die Besucher meist großzügig.

Diese ganzen Informationen, in Form einer Projektbeschreibung ordentlich abgetippt und mit Textproben der beteiligten Autoren versehen, ist Ihr Angebot. Wenn Sie zu einer Autorengruppe gehören und diese die Lesung organisiert, haben Sie erfahrungsmäßig eine stärkere Position gegenüber den Veranstaltern; fügen Sie in diesem Fall unbedingt eine Beschreibung Ihrer Gruppe bei. Dieses Konzept potenziellen Veranstaltern einfach zu schicken wäre nicht sehr erfolgversprechend. Gehen Sie, eventuell nach einer telefonischen Voranfrage, persönlich vorbei oder passen Sie die Verantwortlichen ab, wenn Sie gerade eine Veranstaltung dieser Organisation besuchen. Stellen Sie sich beziehungsweise Ihre Autorengruppe kurz vor, beschreiben Sie Ihre Idee und überreichen Sie Ihre Mappe. Auf diese Art können Sie das Konzept gleich mit dem Veranstalter diskutieren, sie oder ihn mit Ihrer Begeisterung anstecken und vielleicht sogar schon mögliche Termine absprechen.

Der Autor, Illustrator und Theatermacher Herbert Jost-Hof, der seine Satire *Bernd Liebsau alias Bernard Lovepig* in einem kleinen Verlag veröffentlichte, berichtet davon, wie er sich seine erste Lesung organisierte: »In Marburg gibt es das Café Vetter, und da finden auch Lesungen statt, also habe ich dort nachgefragt und mir wurde gesagt, die werden von der literarischen Gesellschaft organisiert. Also habe ich dort angerufen und denen erzählt, ich habe etwas veröffentlicht und möchte das gerne hier vorstellen, ich bin ja ein Bürger dieser Stadt, können Sie mir da unter die Arme greifen. Da wurde mir naserümpfend mitgeteilt: ›Ja, sowas machen wir nicht, da könnte ja jeder kommen und irgendwas in die Welt setzen, aber wir machen *Kunst*.‹ Das fand ich auch ein bisschen dreist, einfach zu sagen, dass mein Buch keine Kunst ist, obwohl sie es nicht einmal gesehen haben. Dann bin ich noch mal selbst zum Café Vetter gegangen, im Vollbesitz meines Herzklopfens, und habe etwas dreist gesagt: ›Ich bin ein Autor, ich möchte hier lesen.‹ Das hat hingehauen, und knapp vor Weihnachten hatte ich dann meinen Termin.«

Auch die Autorin und Schreibpädagogin Diana Hillebrand hat positive Erfahrungen mit dieser Form der Ansprache gemacht. »Wenn man gern auf Menschen zugeht, ist es nicht so schwer. Zunächst einmal die Buchhandlungen in seiner Stadt oder in seinem Stadtteil besuchen und das Buch dort persönlich vorstellen. Die Buchhändler sind die Brücke zum Kunden. Ich bin dort – nicht immer, aber doch sehr oft – mit offenen Armen empfangen worden. Die Buchhandlungen stellen den Büchertisch und verkaufen auf der Lesung die Bücher, die man signiert. Der Eintritt sorgt für ein Honorar. So haben alle etwas davon.

11. Öffentlich lesen

Wenn alles gut gelaufen ist, wird man wieder eine Lesung dort machen können.«

Zu Anfang werden Sie sich natürlich vor allem um Einzelveranstaltungen bemühen, doch grundsätzlich sind Lesungen im Rahmen von Reihen oder Literaturtagen besser. Erfahrungsgemäß dauert es eine Weile, bis die Öffentlichkeit Notiz von etwas nimmt, und bei regelmäßigen Veranstaltungen wird die Resonanz größer sein, da sich ein Stammpublikum herausbilden kann. Zudem kann man für eine Reihe leichter werben; indem Sie mit Anzeigen, Plakaten und Handzetteln auf die ganze Reihe aufmerksam machen können, sind die anteiligen Kosten für jede Lesung geringer.

Haben Sie bereits ein Buch oder mehrere (nicht selbst finanzierte) Bücher veröffentlicht, dann lohnt es sich für Sie vielleicht, die Dienste einer Lesungsagentur in Anspruch zu nehmen. Ich selbst habe mein Lesungsmanagement an die Agentur Tamara Steg gegeben – die Mitarbeiterinnen dort nehmen Terminwünsche entgegen, verhandeln das Honorar, schließen den Vertrag und erledigen die langwierigen Absprachen mit den Veranstaltern. Ich selbst muss nur in meinem Kalender nachschauen, ob ich Zeit habe, und mein Okay geben. Etwa ein bis zwei Wochen vor der Veranstaltung bekomme ich eine »Checkliste« für die jeweilige Lesung, in der alles Wichtige vermerkt ist. Aber die Agentur wickelt natürlich nicht nur Anfragen ab, sie lässt auch ihre Kontakte spielen, schlägt mich ganz aktiv bei Lesefestivals oder anderen Veranstaltern vor und organisiert Zweitlesungen, wenn sich die Reise wegen eines einzelnen Auftritts nicht lohnen würde. Gibt es Konflikte, vermittelt und klärt die Agentur, und natürlich kann man sie auch um Hilfe rufen, wenn man bei einer Lesereise gerade irgendwo auf einem Bahnsteig steht, alles schiefgeht und man Unterstützung braucht. Für ihre Dienste trete ich 20 % des Lesungshonorars an die Agentur ab. Andere Agenturen organisieren auch noch die Fahrt und Übernachtung, in meinem Fall besorge ich mir das Bahnticket jedoch selbst und um die Übernachtung kümmert sich der Veranstalter.

Eine Agentur für Lesungsmanagement zu finden ist für Neueinsteiger etwa so schwierig, wie einen Agenten zu finden. Aber es kann klappen. Tabu ist in jedem Fall, irgendwelche Vorschüsse zu bezahlen, seriöse Agenturen arbeiten immer mit Erfolgshonoraren!

Adressen von Lesungsagenturen (Auswahl)

Clara Park Lesungsagentur
Claudius Nießen
Funkenburgstr. 16
04105 Leipzig
Tel. 0151 / 14 96 52 68
Spezialisiert auf junge deutsche Literatur

Agentur für Autorenlesungen Helga Bieniek
Schumannstraße 2
40237 Düsseldorf
Tel. 0211 / 658 14 47
E-Mail: Helgabieniek@aol.com
www.autorenlesungen-bieniek.de

DieKulturMacherin – Agentur für Lesungen und Kleinkunst
Inhaberin: Kathrin Schulte-Wien
Brunnbachlweg 11
85774 Unterföhring
Tel. 089 / 51 30 31 45
E-Mail info@diekulturmacherin.de
www.diekulturmacherin.de

Lese-Agentur Sabine Fecke
Meisenweg 10
70565 Stuttgart
Tel. 0711 / 780 43 06
E-Mail: info02@Lese-Agentur.de
www.lese-agentur.de
Spezialisiert auf Kinder- und Jugendbuch

Agentur für Autorenlesungen Annette Gorissen
Daniel-P.-Norman-Ring 10
41751 Viersen
Tel. 02162 / 81 90 971
E-Mail: info@annette-gorissen.de
www.annette-gorissen.de

Kulturbüro Tamara Steg
Literarische Agentur & Lesungsmanagement
Bornstraße 22
20146 Hamburg
Tel. 040 / 44 12 38 02
E-Mail: kulturbuero@tamara-steg.de
www.tamara-steg.de

Was Sie bei der Planung einer Lesung beachten sollten

Wenn Sie Glück haben, engagiert sich der Veranstalter oder – falls Sie bereits etwas veröffentlich haben – Ihr Verlag gemeinsam mit Ihnen für die Lesung. Sie sollten aber davon ausgehen, dass Sie alles Wesentliche selbst organisieren müssen und dass lediglich der Raum gestellt und die Veranstaltung ins offizielle Programm aufgenommen wird. Erkundigen Sie sich rechtzeitig, ob Tische und Stühle vorhanden sind und bringen Sie Gläser, Kerzen und Getränke wenn nötig selbst mit. Manchmal wird es erforderlich sein, eine Lautsprecheranlage und ein Mikro zu besorgen. Zur Sicherheit sollten Sie den Raum vor der Veranstaltung in Augenschein nehmen und die Akustik prüfen.

Wenn die eigentliche Lesung gesichert ist, können Sie beginnen, das Ereignis bekannt zu machen, damit sich auch Zuhörer einstellen. Zu Beginn Ihrer literarischen Karriere werden Sie sich auf Ihren persönlichen Fanclub verlassen müssen, um den Saal zu füllen. Daher ist es sinnvoll, mit mehreren Leute an einem Abend lesen – wenn jeder zehn Fans mitbringt, dann haben Sie Ihr Publikum schon zusammen. Schreiben Sie spätestens drei Wochen vorher Freunde, Verwandte und Bekannte an, möglichst persönlich, am besten in Verbindung mit einer gedruckten Ankündigung. Ein paar Tage vor der Lesung könnten Sie telefonisch nachhaken und fragen, wer kommen wird. Die persönliche Einladung wirkt besser als jedes andere Werbemittel, daher sollten Sie sich so schnell wie möglich einen Interessentenverteiler aufbauen. Sie könnten zum Beispiel Formulare bereithalten, auf denen Besucher Ihrer Veranstaltungen ihre Adresse angeben können, wenn sie weiterhin über Lesungen Ihrer Gruppe informiert werden möchten. So bauen Sie sich allmählich ein Stammpublikum auf, das sie gezielt einladen können, wenn Sie wieder etwas Neues planen.

Anzeigen und Plakate wirken kurzfristig – Sie könnten sie eine Woche vor der Lesung einsetzen – und sind nicht gerade billig. Meist lohnen sie sich nur für eine Reihe von Lesungen, es sei denn, Sie haben die Möglichkeit, bei Sponsoren kostenlos Plakate drucken zu lassen. Wenn Sie Anzeigen schalten möchten, überlegen Sie sich genau, welche Publikationen Ihre Zielgruppe liest, und inserieren Sie nur dort, sonst verpufft der Effekt. Handzettel und Broschüren, die professionell gestaltet sein sollten, sind als Werbemittel gut geeignet, da Sie sie drei Wochen vor der Lesung an allen Orten, an denen sich ihre Zielgruppe trifft (Buchhandlungen, Bibliotheken, Kultureinrichtungen, Universität, Cafés etc.), verteilen, auslegen oder aufhängen können. Vielleicht können Sie eine Firma, eine Institution oder das Kulturamt Ihrer Stadt dazu bewegen, Ihnen kostenlos Handzettel zu vervielfältigen oder sonstige Sachleistungen zu spenden? Herbert Jost-Hof kannte da keine Skrupel: »Für eine Lesereihe in Schwalbach bin ich losgelaufen und habe Mittel akquiriert. Samsung hatte sich damals gerade im Ort niedergelassen, denen habe ich das schmackhaft gemacht, obwohl es fürchterlich schwer war, Koreanern, die nur Englisch sprechen, zu verkaufen, dass sie deutsche Literatur unterstützen sollen. Aber das Konzept war einfach gut. Sie wussten, sie sind soundso oft in der Zeitung, es gibt zwanzig Termine im Jahr, wir hatten auch eine eigene Programmzeitschrift, die in alle Haushalte verteilt wurde, und jedes Mal steht Samsung drauf, das hat natürlich gezogen.«

Teilen Sie Ihren Termin allen Medien, die Veranstaltungskalender veröffentlichen, mit. Wenn Sie die Lokalpresse für die gute Sache einspannen wollen, reicht es nicht, nur Pressemitteilungen herauszuschicken. Gehen Sie zehn Tage vor der Lesung in die Redaktionen, stellen Sie fest, wer für die Kulturberichterstattung in Ihrer Stadt zuständig ist und stellen Sie Ihre Gruppe beziehungsweise Ihr Projekt vor. Bereiten Sie schriftliches Material vor, das Sie dem Redakteur bei Ihrem Besuch in die Hand drücken können. Wenn Ihre Lesung ein originelles Konzept hat, ist sie eine gute »Story«, daher sollten Sie immer das

Neue und Ungewöhnliche Ihrer Aktion betonen. Die Ankündigung in der Zeitung sollte spätestens eine Woche vor der Lesung in der Presse erscheinen. Vielleicht kommt ja sogar ein Reporter oder eine Reporterin bei der Veranstaltung vorbei und schreibt einen Bericht darüber.

Tipp: Seien Sie darauf vorbereitet, dass die Resonanz trotz aller Anstrengungen mäßig sein könnte. Stellen Sie daher vor Beginn der Lesung immer weniger Stühle auf, als Sie möglicherweise brauchen werden, und halten Sie den Rest in Reserve – so bleibt Ihnen die Peinlichkeit von leeren Stuhlreihen erspart.

Es ist leider nicht leicht, überhaupt Menschen für Literatur zu begeistern, und die »Zugkraft« von unbekannten Autorinnen oder Autoren ist bescheiden. In großen Städten werden Sie es schwerer haben als in kleineren Orten oder Kommunen, da Sie in Metropolen mit einem hochkarätigen Kulturprogramm konkurrieren und es an jedem Abend eine Vielfalt von Angeboten gibt. In einer Kleinstadt wird Ihre Veranstaltung dagegen deutlich mehr Beachtung finden und von der Gemeinde der Kulturinteressierten vielleicht sogar dankbar aufgegriffen. Meist findet sich diese Zielgruppe früher oder später in der örtlichen Buchhandlung (oder Bibliothek) ein, daher lohnt es sich, den Kontakt mit den Buchhändlern zu pflegen, eventuell lassen diese Sie ihren Verteiler nutzen.

Vielleicht ist nur eine Handvoll Leute zu der Veranstaltung gekommen – aber wesentlich mehr Menschen haben die Ankündigungen, Handzettel und Plakate gesehen und die Berichte über Sie beziehungsweise Ihre Autorengruppe gelesen. Wenn Sie regelmäßig Lesungen durchführen, dann erhöhen Sie auf diese »passive« Weise Ihre Sichtbarkeit und Ihren Bekanntheitsgrad in der Stadt, betreiben also gleichzeitig Imagewerbung. Deshalb ist es wichtig, dass Sie Ihre Werbematerialien stets mit einem Logo, Bild oder Slogan versehen und in der Gestaltung immer wiederkehrende Elemente verwenden; der Wiedererkennungseffekt ist dann größer.

Wie Sie sich selbst vorbereiten können

Es macht einen großen Unterschied, ob Sie unvorbereitet oder vorbereitet eine Lesung halten, und für die Zuhörer ist es manchmal der Unterschied zwischen Quälerei und Genuss. Obwohl man die eigenen Texte liest, die man doch eigentlich gut kennt, sollte man vorher üben, denn sonst verspricht man sich öfter, kann weniger Ausdruck in die Stimme legen und neigt eher dazu, zu schnell zu lesen. Mindestens dreimal, besser fünfmal oder noch öfter sollten Sie die gesamte Lesungen inklusive aller Texte geübt haben – dazu gehört, sämtliche Textpassagen laut zu lesen. »Mein Tipp ist, dass ein Autor das, was er lesen will, auch mal auf Band spricht, damit man die schlimmsten Verhaspelungen vermeidet und seine Stimme kontrolliert«, empfiehlt Robert Gernhardt. »Wir haben mal ein Programm gemacht, zwei Musiker und ich, ›Ton und Wörtersee‹ hieß das, und damit bin ich auch ganz blauäugig aufgetreten, bis es soweit kam, dass diese CD von uns herausgebracht werden sollte. Dann erst ließ ich mal ein Tonband mitlaufen, und merkte: ›Oha, da bist du zu schnell und da solltest du die Stimmen viel deutlicher gegeneinander stellen.‹ Ich lese das gerne ein bisschen szenisch vor, aber wenn man selber schon das Gefühl hat, man übertreibt zu sehr, dann kann es natürlich sein, dass das Tonband eine ganz andere Auskunft gibt.«

Üben Sie ruhig ein paar einleitende Worte über sich selbst ein – falls niemand Sie ganz offiziell vorstellt; sagen Sie kurz etwas zu Ihrer literarischen Arbeit und zu dem Text, den Sie gerade lesen. »Lange Erklärungen oder Entschuldigungen vor der Lesung, dass man Anfänger ist, sind nicht empfehlenswert. Das Buch soll aus sich heraus wirken«, rät die Autorin Diana Hillebrand, die für ihre guten Lesungen bekannt ist. »Die ausgewählten Textstellen sollten interessant und spannend sein. Sie sollen den Zuhörern einen Eindruck von Ihrem Buch vermitteln, sie regelrecht in das Buch hineinziehen. Übergänge zur nächsten Textstelle werden am besten frei erzählt. Niemals das Ende oder die Auflösung vorlesen!«

Doch was ist, wenn Sie trotz vielen Übens noch immer unsicher sind und sich fragen, ob Ihre Lesetechnik überzeugt? »Wenn man es ganz gut machen möchte, kann man sich ein Sprechtraining bei einem Coach gönnen«, ist der Tipp von Diana Hillebrand. »Das hilft enorm und ist gut investiertes Geld. Denn man kann aus Texten durch das professionelle Vorlesen noch ganz schön viel rausholen.«

Buchtipps:

Peter Reifsteck, *Handbuch Lesungen und Literaturveranstaltungen. Konzeption, Organisation, Öffentlichkeitsarbeit,* Überarbeitete Neuauflage 2005, 212 S., ca. 49 Euro (noch günstiger zu beziehen bei Peter Reifsteck, Tel. 071 21/57 77 50, E-Mail: reifsteck@t-online.de, *www.reifsteck-literaturbuero.de*)

Dieses Buch ist eigentlich für Veranstalter gedacht, nicht für Autoren selbst, doch wenn Sie sich häufig Lesungen selbst organisieren oder zu einer Autorengruppe gehören, die Lesungen veranstalten möchte, dann ist Peter Reifstecks Leitfaden eine Fundgrube wichtiger Hinweise und Checklisten. Es geht darin um Konzepte für Lesungen, Sponsoring, Werbung, Pressearbeit sowie die Vorbereitung und Durchführung der Lesung. Reifsteck betreibt seit vielen Jahren ein Beratungsbüro für Literatur- und Kulturveranstaltungen.

12.
Autorengruppen und Verbände

Konstruktive Kritik bringt Sie weiter

An irgendeinem Punkt Ihres Schreibens werden Sie sehr wahrscheinlich feststellen, dass Sie sich Orientierung wünschen oder Rückmeldung und konstruktive Kritik brauchen, um sich schriftstellerisch weiterzuentwickeln. Je genauer man weiß, wo die eigenen Schwächen liegen, desto gezielter kann man an handwerklichen Dingen, die man noch nicht so gut im Griff hat, arbeiten, und sich dabei stetig verbessern. Doch was ist, wenn Sie noch keinen Buchvertrag haben und sich kein Lektor um Sie kümmert? Was ist, wenn Sie erst noch an Ihren Texten feilen müssen, um bei einem Verlag überhaupt eine Chance zu haben? Dann sollten Sie sich mit anderen Autorinnen und Autoren austauschen. Das können Sie zum Beispiel tun, indem Sie an einem Workshop teilnehmen (siehe nächstes Kapitel), doch diese Veranstaltungen dauern meist nur ein paar Tage. Besser ist es, wenn Sie sich Testleser suchen oder sich einer Autorengruppe anschließen, von der Sie kontinuierlich Feedback, Inspirationen und Verbesserungsvorschläge bekommen können.

Solange Sie nur im sprichwörtlichen stillen Kämmerlein an Ihren Texten basteln, schmoren Sie im eigenen Saft. Nicht sinnvoll ist eine Autorengruppe für Sie eigentlich nur dann, wenn Sie sich gar nicht vorstellen können, Ihre Texte der Kritik preiszugeben, weil sie vielleicht zu persönlich sind, oder wenn Sie Ihre Werke nicht mehr überarbeiten wollen. Auch Autorinnen und Autoren, die bereits viel veröffentlicht haben, sehen meist keine Veranlassung, sich einer Gruppe anzuschließen (außer, sie leiten sie), da ihre Lektoren als Gegenleser fungieren.

Doch der Kontakt zu anderen Autorinnen und Autoren kann Ihnen nicht nur deshalb nützlich sein, weil Sie auf diesem Weg Ihre Schreibe weiterentwickeln können. Bei den Autorenverbänden und -vereinigungen geht es mehr um Netzwerke, gegenseitige Unterstützung und darum, eine Lobby zu haben. Mittlerweile gibt es in den deutschsprachigen Ländern eine ganze Reihe dieser Autorenverbände; auf sie werde ich im zweiten Teil dieses Kapitels eingehen. Durch einen Verband können Sie andere Autorinnen beziehungsweise Autoren kennenlernen und erhalten Informationen und Tipps aus der Buchbranche sowie Hilfestellung bei Fragen und Problemen. »Schreibende sind ohnehin isoliert, daher ist alles gut, das diese Isolation durchbrechen hilft«, meint der Autor Gert Loschütz.

Was sind eigentlich Testleser?

Das Ritual ist immer gleich: Wenn abzusehen ist, wann mein neustes Manuskript fertig sein wird, maile ich meine bewährten Testleser an – Autorenkolleginnen, lesefreudige Freunde sowie Jugendliche, die ich über Leser-Mails oder Workshops kennengelernt habe. »Magst du den neuen Roman lesen, hast du Zeit und Lust?«, frage ich, und zum Glück kommt häufig ein »Ja!« Manchen darf ich das Manuskript per Mail schicken, zum Beispiel meiner in Amerika wohnenden Schwester, die meisten jedoch möchten einen Ausdruck. Ich verbringe einen kompletten Vormittag im Copyshop (»Mit Ringbindung, bitte!«) und auf der Post, dann sind die Manuskripte auf dem Weg und ich warte nägelkauend auf das Feedback.

Meist habe ich innerhalb von zwei oder drei Wochen die ersten Einschätzungen und weiß, ob der Roman gut angekommen und woran ich noch arbeiten muss. Dabei hat jeder Testleser einen anderen Blickwinkel: Isabel ist nicht zu schlagen bei der psychologischen Feinarbeit und wirft immer einen genauen Blick auf die Liebesgeschichten, Beatrix ist genial beim Beurteilen des Plots, meine Schwester nimmt die Logik unter die Lupe und andere Testleser achten eher auf Figuren und Sprache. Nachdem ich ihr Feedback eingearbeitet habe, traue ich mich dann auch, dem Lektor das Manuskript zuzumuten. Meist gibt es dank der guten Vorarbeit nur noch wenig daran zu ändern, und das Manuskript kann rasch in den Satz gehen.

Von vielen anderen Autoren – ob veröffentlicht oder unveröffentlicht – weiß ich, dass sie ebenfalls solche Schreibfreunde haben. »Einer von den Lyrikern, den ich in dem Seminar in Unna kennengelernt habe, sagte mir, es wäre eigentlich ganz wichtig, einen Gegenleser zu haben. Das hatte ich zum ersten Mal gehört«, berichtet die Nachwuchsautorin Dany Geist. »Er meinte, Geldern, das ist halt in der Provinz und es ist daher schon schwierig, irgendwas mitzukriegen; entweder musst du in die nächste Stadt fahren oder du machst das brieflich. Es hat sich dann so entwickelt, dass er mein Gegenleser geworden ist. Wir schicken uns gegenseitig unsere Texte und schreiben uns dann was darüber, alle paar Wochen kommt mal was.«

Begegnet man jemandem, der einem besonders sympathisch ist, dessen Urteil man traut und dessen Schreibstil man schätzt, ergibt es sich oft ganz von selbst, dass man sich gegenseitig seine Texte zu lesen gibt. Dieser Austausch kann brieflich, telefonisch oder über E-Mail laufen, oder man trifft sich und stellt sich gegenseitig neue Werke vor.

Am besten ist, man sucht sich mehrere Gegenleser, denn auch bei mir gibt es immer wieder Fluktuationen. Zum Beispiel, weil jemand zu lange braucht, bis er mir Rückmeldung gibt (ich muss ja schließlich meinen Abgabetermin halten), oder keine Zeit mehr hat, ihm meine Bücher nicht mehr gefallen oder mir sein Feedback zu wenig bringt. Im Laufe der Zeit habe ich schon Dutzende von Testlesern ausprobiert. Am besten sind diejenigen, die selbst viel lesen und das Genre mögen, in dem man schreibt. Außerdem sollten sie keine Scheu haben, ihre Meinung zu sagen und möglichst viele Anmerkungen in die Datei oder an den Rand des Manuskripts schreiben, damit man nachvollziehen kann, was ihnen beim Lesen durch den Kopf ging.

Wie Sie Gegenleser für Ihre Texte finden können:
- Nehmen Sie an Schreibworkshops teil und tauschen Sie mit Teilnehmern, die Ihnen sympathisch waren, Adressen aus.
- Auf Autorenwebsites im Internet kann man andere Autoren kennenlernen – vielleicht entwickelt sich dadurch eine Schreibfreundschaft!
- Wenn Sie Freunde oder Bekannte haben, die gerne und viel lesen, fragen Sie sie einfach, ob sie Lust zum gegenlesen hätten. Andere finden in der örtlichen Buchhändlerin oder anderen »Büchermenschen« nette und kompetente Gegenleser.

Wie funktioniert eine Autorengruppe?

Wenn mehrere Autoren beginnen, sich auf regelmäßiger Basis zu treffen und ihre Texte zu diskutieren, ist eine neue Autorengruppe entstanden. Die berühmteste und einflussreichste war natürlich die »Gruppe 47« mit Teilnehmern wie Heinrich Böll, Ilse Aichinger und Ingeborg Bachmann. Wie wir wissen, brodelte es in dieser Gruppe gehörig. Und ziemlich sicher ist, dass sie die Beteiligten auf ihrem literarischen Weg weiterbrachte.

»In Autorengruppen oder bei Workshops kann man seine Texte das erste Mal einem Publikum präsentieren, das Feedback der anderen Teilnehmer ist sehr hilfreich«, meint Schreibpädagogin und Autorin Diana Hillebrand. »Natürlich sind nicht immer alle der gleichen Meinung, aber es kristallisieren sich doch sehr eindeutig die Schwachstellen und natürlich auch die Stärken einer Geschichte heraus. So kann man gezielt daran arbeiten. Außerdem ist der Austausch in einer Gruppe motivierend und inspirierend zugleich.«

Die meisten gut funktionierenden Autorengruppen haben ein recht einheitliches Niveau und ihre ganz spezifische Atmosphäre und Tradition, die von den Teilnehmern und ihren Texten geprägt ist. Es gibt Gruppen, in denen fast nur traditionelle Lyrik besprochen wird, manche schreiben hauptsächlich Science Fiction oder Krimis, andere haben einen sehr hohen Anspruch, weil alle Teilnehmer Germanisten sind und großen Vorbildern nacheifern. Wie auch immer die Gruppe arbeitet, wichtig ist, dass Sie das Gefühl haben dazuzupassen, und dass die Teilnehmer konstruktiv Kritik an den Texten der anderen üben.

Was eine Gruppe nützlicher macht als einen einzelnen Gegenleser ist die Vielzahl der Stimmen. Meist finden Sie in den vielen subjektiven Sichtweisen den ein oder anderen brauchbaren Hinweis. Denken Sie daran: Niemand zwingt Sie, jede vorgeschlagene Änderung vorzunehmen, Sie können sich die Punkte herauspicken, die Sie selbst für sinnvoll halten. »Wenn man so unsicher ist, dass man bei jeder Rückmeldung das Manuskript umstellt, dann ist sowieso etwas faul an der Sache«, meinte der Autor Heiner Link. »Ich habe das eigentlich nur gemacht, weil ich sehen wollte, wie die Leute reagieren, nicht, weil ich mir literarisch was davon erhofft hätte.«

Als Beispiel wie Autorengruppen funktionieren, hier ein kurzes Porträt des Schriftstellerkreises Frankfurt, in dem ich als Studentin meinen ersten später veröffentlichten Roman *Der Verrat der Feuer-Gilde* testete. Ich habe dort so viel gelernt, dass ich ohne den Schriftstellerkreis vermutlich zehn Jahre länger gebraucht hätte, bis es mit der Autorenkarriere etwas geworden wäre. Außerdem übte ich dort, wie man Texte beurteilt, das war auch für meine Arbeit als Lektorin später unschätzbar wertvoll. Die Gruppe existierte etwa zwanzig Jahre lang und bestand aus einem harten Kern von etwa acht Leuten mit einem durchschnittlichen Alter von ungefähr 30 Jahren und viel Schreiberfahrung (fast alle damaligen Teilnehmer haben später eigene Bücher veröffentlicht). Wir fanden uns alle zwei Wochen in der Wohnung eines Teilnehmers zusammen. Jeder brachte einen Text und Getränke mit, dann las jeder reihum etwa zwanzig Minuten lang vor oder gab seine Storys, Romanauszüge oder Gedichte einem anderen Teilnehmer zum Vortragen. Nach jedem Beitrag wurde der Text diskutiert, Schwachpunkte wurden benannt und Hinweise gegeben, wie man bestimmte Dinge besser lösen könnte. War das Werk keine Glanzleistung, wurde es nüchtern und präzise verrissen (so ging es mir bei der allerersten Story, die ich mitbrachte), war es gelungen, wurden besonders gute Passagen oder Merkmale gelobt. Wenn die Zeiger der Uhr sich auf Mitternacht zu bewegten und der Pegel in den Weinflaschen sank, wurden unsere Diskussionen zusehends hitziger und gnadenloser. Zwischendurch wurde über Literatur, Filme oder den Zustand der Welt gequatscht. Alles in allem ein enormer Spaß und eine Hilfe für die Teilnehmer, die nach dem Treffen meist recht genau wussten, was mit ihrem Text noch nicht stimmte. Auch die überarbeitete Version konnten sie bei den Treffen vortragen, die Teilnehmer waren es gewöhnt, Texte mehrmals hören zu müssen.

Andere Gruppen trennen »Arbeit« und »Vergnügen« stärker, so zum Beispiel die Schreibwerkstatt an der FH Wiesbaden mit ihren etwa zehn festen Mitgliedern, die zunächst in den kahlen Räumen der Fachhochschule tagt und nach drei Stunden konzentrierter Arbeit, wenn alle Texte besprochen sind, geschlossen in eine Cocktailbar in der Innenstadt umzieht. Eine weitere Möglichkeit, Treffen zu gestalten, ist das Einbauen von Übungen zum Kreativen Schreiben. Die Teilnehmer der Schreibwerkstatt Bad Vilbel, die sich wöchentlich treffen, wechseln sich mit der Organisation der Sitzungen ab und führen jedes Mal andere Schreibspiele durch. »Die Aufgabenstellung ist mittlerweile zweitrangig geworden, das war am Anfang wesentlich wichtiger, damit man wusste, wo man sich festhalten kann«, meint Katja Mausbach, die schon sehr lange bei der Schreibwerkstatt mitmacht. »Es entwickelt sich so eine Eigendynamik. Jeder macht das daraus, was er will, auch wenn es manchmal von Thema abweicht. Ansonsten haben wir bestimmte Techniken, die wir immer wieder anwenden, zum Beispiel die assoziative Wörterkette. Meistens gibt es an jedem Abend eine größere Übung, die mit Vorbereitung, Schreiben und Vorlesen ungefähr eine Stunde beansprucht. Zum Beispiel wird eine Kurzgeschichte geschrieben mit bestimmten Themenvorgaben, und manchmal noch eine kleinere Sache hinterher, wie ein Gedicht, oder zur Entspannung mal was Lustiges.« Mitgebrachte Texte werden hier nicht besprochen. Das kommt den Bedürfnissen der Teilnehmerinnen und Teilnehmer, die daheim wenig Zeit zum Schreiben haben, entgegen.

Sehr unterschiedlich ist auch, wie stark diese Literaturkreise an die Öffentlichkeit gehen, um neue Mitglieder zu werben oder sich ganz allgemein bekannter zu machen. Während der Frankfurter Kreis nur dann, wenn sich die Reihen gerade etwas gelichtet oder die Teilnehmer Lust auf neue Texte und Meinungen bekommen hatten, in Stadtmagazinen inserierte, betreibt die Schreibwerkstatt an der FH fast schon professionelle Öffentlichkeitsarbeit. Mehrmals im Jahr werden in Cafés oder Kulturzentren Gruppenlesungen oder Performances veranstaltet. Eine Teilnehmerin hat die Pressearbeit übernommen und sorgt dafür, dass über die Gruppe regelmäßig in der Zeitung berichtet wird. Da jedes monatliche Treffen in der Presse angekündigt wird, braucht sich die Gruppe über Nachwuchs keine Sorgen zu machen. Es sind mehrere Anthologien mit Texten der Mitglieder erschienen, die mit Sponsorengeldern finanziert wurden.

Wie findet oder gründet man eine Autorengruppe?

Vielleicht haben Sie jetzt Lust bekommen, sich einer Autorengruppe anzuschließen, aber die Entscheidung, es dann wirklich zu tun, fällt gewöhnlich nicht leicht. Besonders dann, wenn man seine Texte noch nie öffentlich vorgestellt hat, kostet es Überwindung, sie vor anderen Autorinnen und Autoren vorzulesen: Sind meine Sachen auch gut genug, oder werden die anderen sie ganz grässlich finden? Was denken die über mich? Das sind Fragen, die jedem durch den Kopf gehen, wenn er sich der Kritik stellt. Nervös werden Sie bei den ersten Treffen ganz sicher sein. Nehmen Sie zu Anfang besser Texte aus Ihrer Schublade mit, zu denen Sie schon mehr Distanz haben, als ganz frisch geschriebene. Wenn Sie die Teilnehmer dann allmählich besser kennenlernen, werden Sie merken, dass niemand Sie fertigmachen möchte und auch die Texte der anderen nicht so genial sind. Es passiert zwar in seltenen Fällen, dass einen Kritik »blockiert«, dass man dadurch eine Schreibhemmung bekommt oder die Lust verliert, an einem bestimmten Text weiterzuarbeiten, aber das sollten Sie riskieren. Wenn Sie merken, dass Ihnen eine Gruppe schadet, bleiben Sie einfach weg.

12. Autorengruppen und Verbände

Während Sie sich in Dörfern entweder mit einem Gegenleser-Mailfreund begnügen oder in den nächst größeren Ort ausweichen müssen, ist es in den größeren Städten recht einfach, eine Autorengruppe zu finden. In Münchner Veranstaltungsbroschüren kündigen nicht weniger als sieben Gruppen mit ganz verschiedenen Konzepten ihre Treffen an, von der *Literaturgruppe Ibis* und *Pegasus, Verein für kreatives Schreiben* bis hin zur *Offenen Schreibwerkstatt des Werkkreises Literatur der Arbeitswelt*. Darüber hinaus gibt es noch eine unbekannte Anzahl von »offenen« und »geschlossenen« Kreisen, die keine oder nur wenig Öffentlichkeitsarbeit betreiben. Sie brauchen sich die verschiedenen Gruppen also nur anzuschauen und sich eine davon auszusuchen.

Gibt es in Ihrer Stadt oder Ihrer Region ein Literaturbüro, dann können Sie sich dort nach Gruppen erkundigen. Meist kennen die Betreiber das literarische Leben der Gegend recht gut und können Ihnen Hinweise geben. Ein weiterer Anlaufpunkt ist die Regionalpresse. Die Lokalredakteure bekommen von den Autorengruppen Pressemitteilungen geschickt und haben vielleicht auch schon über Gruppen berichtet. Natürlich kann Ihnen auch das Internet weiterhelfen, geben Sie in die Suchmaschine »Autorengruppe« und Varianten davon ein (Autorenkreis, Autorentreff, Schreibgruppe, Schreibwerkstatt etc.) sowie den Namen Ihrer Stadt. Weitere Schreibgruppen finden Sie zum Beispiel in der Liste von *www.autorenforum.de* unter »Schreibgruppen« oder bei *http://schreib-lust.de/service/schreibtreffen.php*

Besonders gute Karten bei der Suche nach einer Autorengruppe haben Sie, wenn Sie einem Verband angehören. Viele, wie beispielsweise der Bundesverband junger Autoren und Autorinnen (BVJA), bieten den Service an, dass sie Mitgliedern auf Wunsch Adressen anderer Autorinnen und Autoren in der Region vermitteln.

Viele Gruppen haben sich über Inserate in Magazinen oder Zeitungen zusammengefunden. Das ist besonders in kleineren Orten ein recht einfacher Weg, zu Leuten Kontakt aufzunehmen, die ebenfalls gerne schreiben und daran interessiert sind, in einer Autorengruppe mitzuarbeiten oder mit Ihnen gemeinsam eine zu gründen. Wenn Sie in einem größeren Ort inserieren, dass Sie eine Autorengruppe suchen,

Checkliste: Welche Autorengruppe ist für Sie die richtige?
- *Die Gruppe entspricht Ihren Bedürfnissen und Wünschen*, ob nun Texte von daheim besprochen werden oder Übungen veranstaltet werden, ob Aktivitäten durchgeführt und Öffentlichkeitsarbeit betrieben wird oder nicht.
- *Es herrscht ein gutes und vertrauensvolles Klima* in der Gruppe, die »Chemie« zwischen den Teilnehmern stimmt. Sie haben das Gefühl, dass Sie von Persönlichkeit und Texten her dazupassen, und fühlen sich wohl und akzeptiert. Es gibt keinen starken Konkurrenzdruck oder Neid. Das Niveau sollte hoch genug sein, dass Sie von den anderen Teilnehmern noch etwas lernen können.
- *Es wird konstruktive Kritik geübt*, nicht nur höflich gelobt. Sie haben das Gefühl, dass die Rückmeldungen Sie weiterbringen. Persönliche Angriffe oder freche Spekulationen über autobiografische Hintergründe von Texten sollten tabu sein.
- *Es wird mehr gesagt als nur »Gefällt mir« oder »Gefällt mir nicht«.* Je länger die Gruppe besteht, desto professioneller sind die Teilnehmer gewöhnlich im Analysieren der Texte.
- *Zu groß sollte die Gruppe nicht sein*, möglichst nicht mehr als 10 bis 15 Personen. Sonst kann nicht jeder vorlesen, oder die maximale Lesezeit ist zu kurz.
- *Man trifft sich regelmäßig* und nicht seltener als einmal im Monat. Die Fluktuation ist nicht zu stark.

dann melden sich bestimmt auch einige der Literaturkreise, die wenig Öffentlichkeitsarbeit betreiben, aber neuen Gesichtern in ihrer Mitte nicht abgeneigt sind. Auch über Aushänge beispielsweise in Bibliotheken könnten Sie versuchen, Kontakte zu knüpfen.

Tipp: Bei Literaturveranstaltungen können Sie ebenfalls gut Leute kennenlernen. Bei Poetry Slams beispielsweise können Sie sich die Texte der anderen Teilnehmer anhören und sich anschließend mit Autorinnen und Autoren, die Sie interessieren, unterhalten.

Textwerkstätten im Internet

Wer in seiner Region keine Autorengruppe findet oder Spaß daran hat, sich nach Bedarf und spontan über Texte auszutauschen, für den könnten Internet-Schreibgruppen und Textwerkstätten das Richtige sein. Manche Gruppen stellen in einem festen Turnus Mitgliedertexte zur Diskussion und veranstalten gemeinsame Online-Schreibwerkstätten, in anderen Gruppen kann jeder seine Storys sofort online stellen und bekommt meist sehr schnelles und offenes Feedback dazu. Da die Teilnehmer sich nur manchmal persönlich kennen und durch die anonyme Kommunikation viele Hemmungen wegfallen, kann der Ton dabei leider sehr gnadenlos werden. Deshalb sollte man erst einmal in die Gruppe hineinschnuppern und feststellen, ob man sich dort wohlfühlen würde und wie das Niveau der Kritik ist, bevor man eigene Texte zur Diskussion stellt. Vorsicht auch vor Schreibgruppen, die nur loben, das bringt Sie nicht weiter!

Sagt Ihnen keine der Gruppen zu, dann können Sie – zum Beispiel unter *http://groups.yahoo.com* auch eine eigene gründen.

Neben geschlossenen Gruppen wie dem Projekt Phönix, in dem fantastische und historische Story diskutiert werden, gibt es auch eine ganze Reihe von Schreibgruppen im Internet, die Mitglieder aufnehmen. Hier nur einige der bekanntesten (weitere finden Sie, wenn Sie in der Suchmaschine zum Beispiel »Schreibgruppen Internet« angeben):

Schreib-Lust

www.schreib-lust.de	Regelmäßig wird hier eine Schreibaufgabe gestellt und die Geschichten dann gemeinsam besprochen (dabei werden auch Gewinner gekürt). Die Besucher/Mitglieder können auch an einem gemeinsamen Roman weiterschreiben. Veranstalter ist der Schreiblust-Verlag, der auch die Zeitschrift »Schreib-Lust Print« herausgibt.

Schreibfreunde-Forum.de

www.schreibfreunde-forum.de

Forum mit sehr vielen Rubriken: Von »Fragen rund ums Schreiben«, »Aus- und Fortbildung« bis hin zu »Veröffentlichungen«. Es gibt auch einen Bereich »Schreibübungen«. Außerdem kann man untereinander Kontakte knüpfen, um eine Autorengruppe zu bilden, oder sich zu Chats verabreden.

Schreibwerkstatt.de

www.schreibwerkstatt.de

Plattform, auf der man Kurzgeschichten, Lyrik etc. veröffentlichen kann, die dann von den Mitgliedern ausführlich besprochen wird. Die einzelnen Rubriken sind stark unterteilt, z. B. in der Kurzgeschichten-Abteilung muss man sich entscheiden, ob man seine Story in »Liebesgeschichten«, »Traurige Geschichten«, »Witzige Geschichten«, »Experimentelle Geschichten«, »Krimi-Kurzgeschichten« etc. einordnen möchte.

Tintenzirkel

www.tintenzirkel.de

»Der Tintenzirkel wurde im Dezember 2001 als Online-Selbsthilfegruppe für Fantasy-Autoren und solche, die es werden wollen, gegründet. Hervorgegangen aus einer Mailingliste, lebt er heute über ein Forum, in dem sich die Mitglieder in einem öffentlichen und einem geschlossenen Bereich miteinander austauschen können. Gegenwärtig gibt es rund einhundert aktive Tintenzirkler mit Zugang zum geschlossenen Bereich sowie hundertfünfzig weitere Forenmitglieder.«

Web Writers Group

www.wwgpro.de

Treffpunkt für professionelle Autoren im Netz. »In einer Gegenlesebörse arbeiten wir gemeinsam an der Verbesserung unserer Texte. Erfahrene Autoren, Lektoren und Agenten gestalten professionelle Workshops zu Einzelthemen aller Bereiche rund ums Schreiben wie Handlungsbögen gestalten, Charaktere entwickeln, Spannungsbögen aufrecht erhalten, Exposés schreiben, Manuskripte vermarkten und zu vielen anderen Themen.«

Tipps für den Ablauf der Treffen

Falls Sie mit einigen anderen Schreibenden eine Autorengruppe gründen möchten, sollten Sie sich als erstes über das Konzept Gedanken machen. Wollen Sie offene Treffen abhalten, bei denen Gäste willkommen sind, oder sich einfach nur im Freundeskreis zusammensetzen? Werden bereits geschriebene Texte verlesen, oder möchten Sie Übungen zum Kreativen Schreiben durchführen? Am vielversprechendsten ist eine Kombination aus beidem. Besonders für Autorinnen und Autoren, die noch am Anfang stehen, können Schreibspiele sinnvoll sein, damit man lockerer wird und mehr Routine bekommt. Schreiben Sie aber schon länger, möchten Sie sicher Ihren ganz eigenen Wegen folgen und auch größere Projekte verwirklichen. Besteht dann nicht die Möglichkeit, diese Texte im Literaturkreis vorzustellen, fehlt der Gruppe eine wichtige Funktion.

Weiterhin sollten Sie für sich klären, ob Sie Ihre Gruppe in der Öffentlichkeit bekannt machen möchten. Es kann reizvoll sein, gemeinsam Lesungen zu organisieren oder eine Zeitschrift mit Texten der Mitglieder herauszugeben, doch all das macht natürlich Arbeit und es sollte genau geklärt werden, wer dabei welche Rolle übernimmt.

Als nächstes müssen Sie einen Raum finden. Bei rein privaten Autorengruppen könnten die Treffen abwechselnd in den Wohnungen der verschiedenen Mitglieder abgehalten werden und das Datum flexibel vereinbart werden. Bewährt hat sich wenn die Treffen jeweils am gleichen Ort und zu einem festgelegten Datum (zum Beispiel immer am ersten Freitag im Monat) stattfinden. Versuchen Sie doch einmal, bei der Stadtverwaltung nachzufragen, ob man Ihnen im Bürgerhaus oder in einer öffentlichen Einrichtung (einem Sozial- oder Kulturzentrum etc.) einen Raum zur Verfügung stellt. Gewöhnlich ist die Stadt solchen Anliegen gegenüber aufgeschlossen, und in den meisten Fällen wird man Ihnen den Raum kostenlos überlassen. Auch in Literaturhäusern besteht häufig die Möglichkeit, Räume zu bekommen. Treffen in Cafés oder Kneipen abzuhalten ist dagegen meist schwierig, da die Geräuschkulisse stört – außer natürlich, Sie kennen ein ruhiges

Lokal und lesen vor allem kurze Texte, oder Sie reservieren ein Nebenzimmer. Wenn Sie gar keine andere Möglichkeit haben, einen Raum zu bekommen, könnten Sie versuchen, Ihre Schreibwerkstatt an Institutionen wie die Volkshochschule anzugliedern und auf diesem Weg einen ruhigen Raum gestellt zu bekommen.

Sie werden merken, dass es Übung erfordert, einem gelesenen Text zu folgen, besonders wenn man nicht gewohnt ist, Informationen akustisch aufzunehmen und zu verarbeiten. Ist das Werk, das gelesen wird, sehr komplex und verschlüsselt oder hat es Längen, dann lässt die Konzentration der Hörer schnell nach. Deshalb sollten besonders Gedichte mehrmals vorgelesen werden, damit die Zuhörer die Nuancen besser erfassen können. Manchmal verteilen die Gruppenmitglieder die Texte als Fotokopien, dann können die anderen Teilnehmer mitlesen und sich auf den Blättern Notizen machen.

Tipp: Nehmen Sie zu den Treffen Papier und Stifte mit und machen Sie sich noch während die Texte verlesen werden Notizen zu Kritikpunkten! Das hilft, nachher beispielsweise ganz konkret bestimmte Passagen oder Ausdrücke zu problematisieren. Zudem geraten viele Eindrücke bis zur Diskussion wieder in Vergessenheit, weil sie von neuen Informationen aus dem Text überlagert werden.

Manche Autorengruppen verschicken die Texte, die besprochen werden sollen, eine Woche vorher in Kopie an alle Teilnehmerinnen und Teilnehmer, so dass Zeit gespart wird und alle Mitglieder die Geschichten oder Gedichte zu Hause in Ruhe lesen können. Doch das hat den Nachteil, dass das Vortragen entfällt. Wenn man seinen Text anderen laut vorliest, dann entdeckt man beim Lesen plötzlich Dinge daran, die einem beim Schreiben oder stillen Durchlesen nicht aufgefallen sind. In dem Moment, in dem man sein Werk vorträgt, bekommt man Distanz dazu, weil man automatisch versucht, sich in die Zuhörer hineinzuversetzen und ihre Reaktionen zu erahnen. Man spürt auch während des Vorlesens schon, wie die anderen darauf reagieren. Wenn Ihr Text von einem anderen Teilnehmer verlesen wird, dann tritt dieser

Effekt ebenfalls ein – zum ersten Mal erleben Sie Ihre Geschichte quasi von »außen«, Sie sind selbst das Publikum.

Sinnvoll kann es auch sein, sich Regeln (beispielsweise, dass man den Autor während des Lesens nicht unterbrechen darf) zu überlegen, mit denen vermieden werden kann, dass es Streit gibt oder dass jemand von den anderen Teilnehmern verletzt wird. Überall dort, wo kritisiert wird, besteht die Gefahr, dass jemand die Kommentare in den falschen Hals bekommt, weil sie vielleicht ungeschickt formuliert waren oder missverstanden wurden. »Nach meiner Erfahrung schält sich witzigerweise ein unausgesprochener Kodex heraus, den ich bisher gar nicht gesteuert habe, dass die alle sehr behutsam miteinander umgehen und sehr aufmerksam sind«, berichtet der Schreibpädagoge Ralf Saborrosch. »Ich denke, dahinter steckt natürlich auch: ›Wenn ich austeile, kann ja auch der andere austeilen, also bin ich lieber vorsichtig.‹« Versuchen Sie, mit den anderen Teilnehmerinnen und Teilnehmern zu vereinbaren, keine Pauschalurteile (»Das ist doch Mist«) zu fällen. Am besten ist es, wenn die Mitglieder ihre Kritik neutral formulieren und betonen, dass es sich um ihre persönliche Sicht handelt, nicht um eine letztgültige Wahrheit. Jede Kritik sollte, möglichst anhand von Beispielen, begründet werden. Die kritisierten Autoren sollten versuchen, die Kritik nicht persönlich zu nehmen und ihre Texte nicht zu verteidigen. Trotzige Rechtfertigungen wie ›Es ist aber so passiert‹ oder ›Den Effekt wollte ich aber erzielen‹ sollte man sich verkneifen. »Eine der festen Regeln in der Autorenwerkstatt ist, dass der vorgestellte Text für sich selbst sprechen muss. Der Autor liest und hüllt sich danach in Schweigen, auch wenn's schwerfällt. Ein dickes Fell sollte man mitbringen, denn die Kritiker nehmen in der Regel kein Blatt vor den Mund.«[*] So beschreiben es die Macher der Autorenwerkstatt der Uni Köln.

Nach ein paar Jahren kommt meist der Punkt, an dem die Autorengruppe schwächelt. Wenn Sie merken, dass Ihre Autorengruppe stagniert und neue Ideen ihr gut tun würden, können Sie zum Beispiel neue Teilnehmer werben, Lesungen oder Anthologien planen, Work-

---

[*] Zitat Cologneweb.com/littip.htm

shop-Wochenenden in einem Ferienhaus organisieren oder Referenten einladen – bekannte Autoren, Lektoren oder Agenten. Auf diese Art bekommt Ihre Gruppe mit etwas Glück wieder neue Impulse.

Es kann geschehen, dass die Atmosphäre in der Autorengruppe sich verändert, wenn einzelne Teilnehmer oder Teilnehmerinnen Bücher veröffentlichen oder Preise gewinnen. Nicht wenige veröffentlichte Autoren haben ein zwiespältiges Verhältnis zu ihren Kollegen. Robert Gernhardt fasst es so in Worte: »Gern schließen sich Künstler zu Beginn ihrer Laufbahn zu größeren Verbänden zusammen..., gern sammeln sie sich in Kreisen, Gruppen oder Schulen... meist halten all diese Zusammenschlüsse nur so lange, wie alle gleich sind: gleich jung, gleich arm, gleich unbekannt, gleich erfolglos. Ein Zustand, der naturgemäß nicht von Dauer ist.« Das – satirische – Fazit aus seinen Erfahrungen mit anderen AutorInnen: »Nur ein toter Kollege ist ein guter Kollege: Er beißt nicht, schmutzt nicht, stiehlt keine Show, blockiert keine Bestsellerplätze und okkupiert keine Bestenlisten, er schreit nicht auf, wenn man von ihm nimmt, und stöhnt nicht auf, wenn man ihm mal Saures gibt – lang lebe der tote Kollege!«*

Was bringt es, einem Autorenverband beizutreten?

Wenn Sie sich mit anderen Autorinnen und Autoren austauschen und Kontakte knüpfen möchten, dann könnten Sie sich auch dafür entscheiden, in einen der Autorenverbände einzutreten. Die meisten veranstalten regionale Treffen, bei denen Sie Leute kennenlernen können, geben Informationszeitschriften und manchmal Anthologien mit Texten der Mitglieder heraus und veranstalten Workshops. Ob sich die Mitgliedschaft für Sie lohnt, hängt natürlich davon ab, ob Sie diese Angebote nutzen wollen oder nicht. Autorenverbände vermitteln keine Manuskripte an Verlage, geben aber meist Rat und Hilfestellungen, ob

---

*   Robert Gernhardt, *Wege zum Ruhm,* Zürich 1995, S. 167f.

12. Autorengruppen und Verbände

sie nun vor Zuschussverlagen warnen oder Sie zum Thema Verlagsverträge beraten. »Es ist sehr wichtig, Kontakt zu Kollegen zu bekommen, weil das eben so ein einzelgängerisches Gewerbe ist«, empfiehlt die Kinder- und Jugendbuchautorin Cornelia Funke. »Man kann sich zum Beispiel über Konditionen und Verträge austauschen. Jeder Verlag hat andere Verträge, und man lässt viel mit sich machen, weil man denkt, die anderen lassen es auch mit sich machen.«

Wählen Sie Ihren Verband sorgfältig aus, damit er für Ihre Bedürfnisse geeignet ist. Als Anfänger beziehungsweise Anfängerin sollten Sie sich eher an eine Organisation wie beispielsweise den BVjA wenden, die Nachwuchsautorinnen und -autoren fördert. Wenn Sie dann eine oder mehrere Buchveröffentlichungen vorweisen können, ist die Mitgliedschaft in einem Berufsverband wie beispielsweise dem VS oder dem FDA möglich. Bei diesen Verbänden steht die Lobbyarbeit für die Autoren und Autorinnen im Vordergrund. »Wir vertreten die Autorenschaft bei den Institutionen des Staates und der Gesetzgebung, im deutschen Kulturrat und im Verband der freien Berufe«, erklärt beispielsweise Gerhard Rauchwetter, Vorsitzender des Freien Deutschen Autorenverbandes in Bayern. »Aber es ist auch Aufgabe des Verbandes, den Autoren ein bisschen mehr Mut zu vermitteln für den aufrechten Gang vor den Verlagen. Leider sind die Autorenverbände nicht so stark, dass die Verleger kuschen. Ein Autor, der dem Verleger mit dem Verband kommt, der hat bei dem Verlag schlechte Karten. Aber wir sind bereit, diskret praktische Ratschläge zu geben.«

Lassen Sie sich Informationsmaterial zuschicken und gehen Sie wenn möglich auf eines der regionalen Treffen. Auf diese Weise werden Sie schnell feststellen, ob Ihnen dieser Verband zusagt oder nicht.

Tipp: Es kommt vor, dass selbsternannte »Autorenverbände« den Autorinnen und Autoren das Geld aus der Tasche locken wollen, indem sie Ihnen zum Beispiel anbieten, Sie für eine Gebühr in einen Katalog unveröffentlichter Werke oder in Schriftstellerverzeichnisse aufzunehmen. Solche Register dienen nur dem Ego der darin eingetragenen Autoren und dem Kontostand der Herausgeber, von seriösen Lektoren oder Agenten werden sie jedoch nicht genutzt. Von einem solchen Eintrag kann man also nur abraten. Zudem gibt es angeblich unabhängige Schriftstellerverbände, die von Zuschussverlagen betrieben werden. Aber wenn Sie sich an Verbände wenden, die in diesem Buch genannt werden, sind Sie auf der sicheren Seite.

Adressen von Verbänden und Institutionen

Hier finden Sie Verbände, die bundesweit oder in der Schweiz beziehungsweise in Österreich arbeiten. Bei den hier aufgeführten Bundesgeschäftsstellen können Sie sich die Anschriften der Landesverbände geben lassen. Der VS und der FDA zum Beispiel haben in jedem Bundesland eine Vertretung, andere Verbände, wie zum Beispiel die Bücherfrauen, haben sogar in jeder Stadt eine Gruppe. Diese Liste stellt nur eine Auswahl dar. Über rein regionale Gruppen und Verbände können Sie sich in den jeweiligen Literaturbüros informieren. Reine Dachorganisationen wie den European Writers Congress finden Sie hier nicht. Weitere Informationen stehen auf der jeweiligen Verbands-Homepage.

Eine Sonderstellung nimmt der PEN ein, der kein Schriftstellerverband im herkömmlichen Sinn ist.

P.E.N. Zentrum Deutschland

Kasinostr. 3
64293 Darmstadt
Tel. 061 51/23 12 0
E-Mail: pen-germany@t-online.de
www.pen-deutschland.de

Funktion: Internationale Schriftstellervereinigung, die weltweit in 141 Zentren organisiert ist und sich als Stimme der verfolgten und unterdrückten Schriftsteller und als Anwalt des freien Worts etabliert hat. Der Name steht für »Poets, Essayists, Novelists«.
Aufnahme: Mitglied kann nur werden, wer von einem der Zentren aufgrund besonderer schriftstellerischer Leistungen hinzugewählt wird und sich zu den Prinzipien der Vereinigung bekennt.
Mitglieder: 682
Beitrag: 154 Euro im Jahr
Aktivitäten/Service: Kümmert sich um inhaftierte und bedrohte Schriftsteller, Journalisten und Publizisten in aller Welt, die wegen freier Meinungsäußerung verfolgt werden. Zudem »Writers in Exile«-Programm für verfolgte Autoren; sie erhalten eine Wohnung, ein Stipendium und werden von PEN-Mitgliedern betreut.

Für Autorinnen und Autoren ohne Buchveröffentlichung eher geeignet

Bundesverband junger Autoren und Autorinnen e.V. (BVJA)

Postfach 20 03 03
53133 Bonn
EMail: info@bvja-online.de
www.bvja-online.de

Funktion: Förderung junger Autoren, Autorinnen
Aufnahme: Mitgliedschaft/Fördermitgliedschaft möglich
Mitglieder: ca. 700
Beitrag: 35 Euro/Jahr, ermäßigt 26 Euro/Jahr
Aktivitäten/Service: Interessenvertretung junger Autorinnen und Autoren, Veranstaltung von Autorentreffen, Literaturwettbewerben, Lesungen, Seminaren und Workshops, lokalen Gesprächskreisen und AGs sowie Regionaltreffen. Eigenes kostenloses Lektorat für Mitglieder. Möglichkeit zur Veröffentlichung in den Publikationen des Verbands, Online-Mitgliederbereich, Mitinitiatorverband des Aktionsbündnis für faire Verlage *(www.fairlag.info)*.
Veröffentlichungen: Zeitschriften »Konzepte – Zeitschrift für Literatur«, LIMA (Literarisches Magazin) und Mitgliederzeitschrift »Qwertz«. Info-Broschüren zum Literaturbetrieb, Newsletter.

42er Autoren – Verein zur Förderung der Literatur e.V.

Spiegelslustweg 29
35039 Marburg
E-Mail: info@42erAutoren.de
(bzw. aufnahmeausschuss@42erAutoren.de)
www.42erAutoren.de
oder www.42er.de

Funktion: Austausch und gegenseitige Hilfe. Begleitung auf dem Weg zum Autor. Mit Hilfe des Internets unterstützen sie sich in allem, was ihre schriftstellerische Existenz ausmacht.
Aufnahme: Aufnahmeantrag und Textprobe einreichen. Mindestalter 16 Jahre.
Mitglieder: Ca. 60
Beitrag: 36 Euro/Jahr.
Aktivitäten/Service: Textbegleitung bis hin zum professionellen Lektorat, Textbesprechungs-Mailinglisten, Initiativen zur Kooperation mit Agenturen, Lektoren und Verlagen, Lesungen, Internet-Schreibprojekte. Die 42er Autoren verleihen den »Putlitzer-Preis« für Kurzgeschichten und geben jedes Jahr den »Autorenkalender« heraus.

Mörderische Schwestern e.V.

c/o Sabine Michelis
Joachim-Friedrich-Str. 34
10711 Berlin
E-Mail: info@moerderische-schwestern.eu
www.moerderische-schwestern.eu

Funktion: Netzwerk rund um die von Frauen verfasste deutschsprachige Kriminalliteratur; organisiert nach dem Vorbild der amerikanischen Sisters in Crime. Beitreten können Autorinnen, Leserinnen, Verlagsfrauen, Literaturagentinnen, Übersetzerinnen, Buchhändlerinnen, Bibliothekarinnen, etc., das Vereinsmotto lautet: »Wir lieben Krimis«.
Aufnahme: Nur Frauen, Mitglieder: 470 (Stand: Januar 2012)
Beitrag: 30 Euro jährlich
Aktivitäten/Service: Regionaltreffen zum Erfahrungsaustausch, jährliche Ausrichtung des Frauenkrimifestivals »Krimadonna«, mit Lesungen, Vollversammlung des Vereins und Workshops. Herausgabe von Anthologien, Organisation von Krimilesungen, fortlaufend aktualisiertes Werkverzeichnis der Mörderischen Schwestern auf der Website. Mitgliederinterne Leistungen: Info-Rundbriefe und Herausgabe der einmal im Jahr erscheinenden Mitgliederzeitschrift »Mordio«. Mentoringprogramm, internetgestützte Fortbildungen rund um das Schreiben, Teilnahme an der internen Mailingliste und am Internet-Forum. Kontinuierliche Pressearbeit mit dem Ziel, die Werke deutschsprachiger Krimiautorinnen bekannt zu machen.

Für Autorinnen und Autoren mit Buchveröffentlichung geeignet

Deutschland

Verband deutscher Schriftsteller in ver.di

Bundesgeschäftsstelle
Paula-Thiede-Ufer 10
10179 Berlin
Tel. 030 / 69 56-23 27
E-Mail: vs@verdi.de
Homepage: www.verband-deutscher-schriftsteller.de

Funktion: Der VS verfolgt gewerkschaftliche Ziele und hat den Zweck, die kulturellen, rechtlichen, beruflichen und sozialen Interessen aller Medienschaffenden zu vertreten sowie die internationalen Beziehungen der Schriftsteller zu pflegen. Sein Motto: »Einigkeit der Einzelgänger«
Aufnahme: Jeder haupt- und nebenberufliche deutschsprachige Autor, sofern sein fachliches Können durch eine (nicht selbst finanzierte) Buchveröffentlichung, die Sendung eines Hör- oder Fernsehspiels etc. nachgewiesen ist. Der Landesverband prüft den Aufnahmeantrag und entscheidet dann über die Mitgliedschaft.
Mitglieder: 4 000
Beitrag: 1,2 % vom Monatseinkommen, incl. Abo der Mitgliederzeitschrift
Aktivitäten/Service: Unterstützung bei urheber- und verlagsrechtlichen Fragen; bei berufbedingten Steuer- und Versicherungsproblemen gibt es kostenlos Rechtsberatung und – falls nötig – Rechtsschutz. Außerdem Veranstaltungen, Kongresse, Weiterbildungsseminare.
Veröffentlichungen: Mitgliederzeitschrift *Kunst und Kultur* mit Serviceteil (Ausschreibungen, Hinweise), erscheint 9 x im Jahr. Auch Nichtmitglieder können sie abonnieren, dann kostet das Jahresabo 26 Euro.

Freier Deutscher Autorenverband (FDA)

Schutzverband deutscher
Autoren e.V.
Coppistr. 49
04157 Leipzig
Tel. 03 41/69 94 696
E-Mail: bundesverband@fda.de
www.fda.de

Funktion: Berufsverband professioneller AutorInnen, eher konservativ. Vertritt berufspolitische Interessen und Anliegen der AutorInnen. Gründung 1973 (Abspaltung des VS, als dieser Teil der IG Medien wurde).
Aufnahme: Schriftstellerische Tätigkeit und Bekennung zu den Zielen der FDA
Mitglieder: ca. 500
Beitrag: ca. 60 Euro/Jahr
Aktivitäten: Die weitgehend selbständigen Landesverbände veranstalten Vorträge und Diskussionen, Lesungen, Seminare und Wettbewerbe.
Veröffentlichungen: FDA-Journal 1 x jährlich

Europäische Autorenvereinigung »Die Kogge« e.V.

Friedrich-Wilhelm Steffen
Kutenhauser Straße 61
32425 Minden
Tel. 0571/44 667
E-Mail: fws45@gmx.de
cc an: j.wachser@minden.de
www.diekogge.eu

Funktion: Gedanken- und Erfahrungsaustausch zwischen Autoren auf internationaler Ebene
Aufnahme: Über die Aufnahme wird entschieden auf der Basis von biografischen Informationen, Textproben, Angaben über Buchveröffentlichungen, Aufführungen oder Sendungen sowie Erwähnung einer literarischen Auszeichnung.
Mitglieder: international ca. 170 aus 17 Staaten
Beitrag: 35 Euro /Jahr
Aktivitäten/Service: Lesungen von Mitgliedern im In- und Ausland, Arbeitsaustausch, Tagungen und Freizeiten, z. T. Verleihung von Förderpreisen.
Veröffentlichungen: Anthologien (wenn Fördergelder vorhanden).

SYNDIKAT e.V.

Verein zur Förderung deutschsprachiger Kriminalliteratur
Geschäftsstelle: E. Franzmann
Postfach 41 08 27
50868 Köln
Tel. 02 21/95 20 539
Mail: info@das-syndikat.com
www.das-syndikat.com

Funktion: Interessensgemeinschaft deutscher Krimiautorinnen und -autoren.
Aufnahme: Kriminalschriftsteller, die mindestens eine selbstständige Veröffentlichung (Roman oder Kurzgeschichtensammlung) in einem kommerziellen Verlag vorzuweisen haben. Es gibt aber auch die Möglichkeit einer »Amigo«-Mitgliedschaft für Menschen und Unternehmen, die sich dem Genre verbunden fühlen
Mitglieder: mehr als 700
Beitrag: Mindest-Spende von 80 Euro im Jahr (Amigos: mind. 100 Euro/Einzelpersonen bzw. 150/Unternehmen)
Aktivitäten: Verleiht die Krimipreise »Friedrich-Glauser-Preis« (Sparten: Roman, Roman-Debüt, Kurzgeschichte und besondere Verdienste) sowie »Hans-Jörg-Martin-Preis« (Kinder- und Jugendkrimis); organisiert das Krimifestival »Criminale«.

Quo vadis – Autorenkreis historischer Roman

Kerstin Groeper-Schmäling
Dorfener Weg 14
83104 Hohenthann
Tel. 08 065/17 93
E-Mail: qv@akqv.org
www.autorenkreis-quovadis.de

Funktion: Nach dem Vorbild des »Syndikats« entstand der Autorenkreises QUO VADIS, der ein Forum für Schriftstellerinnen und Schriftsteller geschaffen hat, die Historische Belletristik schreiben. Im Vordergrund stehen der Austausch über Verlagerfahrungen und das Schreiben speziell in diesem Genre. Zudem soll der Historische Roman im deutschsprachigen Raum gestärkt werden und durch Lesereihen eine Förderung der Mitglieder stattfinden.
Aufnahme: Veröffentlichung mindestens eines historisch-fiktionalen Textes (Roman, Erzählung, Hörspiel…). Zuschuss-Veröffentlichungen zählen nicht; wer bei BOD veröffentlicht hat, benötigt zwei Quo Vadis-Mitglieder als Bürgen.
Mitglieder: Über 100
Beitrag: Spende von 50 Euro jährlich an den Förderverein
Aktivitäten/Service: Jahresversammlung, Rundbrief, Lesungen, Workshops, Kurzgeschichten-Wettbewerbe, Austausch mit Lesern, Gemeinschaftsromane, 2006 zum ersten Mal ein »Literaturpreis Historischer Roman«, interne Mailingliste/Online-Diskussionsforum, Eintrag ins Autorenverzeichnis.

DeLiA – Vereinigung deutschsprachiger Liebesroman-Autorinnen und -Autoren

Rebecca Michéle
Fasanenweg 33
73230 Kirchheim/Teck
Tel. 07 021/ 73 69 64
E-Mail: rebecca.michele@delia-online.de
www.delia-online.de
Infos über Mitgliedschaft:
Schriftführerin Frau Heide John –
E-Mail: heide.john@delia-online.de

Funktion: Netzwerk professioneller Liebesroman-Autorinnen und -Autoren. Autorenvereinigung und Verein haben sich zum Ziel gesetzt, das Image des deutschsprachigen Liebesromans und seiner Autorinnen zu fördern.
Aufnahme: Mitglied kann werden, wer mindestens einen Liebesroman oder drei Heftromane in einem kommerziellen Verlag veröffentlicht hat.
Mitglieder: 97
Beitrag: 50 Euro im Jahr
Aktivitäten/Service: Austausch in Newsgroups und auf Treffen, Lesungen, Workshops, Seminare, Pressearbeit, eigene Facebook-Seite. Verleiht seit 2004 jährlich den Preis »DeLiA« für den besten deutschsprachigen Liebesroman des Vorjahres.

Österreich

IG Autorinnen Autoren

Literaturhaus
Seidengasse 13
A-1070 Wien
Tel. 0043/1/52 62 04 41 3
E-Mail: ig@literaturhaus.at
www.literaturhaus.at/lh/ig/

Funktion: Interessengemeinschaft österreichischer Autorinnen und Autoren, vertritt als Berufsvereinigung die Interessen und Anliegen österreichischer Schriftsteller. Gründung 1971.
Aufnahme: Voraussetzung ist schriftstellerische Tätigkeit und Veröffentlichungen (z. B. in Literaturzeitschriften, Anthologien, im Rundfunk, Buchpublikationen, öffentliche Lesungen).
Mitglieder: ca. 4 000
Beitrag: Mitgliedschaft ist kostenlos
Service: Beratung und Information (auch für Nichtmitglieder) in urheberrechtlichen sowie sozial- und steuerrechtlichen Fragen und in allen Fällen von Zensur.
Veröffentlichungen: Zeitschrift »Autorensolidarität« 4 x jährlich (nur im Abo erhältlich) sowie 1 x jährlich Katalog »Die Literatur der österreichischen Kunst-, Kultur- und Autorenverlage« (enthält auch literarische Neuerscheinungen österreichischer Autoren in deutschen und Schweizer Verlagen)

Österreichischer Schriftsteller/innenverband (Austrian Writers Association)

Kettenbrückengasse 11/14
A-1050 Wien
Tel. 0043/1/58 64 151
E-Mail: office@oesv.or.at
www.oesv.or.at

Funktion: Förderung der Kommunikation unter Schriftstellern
Aufnahme: Bedingung ist eine eigene Publikation
Mitglieder: 210
Beitrag: 36 Euro/Jahr
Aktivitäten/Service: Beratung, einmal im Monat Lesungen. Anthologien und Literaturwettbewerbe. Gelegentlich Gemeinschaftsveranstaltungen mit anderen Literaturorganisationen. Monatlicher Jour fixe zum gemeinsamen Austausch, jeweils am 2. Montag, 16-18 Uhr im Verbandsbüro, dort ist auch die Präsenzbibliothek des OeSV.
Veröffentlichungen: Zeitschrift »Literarisches Österreich« 2 x jährlich und zusätzlich ein Themenheft pro Jahr. Anthologien.

12. Autorengruppen und Verbände

Schweiz

AdS Autorinnen & Autoren der Schweiz

Konradstrasse 61
8031 Zürich
Tel. 0044/350 04 60
E-Mail: sekretariat@a-d-s.ch
www.a-d-s.ch

Funktion: Berufsverband der Schweizer Autorinnen und Autoren. Zusammenschluss aus dem ehemaligen Schweizerinnen Schriftstellerverband und der Gruppe Olten. Der AdS verfolgt gewerkschaftliche, politische und kulturelle Ziele.
Aufnahme: Mitglied kann werden, wer eine eigenständige, nicht selbst finanzierte Veröffentlichung vorweisen kann (Buch bzw. Sendung eines Hör- oder Fernsehspiels, aufgeführtes Theaterstück o.ä.) Wer die Bedingungen nicht erfüllt, kann evtl. als »assoziiertes Mitglied« aufgenommen werden.
Mitglieder: ca. 850
Beitrag: 200 CHF im Jahr
Aktivitäten/Service: Beratung, Preise und Honorarzuschüsse, Vertrauensanwältin für die Vertretung bei beruflichen Problemen, Lexikon Schweizer Autorinnen und Autoren der Gegenwart (auch Online auf der Homepage). Soziale Unterstützung für in Not geratene Mitglieder.

Für Autorinnen und Autoren unabhängig von ihren Veröffentlichungen geeignet

Autorinnenvereinigung e.V

Dr. J. Monika Walther
Neustraße 28
48249 Dülmen
Tel. 025 90/16 18
E-Mail: vorstand@autorinnenvereinigung.de
www.autorinnenvereinigung.de

Funktion: Netzwerk für Schriftstellerinnen und Autorinnen aller Genres, die in deutscher Sprache publizieren. »Wir wollen Selbstbewusstsein für ein freies künstlerisches Leben und die Präsenz von Autorinnen in der literarischen Welt.
Aufnahme: Antragsformular (kann man auf der Homepage herunterladen) einsenden.
Mitglieder: ca. 70
Beitrag: 40 Euro im Jahr
Aktivitäten/Service: Regionale Autorinnentreffen, Diskussionen, Lesungen. Die AV bietet berufliche Beratung und organisiert Projekte mit Institutionen, die sich für Interessen von Autorinnen einsetzen. Außerdem vergibt die AV Projektstipendien und initiiert die Vergabe des Deutschen Schriftstellerinnenpreises.
Veröffentlichtungen: Monatlicher Newsletter »Amelia«

Bücherfrauen e.V.

Geschäftsstelle BücherFrauen e.V.
c/o Seehausen & Sandberg
Merseburger Straße 5
10823 Berlin
Tel. 030/78 71 55 98
E-Mail: info@buecherfrauen.de
www.buecherfrauen.de

Funktion: Spartenübergreifendes Netzwerk für alle Frauen, die in der Buchbranche tätig sind (z. B. Verlagsmitarbeiterinnen, Buchhändlerinnen, Übersetzerinnen, Autorinnen). Ziel ist die Verbesserung der Situation von Frauen in der Buchbranche und regelmäßiger Informations- und Erfahrungsaustausch.
Aufnahme: Frauen in den o.g. Berufen
Mitglieder: ca. 800
Beitrag: 103 Euro im Jahr
Aktivitäten/Service: Mentoring und Weiterbildung. Die Regionalgruppen veranstalten regelmäßige Treffen, z. T. mit Vorträgen, sowie (Fortbildungs)Seminare.
Veröffentlichungen: Newsletter und »Das Who's Who der Bücherfrauen«

Deutsche Haiku-Gesellschaft e.V.

Georges Hartmann
Saalburgallee 39 – 41
60385 Frankfurt/Main
Tel. 069/45 94 33
E-Mail: info@deutschehaikugesellschaft.de
www.deutschehaikugesellschaft.de

Funktion: Verbreitung, Förderung und Pflege des Haiku im deutschen Sprachraum.»Wir bieten Kontakte, fachkundige Beratung, Begegnungen, Wettbewerbe und Möglichkeiten der Veröffentlichung.«
Aufnahme: Jeder, der sich für diese Lyrikform interessiert
Mitglieder: international ca. 250
Beitrag: 40 Euro/Jahr inkl. Abo der Zeitschrift
Aktivitäten/Service: Veranstaltungen von Haiku-Treffen sowie von Wettbewerben.
Veröffentlichungen: Vierteljährliche Zeitschrift »Sommergras«, Anthologien

Erster Deutscher Fantasy Club e.V.

Postfach 1371
94003 Passau
Tel. 08 51/58 13 7
E-Mail: edfc@edfc.de
www.edfc.de

Funktion: Literarischer Verein mit dem Schwerpunkt Phantastische Literatur: Fantasy, klassische Phantastik, Horror, Science Fiction, historische Romane, Märchen, Esoterik
Aufnahme: Einfacher Antrag, Mindestalter 16 Jahre
Mitglieder: 300
Beitrag: 7,50 Euro jährlich, darin sind die Publikationen des Jahres als eBooks (PDF-Format) enthalten
Aktivitäten/Service: Veröffentlicht in »Fantasia« Prosa, Rezensionen und wissenschaftliche Artikel. Verleiht den Deutschen Fantasy-Preis.

GEDOK –
Verband der Gemeinschaft der Künstlerinnen und Kunstfreunde e.V.

Geschäftsstelle:
»Haus der Kultur«
Weberstraße 59 a
53113 Bonn
Tel. 02 28/261 87 79
E-Mail: GEDOK@GEDOK.de
www.GEDOK.de

Funktion: Förderung von Künstlerinnen aller Sparten (Bildende Kunst, Musik, Literatur, Darstellende Kunst) und ihrer Verbindung untereinander. Vertretung der Interessen.
Aufnahme: Jury entscheidet, ob die künstlerische Qualität ausreichend ist.
Mitglieder: 4 500 in den Regionalgruppen
Beitrag: 40 bis 60 Euro im Jahr (jede Gruppe unterschiedlich)
Aktivitäten/Service: Treffen und Veranstaltungen, Preise, Publikationen
Veröffentlichungen: Zahlreiche Publikationen

Werkkreis Literatur der Arbeitswelt

c/o Markus Dosch
Infanteriestr. 20a
80791 München
Tel. 089/129 2787
E-Mail: Siehe Homepage
www.werkkreis-literatur.de

Funktion: »Ziel des Werkkreises ist es, abhängig Beschäftigte und Erwerbslose zum Schreiben anzuregen und ihnen so zu helfen, ihre Erfahrungen in der Arbeitswelt bzw. mit der Erwerbslosigkeit, der sozialen und ökologischen Umwelt und ein Leben ohne Faschismus, kreativ und künstlerisch« umzusetzen.
Aufnahme: Alle Interessierten
Mitglieder: 49
Beitrag: Normalbeitrag 7,50 Euro jeweils monatlich, ermäßigt 3,75 Euro, Hartz IV-Empfänger 1 Euro.
Service: Regionale Schreibwerkstätten (Adressen siehe Homepage), die Textarbeit betreiben und z. T. öffentliche Lesungen, Lesungen im (Lokal-)Radio veranstalten oder gemeinsame Veröffentlichungen herausgeben. Bundesweite Autorenseminare und insbesondere Schreibwettbewerbe werden ausgeschrieben.
Veröffentlichungen: Rundbrief/Informationsblatt für die Mitglieder, Einzelpublikationen (Anthologien), *Tarantel – Zeitschrift für Kultur von unten.* Es erscheinen 10 Ausgaben jährlich in Wien. E-Mail: tarantel-wien@gmx.at

13.
Workshops, Schreibkurse und Fernschulen

Kreatives Schreiben wird in Amerika als *Creative writing* seit vielen Jahren ganz selbstverständlich an den Universitäten gelehrt. In den deutschsprachigen Ländern hat es ein länger gedauert, doch inzwischen ist auch hier »Kreatives Schreiben« allgemein akzeptiert. Überall gibt es Anbieter, Kurse, Workshops, Coachings, sogar entsprechende Studiengänge kann man belegen. Die Frage »Kann man sich zum Schriftsteller ausbilden lassen?« bewegt nicht mehr ganz so heftig die Gemüter, weil sich herumgesprochen hat, dass die meisten Autoren nicht von Geburt an Genies sind.

»Ich finde, solche Workshops und Kurse sollte man machen, dabei kann etwas Gutes herauskommen«, meint der Autor Uwe Timm. »In Amerika sind aus solchen Seminaren viele Autoren hervorgegangen, und nicht zuletzt sind sie für die Autorinnen beziehungsweise Autoren, die die Kurse leiten, eine gute Einkunftsquelle – Toni Morrison hat sich zum Beispiel so über Wasser gehalten.* Im Workshop merkt man, welche Entwicklungsmöglichkeiten in einem selbst stecken oder

---

* Auch andere bekannte Autoren wie John Irving, T.C. Boyle und Scott Turow unterrichten in den USA *Creative Writing*.

was für Schwierigkeiten es noch gibt. Zum Beispiel fällt mir bei vielen Kollegen die missglückte wörtliche Rede auf – das ist reines Papier, so spricht kein Mensch.«

Workshops, Kurse und Seminare können natürlich weder Inspiration noch Talent ersetzen, beides lässt sich nicht erwerben. Aber man kann vorhandenes Talent fördern, sich handwerkliches Können aneignen und sich durch den Austausch mit anderen Autorinnen und Autoren inspirieren lassen. Der Grundstoff der Geschichten muss aus Ihnen selbst kommen, Sie liefern die kreative Energie. Sie können aber beispielsweise lernen, was Sie beim Aufbau der Handlung beachten sollten, wie man Spannung erzeugt, wie man Perspektive und verschiedene Stilmittel wie Rückblende oder Vorahnung effektiv einsetzt, wie man seine Figuren charakterisiert oder gute Dialoge schreibt. Kurz: wie man professionell Geschichten erzählt beziehungsweise wie Sie Ihre Geschichte besser erzählen können. Auch wie man gutes Deutsch schreibt, lässt sich lernen – wie man Verben und Substantive, Satzbau, Metaphern und Vergleiche in den Dienst seiner Geschichte stellt, um den größtmöglichen Effekt zu erzielen.

Natürlich kann man sich all diese Dinge auch autodidaktisch aneignen, indem man experimentiert und indem man aus der Fachliteratur und natürlich aus der Weltliteratur lernt – viele Autorinnen und Autoren sind diesen Weg gegangen und viele gehen ihn noch immer. Aber seit einigen Jahren sind Sie nicht mehr darauf angewiesen, sich alles selbst beibringen zu müssen – es steht Ihnen frei, sich zusätzlich in Kursen Tipps und Hinweise zu holen. Wie wertvoll das Feedback zu den eigenen Texten ist, habe ich bereits schon im Kapitel »Autorengruppen und Verbände« geschildert. Außerdem lernen Sie bei solchen Workshops viele andere Autoren kennen, mit denen Sie sich austauschen können, und haben die Gelegenheit, Kontakte zu knüpfen. Häufig bilden sich aus Seminaren später Autorengruppen, weil die Teilnehmer auch nach dem Kurs noch Lust haben, weiterzumachen.

Auch dann, wenn Sie noch am Anfang Ihrer schriftstellerischen Tätigkeit stehen und Orientierung brauchen, sind Kurse für Sie sinnvoll. In Workshops, in denen Schreibspiele und Übungen veranstaltet werden, beginnen Sie mehr zu schreiben und sich selbst dadurch besser auszudrücken. Ein guter Workshop kann wie ein Motivationsschub wirken. »Manchmal schreiben die Teilnehmer zu Hause viel weniger als im Workshop«, berichtet auch die Schreibpädagogin Diana Hillebrand *(www.SchreibundWeise.de)*. »Manche buchen einen Kurs, damit sie ihren Schreibfaden nicht ganz verlieren.« Die Autoren und Schreibpädagogen, die solche Kurse leiten, können Ihnen zudem helfen, Schreibblockaden zu überwinden.

Wenn Sie sich nicht sicher sind, ob ein Seminar oder ein Workshop für Sie das richtige ist, empfiehlt der Autor und Schreibpädagoge Jürgen vom Scheidt: »Einen Schnupperkurs erstmal machen, eine kleine Schreibwerkstatt, um zu sehen, ob einem das liegt, mit anderen zusammen zu schreiben. Auf jeden Fall würde ich zu Anfang nichts machen, was länger ist als ein Wochenende. Der Prozess wird mit jedem Tag intensiver, die Erstarrungen, die jeder Mensch hat, lösen sich ein Stück. Wenn man an so einem Kurs teilnimmt, riskiert man natürlich etwas: Man zeigt sich und wird hinterfragt – durch Texte, durch Äußerungen.«

Meist sind die Teilnehmer eine sehr buntgemischte Gruppe von sehr unterschiedlichem Niveau, doch das schadet nichts. »Mir macht es genauso viel Spaß, wenn ich einem Nichtschwimmer das Paddeln beibringe oder einem Olympiaschwimmer noch die letzte Sekunde draufgebe, das ist mir ziemlich egal«, meint Schreibpädagoge Ralf Saborrosch. »Am Anfang sind die alle sehr ängstlich, das ist normal. Das hängt von der Atmosphäre, ab, die man erzeugt. Wenn man ihnen das Gefühl gibt, dass alle Teilnehmer gleich sind, dass niemand heruntergemacht wird, dann sind alle begeistert, wenn etwas gut gelungen ist.«

Wenn Sie für Ihre Texte einen Verlag suchen, dann könnten sich aus einem Seminar neue Möglichkeiten und Kontakte ergeben. Häufig werden speziell die handwerklich orientierten Seminare von hochkarätigen Praktikern aus der Verlagsbranche oder von erfahrenen Autorinnen und Autoren geleitet, die sich für die Nachwuchsförderung inte-

Autorencoaching – was ist das?

Seit einigen Jahren gibt es auch Autorencoachings, die Sie zum Beispiel nutzen könnten, wenn Sie Rat und Betreuung bei einem bestimmten Projekt brauchen oder das Gefühl haben, in ihrer Entwicklung nicht voranzukommen. Ihr Coach liest entweder Auszüge aus Ihrem Manuskript oder das ganze Material, dann besprechen Sie mit ihm oder ihr persönlich, telefonisch oder per Mail, was bereits gelungen ist und wo es noch hakt. Ähnlich wie ein Lektor oder Trainer kann Sie Ihr Coach bei der Entstehung des Manuskripts begleiten, bis Sie eine fertige Fassung haben, mit der Sie zufrieden sind. Manche Coaches sind auch darauf spezialisiert, Ihnen beim Auflösen von Schreibblockaden zu helfen. Das ganze kostet allerdings ca. 40-100 Euro pro Stunde. Adressen von Coaches finden Sie zum Beispiel im Internet unter den Stichworten »Autoren« und »Coaching«. Im Idealfall ist er oder sie selbst Autor beziehungsweise Autorin. Wichtig ist bei der Auswahl, dass Sie und Ihr Coach sich sympathisch sind.

ressieren und Freunde daran haben, ein neues Talent zu »entdecken«. Ganz besonders interessant für Lektoren und Agenten sind natürlich die Teilnehmer von sehr renommierten Kursen wie dem »Klagenfurter Literaturkurs«, der vor dem Ingeborg-Bachmann-Wettbewerb veranstaltet wird; aber auch aus den Seminaren der Bertelsmann-Stiftung bringen sich Lektoren immer wieder Autoren mit.*

---

* Für den Klagenfurter Kurs, der meist im Juni oder Juli stattfindet, können Sie sich bewerben, wenn Sie nicht älter als 35 Jahre sind und mindestens eine literarische Veröffentlichung vorweisen können. Interessierte können eine Textprobe von max. 10 Normseiten, Kurzvita und Foto schicken an Robert-Musil-Literatur-Museum, z.H. Dr. Heimo Strempfl, Bahnhofstraße 50, A-9020 Klagenfurt, E-Mail: klagenfurt@musilmuseum.at, www.musilmuseum.at

Welche Seminar-Angebote gibt es?

Es gibt inzwischen jedes Jahr unzählige Angebote, von der Lyrik-Schreibwerkstatt für Einsteiger bis hin zum Seminar für Krimiautoren. Die verschiedenen Richtungen der Fortbildungsangebote könnte man bezeichnen als

1. Handwerk des Schreibens

Solche Kurse, in denen die Vermittlung von handwerklichen Techniken und damit die Professionalisierung von Autorinnen und Autoren im Mittelpunkt stehen, werden beispielsweise von Literaturbüros, Autorenvereinigungen, Universitäten und Institutionen wie Bundesakademie Wolfenbüttel angeboten. Geleitet werden sie häufig von erfahrenen oder bekannten Autoren oder Lektoren. Meist wird gemeinsam an bereits existierenden, häufig auch längeren Texten der Teilnehmer gearbeitet, aber es werden auch während des Seminars Texte geschrieben und besprochen. Die Teilnehmer sind meist Nachwuchsautoren mit Vorerfahrung. Die meisten dieser Kurse sind qualitativ sehr gut. Zum Teil gibt es Zugangsbeschränkungen.

2. Kreatives Schreiben als Selbsterfahrung

Diese Kurse werden häufig von Pädagogen oder Psychologen, aber auch von Autoren mit Gruppenleiterausbildung geleitet. Hier stehen eher die Ermutigung zum Schreiben und die Auseinandersetzung mit dem Ich und dem eigenen Stil im Mittelpunkt als die reine Textqualität, obwohl zum Teil auch literarische Techniken vermittelt werden. Es werden vor allem Schreibspiele und Übungen durchgeführt, deren Ergebnisse dann in der Gruppe vorgelesen und diskutiert werden. Solche Kurse werden beispielsweise von den Volkshochschulen in vielen Städten, aber auch von anderen Veranstaltern angeboten. Sie sind besonders geeignet für erste Schreibversuche oder für Einsteiger mit begrenzter Vorerfahrung. Es gibt gewöhnlich keine Zulassungsbeschränkungen.

3. Fernkurse

Manche Kurse, die Grundlagen des literarischen Schreibens vermitteln sollen, arbeiten mit schulischen Methoden, beispielsweise festen Aufgabenstellungen, die nach Vorgabe bearbeitet werden sollen, und Kontrollfragen. Dabei wird weniger auf den literarischen Wert und auch nicht auf den Selbstverwirklichungsaspekt geachtet, sondern auch recht stark auf Rechtschreibung, Zeichensetzung und Grammatik sowie auf formale Eigenschaften der Texte. Zu dieser Art von Kursen zählen vor allem die Fernlehrgänge einiger großer Anbieter.

Checkliste Schreibseminar
Lassen Sie sich von den Anbietern Informationsmaterial zuschicken und prüfen Sie die Angebote selbst im Vorfeld nach den Kriterien:

- *Entspricht die Art von Kurs Ihren Bedürfnissen und Zielen?* Geht es Ihnen um das spielerische Erforschen der Sprache und darum, in Ihren Texten eigene Erfahrungen aufzuarbeiten, oder wollen Sie sich professionelles Handwerkszeug aneignen?
- *Ist das Preis/Leistungsverhältnis angemessen und für Sie akzeptabel?* Kurse von Literaturbüros oder etablierten Institutionen sind meist günstig, kommerzielle Angebote können jedoch arg teuer sein.
- *Macht das Angebot einen seriösen Eindruck?* Werden große Versprechungen gemacht? Ist der Veranstalter aufdringlich? Werden Ihre Texte über den grünen Klee gelobt, um Sie zum Vertragsabschluss zu bewegen?
- *Ist die Gruppengröße begrenzt?* Mehr als ca. 15 Teilnehmer pro Kurs sind zuviel, ideal sind zehn oder weniger.
- *Hat der Kursleiter/die Kursleiterin eine angemessene Qualifikation?* Er oder Sie sollte selbst schreiben und über pädagogische Erfahrungen verfügen. Ideal ist eine zusätzliche Ausbildung als Schreibgruppenleiter. Erkundigen Sie sich, welche Aktivitäten der Leiter oder die Leiterin noch anbietet und welchen Ruf er oder sie in der Szene genießt.

Wenn Sie auf diese Weise grob ausgewählt haben, was für Sie in Frage kommt, dann empfiehlt es sich, eine Probesitzung der entsprechenden Schreibwerkstatt mitzumachen, um festzustellen, ob Ihnen die Atmosphäre in der Gruppe gefällt. Der Gruppenleiter sollte ein Klima herstellen, in dem angstfrei und konstruktiv über Texte gesprochen werden kann. Ist eine Probesitzung zum Beispiel bei Seminaren nicht möglich, dann könnten Sie sich bei ehemaligen Teilnehmern nach deren Erfahrungen erkundigen.

Die hier aufgeführten Anbieter sind nur eine (überregional orientierte) Auswahl. Erkundigen Sie sich auch bei dem Literaturbüro Ihrer Region, der Universität oder Volkshochschule in Ihrer Stadt, ob von ihnen Kurse angeboten werden. In den meisten Städten gibt es einige kleinere Veranstalter und Schreibwerkstätten. Besonders die Volkshochschulen sind sehr aktiv. Ein Übersicht von aktuellen Weiterbildungsangeboten für Autoren und Autorinnen finden Sie auf *www.autoren-portal.de*.

Tipp: Wenn Sie nicht an einem Präsenzseminar teilnehmen können oder wollen, schauen Sie sich mal im Internet nach Angeboten um. In das Online-Seminar »Belletristisches Schreiben« der VHS Duisburg beispielsweise werden Schreibaufgaben online gestellt und anschließend auf einer Internetplattform gemeinsam besprochen (zwölfmal an einem Wochentag, zur Zeit Montag). Kosten: 75 Euro. Nähere Infos auf www.duisburg.de/vhs_duisburg beziehungsweise *www.lemontree.de/schreibschule/*

Wenn Sie mit einem dieser Anbieter in der folgenden Liste schlechte Erfahrungen gemacht haben, dann teilen Sie mir das bitte mit.

AKADEMIE FÜR AUTOREN

Guido-Seeber-Haus Babelsberg
August-Bebel-Straße 27
14482 Potsdam
Tel. 03 31/58 28 97 44
E-Mail:
office@akademie-fuer-autoren.de
www.akademie-fuer-autoren.de

Anbieter: Die Gründer dieser neuen Autoren-Akademie, Maria Koettnitz und Bruno C. Back, haben beide viele Jahre Erfahrung in mittleren und großen renommierten Verlagen gesammelt. In ihrer Akademie unterrichten vorwiegend Lektoren und Programmleiter aus namhaften Verlagen, aber auch erfahrene Autoren.
Angebote: Ein- oder Zwei-Tages-Kurse zu Themen wie »Verlag finden«, »Medienauftritt und PR«, »Erfolgreiche Autorenlesung«, »Selbstmarketing und Website«, »Veröffentlichen ohne Verlag« sowie »E-Book«. Textwerkstätten zu verschiedenen Genres, z. B. Roman, Biografisches Schreiben, Lyrik, All-Age-Fantasy, Kinder- und Jugendbuch. Außerdem wird Projekt- und PR-Coaching angeboten.
Teilnahmebedingungen: Anmeldung über die Website
Preis: Preise für ein- bis zweitägige Seminare zwischen 70 und 450 Euro.

Bayerische Akademie des Schreibens

Dr. Katrin Lange
Literaturhaus München
Salvatorplatz 1
80333 München
Tel. 089/29 19 34-23
E-Mail:
klange@literaturhaus-muenchen.de
www.literaturhaus-muenchen.de/akademie

Anbieter: Sechs bayerische Universitäten haben sich zusammengeschlossen, um Studierenden Seminare zum Kreativen Schreiben anzubieten. Koordiniert werden sie vom Münchner Literaturhauses. Junge Autoren aus dem gesamten deutschsprachigen Raum, die erste Publikationen nachweisen können, können sich für die darauf aufbauenden Seminare im Literaturhaus München bewerben.
Angebote: Zwei Kurse im Jahr, jeder Kurs besteht aus drei Wochenenden an einer der teilnehmenden Universitäten. Pro Kurs werden 9 – 10 Teilnehmer ausgewählt.
Teilnahmebedingungen: Eingeschriebene Studierende aller Fachrichtungen (ausgenommen sind Senior-Studierende) können sich um die Teilnahme bewerben. Teilnehmen können sowohl Studentinnen und Studenten, die schon länger selbst literarisch schreiben und ihr schrift-

stellerisches Handwerkszeug erweitern möchten, als auch solche, die über das Schreiben ihr Verständnis von Literatur vertiefen möchten.
Die aktuellen Ausschreibungen, Bewerbungsbedingungen Bewerbungsschluss und Bewerbungsadressen sind auf der Homepage des Literaturhauses zu finden.
Preis: Kostenlos für die ausgewählten Studierenden.

Bundesakademie für kulturelle Bildung Wolfenbüttel e. V.

Dr. Olaf Kutzmutz
Programmleiter Literatur
Postfach 1140
38281 Wolfenbüttel
Tel. 053 31/808-418
E-Mail: post@bundesakademie.de
www.bundesakademie.de

Anbieter: Die Bundesakademie ist ein Ort für Kunst, Kultur und ihre Vermittler, der finanziell vom Land Niedersachsen und vom Bund getragen wird. Rund 150 Seminare und Tagungen pro Jahr bietet die Akademie in den Bereichen bildende Kunst, Literatur, Museum, Musik und Theater an. Fachübergreifend sind Kurse zum Bereich »Markt und Mediales« im Programm.
Angebote: Der Programmbereich Literatur bietet jährlich gut zwei Dutzend Seminare und Tagungen an, z. B. den mehrteiligen Basiskurs Erzählen oder Seminare zum Thema Figuren oder Spannung, außerdem Werkstätten zu Genres wie Krimi, Sciencefiction, Historischer Roman, Kreatives und journalistisches Schreiben, Lyrik oder Hörspiel. Die Kurse leiten in der Regel Gastdozenten (meist Autoren oder Lektoren) gemeinsam mit dem Programmleiter. Das aktuelle Jahresprogramm kann bei der Akademie kostenlos angefordert werden.
Teilnahmebedingungen: Vermittlungs- oder eigene künstlerische Tätigkeit und Erfahrung in Kunst und Kultur.
Preis: 170 bis 190 Euro für ein dreitägiges Seminar inkl. Verpflegung und Unterkunft im Gästehaus der Akademie.

Das Gedicht. Akademie

Anton G. Leitner
Buchenweg 3b
82234 Weßling
Tel. 081 53/95 25 22
E-Mail: service@dasgedicht.de
www.dasgedicht.de

Anbieter: Der Herausgeber der Zeitschrift »Das Gedicht« bietet sowohl einen Lektoratsdienst als auch Seminare an. Die GEDICHT-Akademie bringt bekannte Lyriker und Kritiker mit Autoren zusammen, um gemeinsam Gedichte aus dem Teilnehmerkreis zu diskutieren. Die Seminare finden in einem Gasthof in Weßling statt.

Angebote: Kleingruppen-Wochenendseminare zum Thema Lyrik: Erfahrene Referenten, die als Schriftsteller, Herausgeber und Kritiker ausgewiesene Experten sind, diskutieren zusammen mit den angereisten Autorinnen und Autoren deren mitgebrachte Gedichte.
Workshop mit Lyrik-Wettbewerb: Beim »Hochstadter Stier« steht die öffentliche Präsentation der Teilnehmergedichte im Mittelpunkt. Im Vorfeld coachen Schriftstellerprofis mit Funk- und Fernseherfahrung alle angereisten Lyriker. So machen sie die Kandidaten fit für den Lyrikwettbewerb vor großem Publikum.
Teilnahmebedingungen:
Preis: Lyrik-Intensiv-Seminar: 406 Euro inklusive Übernachtung und Verpflegung; Lyrikpreis-Workshop: 440 Euro ink. Übernachtung und Verpflegung.

Institut für angewandte Kreativitätspsychologie (IAK)

Postfach 44 02 38
80751 München
Tel. 089/39 54 71
E-Mail: info@iak-talente.de
www.iak-talente.de
www.minotauros-projekt.de
www.hyperwriting.de

Anbieter: Dr. Jürgen vom Scheidt leitet gemeinsam mit seiner Frau Ruth Zenhäusern die »Münbchner Schreibwerkstatt im IAK«; das TEAM wurde 2010 erweitert und umfasst nun fünf Mitarbeiter. JvSch hat selbst zahlreiche Bücher veröffentlicht; er führt seit 1978 Schreibseminare in München und an anderen Orten durch.
Angebote: Wochenend-Seminare, z. B. mit speziellen Themen wie »Biografie und Phantasie«, »Vom Traum zum Text«. Mehrtägige Workshops z. B. »Roman-Werkstatt«, »Kurzgeschichten schreiben«, auch in Kombination mit Urlaub in den Walliser Bergen (Schweiz). Außerdem wird eine dreijährige Weiterbildung »Leiten von Schreib-Seminaren« (im Rahmen des Ariadne-Projekts) angeboten sowie ein Dreijahres-Kurs »Roman schreiben« (Minotauros-Projekt). Spezialität: Auflösung von Schreibblockaden.
Teilnahmebedingungen: Je nach Angebot verschieden (bei den Wochenend-Seminaren keine).
Preis: Kleine Schreibwerkstatt ca. 210 Euro, Bücherwerkstatt: 380 Euro, Jahres-Kurs (10 Wochenenden) 1950 €.

Institut für Kreatives Schreiben e.V. (IKS)

Bamberger Str. 52
10777 Berlin
Tel. & Fax. 030/211 00 56
E-Mail:
IKS.schreibinstitut@t-online.de
www.iks-schreibinstitut.de

Anbieter: Lutz von Werder, der seit vielen Jahren über das Kreative Schreiben forscht und viele Bücher zum Thema verfasst hat, ist der Gründer dieses 1986 gegründeten, eingetragenen Vereins. Schwerpunkte des Angebots sind literarisches, therapeutisches, wissenschaftliches Schreiben. Kursorte sind Berlin und Karlsruhe.
Angebote: Schreibseminare in Berlin, z. B. »AutorInnen-Ausbildung« (zehn Wochenenden), »Autobiografisches Schreiben« (acht Wochenenden), »wissenschaftliches Schreiben« (acht Wochenenden). Auch Weiterbildungen zum Leiter/Leiterin von Schreibgruppen bzw. zur Poesiepädagogin (acht Wochenenden). Es gibt auch das Angebot eines Fernstudium des kreativen Schreibens, das in einem 2-jährigen Curriculum die vielfältigen Methoden, Techniken, Szenarien des kreativen Schreibens vermittelt.
Teilnahmebedingungen: Bei den kurzen Kursen keine, bei den Kursleiter-Weiterbildungen bitte Voraussetzungen erfragen.
Preis: Kurse sind meist mehrmonatig, pro Wochenende 130-150 Euro. Fernstudium über zwei Jahre: 1 440 Euro.

INKAS INstitut für KreAtives Schreiben

Magister Faust Gasse 37
55545 Bad Kreuznach
Tel. 067 21/92 10 60
E-Mail: info@inkas-id.de
www.inkas-institut.de

Anbieter: Das 1991 gegründete Institut, das von dem Schriftsteller Rüdiger Heins geleitet wird, organisiert Schreibseminare, Lesungen und einen Literaturpreis, gibt die Literaturzeitschrift eXperimenta heraus und hat mit »edition maya« einen eigenen kleinen Verlag.
Angebote: INKAS bietet zahlreiche Seminare an, z. B. »Wie schreibe ich mein Buch?«, das Intensivseminar »Die Kunst des Erzählens« oder eine Schreibwoche auf Teneriffa. Außerdem gibt es einen viersemestrigen »Studiengang Creative Writing«, in dem neben handwerklichen Kenntnissen in den ersten zwei Semestern auch Wissen in den Bereichen Literaturwissenschaft und zeitgenössischer Prosa und Lyrik vermittelt werden. Einmal im Monat findet von Freitag bis Sonntag ein Präsenzseminar statt, bei dem u. a. Schreibstudien erarbeitet werden. In weiteren zwei

Semestern arbeiten die Seminarteilnehmer an einem individuellen Manuskriptprojekt, das durch ein Lektorat begleitet wird. Alle Studenten des Studiengangs veröffentlichen im institutseigenen Verlag »edition maya« als Abschlussarbeit ein Buch. Hierfür entstehen keine Kosten.
Teilnahmebedingungen: Keine
Preis: Seminare zwischen 250 und 350 Euro inkl. Unterkunft. Studiengang Creative Writing: Pro Monat 150 Euro, d. h. bei vier Semestern 3 600 Euro.

Literaturbüro Ruhr e.V.

Friedrich-Ebert-Str. 8
45964 Gladbeck
Tel. 02 043/99 26 46
E-Mail: info@literaturbuero-ruhr.de
www.literaturbuero-ruhr.de

Anbieter: Die sehr rührigen Literaturbüros in Nordrhein-Westfalen bieten zahlreiche Weiterbildungs-Seminare für Autorinnen, Autoren und Literaturvermittler an; koordiniert wird das Programm vom Literaturbüro Ruhr e.V.
Angebote: Die Palette reicht vom Grundlagenseminar bis zum Expertenworkshop. Poetry Slam, Schreiben für Kinder und ein Krimiseminar vermitteln jungen Talenten literarisches Handwerkzeug, aber auch Angebote für Profis wie Szenisches Schreiben, Texte zum Thema Humor oder eine Werkstatt des Lesens stehen auf dem Programm.
Teilnahmebedingungen: Meist kurzer Vorstellungsbrief, Kurzbiografie und Textproben.
Preis: Unterschiedlich, meist zwischen 80 und 160 Euro.

Literaturhotel Franzosenhohl GmbH & CoKG

Danzweg 25
58644 Iserlohn
Tel. 023 71/82 072-0
E-Mail: info@literaturhotel-franzosenhohl.de
www.literaturhotel-franzosenhohl.de

Anbieter: Drei-Sterne-Hotel mit 24 Zimmern, das sich besonders an Literaturfreunde und Entspannungssuchende wendet. Es bietet wöchentliche Lesungen, Workshops, Wellness und eine gut ausgestattete Bibliothek.
Angebote: Im Jahr 2012 z. B. Workshops wie »Einen funktionierenden Plot stricken«, »Reflective Writing«, »Das Wort zum Mord – Krimis schreiben« oder »Phantasie sucht form«, aber auch Vortragstrainings. Außerdem allzeit buchbare dreistündige Blitz-Workshops für Kurzentschlossene (75 Euro). Zudem können die Gäste an literarischen Streifzügen durch die Foyer-Bibliothek und Candlelight-Lesungen teilnehmen oder Buchpartys und Wellness-Lesungen buchen.

Welche Seminar-Angebote gibt es?

Teilnahmebedingungen: Keine
Preis: Wochenend-Workshop ab 185 €
zuzüglich Übernachtung (Einzelzimmer ab 85 €/Nacht, Doppelzimmer ab 105 €/Nacht, jeweils inkl. Frühstück)

Nordkolleg Rendsburg

Fachbereich Literatur & Medien
Am Gerhardshain 44
24768 Rendsburg
Tel. 043 31/14 38 0 bzw. -11
E-Mail: literatur@nordkolleg.de
www.nordkolleg.de

Anbieter: Das Nordkolleg Rendsburg ist eine Akademie für kulturelle Bildung, ein Tagungshaus mit Hotelbetrieb und Sitz zahlreicher kultureller Verbände, Vereine und Institutionen. Die Akademie-Fachbereiche bieten Seminare und Tagungen in den Sparten Literatur & Medien, Musik, Sprachen & Kommunikation sowie Kulturwirtschaft.
Angebote: Zahlreiche mehrtägige Workshops, z. B. »Autobiografisches Schreiben«, »Bauanleitung für ein Krimi-Universum«, »Bücher selbst verlegen«, »Radio-Feature« oder »Vom Kino lernen – ein Seminar für Prosa-Autoren«
Teilnahmebedingungen: Je nach Seminar unterschiedlich. Meist Textprobe und evtl. Exposé einreichen; die gesammelten Texte werden den Teilnehmern als Reader zur Verfügung gestellt.
Preis: 140-350 Euro plus Übernachtungskosten (siehe Homepage)

Oldenburger Schreibwerkstatt

Leitung Liane Hadjeres
Bonhoefferstr. 7
26129 Oldenburg
Tel. 04 41/51 944
E-Mail:
info@oldenburger-schreibwerkstatt.de
www.oldenburger-schreibwerkstatt.de

Anbieter: Schreibschule und Lektorat.
Leitung: Liane Hadjeres (Kunstwissenschaftlerin und Germanistin)
Angebote: Kreatives Schreiben und Förderkurse für Kinder, Jugendliche und Erwachsene. Außerdem Wissenschaftliches Schreiben für Studierende, Fernstudium Kreatives Schreiben für Erwachsene, Buchbinde-Kurse. Für Kinder neben den Schreibkursen auch Buchbinden, Fotoromane erstellen, Comic-Zeichnen und Buchveröffentlichungen.
Zusätzliches Angebot: Korrektur und Lektorat aller Texte
Teilnahmebedingungen: Keine
Preise: Kinderkurse zwischen 40 und 68 Euro monatlich, Wochenendkurse für Erwachsene ohne Übernachtung 104 Euro, Wochenkurse (5 Tage) mit Übernachtung und Vollpension ab 450 Euro.

Schreibschule am Meer

Tribseer Damm 13
18437 Stralsund
Tel. 0179/79 30 76 6
E-Mail: paulinaschulz@web.de
www.paulinaschulz.de
www.schreibschule-am-meer.de

Anbieter: Die Schreibschule Am Meer (hervorgegangen aus der 1994 gegründeten Schreibschule Erfurt) veranstaltet an der Ostsee Autorenkurse. Unter der Leitung von Paulina Schulz (Dozentin, Übersetzerin, Autorin) bietet das Institut Seminare, Werkstätten, Coachings und Lektorate an.
Angebot: diverse Kurse für literarisches Schreiben, z. B. »Basis- und Aufbaukurse für literarisches Schreiben«, »Autobiografisches Schreiben«, »Drehbuch-Werkstatt«, »Krimikurs«, »Kinder- und Jugendliteratur«. In Kooperation mit der Firma Concept Sailing bietet die Schule außerdem literarische Segeltörns mit dem erfahrenen Schiffskapitän und Polarforscher Henryk Wolski an.
Teilnahmebedingungen: Schriftlich anmelden per Post
Preis: Wochenendkurs normal 220 Euro, ermäßigt 180 (Studenten, Rentner)

schreibwerk berlin

Dr. Hanne Landbeck
Berliner Allee 217
Tel. 030/20237281
E-Mail: info@schreibwerk-berlin.de
www.schreibwerk-berlin.de

Anbieter: Schreibschule, die von der Germanistin, Autorin und Journalistin Hanne Landbeck betrieben wird. Sie bietet neben Seminaren (für maximal zehn Teilnehmer) auch Schreibcoachings und Lektorate für Einzelpersonen an, auf Wunsch per Internet.
Angebot: Verschiedene Workshops, z. B. »Kreatives Schreiben« I und II, Online-Kurse Literarisches Schreiben (Dauer jeweils 10 Wochen), »Biografisches Schreiben«, »Intensivkurs in Potsdam und auf Kreta«
Teilnahmebedingungen: Schriftliche Anmeldung
Preis: Präsenzkurse in Berlin ca. 250 Euro, Online-Kurse 250-350 Euro, Intensivkurs 490 Euro.

SCHREIBundWEISE

Diana Hillebrand
Schanzenbachstr. 12
81371 München
Tel. 089/747 02 26
E-Mail: Diana.Hillebrand@
SCHREIBundWEISE.de
www.schreibundweise.de

Anbieter: Die Autorin und Schreibpädagogin Diana Hillebrand bietet seit 2006 zahlreiche Kreatives-Schreiben-Kurse für Einsteiger und Fortgeschrittene an. Außerdem veranstaltet und moderiert sie einen monatlichen Literaturtreff.
Angebot: Einsteiger- und Fortgeschrittenen-Kurse mit sechs Treffen (einmal die Woche, jeweils Montags), Wochenend-Kurse zu den Themen »Kurzgeschichte«, »Schreib ein Buch«, »Figuren/Dialog/Spannung«, »Bücher schreiben & veröffentlichen« sowie »Lyrik«
Teilnahmebedingungen: Schriftliche Anmeldung
Preis: Einsteiger- und Fortgeschrittenenkurse 119-129 Euro, Wochenend-Workshops 175 Euro inkl. Mittagessen.

Stilistico Schreibkultur

Isa Schikorsky
Schönsteinstraße 12a
50825 Köln
Tel. 02 21/4 85 64 90
E-Mail: schikorsky@stilistico.de
www.stilistico.de

Anbieter: Isa Schikorsky, promovierte Germanistin und Autorin, veranstaltet Schreibseminare an Orten mit besonderem Flair, Begleitprogramme geben zusätzliche Inspiration. Ziel der Seminare ist den Spaß am Schreiben zu fördern und handwerkliches Können zu vermitteln. Außerdem bietet Isa Schikorsky Schreibcoaching, Manuskriptberatung und Lektorat an.
Angebote: Mehrtägige Seminare, z. B. »Basisseminar literarisches Erzählen«, »Literaturwerkstatt auf Rügen«, »Krimis erfinden und schreiben« »Schreiben und entspannen«.
Teilnahmebedingungen: Anmeldung (schriftlich, telefonisch oder per Mail)
Preis: Wochenendseminar ca. 350-400 Euro (inklusive zwei Übernachtungen im Hotel, Halb- oder Vollpension, Extras)

Ulrike Seyffarth

Dramaturgisches Lektorat –
Script Consulting
Joachim-Friedrich-Str. 21
10711 Berlin
Tel. 030/31 80 66 69
E-Mail: useyffarth@online.de
www.ulrike-seyffarth.de

Anbieter: Anbieter: Ulrike Seyffarth, Magister Artium in Literatur- und Filmwissenschaft, freie Autorin für Buch und Film. Berät und unterstützt Autoren bei ihrer konkreten Arbeit an Prosa-, Sach- oder Film-Manuskripten – von der Ideenfindung bis zur finalen Version.
Angebote: Passgenaue Textanalyse nach dramaturgischen Gesichtspunkten sowie Genre- und Zielgruppen-Kriterien, inhaltliche und stilistische Skriptoptimierung, Script Doctoring (Drehbuch), begleitende marketingrelevante Texte (Loglines, Synopsis, Exposé u. a.), Unterstützung bei Ideenentwicklung und Recherchen, formales Lektorat (Korrekturlesen), Ghostwriting
Preis: auf Anfrage, nach Art und Umfang

Textmanufaktur

Hauptmannstraße 10
04109 Leipzig
Tel. 03 41/355 875 62
E-Mail: a.hille@text-manufaktur.de
www.text-manufaktur.de

Anbieter: Private Autorenschule, in der Profis aus der Praxis, Schriftsteller oder Lektoren aus renommierten deutschsprachigen Verlagen, unterrichten. Neben dem Stammsitz in Leipzig finden die Kurse in traditionsreichen Häusern in München, Stuttgart, Wien, Köln, Zürich, Berlin oder Venedig statt. Auf Wunsch auch Autorencoaching für Einzelpersonen. Zu der Textmanufaktur gehört die Agentur Hille & Jung, die Literatur und Sachbuch vermittelt.
Angebote: Mehrtägige Seminare, z. B. »Krimi und Thriller«, »Der genaue Blick – Arbeit an der Sprache«, »Exposé und Romananfang« und »Schreiben auf Mallorca.«
Teilnahmebedingungen: Anmeldung über die Homepage
Preis: Ca. 225-250 Euro pro Seminar

Voll – und Teilzeit-Studiengänge

Deutsches Literaturinstitut Leipzig

Universität Leipzig
Wächterstr. 34
04107 Leipzig
Tel. 03 41/97 30 30 0
E-Mail: dll@uni-leipzig.de
www.deutsches-literaturinstitut.de

Anbieter: Seit 1995 bildet das DLL angehende Schriftsteller aus – mit großem Erfolg. Zur Zeit ca. 70 Studierende. Als Dozenten werden jedes Jahr bekannte Autorinnen und Autoren verpflichtet werden, Lehrkräfte sind u. a. die Autoren Dr. Hans-Ulrich Treichel, Dr. Michael Lentz und Dr. Josef Haslinger.
Angebote: Sechssemestriges Bachelor-Studium, in dem die selbständige literarische Arbeit in Werkstattseminaren und Übungen durch literaturwissenschaftliche Vorlesungen ergänzt werden. Viersemestriger Masterstudiengang in Form einer Roman-Werkstatt.
Aufnahmeverfahren: Bewerbung in vierfacher Ausfertigung einreichen: Publikationsliste sowie literarische Arbeitsprobe (20 Seiten Prosa, Lyrik, Drama oder Essay), die eine besondere Begabung erkennen lassen, Motivationsschreiben und Lebenslauf. Kandidaten werden zu einer Eigungsprüfung eingeladen (einstündiges Gespräch). Bedingung ist die allgemeine Hochschulreife.
Preis: Normale Studiengebühren der Uni Leipzig

Universität Hildesheim

Marienburger Platz 22
31141 Hildesheim
Tel. 051 21/883-644
E-Mail: studieninfo@uni-hildesheim.de
www.uni-hildesheim.de

Anbieter: Die Universität bietet einen Studiengang für zukünftige Schriftsteller, Kulturjournalisten, Redakteure, Lektoren und Verlagsmitarbeiter an. Initiator und Ansprechpartner für Interessenten ist Prof. Dr. Hanns-Josef Ortheil. Zurzeit sind 64 Studenten für das Fach eingeschrieben, 10-15 weitere Plätze stehen jedes Wintersemester für neue Teilnehmer zur Verfügung.
Angebot: Sechssemestriger Bachelor-Studiengang »Kreatives Schreiben und Kulturjournalismus«. Den Teilnehmern wird das Handwerkszeug für professionelles Schreiben in allen Gattungen (einschließlich Hörspiel, Drehbuch, Szenischem Schreiben) vermittelt, gelehrt werden aber auch die künstlerischen und wissenschaftlichen Grundlagen.

Schweizerisches Literaturinstitut

Hochschule der Künste Bern
Schweizerisches Literaturinstitut
Rockhall IV
Seevorstadt 99
CH-2502 Biel/Bienne
Tel. 0041/31/848 39 00
E-Mail: lit@hkb.bfh.ch
www.hkb.bfh.ch/literaturinstitut.html

Aufnahmeverfahren: Prüfung, in der man den »Nachweis künstlerischer Befähigung« erbringen muss. Bewerbungen für das 1. Semester sind nur zum Wintersemester möglich. Bewerbungsfrist für den Test ist jedes Jahr der 15. April.
Preis: Normale Studiengebühren.

Anbieter: Das Schweizerische Literaturinstitut ist ein 2006 gegründeter Fachbereich der Hochschule der Künste in Bern. Jährlich stehen 15 Plätze zur Verfügung.
Angebot: Sechssemestriger Bachelor-Studiengang »Literarisches Schreiben«. Zwei der Besonderheiten des Studiums am Schweizerischen Literaturinstitut sind die Lehrform des Mentorats (kontinuierliche Begleitung der individuellen Schreibprojekte durch eine erfahrene Autorin, einen erfahrenen Autor) und die fächerübergreifenden Lehrangebote des Instituts für Transdisziplinarität (Y), die den künstlerischen Horizont über das Schreiben hinaus erweitern.
Das Schweizerische Literaturinstitut ist zweisprachig organisiert, der Studiengang Bachelor in Literarischem Schreiben kann komplett auf Deutsch oder Französisch besucht werden.
Auch ein Masterstudiengang ist möglich.
Aufnahmeverfahren: Bewerben muss man sich mit einer Textprobe plus einem »Motivationsschreiben«, anschließend findet ein Eignungsgespräch statt. Bewerbungsschluss ist jeweils der 15. März (Studienbeginn Herbstsemester)
Preis: Normale Studiengebühren.

Fernkurse

Schule des Schreibens
HAF Hamburger Akademie für Fernstudien GmbH

Doberaner Weg 18
22143 Hamburg
Tel. 040/658 09 72
E-Mail:
info@schule-des-schreibens.de
www.schule-des-schreibens.de

Anbieter: Kommerzieller Anbieter, der intensiv für seine Kurse wirbt.
Angebote: z. B. »Belletristik«, Dauer 24 Monate, oder »Die große Schule des Schreibens«, Dauer 36 Monate. Keine Präsenzphase, aber ein Online-Campus für die TeilnehmerInnen. Die Kurse sind von der Staatlichen Zentralstelle für Fernunterricht (ZFU) zugelassen.
Teilnahmebedingungen: Hauptschulabschluss
Preis: »Die große Schule des Schreibens«: 2 592 Euro, »Kinder- und Jugendliteratur«: 2 208 Euro, »Romanwerkstatt (von der ersten Idee bis zum vollendeten Roman, Dauer 30 Monate): 5 070 Euro

Institut für Lernsysteme GmbH (ils)

Doberaner Weg 18 -22
22143 Hamburg
Tel. 040/675 70-0
E-Mail: Kursinfo@ils.de
www.ils.de

Anbieter: Kommerzieller Anbieter (Unternehmen der Klett-Gruppe)
Angebote: z. B. Fernkurse zu »Autor/in werden« (18 Monate), »Kinder- und Jugendbuch-Autor/in« (24 Monate) oder »Journalist/in«. Keine Präsenzphase, aber ein Online-Studienzentrum. Die Kurse sind von der Staatlichen Zentralstelle für Fernunterricht (ZFU) zugelassen. worden.
Teilnahmebedingungen: »Sie müssen viel lesen, ein Gefühl für Sprache und Lust zum Schreiben haben.«
Preis: »Autor/in werden«: 2 196 Euro (18 Monate), »Kinder- und Jugendbuchautor/in« (24 Monate): 2 280 Euro.

Tipp: Wenn Sie sich literarische Techniken aneignen wollen, sind Volkshochschulkurse wesentlich günstiger und effektiver als Fernkurse!

Was Sie beachten sollten, wenn Sie an einem Kurs teilnehmen möchten

Schreibkurse sind keine Therapie

Schreiben ist natürlich auch ein Mittel, um sich selbst zu erforschen, sich auszudrücken und Erfahrungen zu verarbeiten, die man auf andere Weise nicht loswerden kann. Viele Menschen schätzen es als Methode, um zu sich selbst zu finden. Doch Achtung, Schreibkurse sind keine Therapie, außer, die Veranstaltung wird ausdrücklich als »therapeutisches Schreiben« angekündigt. Da durch manche Übungen Verdrängtes oder Unbewusstes an die Oberfläche kommt, kann es in Seminaren, in denen der Selbsterfahrungsaspekt des Schreibens im Vordergrund steht, bei Teilnehmern zu psychischen Krisen kommen. Daher ist es wichtig, dass Leiter solcher Kurse über ausreichend Erfahrung verfügen beziehungsweise eine Ausbildung als Schreibgruppenleiter absolviert haben und die Psychologie des Schreibprozesses und die Dynamik von Schreibgruppen verstehen und kontrollieren können. Der erfahrene Schreibpädagoge Lutz von Werder vom Institut für Kreatives Schreiben warnt: »Es gibt Techniken, Schreiben in Trance beispielsweise, die für Leute von psychischer Labilität nicht so bekömmlich sind. Solche intensiven Techniken sollten Anfänger höchstens zwei bis drei Minuten, also quasi homöopathisch, anwenden. Viel besser ist es, das jeden Tag zu machen und nach einem halben Jahr mit der Technik umgehen zu können, als sich da irgendwo reinzubiegen.«

Die Tücken von Fernstudiengängen

Bei Fernstudiengängen ist es sinnvoll, das Lernmaterial (die »Lehrbriefe«) durch Präsenzphasen zu ergänzen. Die zweitbeste Möglichkeit ist eine Online-Plattform zum Austausch der Teilnehmer untereinander, auf der Aufgaben und Texte diskutiert werden können. Zum Glück ist das mittlerweile Standard bei den großen Anbietern. Trotzdem sind Fernlehrgänge nicht wirklich erste Wahl fürs Schreibenlernen: Wenn Sie nur durch Lehrbriefe versuchen, sich Grundlagen anzueignen, die Betreuung aber nicht wirklich intensiv ist, dann bleibt Ihr neues Wissen »tot«, Sie können es nur schwer in die Praxis umsetzen. In Schreibgruppen können Sie Ihre Texte mit anderen diskutieren, was den Lerneffekt deutlich erhöht.

Seien Sie vorsichtig, wenn Anbieter kostspielige Anzeigen in Publikumszeitschriften schalten und mit großem Aufwand neue Teilnehmer zu werben versuchen. Schlüsselwörter und Slogans wie »Erfolgreich Schreiben« oder »Verwirklichen Sie Ihren Traum« sollen Interessenten anlocken; Schreiben wird als einträglicher Nebenjob dargestellt, der stolz und glücklich macht. Von Fachleuten und ehemaligen Teilnehmern werden die kommerziellen Fernkurse, für die mit solchen Versprechungen geworben wird, kritisch beurteilt. »Ich halte das für ein relativ teures Angebot für Leute mit geringen Ansprüchen«, meint Lutz von Werder, der seit Jahrzehnten über das Kreative Schreiben forscht und lehrt. »Wir haben mal ein paar Leute von uns da eingeschleust, uns alles Material schicken lassen und es durchgeschaut. Das Lehrmaterial sind alte Klamotten, es ist normatives Schreiben ohne Einbeziehung irgendeiner Kreativitätstechnik. Auch die Betreuung ist sehr schlecht.«

Leider beschränken sich die Rückmeldungen der Lehrgangsbetreuer häufig auf Lob, korrigiert werden meist nur formale Dinge, wie auch die Nachwuchsautorin Sandra Haußer feststellen konnte: »Ich hätte mir mehr Kritik gewünscht. Verbessert wurden nur Rechtschreib- und Kommafehler, die reingerutscht waren. Die eine Betreuerin hat das ganz gut gemacht, die hat dann wenigstens auch mal gesagt, was sie ändern würde oder was besser gewesen wäre, aber die anderen haben Anmerkungen geschrieben wie ›Ohne Leertaste‹, ›Unnötiges Ausrufezeichen‹ und so weiter. Zu jedem Heft gibt es noch ein Aufgabenheft, wie in der Schule. Wenn man schnell ist, konnte man so ein Lehrheft in einer halben Stunde durcharbeiten und die Aufgaben ebenfalls in einer halben Stunde machen. Es war immer ein Sechserpack, also immer die Ration für ein halbes Jahr, aber man hätte das in einer Woche durcharbeiten können. Als ich, weil das so schnell zu erledigen war, gleich mehrere Aufgaben eingeschickt habe, hat die

Betreuerin geschrieben: ›Ihr Eifer in allen Ehren, aber das geht natürlich *nicht*, dass Sie gleich vier Aufgaben auf einmal einschicken.‹«

Buchtipps:

Die hier genannten Bücher stellen den Prozess des Schreibens in den Mittelpunkt und sind damit besonders für Leiter und Teilnehmer von Schreibwerkstätten oder Schreibkursen geeignet. Sie enthalten bewährte Techniken des Kreativen Schreibens, Übungen und Schreibspiele. Bücher, die handwerkliche Techniken vermitteln, sind im Literaturtipp des 1. Kapitels genannt.

Bettina Mosler, Gerd Herholz, *Die Musenkussmischmaschine. 132 Schreibspiele für Schulen und Schreibwerkstätten*, NDS Verlag, 3. Auflage 2003, 13,70 Euro.
Auf jeder Seite wird kurz und übersichtlich eine Übung vorgestellt, vom Antwortgedicht über den Gruppenroman bis hin zum Comic-Spiel. Dazu gibt es jeweils Informationen zu Spielverlag, Spieldauer, Verbindungsmöglichkeit mit anderen Schreibspielen und einen Kurzkommentar.

Joachim Fritzsche, *Schreibwerkstatt. Aufgaben, Übungen, Spiele*. Klett Verlag, 2. Auflage 2010, 11,50 Euro.
Zahlreiche Schreibübungen, jeweils ergänzt durch pädagogische Tipps aus der Praxis, wie man sie am besten umsetzt. Dazu sind einige Beispieltexte von Jugendlichen abgedruckt.

Marion Gay, *Türen zur Fantasie – Kreatives Schreiben im Unterricht mit 100 Schreibspielen*, zweite, ergänzte Auflage, 212 Seiten, Autorenhaus 2012, 16,80 Euro
Die Schreibspiele wurden im Schulunterricht ausprobiert, mit Beispieltexten von Schülern der Klassen 2 bis 13. Eine Fundgrube voller Anregungen zum Kreativen Schreiben mit einer Fülle von Beispielen aus der Literatur und dem Alltag.

Mario Leis, *Kreatives Schreiben – 111 Übungen*, Reclam 2006, 4,60 Euro.
Sehr systematische Sammlung von Schreibübungen und –spielen, unterteilt in »Erzählendes«, »Dramatisches«, »Lyrisches« und »Journalistisches«.

14.
WETTBEWERBE UND LITERATURPREISE

Kultur wird in den deutschsprachigen Ländern stark gefördert, und Künstler haben es hier zumindest finanziell besser als in anderen Ländern. Deutlich wird das nicht zuletzt durch die Vielzahl von kleinen und größeren Preisen, die neben Ruhm auch Geld einbringen. Häufig sind es etablierte und anerkannte Autorinnen oder Autoren, die ausgezeichnet werden und auf diese Weise hohe Summen erhalten; das liegt zum Beispiel auch daran, dass Jurys gerne auf Nummer sicher gehen und auf Bewährtes setzen, statt Neues zu entdecken und sich damit angreifbar zu machen. Wer einmal einen Preis bekommen hat, der ist sozusagen im Club und kann mit weiteren Auszeichnungen rechnen, weil sich auch die zerstrittenste Jury auf ihn einigen kann. So konnte man beispielsweise bei den Preisen der letzten Jahre den Eindruck gewinnen, es gebe nur einen einzigen brauchbaren Krimiautor im Lande – irgendwann quittierten Branchen-Insider diese Wahl der Jury nur noch mit genervtem Stöhnen: »Schon wieder Friedrich Ani? Musste das wirklich sein?« Es gibt aber auch eine ganze Reihe von Wettbewerben, bei denen junge Literatinnen und Literaten, selbst wenn sie noch nichts veröffentlicht haben, zum Zug kommen.

Neben den Preisen, die Autoren für unveröffentlichte Manuskripte verliehen werden, gibt es auch Preise für das Gesamtwerk von Autoren und Auszeichnungen für bereits erschienene Bücher. In diesem Kapitel geht es nur um die Preise für unveröffentlichte Manuskripte, da

14. Wettbewerbe und Literaturpreise

Sie sich hier selbst bewerben können. Bei der zweiten Kategorie kann man sich nicht selbst für den (meist hoch dotierten) Preis vorschlagen, sondern man wird von einer Jury gewählt – Sie selbst erfahren erst von dem Preis, wenn man beschlossen hat, ihn Ihnen zu verleihen. Auch die Auszeichnungen für Neuerscheinungen sind in diesem Kapitel nicht aufgeführt, die brauchen Sie nur zu interessieren, wenn Sie sich selbst verlegen. Wenn Ihr Buch in einem seriösen Verlag erschienen ist, wird sich Ihr Lektor darum kümmern, dass Ihr Werk zu allen relevanten Preisen eingereicht wird. Natürlich können Sie auch selbst Vorschläge machen, doch normalerweise ist das nicht nötig.

Einen Preis zu gewinnen bedeutet natürlich nicht automatisch, dass Sie über Nacht reich und berühmt werden. Doch jede Anerkennung, auch wenn es nur eine honorierte Lesung ist, hilft Ihnen, Ihr Selbstwertgefühl als Autorin beziehungsweise Autor und Ihren Bekanntheitsgrad in der Literaturszene und der Öffentlichkeit zu erhöhen. Selbst wenn Sie nur den Kurzgeschichtenwettbewerb der Sparkasse von Bergen-Enkheim erhalten haben, können Sie ein gewisses Maß an Aufmerksamkeit von den Medien erwarten – dafür sorgt schon der Veranstalter beziehungsweise derjenige, der den Preis gestiftet hat. Bei größeren Ereignissen, wie beispielsweise dem Berliner Wettbewerb »Open Mike« (zu dem jedes Mal Hunderte von Beiträgen eingereicht werden), sind zudem Agenten und Lektoren präsent. »Wir haben uns überlegt, wie man es hinbekommen kann, Öffentlichkeit zu schaffen – und Öffentlichkeit bedeutet für junge Autoren nicht, dass mal Mutter, Tante, Onkel ins Manuskript reinschauen, sondern diejenigen, die es eventuell drucken können«, erzählt Margit Manz von der literaturWERKstatt berlin, die den »Open Mike« ins Leben gerufen hat und heute das Basler Literaturhaus leitet. »Es ist mittlerweile so, dass Verleger und Zeitschriftenredakteure zu der Endausscheidung anreisen. Hier wird ihnen die Auswahl an guten jungen Autorinnen und Autoren geboten, die sie in der Folge nur noch anzusprechen brauchen, was sie auch tun. Es funktioniert! Wir werden jetzt schon öfter mit dem Klagenfurter Wettbewerb verglichen, wobei man über den Klagenfurter hört, dass das schon zu einer Autorenbeschimpfung geworden ist.

Wenn Autoren sagen: ›Auch Klagenfurt habe ich überlebt‹, dann ist das doch schlimm.«

Am allerbesten sind natürlich Wettbewerbe, die von Verlagen selbst ausgeschrieben werden – oft von Verlagen, an die man auf anderen Wegen gar nicht erst herankommt, wenn man noch keinen Agenten hat. Über den Hohlbein-Preis des Ueberreuter-Verlags beispielsweise sind schon viele gute Autoren entdeckt worden.

Leider ist es ein mühsames und oft frustrierendes Geschäft, an Wettbewerben teilzunehmen. Sie haben sich die Teilnahmebedingungen zuschicken lassen und senden voller Hoffnung Ihre Texte ein, die Sie – vielleicht mit bangem Blick auf den Einsendeschluss – eigens für diesen Wettbewerb verfasst haben, damit sie das Thema der Ausschreibung treffen. Womöglich das ganze in fünffacher Ausfertigung, mit einem ausgefüllten Bewerbungsformular. Dann hören Sie nie wieder etwas von der Sache, oder Sie erhalten ein paar Monate später einen Formbrief, in dem Ihnen mitgeteilt wird, dass man sich nicht für Sie entscheiden konnte. Sie bekommen keine detaillierte Rückmeldung und erfahren nie, welche Gründe für oder gegen Sie gesprochen haben. Nur durch Zufall oder weil Sie auf der Homepage des Veranstalters recherchiert haben, erfahren Sie, wer den Preis nun überhaupt gewonnen hat. Wenn Sie sich dann den preisgekrönten Text mühevoll beschafft haben und durchlesen, pfeffern sie ihn vielleicht wütend in die Ecke, weil Sie der Meinung sind, dass Ihre Story oder Ihr Gedicht viel besser war. Doch trösten Sie sich: Schließlich hat der Wettbewerb Sie zu einem Text zu einem bestimmten Thema inspiriert, und sicher war es auch spannend teilzunehmen. Bei Literaturpreisen Texte einzureichen ist ein bisschen so wie Lottospielen: Auch wenn man weiß, dass es sehr wahrscheinlich nicht der große Hauptgewinn sein wird, *theoretisch* ist die Chance da, und der Kitzel bei diesem Gedanken gibt der Sache ihren Reiz. Wenn Ihre Texte nicht ausgezeichnet werden, dann bedeutet das nicht, dass sie schlecht sind. Sie haben nur eben den Geschmack der Jury nicht getroffen.

Tipp: Halten Sie sich ganz genau an die Ausschreibungsbedingungen! Kürzen Sie die Geschichte streng auf die erforderliche Länge, meist werden Sie merken, dass sie dadurch sogar besser wird. Schicken Sie auch nur Texte, die genau aufs Ausschreibungsthema passen. Sonst wird Ihre Zusendung gleich zu Anfang aussortiert und die ganze Mühe war umsonst.

Seien Sie hartnäckig, und schicken Sie Ihre Texte weiterhin ein. Jedes Mal, wenn Sie an einem Wettbewerb teilnehmen, machen Sie sich sichtbar. »Wenn sich jemand zehnmal an einem Preis beteiligt hat und keinen gewonnen hat – soviel Kraft sollte er aufbringen, das zu verdauen – dann lohnt sich das trotzdem, weil sein Name doch auf irgendeine Weise bekannt wird, wenn die Texte nicht ganz schlecht sind. Das lohnt sich der Erfahrung und der Werbung wegen«, meint der Lyriker Paulus Böhmer.

Wenig Sinn macht die Teilnahme bei einem Wettbewerb, wenn Sie in Ihrer schriftstellerischen Entwicklung noch am Anfang stehen und Ihre Gedichte oder Geschichten noch nicht die nötige Qualität haben (hier ist wieder Selbstkritik gefragt!). Auch wenn Sie sich einer Stilrichtung verschrieben haben, die in den Augen des etablierten Literaturbetriebs keine Gnade findet, wie zum Beispiel Unterhaltung oder Underground, haben Sie wenig Chancen. »Die arrivierte Kulturwelt hat da große Berührungsängste und ist sehr vorsichtig. Ich höre das immer wieder«, meinte Veteran Hadayatullah Hübsch. »Die Leute werden schief angeschaut, wenn sie einen Geruch von Underground an sich haben. Das sind eben getrennte Welten.« Doch in diesen Bereichen hat sich eine eigene Subkultur mit Festivals, Slams und Zeitschriften aufgebaut, in der es ebenfalls »höhere Weihen« gibt.

Wo man Texte einreichen kann

Wenn Sie sich Informationen über Ausschreibungen beschaffen wollen, sollten Sie sich beim Kulturamt und Literaturbüro Ihres Wohnortes und dem für Kulturförderung zuständigen Ministerium Ihres Bundeslandes informieren, ob in Ihrer Gegend Literaturpreise ausgeschrieben sind. Es existieren viele kleine Preise, auf die sich nur Bewohner einer Stadt oder eines Bundeslandes bewerben können (sie konnten nicht alle in diesem Kapitel aufgeführt werden). Bei diesen Wettbewerben haben Sie – besonders in kleineren Städten – keine schlechte Chance, da die Teilnehmerzahl sich in Grenzen hält.

Wenn ein Literaturpreis ausgeschrieben wird, dann informieren die Veranstalter die Medien, dort werden Sie also ebenfalls Hinweise finden. Informationsquellen sind Feuilletons der Tagespresse oder Bücherzeitschriften wie *Buchkultur*, bei regionalen Preisen die Lokalzeitungen. Manchmal veranstalten Zeitschriften, Zeitungen oder Firmen auch selbst Literaturpreise, um durch dieses Kultursponsoring ihr Image zu verbessern. Bei diesen Wettbewerben kann die Konkurrenz gewaltig sein, da sie gewöhnlich mit großem Aufwand publik gemacht werden und die Summen, um die es geht, ansehnlich sind. Als die Frauenzeitschrift *Allegra* einen Kurzgeschichten- und Lyrikpreis ausschrieb, bei dem es ein Auto zu gewinnen gab, bekam sie rund 3.500 Einsendungen. Es ist keine Schande, unter diesen Bedingungen mit seinem Text keinen Blumentopf gewinnen zu können.

Wirklich »geballte« Informationen bekommen Sie in den Zeitschriften, die vor allem von anderen Schreibenden gelesen werden, zum Beispiel der *Federwelt* oder *TextArt* (die Adressen finden Sie unter »Autorenzeitschriften« im Kapitel über Literaturzeitschriften). Auch Autorenverbände weisen in ihren Zeitschriften auf Wettbewerbe, Anthologieprojekte und dergleichen hin. Falls Sie andere Autorinnen und Autoren kennen, dann werden Sie im Gespräch mit ihnen meist auch Informationen über laufende Wettbewerbe austauschen.

Tipp: Brandaktuelle Informationen über Ausschreibungen finden Sie natürlich im Internet, zum Beispiel im Newsletter »The Tempest« von *Autorenforum.de* oder auf der Homepage des Uschtrin Verlages *(www.uschtrin.de)*. Einen umfassenden Überblick über aktuelle Literaturstipendien, Wettbewerbe und weitere Ausschreibungen liefert der Literaturport *(www.literaturport.de)*.

14. Wettbewerbe und Literaturpreise

Adressen

Für die Liste habe ich nur diejenigen Literaturpreise ausgewählt, die regelmäßig ausgeschrieben werden, für die eine Eigenbewerbung möglich ist, die allen deutschsprachigen Autorinnen und Autoren offenstehen und die unveröffentlichte Texte der Kategorien Belletristik, Sachbuch und Kinder- und Jugendbuch betreffen. Sehr kleine und regional ausgeschriebene Preise wurden nicht einbezogen.

Alle Angaben über maximale Textlänge beziehen sich auf Normseiten à 1800 Anschläge. Wenn Sie sich für einen Preis interessieren, sollten Sie vom Veranstalter die detaillierten Bewerbungsunterlagen anfordern.

Nur Prosa

Agatha-Christie-Krimipreis

Kommentar: Gesucht werden unveröffentlichte Krimikurzgeschichten zu einem festgelegten Thema (2012: »Ein Gefühl für Mord«). Die Gewinner der Plätze 1 bis 3 werden im Rahmen des Krimifestivals München ausgezeichnet; zudem erscheinen die 25 besten Storys in einer E-Book-Anthologie im Fischer Taschenbuch Verlag.
Teilnahme: Texte von maximal zehn Normseiten mit Kurzvita per E-Mail (Word-Dokument) einreichen. Auf dem Manuskript darf nur der Titel der Story, nicht der Autorenname stehen. Kurzbiografie mit Anschrift, Name, E-Mail-Adresse und Telefonnummer, auf der auch der Titel der Geschichte vermerkt sein muss. Liste bereits veröffentlichter Texte hinzufügen
Turnus: Jährlich, Einsendeschluss unterschiedlich (zuletzt Ende August)
Preis: Sachpreise (z. B. 2012 ein Tablet-PC, ein Notebook, ein E-Book-Reader)
Adresse: S. Fischer Verlag GmbH, Hedderichstraße 114, 60596 Frankfurt am Main, Tel. 069/6062-0, E-Mail: agatha-christie-krimipreis2012@fischerverlage.de, www.fischerverlage.de

Alfred-Döblin-Preis

Kommentar: Unveröffentlichtes literarisches Werk epischen Charakters. Der von Günther Grass gestiftete Preis soll Autoren, die an einem längeren, noch unvollendeten Prosawerk arbeiten, ermöglichen, es ohne finanzielle Sorgen fertig zu stellen. Mindestens eine eigenständige Buchveröffentlichung ist erforderlich.
Teilnahme: Fast oder ganz fertiges Manuskript einsenden (mind. 50 Seiten), ein Exposé plus Kurzvita.
Turnus: Alle zwei Jahre; Bewerbungsschluss meist Mitte Januar.
Preis: 12 000 Euro (kann in einen eigenen Haupt- und Förderpreis aufgeteilt werden).
Adresse: Literarisches Colloquium Berlin e.V., Am Sandwerder 5, 14109 Berlin, Tel. 030/81 69 96-0, Fax: 030/81 69 96-19, E-Mail: mail@lcb.de, www.lcb.de

Adressen

Deutscher Kurzkrimi-Preis

Kommentar: Im Rahmen des Krimifestivals »Tatort Eifel« wird der Deutsche Kurzkrimi-Preis vergeben. Wettbewerb für junge Talente (unabhängig vom Alter), die in originellen, unveröffentlichten Kurzgeschichten zum Genre Krimi die Region Eifel thematisieren; Themenvorgabe (z. B. 2011: »Mordszauber – Verbrechen in der märchenhaften Eifel«.)
Teilnahme: Kurzkrimi (2-5 Seiten), Kurzbiografie inklusive ausgefüllte Teilnahmeunterlagen (siehe Homepage) einsenden.
Turnus: Alle zwei Jahre (zuletzt 2011), nächster Termin: 13.-22.09.2013
Preis: 1. Preis 1 500 Euro, 2. Preis 1 000 Euro, 3. Preis 500 Euro; Veröffentlichung in Krimianthologie des KBV-Verlags.
Adresse: Kreisverwaltung Vulkaneifel,»Tatort Eifel«, Mainzer Str. 25, 54550 Daun,
E-Mail: marita.justi@tatort-eifel.de, www.tatort-eifel.de

Tage der deutschsprachigen Literatur (Ingeborg-Bachmann-Preis)

Kommentar: Ausgezeichnet werden unveröffentlichte deutschsprachige Prosatexte sehr hoher Qualität von max. 25 Minuten Lesedauer. Die eingeladenen Autorinnen und Autoren lesen ihre Texte vor Publikum und Presse – 3sat überträgt live, danach diskutiert die Jury öffentlich. Neben dem Ingeborg-Bachmann Preis (25 000 Euro) werden noch vier weitere Preise vergeben.
Teilnahme: Kandidaten werden von der Jury nominiert. Interessierte können Texte mit der Empfehlung einer Literaturzeitschrift oder eines Verlags auch direkt an Jurymitglieder schicken. Die Namen und Adressen der Jury-Mitglieder werden ab Dezember auf der Homepage der Tage der deutschsprachigen Literatur bekannt gegeben, Texte sollte man bis spätestens Februar verschicken.
Turnus: Jährlich in der letzten Juni-Woche (rund um den 25. Juni, dem Geburtstag Ingeborg Bachmanns).
Preis: Mehrere Preise mit unterschiedlicher Dotierung, Preise, die von der Jury vergeben werden und ein Publikumspreis der über das Internet abgestimmt wird.
Adresse: ORF Landesstudio Kärnten, Tage der deutschsprachigen Literatur, Sponheimer Str. 13, 9010 Klagenfurt, Österreich. Tel. 00 43/463/53 30-29 528, E-Mail: bachmann.preis@orf.at, http://bachmannpreis.eu

erostepost-Literaturpreis

Kommentar: Die Veranstalter zerlegen den Namen ihrer Zeitschrift *erostepost* in seine Bestandteile und vergeben jährlich einen Literaturpreis dazu, z. B. zu den Themen eros, rost, step, epos, post, euro, stop und pest oder zu Prosa- und Lyrik-Genres. Beispiel: »e – wie emil und die detektive, Kriminalgeschichten« oder »r – wie raumschiff enterprise, science-fiction-stories«. Die besten Einsendungen werden jeweils in der nächsten Frühjahrsnummer der *erostepost* veröffentlicht.
Teilnahme: Aktuelles Motto erfragen. Beiträge sollen in 3-facher Ausfertigung und anonym mit Kennwort (persönliche Daten in einem geschlossenen Kuvert mit Kennwort) per Post eingereicht werden.
Turnus: Jährlich, Einsendeschluss 31.12.
Preis: 1 500 Euro
Adresse: »erostepost« im Literaturhaus, Strubergasse 23, 5020 Salzburg, Österreich,
E-Mail: erostepost@literaturhaus-salzburg.at, www.erostepost.at

14. Wettbewerbe und Literaturpreise

Frau Ava Literaturpreis

Kommentar: Der Preis wird an deutschsprachige Autorinnen vergeben, die bereits einen eigenständigen Lyrik- oder Prosaband veröffentlicht haben und sich in ihrem Text innovativ mit Themen im Spannungsfeld von Spiritualität, Religion und Politik auseinandersetzen.
Teilnahme: Unveröffentlichten Prosatext (abgeschlossene Kurzform oder Ausschnitt aus Roman, max. 40 000 Zeichen) in sechsfacher Ausfertigung anonym mit Kennwort versehen einreichen. Separaten Umschlag ebenfalls mit Kennwort versehen, darin Name, Adresse, Biografie und Bibliografie beilegen.
Turnus: Alle zwei Jahre (nächste Vergabe April 2013, Bewerbungen von Anfang Februar bis Ende September des Vorjahres für die Verleihung im April).
Preis: 10 000 Euro (Statuette »Frau Ava«, PR und Honorar für Lesereise)
Adresse: Frau Ava Gesellschaft für Literatur, Hellerhof, A-3508 Paudorf/Göttweig, Tel. 00 43/06 64-57 458 36, E-Mail: office@frauavapreis.at, www.frauavapreis.at/

Holzhäuser Heckethaler

Kommentar: Nachwuchspreis für die Förderung junger deutschsprachiger Talente. Der Preis wird in zwei Sparten vergeben: Teilnehmer zwischen 14 und 30 Jahre und von 30 bis 50 Jahre. Prosatexte aus dem Alltag, aber auch fiktive Texte (Themenvorgabe!).
Teilnahme: Bis zu drei Texte pro Teilnehmer möglich, jeweils max. 5 Seiten in sechsfacher Ausfertigung einreichen. Anonyme Einsendung mit Kennwort auf den Textseiten in einem Briefumschlag, der ebenfalls mit diesem Kennwort versehen ist. E-Mail-Adresse, Name, Geburtsdatum, Telefonnummer und Anschrift angeben; zusätzlich Kurzvita und Bibliografie sowie Auskunft darüber, wie man auf Wettbewerb aufmerksam geworden ist, beilegen.
Turnus: Jährlich, Einsendeschluss: 31. Juli
Preis: Für beide Altersgruppen werden jeweils drei Preise vergeben, die je mit insgesamt 1 000 Euro dotiert sind.
Adresse: Glasmuseum, Frau Monika Rudolph, Kennwort: »Holzhäuser Heckethaler bis 30« bzw. »Holzhäuser Heckethaler bis 50«, Am Bahnhof 3, 34376 Immenhausen, E-Mail: post@immenhausen.de, www.immenhausen.de

Limburg-Preis

Kommentar: Eine unveröffentlichte realistische Erzählung (keine Fantasy-Geschichten, Märchen, Legenden o.ä.) in deutscher Sprache. Die Teilnehmer dürfen das 40. Lebensjahr noch nicht vollendet haben und müssen Erzählungen in literarischen Zeitschriften bzw. Anthologien oder als Buch (kein Selbstverlag, kein BOD) veröffentlicht haben.
Teilnahme: Maximal 10 Normseiten mit weitem Zeilenabstand (1 1/2-zeilig) und einer Schriftgröße von 12 Punkt in dreifacher Ausfertigung anonym mit Kennwort einreichen. Im beigefügten Briefumschlag mit dem gleichen Kennwort Name, Anschrift und Geburtsdatum des Autors nennen sowie bisherige Veröffentlichungen nachweisen.
Turnus: Alle zwei Jahre, nächste Verleihung 2012; Einsendebeginn: 1. April 2012, Einsendeschluss: 1. Juni 2012
Preis: 4 000 Euro
Adresse: Kunstverein Bad Dürkheim, z.Hd. Lucia Cornelius-Horstmann, In den Hammerwiesen 28, 67098 Bad Dürkheim, Tel. 063 22/981 45 4, E-Mail: lucia.horstmann@t-online.de, www.bad-duerkheim.de/html/

Lise-Meitner-Literaturpreis

Kommentar: Der Preis erinnert an die berühmte österreichische Physikerin Lise Meitner. Teilnehmen können daher nur Frauen; gesucht werden unveröffentlichte Prosatexte (auch experimentelle). Sie sollten sich erzählend mit dem Thema Technik und Geschlecht auseinandersetzen (Geschichte der Technik und Naturwissenschaft; Gefahren, Alternativen und Visionen im naturwissenschaftlich-technischen Bereich; Studium an einer Technischen Universität).
Teilnahme: Max. drei unveröffentlichte Texte einreichen, höchstens 30 Seiten.
Turnus: Alle 2 Jahre, z. B. 2011; Einsendeschluss ist meist Ende August.
Preisgeld: 2 200 Euro
Adresse: Frauenreferat der HTU, Kennwort: Lise Meitner Literaturpreis, Wiedner Hauptstr. 8-10, A-1040 Wien. E-Mail: helga.gartner@tuwien.ac.at, www.lisemeitnerpreis.at

MDR-Literaturpreis

Kommentar: Gesucht werden unveröffentlichte Kurzgeschichten; teilnehmen können Autorinnen und Autoren, die schon mindestens einen literarischen Text veröffentlicht haben.
Teilnahme: Texte von maximal sechs Normseiten bzw. 15 Vorlese-Minuten in zweifacher Ausfertigung einreichen, Kurzvita und Übersicht bisheriger Veröffentlichungen. Bei einer öffentlichen Lesung wird über die Gewinner abgestimmt.
Turnus: Jährlich, Einsendeschluss 31. Januar
Preis: 1. Preis 5 000 Euro, 2. Preis 2 000 Euro, 3. Preis 1 500 Euro; außerdem Publikumspreis mit 1 000 Euro dotiert.
Adresse: Mitteldeutscher Rundfunk, Figaro, Kennwort: Literaturwettbewerb, Postfach 10 01 22, 06140 Halle. www.mdr.de

Menantes-Preis für erotische Dichtung

Kommentar: Der Menantes-Förderkreis der Evangelischen Kirchengemeinde Wandersleben hat diesen Preis in Zusammenarbeit mit der Thüringer Literaturzeitschrift »Palmbaum« nach dem Barockdichter Christian Friedrich Hunold benannt, der unter dem Namen Menantes schrieb, und zeichnet Gedichte bzw. Kurzgeschichten aus; die besten fünf Einsendungen nehmen an einem Lesefest teil, bei dem der Gewinner oder die Gewinnerin ermittelt wird.
Teilnahme: Unveröffentlichte Gedichte (max. drei) oder eine Kurzgeschichte (max. 5 Seiten); anonyme Bewerbung, d. h. Texte ohne Verfassername, aber mit separater Kurzbiografie einsenden.
Turnus: Alle zwei Jahre (nächste Verleihung 2012); Einsendeschluss: 31. März
Preis: Jury-Preis 2 000 Euro, Publikumspreis 750 Euro; Veröffentlichung in der Thüringer Literaturzeitschrift »Palmbaum« und Publikation einer Anthologie im quartus-Verlag.
Adresse: Kennwort:»Menantes«, Evangelische Kirchgemeinde Wandersleben, OT Wandersleben, Menantesstraße 31, 99869 Drei Gleichen, Tel. 03 62 02/90 595, E-Mail: info@menantes-wandersleben.de, www.menantes-wandersleben.de

Otto-Stoessl-Preis

Kommentar: Zur Erinnerung an den Kritiker, Dichter und Essayisten Otto Stoessl schreibt die gleichnamige Stiftung einen Preis für deutschsprachige Autorinnen und Autoren aus, die sich mit einer unveröffentlichten Erzählung bewerben können.
Teilnahme: 20-30 Textseiten in zweifacher Ausfertigung einsenden.
Turnus: Alle zwei Jahre. Der »Otto Stoessl-Preis« wird in ungeraden Jahren ausgeschrieben

und in geraden Jahren vergeben, d. h. dass bis Ende 2013 die Erzählungen eingereicht werden müssen, um am Wettbewerb für 2014 teilnehmen zu können.
Preis: 4 000 Euro
Adresse: Kuratorium der »Otto Stoessl-Stiftung«, »Otto Stoessl-Preis 2012«, Dr. Christoph Binder, Semmelweisgasse 9, A-8010 Graz, Tel. 00 43/03 16/87 74 600, E-Mail: stlbib@stmk.gv.at, www.literaturhaus.at

Walter-Serner-Preis

Kommentar: Gesucht werden bei diesem vom Rundfunk Berlin-Brandenburg und dem Literaturhaus Berlin ausgeschriebenen Preis Kurzgeschichten zum Thema »Leben in den großen Städten«. Der Preis hat sich laut Veranstalter seit einigen Jahren als Forum für Debütanten etabliert.
Teilnahme: Maximal sieben Normseiten einsenden; den Namen des Autors nicht auf dem Manuskript, sondern auf einem beigefügten Blatt vermerken.
Turnus: Jährlich. Die Ausschreibung erfolgt im Juni jeden Jahres, Einsendeschluss ist der 15. September, Verleihung: Anfang Dezember im Literaturhaus Berlin.
Preis: 5 000 Euro
Adresse: Rundfunk Berlin-Brandenburg, Kulturradio, Stichwort: Walter-Serner-Preis, Masurenallee 8-14, 14057 Berlin, E-Mail: kulturradio@rbb-online.de, www.kulturradio.de

Story-Olympiade

Kommentar: Kurzgeschichten aus dem Bereich Phantastik (Phantastik, Mystery, SF, Fantasy, Horror.) Jedes Jahr wird ein neues Thema gestellt (z. B. 2011: Masken). Teilnehmen dürfen Hobbyautoren, die bisher noch keinen Roman veröffentlicht haben. Nicht einsenden darf man Fan-Fiction (StarTrek etc.) oder Auszüge aus Romanen. Die Texte dürfen weder gedruckt noch im Internet veröffentlicht worden sein.
Teilnahme: Texte per E-Mail einschicken (als RTF-Attachment). Maximal ein Text pro Teilnehmer mit maximal 16 000 Zeichen inklusive Leerzeichen (ca. 9 Normseiten). Am Anfang jedes Textes Titel, Autor. Name, Adresse und E-Mail-Adresse nennen.
Turnus: Alle zwei Jahre, das nächste Mal 2013
Einsendeschluss: Ende Oktober.
Preis: Die Siegerkurzgeschichten erscheinen in einer Anthologie im Wurdack Verlag. Jeder Autor, dessen Geschichte abgedruckt wird, erhält ein Freiexemplar der Anthologie. Gemäß dem olympischen Gedanken werden die Gewinner mit Medaillen ausgezeichnet.
Adresse: orga@storyolympiade.de, www.storyolympiade.de.

Uwe-Johnson-Preis

Kommentar: Förderung deutschsprachiger Autorinnen und Autoren, in deren Werken sich Bezugspunkte zu Johnsons Poetik finden oder die die deutsche Vergangenheit, Zukunft und Gegenwart reflektieren. Einjährige Zusammenarbeit des ausgezeichneten Autors bzw. der Autorin mit Mecklenburg-Vorpommern zur literarischen Bereicherung der Region.
Teilnahme: Unveröffentlichte oder veröffentlichte Texte (Prosa/Essayistik) einsenden. Bereits publizierte Bücher müssen innerhalb der letzten drei Jahre erschienen sein.
Turnus: Alle zwei Jahre, Einsendeschluss jeweils 31. März des vorangegangenen Jahres.
Preis: 12 500 Euro
Adresse: Nordkurier, Uwe-Johnson-Preis, Flurstraße 2, 17034 Neubrandenburg, Tel. 03 95/45 75-494, E-Mail: feuilleton@nordkurier.de, www. Nordkurier.de

Walter-Kempowski-Literaturpreis

Kommentar: Förderpreis der Hamburger Autorenvereinigung, für den sich deutschsprachige Autorinnen und Autoren mit einer Kurzgeschichte bewerben können (Themenvorgabe, z. B. 2011 »Familie«).
Teilnahme: Unveröffentlichte Kurzgeschichte (max. 5 Seiten) anonym und ungeheftet mit separatem Blatt (darauf Name, Anschrift, Telefonnummer, E-Mail-Adresse, Kurzbiografie) in verschlossenem, separatem Umschlag einsenden.
Turnus: Alle zwei Jahre (2013 nächste Ausschreibung), Bewerbungsschluss Ende Februar.
Preis: 1. Preis 6 000 Euro, 2. Preis 2 500 Euro, 3. Preis 1 500 Euro
Adresse: Hamburger Autorenvereinigung, Hartungstrasse 3, 20146 Hamburg, Tel. 040/188 873 63, E-Mail: info@hamburger-autorenvereinigung.de, www.hamburger-autorenvereinigung.de

Nur Lyrik

Dresdner Lyrikpreis

Kommentar: Lyrikpreis für deutschsprachige sowie tschechische Autorinnen und Autoren. Sämtliche nominierten Texte werden von renommierten Literaturübersetzern in die jeweils andere Sprache übertragen und der Hauptjury zur Verfügung gestellt. Die nominierten Kandidaten werden nach Dresden eingeladen und präsentieren vor Hauptjury und Publikum ihre Wettbewerbstexte.
Teilnahme: 6-10 lyrische Texte in fünffacher Ausfertigung und Kurzvita einsenden. Auf den Texten darf der Name des Autors nicht erscheinen, bitte eigenes Kennwort auf allen Textseiten und auf der Kurzvita angeben.
Turnus: Alle zwei Jahre (immer in einem geraden Jahr, z. B. Ausschreibung 2013 für die Verleihung 2014), Einsendeschluss Ende September.
Preis: 5 000 Euro
Adresse: Förderverein für das Erich Kästner Museum / Dresdner Literaturbüro e.V., Literaturhaus Villa Augustin, Antonstr. 1, 01097 Dresden, Tel. 03 51/80 45 08 7, E-Mail: info@dresdner-literaturbuero.de, www.literaturhaus-dresden.de, www.dresdner-literaturbuero.de

Jokers Lyrik-Preis

Kommentar: Gehört inzwischen zu den großen deutschsprachigen Lyrikwettbewerben, an dem alle Hobby-Dichter teilnehmen können. Das Thema ist nicht vorgegeben.
Teilnahme: Ein unveröffentlichtes Gedicht pro Person über den Bewerbungsbogen auf der Homepage des Augsburger Buchversenders Joker (siehe unten) einsenden.
Turnus: Jährlich, Einsendungen vom 1. bis 31. März
Preis: 1. Preis 1 000 Euro, 2. Preis 500 Euro, 3. Preis 250; Sponsorenpreise; Veröffentlichung in einem Wochenkalender-Buch.
Adresse: E-Mail: christiane.schlueter@jokers.de, www.jokers.de/lyrikpreis

Leonce-und-Lena-Preis
Wolfgang-Weyrauch-Förderpreise

Kommentar: Die Preise werden im Rahmen des »Literarischen März« verliehen. Teilnahmeberechtigt sind Autorinnen und Autoren, die am Tag des Einsendeschlusses nicht älter als 35 Jahre sind. 12 bis 15 Autoren werden zum Wettbewerb eingeladen und nehmen an der Lesung teil, dann wählt eine Jury die Preisträger.
Teilnahme: Bis zu zwölf unveröffentlichte Gedichte, eine Kurzvita und Bibliographie einreichen.
Turnus: Alle zwei Jahre, z. B. 2013; Einsendeschluss 15. September für Verleihung im März.
Preis: Leonce-und-Lena-Preis: 8 000 Euro. Zwei Wolfgang-Weyrauch-Förderpreise: insgesamt 8 000 Euro. Der Gewinn des Leonce-und-Lena-Preises umfasst zudem einen Auftritt auf der Website www.lyrikline.org sowie im Lyrik Kabinett
in München www.lyrik-kabinett.de/index.php
Adresse: Wissenschaftsstadt Darmstadt, Kulturamt, Kanita Hartmann, Frankfurter Straße 71, 64293 Darmstadt, Tel. 06151/13 33 37, E-Mail: kanita.hartmann@darmstadt.de, www.literarischer-maerz.de

Lyrikpreis Meran

Kommentar: Wird ausgeschrieben vom Kreis Südtiroler Autorinnen und Autoren und der Kurverwaltung Meran. Unter den Einsendern kommen neun Teilnehmer in die engere Wahl; sie werden zur Endausscheidung drei Tage nach Meran eingeladen. Bewerben können sich nur deutschsprachige Autoren, die bereits mindestens einen Lyrik- oder Prosaband veröffentlicht haben (nicht Eigenverlag).
Teilnahme: 10 unveröffentlichte Gedichte in fünffacher Ausfertigung einreichen. Sie müssen mit einem Kennwort versehen sein, Umschlag mit Name, Adresse und Kurzvita separat beilegen. Einsendungen nicht per E-Mail.
Turnus: Alle zwei Jahre (z. B. Einsendeschluss 2012 für die Verleihung 2013); Einsendeschluss Ende Oktober.
Preis: 8 000 Euro, Förderpreis 3 500 Euro.
Adresse: Einsendungen an: Verein der Bücherwürmer / Literatur Lana, Lyrikpreis Meran, Hofmannplatz 2, I-39011 Lana, E-Mail: info@lyrikpreis-meran.org, www.lyrikpreis-meran.org

Mondseer Lyrikpreis

Kommentar: Lyrikpreis für deutschsprachige Autorinnen und Autoren. Teilnehmen kann nur, wer schon mindestens ein Buch veröffentlicht hat.
Teilnahme: 10-12 unveröffentlichte lyrische Werke plus Kurzvita und Werkverzeichnis in sechsfacher Ausfertigung einsenden.
Turnus: Jährlich; Einsendeschluss Mitte September.
Preis: 7 500 Euro
Adresse: Literaturtage Mondsee, Postfach 117, A-5310 Mondsee, E-Mail: h.f.palzinsky@utanet.at, www.mundwerk.at

Prosa und Lyrik

Hattinger Förderpreis für junge Literatur

Kommentar: Förderpreise für Autorinnen und Autoren zwischen 16 und 25 Jahren. Prämiert werden literarische Texte. Acht Autoren und Autorinnen werden für eine öffentliche Lesung während der Hattinger Literatur-Tage ausgewählt, dann wird von Jury und Publikum jeweils ein Preis vergeben.
Teilnahme: Manuskripte von max. 5 Normseiten per Post einreichen.
Turnus: Jährlich, Einsendeschluss Ende Mai.
Preis: Bezahlte Lesung für die beiden PreisträgerInnen
Adresse: Stadtmuseum Hattingen, Marktplatz 1-3, 45527 Hattingen, E-Mail: stadtmuseum@hattingen.de, www.stadtmuseum.hattingen.de

Irseer Pegasus

Kommentar: Autorentreffen und Workshop im Kloster Irsee (Ostallgäu), bei dem auch ein Literaturpreis vergeben wird. 18 ausgewählte Autoren und Autorinnen lesen ihren Text vor den anderen Workshop-Teilnehmern, die als Jury fungieren. Ausgeschrieben wird ein Preis, der in den Kategorien fiktive Prosa, Lyrik und Essay zu einem vorgegebenen Thema vergeben wird, von der Regionalgruppe Schwaben des Verbandes deutscher Schriftsteller (VS) und der Schwabenakademie Irsee. Jeder Bewerbertext stellt sich einer ca. 20-minütigen Diskussion. Anmelden dürfen sich nur Autoren, die mindestens ein Buch veröffentlicht haben (nicht im Eigenverlag).
Teilnahme: Unveröffentlichten Text in sechsfacher Ausfertigung per Post an die Schwabenakademie einreichen, Kurzvita und Bibliographie beilegen. Jeder Teilnehmer darf maximal 15 Minuten lesen, diese Länge sollte der Text also nicht überschreiten. Die Teilnahmegebühr am Autorentreffen inkl. Unterkunft und Verpflegung beträgt je nach Unterbringung ca. 200 Euro.
Turnus: Jährlich, Anmeldungen bis Ende Oktober, das Autorentreffen findet im Januar statt.
Preis: 1. Preis 1 500 Euro, 2. Preis 1 000 Euro, Sonderpreis 500 Euro
Adresse: Sekretariat der Schwabenakademie Irsee, Klosterring 4, 87660 Irsee, Tel. 083 41/906-661, E-Mail: buero@schwabenakademie.de, www.schwabenakademie.de

Koblenzer Literaturpreis

Kommentar: Der Preis wendet sich an internationale Schriftstellerinnen und Schriftsteller, die mit dem Norden von Rheinland-Pfalz verbunden sind – sei es, dass sie hier leben und arbeiten, sei es, dass sie sich mit Land, Leuten und Landschaft auseinandersetzen. Gefördert wird das literarische Experiment, die Suche nach neuen Wegen. Zugelassen sind Arbeiten (veröffentliche oder unveröffentlichte Werke) aus allen literarischen Gattungen, freie Themenwahl.
Teilnahme: Einsendung einzelner Texte oder auch das umfassende Werk einer Autorin bzw. eines Autors (Manuskript oder bereits veröffentlichte Texte) per Post; nicht mehr als drei Publikationen. Bei nicht deutschsprachigen Texten Übersetzung beilegen.
Turnus: Alle drei Jahre, nächste Ausschreibung 2014. Einsendeschluss Ende April 2014 für die Preisverleihung 2015.
Preis: 13 000 Euro
Adresse: Silke Raß, Koblenz Touristik, Eigenbetrieb der Stadt Koblenz, Bahnhofplatz 7, 56068 Koblenz, Telefax: 0261/303-880, E-Mail: rass@koblenz-touristik.de, www.koblenzer-literaturpreis.de

14. Wettbewerbe und Literaturpreise

Literaturwettbewerb Wartholz

Kommentar: Prosa- oder Lyriktexte von deutschsprachigen Autorinnen und Autoren, die in den letzten fünf Jahren mindestens eine Veröffentlichung vorweisen können (Buchform, namhafte Literaturzeitschrift, Feuilleton). Aus den Einsendungen werden 12 Teilnehmer ausgewählt, die bei einer öffentlichen Lesung Mitte Februar in der Schlossgärtnerei Wartholz gegeneinander antreten (Reisekosten trägt der Veranstalter).
Teilnahme: Manuskript oder 12 Gedichte (muss für eine 20-minütige Lesung reichen, ca. 6 Seiten) jeweils in sechsfacher Ausführung per Post einsenden. Manuskript ohne Nennung des Verfassers beilegen, in einem zusätzlichen Kuvert persönliche Angaben wie Name, Anschrift, Telefonnummer, Titel des Textes, Kopie eines amtlichen Lichtbildausweises, Lebenslauf und Nachweis für Veröffentlichung beilegen sowie unterschriebene Ausschreibung des Wettbewerbs.
Turnus: Jährlich, Einsendeschluss: 12. September
Preis: Hauptpreis 10 000 Euro, Publikumspreis 2000 Euro, die besten 12 Texte werden im Braumüller Verlag veröffentlicht.
Adresse: Literaturwettbewerb, Schlossgärtnerei Wartholz, Hauptstr. 113, A-2651 Reichenau a.d. Rax, E-Mail: literatursalon@gmail.com, www.schlosswartholz.at

open mike – Internationaler Wettbewerb junger deutschsprachiger Literatur

Kommentar: Unveröffentlichte Lyrik und Prosa. Teilnehmen können Autoren und Autorinnen unter 35 Jahren, die noch keine eigene Buchveröffentlichung vorzuweisen haben. Seit seiner Gründung 1993 hat sich der open mike zum wichtigsten deutschsprachigen Literatur-Nachwuchspreis entwickelt.
Bei der Endausscheidung nehmen ca. 20 Autoren teil, die von sechs Lektoren renommierter Verlage ausgewählt werden, und lesen ihre Texte; die Jury wählt bis zu drei Preisträger. Die Autoren in der Endausscheidung erhalten ein Startgeld und Fahrtkostenerstattung.
Teilnahme: Manuskripte, die für eine 15-minütige Lesezeit ausreichen, in zweifacher Ausfertigung mit Kurzvita einschicken. Auf den Texten darf kein Name vermerkt sein. Die Texte dürfen noch zu keinem anderen Wettbewerb eingereicht und müssen noch unveröffentlicht sein.
Turnus: Jährlich; Einsendeschluss 15. Juli,
Preis: 7 500 Euro – die Summe wird von der Jury an drei Preisträger verteilt (ein Lyrik- und zwei Prosa-Preise).
Adresse: Literaturwerkstatt Berlin, Knaackstr. 97/Kulturbrauerei, 10435 Berlin, Tel. 030/48 52 45-0, E-Mail: mail@literaturwerkstatt.org, www.literaturwerkstatt.org

Prosanova-Literaturwettbewerb

Kommentar: Autoren und Autorinnen, die nicht älter als 35 Jahre sind und bisher noch keine bzw. max. eine eigenständige Buchpublikation vorweisen können. Wechselnde Bewerbungskriterien (2008 ausschließlich Lyrik, 2011 nur Prosatexte). Endausscheidung mit sechs Autoren in Form einer Lesung im Rahmen des Prosanova-Festivals für junge deutschsprachige Gegenwartsliteratur.
Teilnahme: Unveröffentlichten Prosatext (sollte für eine 15-minütige Vorlesezeit reichen) anonym mit einem Kennwort versehen in zweifacher Ausfertigung einreichen. Verschlossenes Kuvert mit diesem Kennwort, darin Anschrift, kurze Angaben zur Person und eventuellen Veröffentlichungen beilegen.
Turnus: Alle drei Jahre, Bewerbungsschluss Anfang März, nächste Verleihung 2014.
Preis: Jury-Preis 1 500 Euro, Publikumspreis 500 Euro; Veröffentlichung der besten sechs Texte in Anthologie.

Adresse: Prosanova – Festival für junge Literatur, Stichwort: Wettbewerb, Neustädter Markt 3-4, 31134 Hildesheim, Tel. 05121/7553492, E-Mail: post@prosanova.net (Ansprechpartnerin Clara Ehrenwerth), www.prosanova.net

RSGI – Internationaler Jungautorenwettbewerb

Kommentar: Preis für internationale Nachwuchsautoren bis einschließlich 25 Jahre.
Teilnahme: Unveröffentlichte Lyrik und Kurzprosa in deutscher Sprache einsenden, deren Länge fünf Minuten Lesezeit nicht übersteigen. Manuskripte in Umschlag mit Kennwort plus Anmeldeformular einschicken.
Turnus: Zwei Jahre (nächste Ausschreibung: 2012); Einsendeschluss meist August/September
Preis: Die besten zehn Autorinnen bzw. Autoren werden nach Regensburg eingeladen und lesen vor der Jury um die fünf Geldpreise. 1. Preis 800 Euro, 2. Preis 500 Euro, 3. Preis 300 Euro, 4. Preis 200 Euro, 5. Preis 100 Euro.
Adresse: Regensburger Schriftstellergruppe International, Stichwort Jungautorenwettbewerb, Lederergasse 6, 93047 Regensburg, Tel. 0941-5 77 09 (jeden Do. von 15-17 Uhr), E-Mail: rsgi@rsgi.de, www.rsgi.de

Bundeswettbewerb der Berliner Festspiele – Treffen junger Autoren

Kommentar: Wettbewerb für Kinder und Jugendliche ab 11 bis 21 Jahre – alle Schul- und Ausbildungsformen. Alle literarischen Genres sind erlaubt (Gedichte, Geschichten, Dramatisches, Satire oder Parodien, Märchen, Science-Fiction, Reportagen, Nonsens etc.) Aus den Einsendungen werden 20 Beiträge ausgewählt und die jeweiligen Autoren zum »Treffen junger Autoren« nach Berlin eingeladen, bei dem die Lesungen der Teilnehmer, Workshops, Gespräche und Begegnungen mit professionellen Autoren und Fachleuten aus dem Verlags- und Medienbereich stattfinden. Der Wettbewerb wird vom Bundesministerium für Bildung und Forschung gefördert.
Teilnahme: Ausgefüllten Bewerbungsbogen, der bei den Veranstaltern und im Internet erhältlich ist. Außerdem ein Manuskript von max. 5 Normseiten oder max. 10 Gedichten.
Turnus: Jährlich; Einsendeschluss ist 15. Juli. Die Preisverleihung findet im Rahmen des Treffens junge Autoren im November statt.
Preis: Teilnahme am Treffen junger Autoren (inkl. Reisekosten); bis zu 20 Bewerber erhalten Bücherschecks im Wert von 50 Euro. Alle Bewerber erhalten kostenlos eine Anthologie der ausgewählten Texte der 20 Preisträger.
Adresse: Bundeswettbewerbe der Berliner Festspiele, »Treffen Junger Autoren«, Schaperstr. 24, 10719 Berlin, Tel. 030/25 48 9-213, E-Mail: bundeswettbewerbe@berlinerfestspiele.de, www.berlinerfestspiele.de/bundeswettbewerbe

Völklinger Senioren-Literaturpreis

Kommentar: Teilnehmen können alle Menschen über 55 Jahre, die als Hobby gerne schreiben. Gesucht werden unveröffentlichte, themenbezogene Kurzgeschichten oder Gedichte (2010: »Leben in der Stadt«).
Teilnahme: Beitrag (höchstens drei Normseiten, pro Teilnehmer nur einen Beitrag) in 4-facher Ausfertigung per Post oder Fax einreichen; bitte Geburtsdatum angeben.
Turnus: Alle zwei Jahre, nächste Verleihung 2012. Einsendeschluss meist 31. März für die Preisverleihung im Juni.
Preis: 500 Euro jeweils für Prosa und Lyrik.
Adresse: Volkshochschule Völklingen, Seniorenakademie, Altes Rathaus, 66333 Völklingen, Tel. 068 98/13-25 97, E-Mail: sekr@vhs-voelklingen.de, www.vhs-voelklingen.de

Würth-Literaturpreis

Kommentar: Themenbezogener Förder- und Nachwuchspreis, der am Ende der Tübinger Poetik-Dozentur ausgeschrieben wird. Das Thema stellt der jeweilige Poetik-Dozent in seiner Abschluss-Vorlesung. 2012 z. B. »Es gibt eine Zeit, wo ihr Gegenstand noch keinen Namen trägt«. Die prämierten Texte werden in einer Anthologie veröffentlicht.
Teilnahme: Max. 15 Normseiten in einfacher Ausfertigung einschicken. Die Texte sollen mit einem Kennwort versehen in einem verschlossenen Umschlag eingereicht werden. Ein weiterer mit dem Kennwort versehener Umschlag mit folgenden Informationen beilegen: Name, Adresse, Telefonnummer, E-Mail und Angaben zur Person. Einsendeschluss ist Mitte Februar
Turnus: Jährlich
Preis: 7 500 Euro (1-3 Preisträger)
Adresse: Philipp Ostrowicz MA, Würth-Literaturpreis, Deutsches Seminar (Universität Tübingen), Wilhelmstr. 50, 72074 Tübingen, E-Mail: ostrowicz@poetik-dozentur.de, www.poetik-dozentur.de

Kinder- und Jugendbuch

»Eberhard«- Kinder- und Jugendliteraturpreis des Landkreises Barnim

Kommentar: Prämiert werden unveröffentlichte Texte der Kinder- und Jugendliteratur aller Genres und Gattungen (außer Sachbuch) mit Umweltthematik. Jedes Jahr wird ein bestimmtes Motto gewählt (z. B. 2011 »Wildwuchs«)
Teilnahme: Eine unveröffentlichte Arbeit von max. sieben Normseiten in siebenfacher Ausfertigung einreichen. Auf einem gesonderten Blatt in zweifacher Ausfertigung Titel der Arbeit, Name, Anschrift, Kurzbiografie und Telefonnummer angeben. Außerdem kurze Auskunft, wie man auf den Preis aufmerksam wurde.
Turnus: Alle zwei Jahre, immer in ungeraden Jahren, z. B. 2013; Einsendeschluss ist August (genaues Datum siehe aktuelle Ausschreibung) für die Preisverleihung im Oktober. Ausschreibung ab Februar in den Medien.
Preis: 2 500 Euro
Adresse: Landkreis Barnim, Strukturentwicklungsamt, Am Markt 1, 16225 Eberswalde, Tel. 03 334/214-12 55, E-Mail: kulturverwaltung@kvbarnim.de, www.barnim.de

Der Goldene Pick

Kommentar: Das Label Chicken House des Hamburger Carlsen Verlags und die Frankfurter Allgemeine Zeitung prämieren unveröffentlichte Kinder- und Jugendbuchmanuskripte (Altersgruppe 10-16, alle Genres und Themen außer Bilderbücher und Graphic Novels), die ausgetretene Pfade verlassen und literarisches Neuland entdecken, aus. Voraussetzung für die Teilnahme: Keine bisherige Veröffentlichung im Bereich Fiction, 18 Jahre oder älter.
Teilnahme: Gesamtes Manuskript mit Name und Kontaktdaten einreichen (max. 80 000 Wörter) inklusive Kurzexposé, Plotplan (Kurzbeschreibung pro Kapitel) und Schreiben, das die Eignung des Textes als Kinder- und Jugendbuch begründet.
Turnus: Jährlich, Ausschreibung meist Mitte März bis Mitte Juli
Preis: Veröffentlichung des Manuskripts bei Chicken House Deutschland.
Adresse: Chicken House Deutschland, Carlsen Verlag GmbH, Kennwort: Der Goldene Pick, Völckersstraße 14-20, 22765 Hamburg, E-Mail: chickenhouse@carlsen.de. Weitere Informationen unter www.chickenhouse.de und faz.de/Pick

Hans-im-Glück-Preis

Kommentar: Aktuell veröffentlichte und unveröffentlichte anspruchsvolle Erzählungen und Romane für Jugendliche. Neue Themen und Erzählweisen werden bevorzugt. Keine Kurzgeschichten, keine Bilderbuchtexte, Fantasyliteratur, Historische Romane, Gedichte oder Übersetzungen in die deutsche Sprache. Es darf keine bisherige Auszeichnung mit einem anderen herausragenden Jugendliteraturpreis vorliegen.
Teilnahme: Lebenslauf und Manuskript von mind. 100 Normseiten in zweifacher Ausfertigung einreichen oder Buchveröffentlichung sechsfach. 10 Euro Bearbeitungsgebühr (nur bei Manuskript).
Turnus: Alle zwei Jahre; Einsendeschluss Ende Oktober 2013 für die Verleihung 2014.
Preis: 2 500 Euro und eine Kugel mit 24-karätiger Blattvergoldung der Limburger Gold- und Silberschmiedin Annette Zey.
Adresse: Magistrat der Kreisstadt Limburg a.d. Lahn, Kulturamt,»Hans-im-Glück-Preis«, Werner-Senger-Straße 10, 65549 Limburg a.d. Lahn, Tel. 06 431/203-915,
E-Mail: irene.roerig@stadt.limburg.de, www.limburg.de

Peter-Härtling-Preis

Kommentar: Unveröffentlichtes erzählendes Kinder- oder Jugendbuch für die Altersgruppe 10-15 Jahre, das unterhaltsam, poetisch und phantasievoll ist und sich stets an der Wirklichkeit der Kinder orientiert. Der Preis wird vom BELTZ Verlag getragen, das preisgekrönte Manuskript wird im Verlag Beltz & Gelberg veröffentlicht.
Teilnahme: Manuskript sollte einen Umfang von 80-200 Normseiten haben. Es wird als Papier-Ausdruck ohne AutorInnenname, stattdessen aber mit einem Kennwort versehen eingeschickt; in separatem Umschlag Kennwort, Name und Anschrift angeben.
Turnus: Alle zwei Jahre; nächste Ausschreibung 2012 (Einsendeschluss 4. Juli) für die Verleihung 2013.
Preis: 3 000 Euro
Adresse: Einsendungen an: Peter-Härtling-Preis für Kinder- und Jugendliteratur, z.Hd. Eva-Maria Kulka, Kunhardtstr. 4
20249 Hamburg. Ansprechpartnerin für weitere Informationen: Anette Riley,
a.riley@beltz.de, www.beltz.de

Wolfgang-Hohlbein-Preis

Kommentar: Ueberreuter schreibt diesen Preis aus, um neue Talente im Genre Fantasy zu fördern – der Bestsellerautor Wolfgang Hohlbein war 1982 der erste Preisträger. Prämiert wird ein unveröffentlichter fantastischer Jugendroman. Das Preisträgermanuskript erscheint im Ueberreuter Verlag.
Teilnahme: Vollständiges Manuskript einschicken (Umfang: 300 000 bis 600 000 Anschläge incl. Leerzeichen); Kurztext; Kurzbiografie ggf. mit bereits erschienenen Titeln.
Turnus: alle 2-3 Jahre, letzte Verleihung 2009. Nächste Ausschreibung voraussichtlich Herbst 2012.
Preis: 10 000 Euro
Adresse: Verlagsgruppe Ueberreuter, Kennwort »Wolfgang-Hohlbein-Preis«, Prinzenstraße 85D, 10969 Berlin, www.ueberreuter.de

14. Wettbewerbe und Literaturpreise

Kinder- und Jugendbuchpreis der Stadt Oldenburg

Kommentar: Renommierter Preis für Schriftsteller und Illustratoren, die erstmals mit Texten oder Illustrationen auf dem Gebiet der Kinder- und Jugendliteratur an die Öffentlichkeit treten. Einreichen kann man unveröffentlichte Manuskripte, Illustrationen oder Neuerscheinungen ab dem 15. Juni des vorangegangenen Ausschreibungsjahres. Der Preis wird im Rahmen der Oldenburger Kinder- und Jugendbuchmesse (KIBUM) verliehen.
Teilnahme: Fünf Exemplare des Manuskripts/Buchs (mindestens 500 Wörter, bei Illustrationen mindestens zehn Abbildungen) einreichen; genormten Einsendebogen mit Kurzvita, Exposé und Titel des Werkes beilegen.
Turnus: Unregelmäßig, die Ausschreibung wird über Presse und Internet bekannt gegeben. Einsendeschluss ist jeweils der 15. Juni, die Preisverleihung findet im November statt.
Preis: 7 600 Euro (teilbar)
Adresse: Stadtbibliothek Oldenburg, Peterstr. 3, 26105 Oldenburg, Tel. 04 41/23 52 82 3, E-Mail: info@stadtbibliothek-oldenburg.de, www.oldenburg.de

Astrid Lindgren-Preis

Kommentar: Unveröffentlichte Kinderbuchmanuskripte für die Zielgruppe 6-12 Jahre. Das ausgezeichnete Manuskript wird ins Oetinger-Verlagsprogramm übernommen.
Teilnahme: Bei der letzten Ausschreibung sollte man ein Manuskript von 80-200 Normseiten in Papierform einreichen
Turnus: Unregelmäßig, letzte Ausschreibung 2007
Preis: Wird neu festgelegt, bei der letzten Ausschreibung 10 000 Euro
Adresse: Kennwort Astrid-Lindgren-Preis, Verlag Friedrich Oetinger, Poppenbütteler Chaussee 53, 22397 Hamburg, Tel. 040/60 79 09 03, E-Mail: oetinger@verlagsgruppe-oetinger.de, www.oetinger.de

Mundart

Freudenthal-Preis

Kommentar: Unveröffentlichte plattdeutsche Literatur – Lyrik, Erzählungen, Kurzgeschichten, Hörspiele, Theaterstücke oder der Anfang eines Romans (plattdeutsches Exposé mit Handlungsübersicht beilegen).
Teilnahme: Max. 25 Normseiten, bei kurzen Texten bis zu fünf Manuskripte. Jeweils fünf Kopien der Texte in einem Umschlag mit Kennwort einreichen und in einem zweiten Umschlag das Kennwort, Name und Anschrift bzw. E-Mail-Adresse von Autor bzw. Autorin angeben.
Turnus: Jährlich; Einsendeschluss Ende Mai für die Verleihung im September
Preis: 3 000 Euro
Adresse: Freudenthal-Gesellschaft e.V., Altes Rathaus, Poststraße 12, 29614 Soltau, Tel. 05191/82-205, E-Mail: info@freudenthal-gesellschaft.de, www.freudenthal-gesellschaft.de

Voraussichtliche Einsendetermine auf einen Blick
(überregionale Preise):

Januar
Mitte Januar: Alfred-Döblin-Preis (epische Prosa)
Anfang Februar: Ingeborg-Bachmann-Preis (Prosa)
Ende Januar: MDR-Literaturpreis (Kurzgeschichten)

Februar
Mitte Februar: Würth-Literaturpreis (Prosa/Lyrik)
Ende Februar: Walter-Kempowski-Literaturpreis (Prosa)

März
Anfang März: Prosanova-Literaturpreis (Prosa/Lyrik)
Ende März: Deutscher Kurzkrimi-Preis (Prosa)
Ende März: Jokers Lyrik-Preis (Lyrik)
Ende März: Menantes-Preis (Prosa)
Ende März: Uwe-Johnson-Preis (Prosa/Essayistik)
Ende März: Völklinger Senioren-Literaturpreis (Prosa/Lyrik)

April
Ende April: Koblenzer Literaturpreis (Lyrik/Prosa)
Ende April: Lise-Meitner-Literaturpreis (Prosa)

Mai
Ende Mai: Freudenthal-Preis (Mundart)
Ende Mai: Hattinger Förderpreis (Prosa/Lyrik)

Juni
Mitte Juni: Dresdner Lyrikpreis (Lyrik)
Mitte Juni: Preis der Stadt Oldenburg (Kinder- und Jugendliteratur)

Juli
Mitte Juli: Der Goldene Pick (Kinder- und Jugendliteratur)
Mitte Juli: open mike (Prosa)
Mitte Juli: Schüler schreiben (Prosa/Lyrik)
Ende Juli: Holzhäuser Heckethaler (Prosa)
Ende Juli: Koblenzer Literaturpreis (Prosa/Lyrik)

August
Anfang August: »Eberhard« (Kinder- und Jugendliteratur)
ca. Mitte August: RSGI-Jungautoren-Wettbewerb (Prosa/Lyrik)
Ende August: Lise-Meitner-Literaturpreis (Prosa)

September
Anfang September: Agatha-Christie-Krimipreis (Prosa)
Mitte September: Literaturwettbewerb Wartholz (Prosa/Lyrik)
Mitte September: Mondseer-Lyrikpreis (Lyrik)
Mitte September: Walter-Serner-Preis (Prosa)
Mitte September: Leonce-und-Lena-Preis (Lyrik)
Ende September: Dresdner Lyrikpreis (Lyrik)
Ende September: Frau Ava Literaturpreis (Prosa)

Oktober
Ende Oktober: Die Story-Olympiade (Phantastische Kurzgeschichten)
Ende Oktober: Hans-im-Glück-Preis (Kinder- und Jugendliteratur)
Ende Oktober: Irseer Pegasus (Prosa/Lyrik)
Ende Oktober: Lyrikpreis Meran (Lyrik)

November
-

Dezember
Ende Dezember: erostepost-Literaturpreis (Prosa/Lyrik)
Ende Dezember: Otto Stoessl-Preis (Prosa)

Literaturtipps:

Gerhild Tieger, Manfred Plinke (Hg.), *Deutsches Jahrbuch für Autoren und Autorinnen* (erscheint regelmäßig neu, die Ausgabe 2010/2011 hat 799 Seiten und kostet 29,90.
Sehr detailliertes Verzeichnis von Literaturpreisen (auch für bereits veröffentlichte Bücher) und Stipendien (auch für etablierte Autoren).

15.
FÖRDERUNGEN UND STIPENDIEN

Nur wenige Autorinnen beziehungsweise Autoren können ausschließlich von den Honoraren für ihre Buchveröffentlichung leben. Verständlich, dass viele von ihnen einen »Brotberuf« haben, der sie ernährt, oder nebenbei journalistisch arbeiten. Auch bei mir lief das lange Zeit so: Ich arbeitete erst vier Tage in der Woche fest angestellt als Redakteurin, dann merkte ich, dass mir das nicht mehr genügte und reduzierte die Festanstellung auf zweieinhalb Tage. Jetzt hatte ich schon deutlich mehr Zeit für meine Buchprojekte, und weil es mit diesen Projekten immer besser lief, konnte ich schließlich die Festanstellung ganz kündigen. Heute arbeite ich voll freiberuflich und es geht mir sehr gut damit. So wie die meisten Autoren und Autorinnen lebe ich nicht nur von den Buchhonoraren, sondern halte auch Lesungen sowie Seminare ab und coache andere Autoren. Meine Erfahrung ist: Je mehr Standbeine man hat, desto besser.

Auch Stipendien und Förderungen sind eine Möglichkeit, sich wenigstens für ein paar Monate ganz seinen Texten widmen zu können. Fast könnte man meinen, Deutschland versuche seinem Ruf als Land der Dichter und Denker gerecht zu werden, denn in keinem anderen Land gibt es so viele Förderungen für den schriftstellerischen Nachwuchs. In der Gesamtsumme machen sich die Förderungsbeträge von zwischen 2 und 3 Millionen Euro pro Jahr jedoch reichlich mickrig aus, wenn man bedenkt, was in anderen Bereichen an Subventionen zugeschossen wird.

Stadtschreiber: »Schriftsteller vom Dienst«

Förderungen dieser Art sind leider fast immer auf den Bereich der »Hochkultur« beschränkt, und sie haben außerdem den Nachteil, dass man viele Stipendien nur in Anspruch nehmen kann, wenn man ungebunden ist und es sich leisten kann, vorübergehend in die Stadt zu ziehen, die die Förderung vergibt. Die persönliche Anwesenheit ist Voraussetzung bei vielen dieser Stipendien und natürlich besonders bei den Stadtschreiberstellen. Das schließt natürlich all jene Autorinnen und Autoren aus, die ihren festen Job nicht deswegen aufgeben oder auf Eis legen möchten. Die meisten Förderungen bestehen aus einem monatlichen »Gehalt« von meist zwischen 800 und 1500 Euro, die Wohnung (oft in besonders malerischen oder traditionsreichen Gebäuden) wird gestellt.

Von Stadtschreibern wird meist erwartet, dass sie sich literarisch mit ihrer Umgebung auseinandersetzen, am öffentlichen Leben der Stadt teilnehmen und Lesungen abhalten, manchmal auch Workshops oder andere Veranstaltungen. Zum Teil werden diese Leistungen gesondert honoriert, manchmal wird eine Lesung als kostenfreies »Gastgeschenk« verlangt. Zum Teil wird erwartet, dass man mit den Schulen und Volkshochschulen sowie den Medien zusammenarbeitet. Kurz, man soll das kulturelle Leben der Stadt bereichern. Der bekannte Autor Mario Giordano weiß nach seiner Zeit als Stadtschreiber in Otterndorf, wie sich das anfühlt: »Da wohnt man dann eine Weile in dem Ort, ist so das Maskottchen der Stadt, kriegt dafür ein kleines Salär, es reicht gerade nicht zum Leben, aber es ist ein Zuschuss, das kann man immer mal gebrauchen. Ich war öfter in Hamburg, deshalb habe ich auch den Otterndorf-Koller nicht gehabt, dass man da rumsitzt und von allen Touristen und Bewohnern nur angestarrt wird, dieses Gefühl hatte ich gar nicht so. Ich habe Lesungen gemacht und habe, wenn ich in dem Häuschen saß und Leute vorbeikamen und wissen wollten, wie man's denn machen könnte, Schriftsteller zu werden, eben was erzählt, klar. Ich war wirklich die Sehenswürdigkeit. Man konnte klingeln und reinkommen. Manche haben auch gar nicht erst geklingelt.«

Weniger gern wird es gesehen, wenn man sich nur selten in der Stadt aufhält (üblicherweise besteht Aufenthaltspflicht), sich eigentlich nicht für sie und ihre Bewohner interessiert und das auch zeigt.

Die wichtigste Einrichtung, die ortsunabhängige Stipendien und Förderungen ausschreibt, ist der Deutsche Literaturfonds, ein gemeinnütziger Verein, der von Autoren- und Verlagsverbänden ins Leben gerufen wurde. Vom Literaturfonds werden Autorinnen beziehungsweise Autoren unterstützt, die ein bestimmtes literarisches Projekt in Arbeit haben; außerdem werden Zuschüsse zur Finanzierung von Druck und Verbreitung zeitgenössischer, nicht marktkonformer Literatur bewilligt und bundesweit bedeutende Initiativen und Modellvorhaben auf dem Gebiet der Literatur gefördert. Die Qualitätsanforderungen sind hoch, doch Sie sollten sich dort auf jeden Fall um eine Förderung bemühen. Eine Erwähnung der Förderung im Impressum Ihres veröffentlichten Buches ist die einzige Gegenleistung, die Sie dafür erbringen müssen.

Auf die meisten Förderungen und Stipendien muss man sich mit Arbeitsproben bewerben. Zum Teil kommt es darauf an, was man schon veröffentlicht hat, denn mit einem zumindest in der Literaturszene bekannten Autor kann sich eine Stadt natürlich ganz anders schmücken als mit einem Neuling, der noch um eine erste Veröffentlichungschance kämpft. Doch auch Veröffentlichungen in Zeitschriften sind aussagekräftig, und wenn Sie mit Ihren Textproben überzeugen, haben Sie eine gute Chance. Diese Preise sind ja nicht zuletzt Maßnahmen der Nachwuchsförderung.

Über Stipendien und Förderungen sollten Sie sich zunächst im Kulturamt Ihrer Stadt informieren und bei der für die Kulturförderung zuständigen Behörde Ihres Bundeslandes, da viele Städte und Länder »ihre« Autorinnen und Autoren unterstützen. In diesem Kapitel sind nur Stipendien aufgeführt, auf die sich alle deutschsprachigen Autorinnen beziehungsweise Autoren bewerben können. Wenn Sie sich für ein Programm interessieren, sollten Sie die Bewerbungsunterlagen bei dem Stipendiengeber anfordern.

15. Förderungen und Stipendien

Stipendien:

Baldreit-Stipendium

Teilnehmer: Autoren, bildende Künstler und Komponisten. Man kann sich vom 1.9. bis 31.10. für das Stipendium im folgenden Jahr bewerben.
Zeitraum: 1 Jahr ab April (Förderung kann auch auf zwei Personen aufgeteilt werden, der Zeitraum verkürzt sich dann automatisch pro Stipendiat auf 6 Monate)
Förderung: Mietfreies Wohnen in der Künstlerwohnung in Baldreit + ca. 800 Euro monatlich
Bewerbung: Bewerbungsbogen (auf der Homepage), Kurzvita und Arbeitsproben
Adresse: Referat des Oberbürgermeisters, Abteilung Kultur und Int. Beziehungen, Alesja Rau und Petra Heuber-Sänger, Marktplatz 2, 76530 Baden-Baden, Tel. 072 21/93 20 07, E-Mail: petra.heuber-saenger@baden-baden.de, www.baden-baden.de

Deutscher Literaturfonds e.V.

Teilnehmer: Bewerben können sich deutschsprachige AutorInnen, die an einem hochrangigen literarischen Werk arbeiten und die bereits ein von ihnen nicht selbst finanziertes literarisches Werk in einem deutschsprachigen Verlag veröffentlicht haben. Die Förderung ist über max. 1 Jahr möglich. Zweimal jährlich, im Mai und im November, wird über die Anträge entschieden.
Förderung: Max. 2 000 Euro monatlich
Bewerbung: Formloser Antrag (Name, Adresse, Alter, Familienstand, Ausbildung/Tätigkeitsbereich, Liste bisher veröffentlichter Bücher mit Verlagsangabe, Informationen über gleichzeitige Anträge bei anderen Stellen, Bankverbindung, kurzes Exposé/Projektbeschreibung, ca. 20 Manuskriptseiten aus dem zu fördernden Werk.
Einsendeschluss für Anträge ist zweimal jährlich, der 31. Mai (für die Herbstsitzung des Kuratoriums) und der 30. November (für die Frühjahrssitzung).
Adresse: Deutscher Literaturfonds e.V., Alexandraweg 23, 64287 Darmstadt, Tel. 061 51/40 93-0, E-Mail: info@deutscher-literaturfonds.de, www.deutscher-literaturfonds.de

Dresdner Stadtschreiber

Teilnehmer: Deutschsprachige AutorInnen, die ihren Lebensmittelpunkt nicht in Dresden haben und mindestens eine eigenständige Publikation vorweisen können. Erwartet wird, dass der/die Stadtschreiber/in die literarischen Traditionen Dresdens bereichert und durch eigene Veranstaltungen der Bedeutung von Sprachkultur und Literatur Impulse verleiht.
Zeitraum: 6 Monate (Juni bis November)
Förderung: Mietfreies Wohnen + 900 Euro monatlich.
Bewerbung: Formlose Bewerbung bis zum 30. September des Vorjahres mit einer Textprobe (mind. 8 bis max. 12 Normseiten) sowie einer gesonderten Biobibliographie in jeweils sechsfacher Ausfertigung.
Adresse: Landeshauptstadt Dresden, Amt für Kultur und Denkmalschutz, z.Hd. Herrn Mähnert, Königstr. 15, 01097 Dresden, Tel. 03 51/488-89 26, E-Mail: wmaehnert@dresden.de, www.dresden.de

Erfurter Stadtschreiber-Literaturpreis

Teilnehmer: Deutschsprachige Autorinnen und Autoren mit mindestens einer Buchveröffentlichung, die zur spachlichen und ästhetischen Auseinandersetzung mit aktuellen Problemen und Auffassungen beitragen.
Zeitraum: Geplant ist, den Preis in Zukunft alle drei Jahre auszuschreiben. Dauer vom 1. April bis 31. Juli (Stand 2010)
Förderung: Kostenloses Wohnen in einem Apartment (Präsenzpflicht) + 1250 Euro monatlich.
Bewerbung: Lebenslauf mit Foto, Kurzvita, Bibliografie und unveröffentlichte Textprobe von 20 Normseiten einsenden (alle literarischen Gattungen, keine thematische Begrenzung); *Einsendeschluss*: 30. November des Vorjahres
Adresse: Stadtverwaltung Erfurt, Kulturdirektion, c/o Ines Beese, Benediktsplatz 1, 99084 Erfurt, Tel. 03 61/655-16 08, E-Mail: Altesynagoge@erfurt.de, www.erfurt.de

Feuergriffel –
Mannheimer Stadtschreiber für Kinder- und Jugendliteratur

Teilnehmer: Der Förderpreis soll deutschsprachige Autoren und Illustratoren unterstützen, ihre Buchidee für ein unveröffentlichtes Buchprojekt auszuarbeiten und als buchreifes Manuskript zu vollenden. Bisherige Veröffentlichung ist für die Bewerbung erforderlich. Einsendeschluss ist der 30. September, die Auschreibung findet alle zwei Jahre statt (zuletzt 2012).
Zeitraum: 3 Monate (April – Juli)
Förderung: Mietfreies Wohnen im Turm der alten Feuerwache in Mannheim + insgesamt 6 000 Euro
Bewerbung: Kurzexposé, Textprobe (ca. 5 Seiten), Bibliografie und Lebenslauf mit Lichtbild.
Adresse: Stadtbibliothek Mannheim, Stichwort: Feuergriffel, Bettina Harling, Dalberghaus N 3 / 4, 68161 Mannheim, E-Mail: bettina.harling@mannheim.de, Tel. 06 21/293-89 12, www.mannheim.de/bildung-staerken/feuergriffel

Gedok-Atelierhaus

Teilnehmer: Gefördert werden Bildende Künstlerinnen, angewandte Künstlerinnen, Musikerinnen und Literatinnen aus dem In- und Ausland. Die Ausschreibung erfolgt jährlich, Einsendeschluss ist der 1. Oktober, Bewerbung nur für Frauen. Nach dem Aufenthalt muss die Künstlerin einen umfassenden Erfahrungsbericht über ihr künstlerisches Schaffen im Atelier an den Ministerpräsidenten des Landes Schleswig-Holstein, Staatskanzlei, z.Hd. Frau Andrea Kühnast, Postfach 7122 in
24171 Kiel senden.
Zeitraum: 2 Monate (Präsenzpflicht)
Förderung: Kostenfreie Unterkunft im Gastatelier der GEDOK Schleswig-Holstein in Lübeck + 1000 Euro Fördergeld monatlich.
Bewerbung: Ausgefülltes Bewerbungsformular (siehe Homepage), Biografie, Arbeitsnachweise und Leseproben in zweifacher Ausfertigung. Es wird eine Bearbeitungsgebühr von 15 Euro fällig (Bankdaten siehe Homepage).
Adresse: GEDOK Schleswig-Holstein, c/o Renate Untermann-Cuwie, Fahlenkampsweg 76, 23562 Lübeck, Tel. 04 51/ 59 33 45, E-Mail: renateuc@gmx.de, www.gedok-sh.de

15. Förderungen und Stipendien

Heinrich-Heine-Stipendium (Lüneburg)

Teilnehmer: Deutschsprachige AutorInnen, die schon ein Buch veröffentlicht haben (Lyrik oder Prosa, nicht im Selbstverlag oder Zuschussverlag). Das Stipendium wird als Auszeichnung für bisherige Veröffentlichungen und zur Förderung der weiteren schriftstellerischen Arbeit vergeben. Das Stipendium wird alle zwei Jahre ausgeschrieben (bei der Ausschreibung für 2013 und 2014 endet die Bewerbungsfrist am 31. Januar 2012).
Zeitraum: Drei 3-monatige Stipendien pro Jahr
Förderung: Mietfreies Wohnen in einer Stipendiatenwohnung + 1 400 Euro monatlich.
Bewerbung: Kurzvita, Bibliographie und Leseprobe von 10-20 Seiten aus einem unveröffentlichten Manuskript (jeweils in dreifacher Ausführung), letzte Buchveröffentlichung in zwei Exemplaren.
Adresse: Literaturbüro Lüneburg e.V., Heinrich-Heine-Haus, Am Ochsenmarkt 1, 21335 Lüneburg, Tel. 041 31/30 96 87 (Ansprechpartnerin: Kerstin Fischer), E-Mail: literaturbuero@stadt.lueneburg.de, www.literaturbuero-lueneburg.de

Inselschreiber Sylt

Teilnehmer: Bewerben kann sich jeder deutsche Autor, der schon in Buchform publiziert hat.
Zeitraum: 8 Wochen
Förderung: Mietfreies Wohnen und eine einmalige Zuwendung von 3 500 Euro.
Bewerbung: Bewerbungsschreiben mit Lebenslauf und einem bisher unveröffentlichten Essay oder einer Erzählung (ca. 4 Seiten) zu einem vorgegebenen Thema per Email einreichen (2012: Der Traum vom Glück). Bewerbungsfrist Mitte Juli.
Adresse: bewerbung@inselschreiber.de, Stichwort: Inselschreiber, www.kunstraum-syltquelle.de

LCB-Aufenthaltsstipendium

Teilnehmer: Das literarische Colloquium Berlin vergibt ein Aufenthaltsstipendium an AutorInnen, die nicht in Berlin leben, UNTER 35 Jahre alt sind und mindestens eine literarische Publikation vorweisen können. Jährliche Ausschreibung, Bewerbungsschluss ist der 15. Dezember.
Zeitraum: 3 Monate (Mai bis Oktober)
Förderung: Mietfreies Wohnen im LCB + 1 100 Euro monatlich
Bewerbung: Arbeitsproben (ca. 20 Seiten) inklusive Buchpublikation und persönliche Angaben wie E-Mail-Adresse, Telefonnummer, Kurzbiografie, Überblick über literarischen Werdegang.
Adresse: »LCB-Aufenthaltsstipendium 2012«, Am Sandwerder 5, 14109 Berlin, Tel. 030/816 99 6 20 (Ansprechpartnerin: Corinna Ziegler), E-Mail: ziegler@lcb.de, www.lcb.de

Stipendium Gartenhaus am Süderwall in Otterndorf

Teilnehmer: Deutschsprachige AutorInnen
Zeitraum: 5 Monate (Mai bis September)
Förderung: Mietfreies Wohnen im »Gartenhaus am Süderwall« in Otterndorf (Landkreis Cuxhaven) + 900 Euro monatlich.
Bewerbung: Interessenten können sich jeweils von März bis Ende September bei der Stadt Otterndorf bewerben. Unterlagen: Kurzer Überblick über die bisherige schriftstellerische Arbeit, Biografie, Leseprobe von max. 10 Seiten und kurze Begründung für die Bewerbung sowie kurze Darstellung der Vorstellungen über das Amt des Stadtschreibers (alle Unterlagen ungeheftet).
Adresse: Stadt Otterndorf, Marktstr. 21, 21762 Otterndorf, Tel. 047 51/91 91 02 (Ansprechpartnerin: Julia Modersitzki, E-Mail: kultur@otterndorf.de, www.otterndorf.de

Künstlerwohnung Bibliothek Waldmühle (Soltau)

Teilnehmer: Autorinnen und Autoren sowie andere Künstler
Zeitraum: 1-4 Wochen
Förderung: Kostenlose Ferienwohnung in der Bibliothek Waldmühle in Soltau. Als Gegenleistung wird eine kostenfreie Begegnung mit den Bürgern der Stadt (z. B. Lesung, Ausstellung, Diskussion etc.) erwartet. Eventuell weitere Lesungen gegen Honorar. Wünschenswert (aber kein Muss) sind Arbeiten, die sich mit der Stadt Soltau befassen.
Bewerbung: Als Bewerbungsunterlagen legt jeder Künstler diejenigen vor, von deren Aussagekraft er überzeugt ist. Zusätzlich Foto und Angaben zur Zielgruppe, die mit den Arbeiten angesprochen werden soll, beilegen.
Adresse: Soltauer Künstlerwohnung, Ansprechpartnerin: Sabine Precht, Tel: 051 97/99 96 040, E-Mail: Sabine-Precht@web.de, www.soltau.de

Spreewald-Literatur-Stipendium

Teilnehmer: Die Spreewälder Kulturstiftung vergibt vier Stipendien (Frühjahr, Sommer, Herbst und Winter) an Autoren der Gattungen Lyrik, Prosa, Theater und Drehbuch, die bereits eigenständig veröffentlicht haben. Einsendeschluss ist der 16. März, die Vergabe erfolgt jährlich.
Zeitraum: jeweils vier Wochen (nächster Aufenthalt Herbst 2012, Winter 2012/13, Frühling 2013 und Sommer 2013, Termine frei wählbar).
Förderung: Kostenfreier Aufenthalt im Hotel Zur Bleiche im Spreewald (Residenzpflicht) inklusive Verpflegung im Wert von ca. 9 000 Euro pro Stipendiat. Dafür verpflichtet sich der Bewerber zur Veranstaltung von mindestens vier Lesungen und einem Textbeitrag zu einer Anthologie mit frei wählbarem Bezug zum Spreewald.
Bewerbung: Werkprobe (Auszug oder Buch), Vita mit Publikationsliste, Angabe über bevorzugtes Jahreszeiten-Stipendium (Frühjahr, Sommer, Herbst oder Winter), Beschreibung des Werks, an dem während des Aufenthalts gearbeitet werden soll (alle Unterlagen in sechsfacher Ausfertigung).
Adresse: Hotel Zur Bleiche Resort & Spa, Spreewald-Literatur-Stipendium, Bleichestraße 16, 03096 Burg im Spreewald, Tel. 035603-62 0, Fax: 035603-62 416 (Ansprechpartnerin: Christine Clausing), E-Mail: stipendium@hotel-zur-bleiche.com, www.hotel-zur-bleiche.de

StadtschreiberIn in Ranis

Teilnehmer: AutorInnen, die jünger als 40 Jahre sind und noch nicht viel veröffentlicht haben. Der Autor sollte in dieser Zeit ein Werk schaffen, das einen Bezug zur Stadt Ranis oder dem Thüringer Umland erkennen lässt. Das in dieser Zeit zu schreibende Buch wird von der GGP Media Pöneck GmbH gedruckt.
Zeitraum: Maximal 100 Tage
Förderung: Mietfreies Wohnen im Zeitraum zwischen 1. September bis 31. Juli sowie 1 500 Euro.
Bewerbung: Lebenslauf, Liste bisheriger Veröffentlichungen und eine unveröffentlichte Textprobe von maximal 20 Seiten einreichen. Einsendeschluss Anfang Juni.
Adresse: Stadt Ranis, Bürgermeister, Pößnecker Straße 49, 07389 Ranis, E-Mail: rathaus@stadt-ranis.de, www.stadt-ranis.de

15. Förderungen und Stipendien

Stipendium Akademie Schloss Solitude (Stuttgart)

Teilnehmer: Künstler aller Sparten (Literatur, Musik, Design etc.) bis 35 Jahre, bei älteren Teilnehmern darf der Studienabschluss nicht länger als fünf Jahre zurückliegen. Kenntnisse in einer der drei Sprachen Deutsch, Englisch oder Französisch sind Voraussetzung. Alle zwei Jahre werden 50 bis 70 Stipendiaten ausgesucht, bis zu 45 Künstlerateliers stehen zur Verfügung.
Zeitraum: 6 oder 12 Monate.
Förderung: Mietfreies möbliertes Wohn-/Arbeitsstudio auf Schloss Solitude (Anwesenheitspflicht), einer internationalen und interdisziplinären Kultureinrichtung und Begegnungsstätte bei Stuttgart + 1 000 Euro monatlich, inklusive Reisekosten für An- und Abreise.
Bewerbung: Ausgefüllter Bewerbungsbogen (siehe Homepage während des Bewerbungszeitraums), zwei aktuelle Passfotos sowieso Arbeitsproben (Bücher, Manuskripte, evtl. Rezensionen – in der Kunstsparte Literatur sind Lyrik, Prosa, Essay und Übersetzung zulässig). Die Bewerbungsrunde für die Stipendien 2011-2013 fand Juli-Oktober 2010 statt.
Adresse: Akademie Schloss Solitude, Solitude 3, 70197 Stuttgart, Tel. 07 11/99 61 9-0, E-Mail: mail@akademie-solitude.de, www.akademie-solitude.de

Stipendium der Stiftung Künstlerdorf Schöppingen

Teilnehmer: Internationale Ausschreibung für Literaten (pro Jahr bis zu 15 Plätze) sowie bildende Künstler und Komponisten. Der Aufenthalt findet im Künstlerdorf Schöppingen statt – für Schriftsteller stehen Appartements, für bildende Künstler Ateliers und Werkstätten zur Verfügung. Gleichzeitiger Aufenthalt von sechs bildenden Künstlern und sechs Schriftstellern zum künstlerischen Austausch. Der Aufenthalt mit Familie/Kindern ist möglich. Präsenzpflicht.
Zeitraum: Bereich Literatur: Max. 3 Monate (Februar bis Dezember). Vergabe im Jahresrhythmus. Bewerbungsschluss 15. September.
Förderung: 1 025 Euro monatlich (davon muss die Miete für Apartments / Wohnungen ca. 85,- bis 200,- Euro p. Monat beglichen werden).
Bewerbung: Nur online, alle Infos dazu jeweils ab Sommer eines Jahres auf *www.stiftung-kuenstlerdorf.de* (Vita und Bibliografie, Textproben von ca. 20 Normseiten, bei Romanauszug auch Exposé beifügen).
Adresse: Stiftung Künstlerdorf Schöppingen, Feuerstiege 6, 48620 Schöppingen, Tel. 02 555/93 81-0, E-Mail: info@stiftung-kuenstlerdorf.de, www.stiftung-kuenstlerdorf.de

Stipendium im Stuttgarter Schriftstellerhaus

Teilnehmer: Deutschsprachige Autoren und Übersetzer. Vergabe des Stipendiums bis zu drei Mal im Jahr.
Zeitraum: 3 Monate
Förderung: Mietfreies Wohnen (Anwesenheitspflicht) + jeweils 4 000 Euro (Vergabe des Stipendiums zweimal im Jahr)
Bewerbung: Kurze Biografie mit Werkverzeichnis und Werkprobe in fünffacher Ausfertigung einreichen. Außerdem sind zwei Personen aus dem literarischen Leben zu nennen, die für Person und Werk einstehen. Bewerbungsschluss ist der 15. August.
Adresse: Stuttgarter Schriftstellerhaus e.V., Astrid Braun, Kanalstr. 4, 70182 Stuttgart, Tel. 07 11/23 35 54, E-Mail: astrid.braun@stuttgarter-schriftstellerhaus.de, www.stuttgarter-schriftstellerhaus.de

»Struwwelpippi kommt zur Springprozession« – Kinderbuchautorenresidenz in Luxemburg

Teilnehmer: Deutschsprachige KinderbuchautorInnen, die eine Gegend erkunden wollen, die durch das Neben- und Miteinander von Lëtzebuergesch, Deutsch und Französisch geprägt wird. Bewerben können sich alle deutschsprachigen KinderbuchautorInnen, die bereits ein Buch veröffentlicht haben.
Zeitraum: Ein Monat (Mai-Juni), Präsenzpflicht
Förderung: Mietfreies Wohnen in einem spätgotischen Patrizierhaus im Stadtzentrum von Echternach, 5 000 Euro Förderung + Pauschale für Reise- und Aufenthaltskosten.
Bewerbung: Repräsentative Auswahl der bisherigen Veröffentlichungen sowie ein Lebenslauf mit Foto und eine umfassende Bibliografie einsenden. Bewerbungsschluss 31.12.
Adresse: Centre National de Littérature, Stichwort: Struwwelpippi kommt zur Springprozession, 2 rue Emmanuel Servais, L-7565 Mersch, Tel. 003 52/32 69 551, Fax: 003 52/32 70 90, E-Mail: info@cnl.public.lu, www.literaturarchiv.lu

Villa-Massimo-Stipendium (Rom)

Teilnehmer: Die Deutsche Akademie Villa Massimo ist die bedeutendste Auszeichnung für deutsche Künstler im Ausland. Das Stipendium soll hochbegabten Künstlern durch einen längeren Studienaufenthalt, eingebunden in das kulturelle Leben Roms, die Möglichkeit bieten, sich künstlerisch weiterzuentwickeln. Bewerben können sich außerwöhnlich qualifizierte, jüngere Autoren, Bildende Künstlern, Architekten und Komponisten, die bereits öffentliche Anerkennung gefunden haben und über italienische Sprachkenntnisse verfügen. Bewerben können sich nur deutsche Staatsangehörige oder Personen mit ständigem Wohnsitz in Deutschland. Mit einem ärztlichen Attest müssen sie nachweisen, dass sie einem längeren Aufenthalt in südlichem Klima gesundheitlich gewachsen sind.
Zeitraum: Knapp 12 Monate, auch 3 Monate in der Deutschen Akademie Rom Casa Baldi in Olevano Romano sind möglich.
Förderung: Mietfreies Wohnen in der Deutschen Akademie Villa Massimo in Rom + 2 500 Euro monatlich.
Bewerbung: Formulare auf der Homepage der Akademie Villa Massimo (www.villamassimo.de). Bewerbung bis spätestens zum 15. Januar für den Aufenthalt im nächsten Jahr. Das Auswahlverfahren ist zweistufig mit einer Vorauswahl bei der für die Kunstförderung zuständigen Behörde des Wohnsitzlandes und einer Endauswahl, durchgeführt bei der Kulturstiftung der Länder.
Adresse: Bewerbung bei der für die jeweilige für die Kunstförderung zuständige Behörde Ihres Bundeslandes:
Der Regierende Bürgermeister von Berlin, Senatskanzlei – Kulturelle Angelegenheiten, Brunnenstraße 188 – 190, 10119 Berlin, Tel. 030/90228-756 (Ansprechpartnerin: Marlis Micha), E-Mail: marlis.micha@kultur.berlin.de, www.villamassimo.de

Organisationen und Institutionen der Autoren- und Literaturförderung

Literaturhäuser *(www.literaturhaeuser.de)* widmen sich vor allem etablierten Autorinnen und Autoren, deshalb sind in der folgenden Aufstellung nur wenige von ihnen vertreten. Für Nachwuchsautoren geeignete Anlaufstellen sind daher eher die Literaturbüros. Sie veranstalten meist Workshops und Lesungen, geben Literaturzeitschriften heraus, informieren über das literarische Leben der Stadt und des Bundeslandes. Zum Teil bieten sie auch einen sehr nützlichen Manuskriptgutachten-Service an, der einem hilft, die eigene Arbeit besser einzuschätzen. Literaturbüros können allerdings keine Manuskripte für Sie vermitteln, das bleibt Agenturen vorbehalten, und auch Verlagsadressen müssen Sie sich selbst beschaffen. Jedes Literaturbüro ist anders und bietet andere Leistungen an, das hängt sehr davon ab, wie stark sich die Betreiber engagieren und wie viele Fördermittel Stadt oder Land spendieren. Manche, wie das Literaturbüro in Unna, haben überregionale Bedeutung, andere, wie das Münchner Literaturbüro, beschränken ihre Aktivitäten weitgehend auf ihre Stadt.

Förderkreise sind Vereinigungen von Menschen, die sich für Literatur interessieren; ihre Aufgabe sehen sie meist in der Förderung des literarischen Lebens in ihrem Bundesland. Sie könnten sich also zum Beispiel an die Förderkreise wenden, wenn Sie als Schriftstellerin in einem bestimmten Bundesland arbeiten und sich um finanzielle Unterstützung bewerben möchten. Außerdem veranstalten die Förderkreise oft Lesungen oder Literaturtage; manchmal stiften sie auch Preise. Man braucht nicht in einem Förderkreis Mitglied zu sein, um von ihm gefördert werden zu können.

Organisationen und Institutionen der Autoren- und Literaturförderung

Deutschland

Baden-Württemberg

Förderkreis deutscher Schriftsteller
in Baden-Württemberg e.V.
Geschäftsstelle
Vivien van Straaten
Neckarhalde 28
72070 Tübingen
E-Mail: info@schriftsteller-in-bawue.de
www.schriftsteller-in-bawue.de

Literaturhaus Stuttgart
Breitscheidstraße 4
70174 Stuttgart
Tel. 07 11/22 02 17-3
E-Mail: info@literaturhaus-stuttgart.de
www.literaturhaus-stuttgart.de

Literatur Forum Südwest e.V. /
Literaturbüro Freiburg
Literatur Forum Südwest e.V.
Alter Wiehrebahnhof, 2. OG
Urachstraße 40
79102 Freiburg im Breisgau
Tel. 07 61/28 99 89
E-Mail: info@literaturbuero-freiburg.de
www.literaturbuero-freiburg.de

Bayern

Münchner Literaturbüro – Haidhauser
Werkstatt e.V
Milchstraße 4
81667 München
Tel. 089/48 84 19
E-Mail: post@muenchner-literaturbuero.de
www.muenchner-literaturbuero.de

Literaturbüro der Stadt Erlangen
Gebbertstraße 1
91052 Erlangen
Tel. 091 31/86 10 29
E-Mail: gerlinde.meriau@stadt.erlangen.de
www.kubiss.de/kultur/info/erlangen/
projekte/LitBuero/LITBUE.HTM

Berlin

Literarisches Colloquium Berlin e.V.
Am Sandwerder 5
14109 Berlin
Tel. 030/81 69 96 0
E-Mail: mail@lcb.de
www.lcb.de

Literaturwerkstatt Berlin
Knaackstr. 97 (Kulturbrauerei)
10435 Berlin
Tel. 030/48 52 45 – 0
E-Mail: mail@literaturwerkstatt.org
www.literaturwerkstatt.org

Brandenburg

Deutsch-Polnisches
Literaturbüro Oderregion e.V.
Haus der Künste
Lindenstr. 6
15230 Frankfurt/Oder
Tel. 03 35/23 78 2

Literaturzentrum Neubrandenburg e.V.
Gartenstr. 6
17033 Neubrandenburg
Tel. 03 95/57 19 18-0
E-Mail: info@literaturzentrum-nb.de
www.literaturzentrum-nb.de

Brandenburgisches Literaturbüro
Große Weinmeisterstraße 46/47
14469 Potsdam
Tel. 03 31/280 41 03
E-Mail: blb@literaturlandschaft.de
www.literatur-im-land-brandenburg.de

Bremen

Bremer Literaturkontor
Goetheplatz 4
28203 Bremen
Tel. 04 21/32 79 43
E-Mail: info@literaturkontor-bremen.de
www.literaturkontor-bremen.de

Hamburg

Literaturzentrum e.V.
Schwanenwik 38
22087 Hamburg
Tel. 040/22 70 20 11
E-Mail: info@literaturhaus-hamburg.de
www.literaturhaus-hamburg.de

writers' room e.V.
Stresemannstrasse 374 Haus E
22761 Hamburg
Tel. 040/89 82 33
E-Mail: info@writersroom.de
www.writersroom.de

Hessen

Hessisches Literaturbüro im Mousonturm e.V.
Waldschmidtstraße 4
60316 Frankfurt am Main
Tel. 069/24 44 99 41
E-Mail: info@hlfm.de
http://hlfm.de/

LiteraturBüro Gießen
c/o Dr. Rolf Haaser
Mühlstraße 32
35390 Gießen
E-Mail:
Rolf.Haaser@germanistik.uni-giessen.de
http://www.uni-giessen.de/~g91058/
literaturbuero/index_lit_buero.htm

Neue Literarische Gesellschaft Marburg e.V.
Aulgasse 4
35037 Marburg
Tel. 06 421/20 41 78
E-Mail: nlg_vorstand@yahoo.de
www.literatur-um-11.de

Literaturhaus Darmstadt
Kasinostraße 3
64293 Darmstadt
Tel. 06 151/13 33 38
E-Mail: info@literaturhaus-darmstadt.de
www.literaturhaus-darmstadt.de

Mecklenburg-Vorpommern

Literaturhaus Rostock
Literaturförderkreis Kuhtor e.V.
Doberaner Straße 21
18057 Rostock
Tel. 03 81/492 55 81
E-Mail: info@literaturhaus-rostock.de
www.literaturhaus-rostock.de

Mecklenburgische Literaturgesellschaft e.V.
2. Ringstr.
Wiekhaus 21
17033 Neubrandenburg
Tel. 03 95/544 16 71
E-Mail: pegasus-mlg@gmx.de
www.mlg.de

Organisationen und Institutionen der Autoren- und Literaturförderung

Literatursalon Greifswald e.V.
Lomonossowallee 44
17491 Greifswald
Tel. 03 834/81 77 00
E-Mail: kontakt@literatur-salon.de
Internet: www.literatur-salon.de

Niedersachsen

Literaturzentrum Braunschweig
Stadt Braunschweig – Dezernat für Kultur
und Wissenschaft
Schlossplatz 1
38100 Braunschweig
Tel. 05 31/701 893 17
E-Mail: raabe-haus@braunschweig.de
www.literaturzentrum-braunschweig.de

Literarisches Zentrum Göttingen e.V.
Düstere Straße 20
37073 Göttingen
Tel. 05 51/49 56 823
E-Mail: info@lit-zentrum-goe.de
www.lit-zentrum-goe.de

*Literaturhaus Hannover /Literaturbüro
Hannover e.V.*
Künstlerhaus, Sophienstraße 2
30159 Hannover
Tel. 0511/88 72 52
E-Mail: info@literaturhaus-hannover.de
www.literaturhaus-hannover.de

literatur büro oldenburg
Peterstraße 3
26121 Oldenburg
Tel. 04 41/23 53 014
E-Mail: literaturbuero@stadt-oldenburg.de
www.literaturbuero-oldenburg.de

Literaturbüro Lüneburg e.V.
Heinrich-Heine-Haus
Am Ochsenmarkt 1
21335 Lüneburg
Tel. 041 31/30 96 87
E-Mail: literaturbuero@stadt.lueneburg.de
www.literaturbuero-lueneburg.de

Literaturbüro Westniedersachsen
Am Ledenhof 3-5
49074 Osnabrück
Tel. 05 41/28 692
E-Mail: litos-info@gmx.de
www.osnabrueck.de/bildung

Förderkreis deutscher Schriftsteller in Niedersachsen und Bremen e.V.
Postfach 30061
Sophienstr. 2
30159 Hannover
Tel. 05 11/32 90 88

Nordrhein-Westfalen
Literaturbüro in der Euregio Maas-Rhein e.V.
Vaalser Straße 88
52074 Aachen
Tel. 024 08/98 51 82
E-Mail: literaturbuero@heimatmail.de
www.literaturbuero-emr.de

*Literaturbüro Ostwestfalen-Lippe
in Detmold e.V.*
Haus Münsterberg
Hornsche Strasse 38
32756 Detmold
Tel. 052 31/39 06 03
E-Mail: literaturbuero@owl-online.de
www.literaturbuero-owl.de

Literaturbüro NRW e.V.
Bilker Str. 5
40213 Düsseldorf
Tel. 02 11/82 84 590
E-Mail: mail@literaturbuero-nrw.de
www.literaturbuero-nrw.de

LITERATURBÜRO RUHR E.V.
Friedrich-Ebert-Straße 8
45964 Gladbeck
Tel. 020 43/99 26 44
E-Mail: info@literaturbuero-ruhr.de
www.literaturbuero-ruhr.de

Westfälisches Literaturbüro in Unna e.V.
Nicolaistraße 3
59423 Unna
Tel. 023 03/96 38 50
E-Mail: post@wlb.de
www.wlb.de

Rheinland-Pfalz

LiteraturBüro e.V., Mainz für Rheinland-Pfalz
Am 87er Denkmal
Zitadelle Gebäude E
55131 Mainz
Tel. 061 31/22 02 02
E-Mail: info@literaturbuero-rlp.de
www.literaturbuero-rlp.de

Sachsen

Dresdner Literaturbüro
Villa Augustin am Albertplatz
Antonstr. 1
01097 Dresden
Tel. 03 51/804 50 87
E-Mail: info@dresdner-literaturbuero.de
www.dresdner-literaturbuero.de

Haus des Buches e.V.- Literaturhaus Leipzig
Gerichtsweg 28
04103 Leipzig
Tel. 03 41/99 54 134
E-Mail: kontakt@literaturhaus-leipzig.de
www.haus-des-buches-leipzig.de

Sachsen-Anhalt

Literaturbüro Sachsen-Anhalt e.V.
Förderverein der Schriftsteller e.V.
Thiemstr. 7
39104 Magdeburg
Tel. 03 91/40 10 915
E-Mail: literaturbuero-san@t-online.de

Literaturbüro Halle
(Außenstelle Literaturbüro Magdeburg)
Marktplatz 13
06108 Halle/Saale
Tel. & Fax. 0345/28 32 25 7

Schleswig-Holstein

Literaturhaus Schleswig-Holstein
Schwanenweg 13
24105 Kiel
Tel. 04 31/57 968-40
E-Mail: info@literaturhaus-sh.de
www.literaturhaus-sh.de

Thüringen

Literaturbüro Thüringen e.V.
Anger 37
99084 Erfurt
Tel. & Fax. 03 61/56 12 91 8

Österreich

Literaturhaus am Inn
Josef-Hirn-Straße 5 / 10. Stock
A-6020 Innsbruck
Tel.: 0512/5 07-45 14
E-Mail: Literaturhaus@uibk.ac.at
http://lithaus.uibk.ac.at

Literaturhaus Mattersburg/Burgenland
Wulkalände 2
A-7210 Mattersburg
Tel. 026 26/6 77 10
E-Mail: literatur@matt.co.at

*Unabhängiges Literaturhaus
Niederösterreich*
Steiner Landstraße 3
A-3504 Stein/Krems
Tel. 027 32/7 28 84
E-Mail: ulnoe@ulnoe.at und lithaus_noe@everymail.net
www.ulnoe.at

Salzburg

Literaturhaus Salzburg
Strubergasse 23
A-5020 Salzburg
Tel. 06 62/42 24 11
E-Mail: info@literaturhaus-salzburg.at
www.literaturhaus-salzburg.at

Wien

Literaturhaus Wien
Seidengasse 13
A-1070 Wien
Tel. 01/5 26 20 44-0
E-Mail: info@literaturhaus.at
http://literaturhaus.at

BücherBühne im KinderLiteraturHaus
Mayerhofgasse 6
A-1040 Wien
Tel. 01/505 17 54-57
www.buchklub.at/Buchklub/BuecherBuehne.html

Schweiz

Basel

Literaturhaus Basel
Barfüssergasse 3
CH-4001 Basel
Tel. 061/261 29 50
E-Mail: info@literaturhaus-basel.ch
www.literaturhaus-basel.ch

Bern

Kulturbüro Bern
Rathausgasse 53
CH-3000 Bern
Tel. 031/3 12 32 72
E-Mail: bern@kulturbuero.ch
www.kulturbuero.ch

Zürich

Kulturbüro Zürich
Stauffacherstraße 100
CH-8004 Zürich
Tel. 01/2 42 42 82
E-Mail: zuerich@kulturbuero.ch
www.kulturbuero.ch

Literaturhaus Zürich
Limmatquai 62
CH-8001 Zürich
Tel. 01/2 52 44 08
E-Mail: info@literaturhaus.ch
www.literaturhaus.ch

Ortsunabhängig

Phantastik

Förderkreis Phantastik in Wetzlar e.V.
c/o Phantastische Bibliothek Wetzlar
Turmstraße 20
35578 Wetzlar
Tel. 06 441/40 01 – 0
E-Mail: mail@phantastik.eu
www.phantastik.eu

16.
AUF DER DATENWELLE SURFEN: LITERATUR ONLINE

Wie sind wir Autoren jemals ohne Internet ausgekommen? Inzwischen kommt es mir hoffnungslos altmodisch vor, ein Blatt Papier in einen Umschlag zu schieben, eine Briefmarke darauf zu kleben und das ganze zum Briefkasten zu tragen. Für mich bedeutet das Internet, dass ich mein Manuskript nicht schon mindestens zwei Tage vor Abgabe ausdrucken und zur Post bringen muss – ich kann bis zum letzten Moment daran feilen und dann die Datei an den Verlag rausjagen. Es bedeutet, dass ich für meinen Roman innerhalb von einer Viertelstunde herausfinden kann, wie das auf der Hawaii-Insel Big Island stationierte Boot der Küstenwache heißt – früher hätte mich das wochenlange Korrespondenz gekostet. Es bedeutet, dass ich für meine Bücher ganz anders werben kann als früher – gerade läuft auf Amazon der Trailer für meinen neuen Jugendroman *Schatten des Dschungels*, und nächste Woche bin ich als Autorin Ehrengast bei einer Leserunde des Portals Lies & Lausch.

Inzwischen gehört es speziell für Autoren und Autorinnen, die bereits veröffentlicht haben, zum guten Ton den Lesern gegenüber, eine eigene Homepage zu haben – besonders junge Leute quittieren es mit Kopfschütteln, wenn ein Autor keine Internetpräsenz hat. Und falls Sie tatsächlich Kontakt zu Verlagen aufnehmen wollen, dann brauchen Sie unbedingt eine E-Mail-Adresse – sonst wirken Sie hoffnungslos altmodisch und erschweren dem Verlag außerdem die Zusammenarbeit mit Ihnen. Aber vergessen Sie trotzdem nicht, auf Ihrem Anschreiben und Ihrem Exposé auch Ihre Postadresse anzugeben! Für mich war das damals die Rettung. Mein erstes Roman-Manuskript hatte ein ganzes Jahr lang bei Ueberreuter auf einem Stapel gelegen, dann endlich las es jemand. Nur leider ging die Mail mit der Zusage an eine Mailadresse, die schon nicht mehr gültig war. Zum Glück hatte ich auch meine anderen Kontakt-Daten angegeben, so dass mich der Verlag telefonisch erreichen konnte (und ich machte natürlich einen Riesen-Luftsprung).

Manuskripte einreichen per Mail?
Achtung: wer noch keine Geschäftsbeziehung zu einem Verlag o.ä. hat, von dem wird immer noch erwartet, dass er sein Material per Post und mit Rückporto einreicht – oft steht auf der Homepage genau, in welcher Form und an wen das geschehen sollte. Für den Empfänger ist es nämlich mit einigem Aufwand und Kosten verbunden, mehrere längere Dateien auszudrucken. Große Texte ohne vorherige Absprache zu mailen ist schlicht unhöflich. Kurze Leseproben und Exposés kann man allerdings, zum Beispiel an einen Agenten, auch per Mail liefern – das hat für den Empfänger den Vorteil, dass ihn die Antwort kein Porto kostet.

Recherche im Internet – Chancen und Fallstricke

Eine gute Recherche ist für Ihr Buch sehr wichtig, es gibt ihm Tiefe, Atmosphäre und Authentizität. Denken Sie daran: Es gibt immer einen Leser, der sich mit der Materie auskennt und Sie nach dem Erscheinen des Buches mit der Nase gnadenlos auf kleinste Fehler stoßen wird. Und zwar öffentlich. Eine schlechte Amazon-Rezension verfolgt Sie noch lange. Und selbst kleine Fehler im Buch kosten Sie Glaubwürdigkeit, weil die Leser dann auch alles andere anzweifeln.

Im Internet finden Sie natürlich jede Menge brandaktuelles Hintergrundmaterial für Ihren Roman oder Daten für Ihr Sachbuch. Aber das ersetzt in meiner Erfahrung nicht die Lektüre von jeder Menge Büchern, es ergänzt sie nur. Außerdem sollten Sie auf der Hut sein vor den vielen falschen Informationen, die im Internet kursieren. Natürlich war auch mir das klar, und trotzdem bin ich selbst schon einmal darauf hereingefallen. Für eins meiner Kindersachbücher wollte die Lektorin rasch ein paar Vergleichszahlen, damit der Illustrator die Größenverhältnisse auf einem Bild richtig zeichnen konnte. Weil es schnell gehen sollte, suchte ich mir die Daten im Internet zusammen, darunter aus Wikipedia. Noch am selben Tag meldete sich meine Lektorin: die Angaben waren falsch! Wie grauenhaft peinlich. Durch die Eile hatte ich vergessen, die Daten richtig zu überprüfen. Eigentlich war das mein Fehler, aber Wikipedia ist bei mir seither trotzdem unten durch.

Hier ein paar Tipps, worauf Sie bei der Netzrecherche achten sollten:

- **Gute Quellen verwenden.** Achten Sie darauf, nur Daten aus seriösen Quellen zu benutzen. Seriöse Quellen sind angesehene Medien wie zum Beispiel Fernsehsender, große Zeitungen oder Zeitschriften wie »National Geographic«. Gut sind auch anerkannte Organisationen und Forschungsinstitute. Schlechte Quellen sind alle Arten von Wikis, Blogs, Privatwebsites, unseriöse Medien wie zum Beispiel Boulevardblätter und Verbände, die eine bestimmte Welt-

sicht vertreten. Es ist natürlich oft schwer zu beurteilen, welche Weltsicht ein Verband oder eine Organisation vertritt, aber ein gründlicher Blick auf die Website ist oft erhellend.
- **Fakten gegenchecken.** Wenn eine Quelle etwas behauptet, dann muss das noch nicht stimmen (selbst in der Print-Ausgabe eines GEO-Lexikons habe ich Fehler gefunden). Behaupten drei seriöse Quellen das gleiche, dann können Sie es akzeptieren. Im Zweifelsfall als Zitat mit Quellenangabe bringen. Achtung: Es wird viel von einander abgeschrieben, das heißt wenn verschiedene Quellen etwas behaupten, kann es sein, dass die das ungeprüft von einander übernommen haben!
- **Datum checken.** Schauen Sie genau auf das Datum der Veröffentlichung. Im Internet kann ein Artikel, der wie frisch veröffentlicht wirkt, schon viele Jahre alt sein. Wenn Sie kein Datum finden, ist die Quelle unbrauchbar.
- **Material sichern.** Wenn Sie auf einer Website interessantes Material finden, dann kopieren Sie es sich raus und speichern Sie es (mit dem dazugehörigen Link) in eine Datei. Wenn Sie nur ein Lesezeichen setzen, kann es sein, dass die Website sich verändert und die Seite später nicht mehr da ist. Speicherplatz kostet fast nichts, und mit Ihrer Quellendatei haben Sie ein Archiv, in dem Sie leicht und schnell nachprüfen können, welche Fakten Sie woher hatten. Dann kann es Ihnen auch nicht so leicht passieren, dass Sie versehentlich plagiieren.
- **Echte Bibliotheken sind auch wichtig.** Wenn Sie beispielsweise einen historischen Roman schreiben, werden Sie nicht darum herum kommen, zusätzlich zum Internet-Material einige Zeit in (nichtvirtuellen!) Bibliotheken zu verbringen und Fachbücher zu Ihrer Epoche zu lesen. Es ist unglaublich inspirierend, in vergilbten Originaldokumenten zu blättern!
- **Bloß nichts kopieren.** Wenn Sie fremde Textteile – aus dem Internet oder woher auch immer – in Ihren eigenen Text kopieren und nicht als Zitat kennzeichnen, begehen Sie eine schwere Sünde und eine Straftat. Tun Sie's nicht!

Mitmischen in der Online-Literaturszene

Die Möglichkeiten, sich im Internet über die Literaturszene zu informieren, sind erstklassig: Sie können sich schnell und einfach einen Überblick über Verlagsprogramme verschaffen, aktuelle Daten über Seminare recherchieren und sich bei Online-Buchhändlern wie Amazon *(www.amazon.de)* über lieferbare Bücher informieren. Zeitschriften, Schreibwerkstätten und Autorengruppen, Literaturbüros, Literaturfestivals, Förderer – alle haben eigene Seiten, auf denen sie über ihre Angebote informieren und Lesestoff anbieten. In den Blogs von Autoren können Sie die Entstehung neuer Bücher live mitverfolgen und daraus lernen.

Wenn Sie den Erfahrungsaustausch mit anderen Schreibenden vermissen, aber in Ihrer direkten Umgebung niemanden beziehungsweise keine Autorengruppe kennen, können Sie übers Internet nach Gleichgesinnten suchen. Mit Hilfe von Suchmaschinen im Internet (zum Beispiel *www.google.de)* können Sie nach Stichworten wie »Autorengruppe«, »Literaturkreis«, »Schreibtreff« plus den Namen Ihres Wohnorts suchen. Findet sich auf diese Weise auch nichts, dann bleibt Ihnen immer noch der Austausch im Internet selbst. Dort finden sich viele Möglichkeiten, in Online-Schreibwerkstätten (siehe Kapitel »Autorengruppen und Verbände«), mitzumachen. Bei Mitschreibe-Projekten kann jeder, der sich beteiligen will, dem Roman einige Zeilen, Seiten oder Episoden hinzufügen. Wer gerne diskutiert, findet dafür zahlreiche Foren, und über Facebook können Sie sich mit anderen Autoren vernetzen.

Surftipps für Autoren

Autorenforum

www.autorenforum.de — Aktuelle Informationen, viele Infos und Links. Experten aus vielen Bereichen beantworten Fragen von Autoren. Hier kann man auch den sehr nützlichen und ausführlichen Newsletter »The Tempest« abonnieren.

BuchMarkt Online

www.buchmarkt.de — Website des Fachblatts *Buchmarkt* – dort findet man Nachrichten aus der Branche, Bestsellerlisten und viele andere interessante Informationen.

Büchereule

www.buechereule.de — Große Community, in der Bücher gemeinsam (und zum Teil zusammen mit dem Autor) gelesen und rezensiert werden können. Es gibt auch eine Autorenecke zum Austausch übers Schreiben.

Bücher-Wiki

www.buecher-wiki.de — Bücher-Wiki des Online-Versenders Jokers. »Ziel ist ein umfassendes und kostenloses Nachschlagewerk zu Büchern, Autoren, Literatur, Buchgeschichte und -handel sowie Bibliothekswesen. Nutzen Sie das Bücher-Wiki als Ihre persönliche Informationsquelle! Und wenn Sie mögen, schreiben Sie mit!«

Lies & Lausch

www.liesundlausch.de — Community, in der Bücher und Hörbücher rezensiert werden können. Es wird über Bücher, aber auch über Autorenthemen diskutiert und in moderierten Leserunden lesen und besprechen die Mitglieder gemeinsam neue Bücher.

Literaturcafé

www.literaturcafe.de — Berichte über das Literarische Leben, Interviews, Rezensionen, Texte von Gästen, Podcasts, Literaturtermine.

Literatur Top 100

www.literatur100.de/seite1.htm — Webring. Gute Auswahl von Literatur-Seiten im Netz. Dadurch, dass Surfer die teilnehmenden Seiten bewerten können, sind die beliebtesten an erster Stelle genannt.

Lyrikline

www.lyrikline.org — lyrikline.org präsentiert zeitgenössische, internationale Poesie multimedial als Originaltext, in Übersetzungen und vom Autor in Originalsprache gesprochen. Außerdem Lyrik-News und Infos.

Montségur Autorenforum

http://autorenforum.montsegur.de — Plattform, auf der sich erfahrene Autoren über Verlagssuche, das Handwerk des Schreibens, Verträge und vieles mehr austauschen und ganz allgemein plaudern können. Anmeldung ist Pflicht.

Perlentaucher

www.perlentaucher.de/buchmacher/ — Perlentaucher fasst kurz und treffend zusammen, was über neue Bücher gesagt und geschrieben wird. In der »Buchmacher«-Kolumne gibt es nützliche Brancheninfos in der Zusammenfassung.

Romansuche

www.romansuche.de — Verlage und Literaturagenturen finden in der *romansuche.de* Arbeitsproben unveröffentlichter Romane. Jede Arbeitsprobe wird vor der Aufnahme durch ehrenamtliche Lektoren geprüft. Außerdem Autorentipps und Literaturtermine.

Schreibfreunde-Forum

www.schreibfreunde-forum.de — Forum rund ums Kreative Schreiben. Regelmäßige Schreibaufgaben, Austausch über Themen wie Aus- und Fortbildung, Recherche oder Veröffentlichung.

Versalia

www.versalia.de — Literaturportal mit vielen News, Rezensionen (Schwerpunkt klassische/ernste Literatur), Archiv klassischer Texte zum Herunterladen (Fontane, Hölderlin, Poe etc.). Eigene Texte können zur Diskussion gestellt werden.

Register

A

Abgabetermin 194, 195
Abmahnung 162
Abnahme 128
Absage 92
Absagebrief 38
Absatzhonorar 171
AdS Autorinnen & Autoren der Schweiz 124
Agent 100
Aktionsbündnis für faire Verlage (Fairlag) 123
AkV (Arbeitskreis kleinere unabhängige Verlage im Börsenverein des deutschen Buchhandels) 143
Amazon 34, 221
Anfängerfehler 17
angemessenes Honorar 186
angemessene Vergütung 172
Anschreiben 59
Anthologien 128, 171
Arbeitsgemeinschaft von Jugendbuchverlegern 45
Arbeitskreis kleinerer unabhängiger Verlage« (AkV) 149
Arbeitstitel 27
Auflage 127, 137, 172, 209
Auslieferung 148
Ausstattung 142
Autorencoaching 314
Autorengruppe 288, 291
Autorenkreis 292
Autorennamen 36
Autorenrabatt 128
Autorentreff 292
Autorenverbände 121, 299
Autorenzahlungen 83

B

Barsortiment 148
Beltz 204
Besuch im Verlag 57
Biobibliographie 60
bohem press 39
BookRix 155
Books on Demand 139
Börsenblatt für den Deutschen Buchhandel 98, 239
BuchBasel 43
Buchclubrechte 166
Büchertisch 277
Buchgroßhandel 148
Buchhandlung 31, 33, 122
Buch-Konzept 74
Buchkultur 337
Buchmarkt 18, 74, 97
BuchMarkt 239

Buchmesse 56, 143
Buchmesse in Leipzig 43
Bundesverband junger Autoren und Autorinnen (BVJA) 292
Bundesverband junger Autoren und Autorinnen e.V. (BVjA) 124
BVjA 300

C

Campus 27, 32, 40, 49, 204, 208
CC-Verlag 40
Cliffhanger 62
Coaching 24
Co-Autor 90
Copyright 162
Cover 142

D

Deadline 196
Deckblatt 82
Deutsche Literaturfonds 355
Dienstleisterverlage 117
Digital Rights Management 160
Droemer Knaur 39, 157
Druckfahne 200
Druckhaus Galrev 51
Druckkostenzuschüsse 106
Druckkostenzuschussverlage 117

E

E-Book 155, 158, 166, 224
E-Book-Rechte 175
Eichborn 204
eigene Homepage 151
eigene Lesung 273
elektronische Rechte 166
Elevator Pitch 69
Entstellungsverbot 166

EPUB-Format 160
E-Reader 159
Erfolgshonorar 105
Erstautoren 71, 100
Eselsohr 239
Exposé 62, 71, 74
E-Zine 152

F

Facebook 222
Fachgutachter 83
Fan Fiction 156
Fan-Story 156
FDA 300
Feder & Schwert 39
Federwelt 237, 337
Fernkurse 316, 331
Film- und Hörfunkrechte 166
Fischer Taschenbuch 38, 168
Folgeprojekte 225
Förderkreise 362
Frankfurter Buchmesse 42
Freier Deutscher Autorenverband 56

G

garantiertes Mindesthonorar 171
Gegenleser 287
GEMA 187
gemeinfrei 167
Gemeinschaftsstand 150
Ghostwriter 90

H

Handwerk des Schreibens 315
Hanser 59
Hardcover 84
Herstellung 83, 142

Herstellungsabteilung 80, 192
Hinrichs, Heribert 94
Hohlbein-Preis 335
Honorar 167
Honorare für Lesungen 270

I

Ideenklau 88, 90
IG Autorinnen Autoren 124
Illustrationen 25
Illustrator 25
Imprimatur 204
Inkognito 85
Internet-Literaturzeitschrift 152
Internet-Piraterie 160
Internet-Schreibgruppen 294
ISBN 140

K

Kinder- und Jugendbuch 23
Klagenfurter Wettbewerb 334
Klappentext 68, 204
Kleinstverleger 42
Kleinverlag 136, 147
Knaur 69
KNV 148
Konkurrenz 31, 74
Konkurrenzanalyse 35
Kontaktaufnahme 46
kookbooks 41
Korrektur 201
Korrekturleser 201
Korrekturzeichen 202
Kreatives Schreiben 20, 315
Künstlername 85
Künstlersozialkasse (KSK) 187, 189
Kurzvita 60

L

Ladenpreis 137
Layout 80
Lebensdauer von Büchern 223
Lektorat 83, 138, 191
Lektoratskonferenz 84
Leseexemplar 220
Lesung 218, 276
Lesungsagentur 278
Libri 139, 148
Literarische Agentur 95
literarischen Sünden 19
Literaturagent 95
Literaturbüro 362
Literaturhäuser 362
Literaturport 337
Literaturzeitschrift 232
Litform 238
Lizenzpoker 96
Loewe 39
Luchterhand Verlag 207
Lyrik 22

M

Mainzer Minipressen-Messe 42
Manuskriptangebot 84
Markenname 85

N

Nachfrist 196
Nebenrechte 166, 176
Normseite 80
Normverlagsvertrag 168
Normvertrag 175
Novitäten 193

O

Oetinger 25, 40
Oldenbourg Verlag 194
Oldenbourg Wissenschaftsverlag 168
Online-Autorengruppe 151
Open Mike 272, 334

P

Pauschalhonorar 105, 171
PayPal 160
PDF-Datei 201
PEN 301
Piper 39, 54, 86
Plagiat 90, 91, 161
Plinke, Manfred 94
Poetry Slams 271
Preisbindung 209
Presse 83
Presseabteilung 192
Pressearbeit 145
Pressemitteilung 145
Printing on Demand 127, 139, 224
Prioritätsverhandlung 90
Privatverlage 117
Probekapitel 79
Programmpolitik 84
Prosa 21
Pseudonym 84, 85, 86, 167
Pseudoverlage 117, 121

R

Reader 155
Recherche im Internet 371
Rechte 138
Rechte-Rückruf 166
Rechte- und Lizenzabteilung 193
Rechtseinräumungen 176

Reclam Leipzig 51
Reisezeit der Vertreter 144
Restauflage 224
Rezensionen 219
Roentgen, Hans Peter 94
Rohfassung 80
Rowohlt 40
Rückporto 54
Rückrufrecht 166

S

Sachbuch 22
Sachbuchprojekt 82
Schreibgruppe 292
Schreibkurse 330
Schreibseminar 316
Schreibwerkstatt 292
Schutzfrist 166
schwarze Schafe 102, 104
Seitenzahlen 80
Selbstausbeutung 41
Selbstmarketing 147
Selbstverlag 120, 133, 140, 147
Selbstzahlerverlage 117
Self-Publishing 158
S. Fischer 38
Sponsoring 138
Sponsoring-Verlage 117
Stadtschreiber 354
Staffelhonorar 167
Steadyseller 223
Steuer 138
Steuererklärung 186
Stipendien 354
Suhrkamp 40

T

Taschenbuch 84
Taschenbuchrechte 166
telefonische Anfrage 55
Testleser 286
TextArt 237, 337
Textprobe 82
The Tempest 337
Tieger, Gerhild 94
Titel 27, 137, 204
Titelschutzanzeige 205
Tochterverlag 52
Trilogie 71
Trivialliteratur 85

U

Überarbeitung 24
Übersetzungsrechte 166
Ueberreuter-Verlag 335
Umbreit 148
Umbruch 200
Umsatzsteuer 187
Umschlag 204
unverlangte Einsendung 47, 49
Urheber 165
Urhebernennungsrecht 166
Urheberpersönlichkeitsrechte 166
Urheberrecht 89, 165
Urheberrecht im Internet 161
Urheberrechtsrolle 167
Uschtrin, Sandra 94

V

Verband deutscher Schriftsteller (VS) 104, 124
Verlag 83
Verlagsabsage 158
Verlagsgesetz 175
Verlagspflicht 176
Verlagsprogramm 38
Verlagsvertrag 173
Verlagsvertreter 208
Verleger 83
Vermittlungshonorar 97
Versicherungspflicht 189
Vertragsverhandlungen 168
Vertreter 148
Vertreterkonferenz 207
Vertrieb 83, 142
Vertriebsabteilung 192
Verwertungsrechte 166
Verzeichnis lieferbarer Bücher 34
VG Wort 187
Vita 59
Vorauswahl 101
Vormerker 210
Vorschau 38
Vorschuss 122, 171
VS 301
Web-Zeitschrift 152
Werbeabteilung 193
Werbung 146
Werbung im Internet 221
Zeitplan 211
Zielgruppe 36
Zuschussverlage 83
Zweitausendeins 208

Personen

A
Aichinger, Ilse 288

B
Bachmann, Ingeborg 288
Bobke, Susa 37
Böhmer, Paulus 49, 336
Böll, Heinrich 288
Bouxsein, Stefan 142
Boyle, T.C. 311
Breidenbach, Brigitte 275
Buchholz, Goetz 190

C
Coelius, Claus 40, 136

D
Demski, Eva 20, 47, 199
Dietze, Gaby 27
Dorn, Katrin 47, 87, 235
Dorn, Thea 27, 197
Doughty, Louise 28

E
Ebel, Martin 174
Eco, Umberto 51
Ehrenschwendtner, Stephanie 58
Ehrhardt, Ute 205
Eschbach, Andreas 49, 50, 157, 225

F
Frey, James N. 28

Frieling, Wilhelm Ruprecht 120
Fritzsche, Joachim 332
Funke, Cornelia 26, 79, 300

G
Gay, Marion 332
Geist, Danny 287
Gemmel, Stefan 270
George, Elizabeth 28
Gernhardt, Robert 37, 122, 283, 299
Gilbert, Elizabeth 220
Giordano, Mario 52, 354
Golding, William 51
Groß, Jürgen 143
Gruschka, Helga 75

H
Hake, Claire 37
Hammesfahr, Petra 51
Haußer, Sandra 103, 105, 331
Herholz, Gerd 332
Hermanns, Petra 97, 169
Herrmann, Antje 27
Herrndorf, Wolfgang 118
Hillebrand, Diana 147, 277, 283, 288
Hirschhausen, Eckart von 205
Hocking, Amanda 158
Hübsch, Hadayatullah 270, 336
Hundsdörfer, Axel 204

J
Jost-Hof, Herbert 19, 277, 281

K

King, Stephen 51
Kipp, Jürgen 120, 134
Klug, Sonja 30
Klüpfel, Volker 36
Kobr, Michael 36
Köhne, Michael 146
Kroker, Britta 32
Krüger, Michael 59, 218
Kuegler, Sabine 37
Kutsch, Angelika 25, 199

L

Leis, Mario 332
Link, Heiner 51, 289
Lippert, Maik 133
Loschütz, Gert 217, 286
Ludwig, Barbara 194

M

Manz, Margit 334
Mausbach, Katja 290
Montasser, Thomas 85, 100
Morisse, Jörn 236
Morrison, Toni 311
Mosler, Bettina 332

N

Neuhaus, Nele 134

P

Pirinçci, Akif 85
Polzin, Carsten 54, 56, 60, 71

R

Rauchwetter, Gerhard 56, 300
Rehn, Heidi 69
Reifsteck, Peter 275, 284

Rethmeier, Martin 38, 168, 194
Roentgen, Hans Peter 28
Röhring, Hans-Helmut 216
Rumler, Gerd F. 98, 107, 121

S

Saborrosch, Ralf 17, 298, 313
Saleina, Thorsten 74
Scheidt, Jürgen vom 24, 313
Schenkel, Andrea Maria 118
Schier, Mike 37
Schneider, Robert 51
Schneider, Wolf 29
Schöffling, Klaus 27, 99, 220
Schöne, Lothar 168
Schütz, Erhard 216
Schweickhardt, Peter 117
Schweinbenz, Andreas 134
Schwietert, Sabine 159
Seel, Daniela 41
Siblewski, Klaus 207, 231
Steele, Alexander 28

T

Thorn, Ines 270
Timm, Uwe 48, 198, 231, 311
Turow, Scott 311

W

Weber, Martina 29
Werder, Lutz von 330
Wieke, Thomas 30
Wissdorf, Reinhard 39, 92
Woitschick, Ingeborg 122, 223

Z

Ziemek, Hans-Peter 63